I libri di Viella

246

Andrea Savio

Nobiltà palladiana

La famiglia Godi fra Vicenza e l'Europa

viella

Prima edizione: aprile 2017
ISBN 978-88-6728-844-1

Questo volume è stato pubblicato con il contributo del Dipartimento di Scienze Storiche, Geografiche e dell'Antichità dell'Università di Padova, nell'ambito del progetto di ricerca strategico "European and Venetian Renaissance (EVERE)", STPD11LHT4, Unità 4.

viella
libreria editrice
via delle Alpi, 32
I-00198 ROMA
tel. 06 84 17 758
fax 06 85 35 39 60
www.viella.it

Indice

Introduzione

1. *Il quadro generale*

Vicenza vanta un'ampia e aggiornata storiografia per l'età moderna, prodotta soprattutto nell'ultimo trentennio, in particolare sui rapporti tra la città, il suo contado e la Dominante, Venezia.[1] Ho scelto, su queste basi, di esaminare una singola famiglia nobiliare, quella dei Godi, approfondendo le dinamiche del potere a partire non dai consueti organi istituzionali, quanto della fitta rete di rapporti personali che connettevano gli ottimati vicentini ai protagonisti della politica dell'epoca, quale Emanuele Filiberto, duca di Savoia.

Il caso di Vicenza poteva essere assunto come originale punto di osservazione dal quale esaminare le vicende politico-istituzionali e sociali dell'età moderna nel Nord Italia, non soltanto in riferimento al dominio della Serenissima, proprio per la presenza di un'aristocrazia cittadina frammentata e non sempre rispettosa dei canoni repubblicani. La ricerca di una corte straniera in cui distinguersi è il segnale più evidente della mancata possibilità di una piena ascesa sociale a livello locale per questi nobili, abilissimi a tessere legami politici, militari ed economici anche al di fuori della Repubblica di Venezia.

La ricerca ha preso avvio dall'inventariazione recentemente compiuta dei fondi degli archivi nobiliari conservati nella Biblioteca Civica Bertoliana di Vicenza. Ad una prima analisi sembrava che la famiglia Godi

1. *Storia di Vicenza. L'età della Repubblica veneta*; Knapton, *Il Territorio vicentino*; Povolo, *L'intrigo dell'onore*; Grubb, *Firstborn of Venice*; Demo, *L'anima della città*; Vianello, *Seta fine e panni grossi*; *Storia di Vicenza. Dalla Preistoria all'età Contemporanea.*

si strutturasse nel Cinquecento in tre rami, senza troppe complicazioni e senza la ripetizione di nomi che distinguevano altri casati vicentini del medesimo periodo. Tuttavia la bibliografia sulla famiglia risultava esigua, eccezione fatta per la letteratura relativa a una delle prime ville progettate da Andrea Palladio. Questo suggeriva che fra Quattro e Cinquecento i Godi fossero rimasti stabilmente a Vicenza, impegnati soltanto nell'attività politica cittadina e nella gestione delle loro proprietà terriere (al massimo qualche esponente della famiglia aveva studiato a Padova).[2] In effetti, la prima ipotesi di ricerca si indirizzava verso le clientele urbane e le proprietà terriere del contado. Tuttavia dai sondaggi archivistici sono presto emersi sviluppi più interessanti e inaspettati, che mi hanno indotto ad ampliare il campo di indagine.

Nella prospettiva di una storia famigliare, il tema del rapporto privato-pubblico è classico per gli stati rinascimentali italiani.[3] Certamente alcuni dettagli che emergono dalle fonti (come il pianto di Enrico Antonio Godi a seguito del suo sequestro da parte dell'imperatore Massimiliano I, durante la guerra della Lega di Cambrai) non sono raffrontabili ai grandi eventi del secolo. Anch'essi sono tuttavia tasselli utili per la ricostruzione di una particolare cultura nobiliare, quella della Terraferma veneta:[4] frammenti di vita capaci di restituirci il senso di storie e destini più collettivi. In chiave intra-famigliare, in particolare, risultano importanti le scelte operate per la sopravvivenza politica da parte di alcuni membri della famiglia Godi tra gli ultimi decenni del Quattrocento e la fine del Cinquecento,[5] nei loro rapporti con le «famiglie nobili, le loro tradizioni, la loro cultura, il loro patrimonio,

2. Pixley, *Patronage and the Construction of Nobility*; Cogollo, *Per nozze Fantinati-Montanari*.

3. Senza essere esaustivo penso soprattutto a Chittolini, *Il "privato", il "pubblico", lo Stato*, pp. 553-589. Il problema era già stato evidenziato da Näf, *Frühformen des "modernen Staates"*, pp. 101 e sgg. e in Duby, *Potere privato, potere pubblico*, pp. 5-33.

4. Sul patriziato veneziano e in particolare sulle monografie famigliari: Davis, *A Venetian Family*, pp. 78-83; Gullino, *I Pisani dal banco*; *I Querini Stampalia*; Menniti Ippolito, *Fortuna e sfortune*; *Una famiglia veneziana*; Del Torre, *Carriera politica e benefici ecclesiastici*. Sulle monografie del patriziato di Terraferma: Lanaro, *Potere politico e potere economico*; Olivieri Secchi, *Ascesa sociale e ideologia*; Madornali, *Patrimonio e giurisdizione*, pp. 49-77; Lanaro, *Da grande nobiltà*, pp. 50-55; Casella, *I Savorgnan. La famiglia*; Franceschi, *Vita privata e impegni pubblici*, pp. 5-15; Zannini, *La logica della distinzione*, pp. 63-126; Lavarda, *I Loschi e Sossano*; Premi, *Una "famiglia in armi"*, pp. 59-72.

5. Lipp, *Noble Strategies in an Early Modern*; Van Steensel, *Kinship, Property and Identity*, pp. 247-269.

e infine la natura stessa del loro peso nella vita pubblica».[6] Nello specifico, ho analizzato il tema della mobilità sociale nobiliare di fronte all'attrattiva della ricchezza e ai problemi legati al potere.

Per il lungo periodo di governo della Serenissima esistono molte ricerche di storia della famiglia, ma la maggior parte di esse predilige le questioni patrimoniali o militari; molte si sono occupate del fatto che la nobiltà di Terraferma era dedita anche allo studio del diritto e alle attività culturali. E infatti, fino alla metà del Cinquecento, il diritto comune fu per i componenti della famiglia Godi non tanto il mezzo per praticare l'avvocatura, quanto piuttosto lo strumento per mettersi al servizio dei veneziani e aiutarli a dirimere le controversie sorte in Terraferma. Dopo Agnadello, si assiste a un complessivo *revival* di alcune famiglie patrizie vicentine, che cambiano orientamento politico a favore degli Asburgo. Lo studio e la pratica del diritto comune divennero un modo per marcare la distanza da Venezia a favore dell'Impero.[7] Le simpatie imperiali possono anche spiegare il progressivo avvicinamento di larga parte dell'élite dei giuristi vicentini (famiglie Godi, Valmarana, Monza ecc.) verso pratiche religiose sviluppatesi nei territori spagnoli e caratterizzate da slanci di spiritualismo non privi di connotazioni radicali e di un certo fervore caritativo.[8]

2. *Le fonti archivistiche*

Questo lavoro non sarebbe stato possibile se alla base non fosse sopravvissuto un così vasto archivio, curato nel tempo con strenuo vigore dalla famiglia, che lo considerava un patrimonio essenziale per la rappresentazione della propria identità.[9] Il fondo Godi è in ottimo stato di conservazione (dal Cinquecento a oggi il materiale scomparso è solo una minima parte) e ben ordinato, con strumenti di corredo antichi (catastici settecenteschi) e contemporanei (l'ultimo inventario informatizzato risale al 2009).

Dal punto di vista documentario la città di Vicenza rappresenta un *unicum* nel Veneto, perché sono numerosi gli archivi nobiliari di età moderna. Tra questi risultano depositati e censiti, alla data del primo luglio

6. Berengo, *Patriziato e nobiltà*, pp. 493-517
7. Cozzi, *Ambiente veneziano, ambiente veneto*, p. 311.
8. Sui Godi in relazione con i Barnabiti e le Angeliche si veda il paragrafo II.1.
9. Cosgrove, *Il paesaggio palladiano*, p. 190.

2016, trentasette archivi di famiglia solo nella Biblioteca Civica Bertoliana di Vicenza.[10] Un'altra trentina di archivi famigliari preunitari sono stati versati in varie strutture cittadine: l'Archivio di Stato di Vicenza[11] e l'Istituto di Storia Sociale e Religiosa.[12]

Sono ignote le modalità del versamento dell'Archivio Godi alla Biblioteca Bertoliana, ma sicuramente l'atto è successivo al 1817: si tratta di un archivio consistente costituito da 386 unità archivistiche (circa 60 metri lineari) e suddiviso in quattro serie.[13] La prima è denominata *Istrumenti* ed è composta da una documentazione incompleta, soprattutto pergamenacea, che doveva dare certezza giuridica a tutte le più importanti attività del casato (dalle compravendite ai testamenti, dai fitti agricoli ai diplomi di laurea ecc.). La seconda serie raccoglie i *Processi*, i fascicoli delle vertenze civili e penali, discussi nei tribunali cittadini e costituiti essenzialmente da liti ereditarie e confinarie. La terza serie riunisce gli atti contabili e amministrativi dell'ultima parte dell'età moderna (soprattutto del Sei e Settecento), mentre la quarta raduna i sommari e i catastici consentendo di avere un'idea cronologica e complessiva di tutto il fondo,

10. Gli archivi delle nobili famiglie vicentine conservati in Bertoliana sono i seguenti: Folco Leonardi Priuli (1130-1895); Valmarana di San Faustino (1407-1948); Valmarana del Castello (1275-1805); Valmarana di San Lorenzo (1407-1797); Bortolan (1466-1866); Thiene (1212-1879); Loschi (1146-1848); Trissino (1260-inizi sec. XX); Ghellini Saraceno (1272-1841); Bonin Longare Nievo (1209-1865); Sangiovanni (1283-1787); Negri Velo (1000-sec. XIX); Ferramosca (1020-1806); Leoni Montanari (1520-1786); Godi (1091-1817); Porto Godi Pigafetta (1082-1878); Piovene Porto Godi (1227-1871); Conti Barbaran (1302-1862); Porto (XV-1728); Porto Barbaran (1478-1930); Sesso (1320-1884); Pagello (1371-1815); Bonomo (1542-1824); Mascarello (1311-1722); Bruto Revese (1091-1805); Castelli Riva (1421-1730); Mancassola (1464-1834); Gualdo e Gualdo Cerchiari (1099-1857); Chiericati-Chiericati-Salvioni-Muttoni (1402-1880); Chilesotti (1414-1890); Dal Ferro Fracanzani (1306-1868); Bissari (1261-1813); Crestani (1665-1790); Milan-Massari (1421-1905); Pasetti (XVII-sec. XIX); Caltran-Pigatti-Salviati-Zigiotti (XV-XVIII); Scola (XVI-XIX).

11. Gli archivi delle nobili famiglie vicentine conservati presso l'Archivio di Stato di Vicenza sono i seguenti: Caldogno (secc. XIV-XVIII); Capra (1272-1802); Chiericati (secc. XV-XVI); Trissino (secc. XII-1802); Piovene (secc. XVI-XX) e nello stesso fondo è presente documentazione proveniente anche dalle famiglie Orgiano, Monza-Cavalcabò, Arnaldi e Ferramosca.

12. Gli archivi delle nobili famiglie vicentine conservati presso l'Istituto di Storia Sociale e Religiosa sono i seguenti: Fondo Zuglian Trenti (1553- 1848); Trenti; Monza e Capra.

13. Secondo il bibliotecario Renato Zironda l'archivio Godi sembrerebbe essere stato donato al Comune negli anni Settanta dell'Ottocento, assieme agli altri due fondi Porto-Godi, a seguito di un lascito di Paolina Porto Godi Pigafetta.

nonché di rimediare all'assenza dei documenti della prima serie.[14] La maggior parte della documentazione fa capo al ramo genealogico più ricco della famiglia, detto dei Godoni o della Casa Grande, originato da Enrico Antonio, talché nel suo insieme si potrebbe definire un archivio primogeniturale.[15]

Il periodo di produzione dei documenti da parte della famiglia si conclude nel 1817, anche se l'ultimo legittimo rappresentante maschile risulta essere Massimiliano Godi, che dettò il suo testamento il 14 luglio 1720 pochi giorni prima di morire. Dopo la sua morte, proprio in virtù di tale successione, il patrimonio di famiglia passò a una discendente femminile e transitò, sempre attraverso un passaggio ereditario, alla famiglia Piovene Porto Godi. Proprio a causa del proseguimento della famiglia in altri lignaggi aristocratici, si sono esplorate le filze degli archivi Porto Godi Pigafetta (1082-1878) e Piovene Porto Godi (1227-1871), nei quali ho rintracciato alcuni documenti che in origine appartenevano al fondo Godi.[16]

L'indagine ha così potuto giovarsi, per quanto attiene alla parte cinquecentesca, anche dei fondi concernenti il consiglio cittadino, delle sentenze criminali giudicate dal consolato vicentino e delle attività del nunzio cittadino a Venezia: fondi conservati presso l'antico archivio Torre della stessa biblioteca Bertoliana.

Nelle serie dei notai, conservate in Archivio di Stato, ho trovato informazioni relative alla mercatura, scartate già dai contemporanei dall'archivio privato perché considerate poco rilevanti.[17]

Utili per chiarire alcuni dubbi sono state le fonti esterne alla città: per questo motivo non ho tralasciato gli archivi di Stato di area ex veneta a partire naturalmente da Venezia, dove, anche se filtrati attraverso la pro-

14. A dicembre 2012 l'archivio ha subito un nuovo ordinamento perché alcune buste erano considerate troppo voluminose per gli *standard* archivistici. A marzo 2013 è stato effettuato un controllo sul nuovo inventario così da verificare se le vecchie unità archivistiche citate nel presente elaborato fossero le medesime e si è segnato anche il numero di mazzo.

15. Nell'archivio Godi sono conservati documenti antecedenti al Quattrocento, come vi sono filze dei rami cadetti coevi dello stesso, ma si concorda con l'accezione di archivio primogeniturale come concepita in Bizzocchi, *Un archivio primogeniturale*, pp. 241-253.

16. Ad esempio presso l'archivio Piovene Porto Godi sicuramente appartenevano al fondo originale Godi almeno le bb. 96, 108, 110, 114.

17. Visceglia, *Archivisti e storici*, pp. 331-347. Per l'area veneta sul tema rappresentazione politica dell'archivio si vedano, Raines, *L'archivio familiare strumento*, pp. 5-36 e Id., *Alle origini dell'archivio*, pp. 5-57.

spettiva giudiziaria, i fascicoli processuali sono senza dubbio determinanti per poter cogliere le tensioni politiche e sociali vissute dai Godi.

3. *La struttura del libro*

Questa sorta di "biografia famigliare" è leggibile su tre livelli che si riferiscono, dal punto di vista del lignaggio agnatizio, a Enrico Antonio Godi e ai suoi figli, come unità domestica; alla famiglia allargata dei Godi, come parentela aperta con alcuni membri delle casate Gualdo, Capra e dei Godi di altri rami genealogici (Godini, Godacci); infine, alla rete di vicentini legati ai Godi (come sugli studi universitari a Padova o sull'ambiente torinese) con alcune brevi digressioni, utili alla comprensione generale del contesto politico e culturale.

La trattazione è anche strutturata in tre parti, nelle quali le vicende famigliari vengono ricondotte ai profili dei componenti più rappresentativi. Tre sono, infatti, anche i personaggi chiave: Enrico Antonio capostipite dei Godi e attivo fra Vicenza e Venezia, il figlio Pietro e il nipote Ludovico, cortigiano a Torino.[18]

Il primo capitolo è quindi un lavoro biografico relativo a un avvocato vicentino prima e dopo la guerra della Lega di Cambrai, sezione che intende illustrare nel suo insieme il ruolo dei giuristi di Terraferma operanti a Venezia. Il protagonista è Enrico Antonio Godi (1456-1536), del quale vengono analizzate le peripezie politiche e professionali (visse in prima persona le vicende della guerra della Lega di Cambrai e il Sacco di Roma), ma anche le vicende personali, come gli studi universitari, e l'esercizio dell'avvocatura fra Venezia e Vicenza. Ho tentato dunque di tessere un intreccio equilibrato tra accadimenti privati e pubblici. Enrico Antonio Godi visse gli anni della gioventù tra Vicenza e Padova, per poi formarsi professionalmente come giureconsulto a Venezia e, quindi, ritornare a Vicenza dove si impegnò a gestire il patrimonio famigliare. Furono anni, specie tra il 1509-1517, in cui si diffuse, assieme alle simpatie filoimperiali, un

18. Troppi nomi fanno perdere il filo del discorso anche al lettore più paziente, in Corazzol, *Cineografo di banditi*, p. XIII. I Godi vengono citati come esempio delle strategie e delle questioni relative all'élite, in parallelo a quello che Angelo Ventura affrontò nel primo capitolo di *Nobiltà e popolo*. Si veda anche Knapton, "*Nobiltà e popolo*", pp. 167-192. Sui luoghi e la microstoria Torre, *Luoghi. La produzione*.

clima di aperta violenza, un periodo in cui il nostro protagonista visse tristi e convulse esperienze. I suoi palazzi, sia in città sia nel contado, vennero presi di mira dai nemici, la sua famiglia fu costantemente terrorizzata dalle minacce dei soldati e lui stesso subì l'umiliazione del sequestro da parte dell'imperatore a causa della sua strenua fedeltà a Venezia. La sua figura venne in seguito dimenticata, ma circolò una leggenda che lo riguardava, attinente al suo vigoroso coinvolgimento nella difesa degli ebrei quando fu decretato il loro esilio da Vicenza.

Nel secondo capitolo, che apre verso scenari territoriali e politici più ampi, fuori dalla Terraferma veneta, ho analizzato il tema dell'infedeltà politica. Ho voluto così definire il ruolo degli ecclesiastici come Paolo, morto a Roma, e della pia Elisabetta, la cui esistenza fu segnata da innumerevoli lutti e privazioni. Quest'ultima fu l'anello di congiunzione tra i fratelli vicentini e un mondo milanese fortemente connotato dai legami con l'Impero e quindi con la Spagna. Il *background* sociale dei Godi, che nella prima parte del secolo avevano sostenuto la politica veneziana ed erano rimasti in ogni modo legati al contesto della Terraferma, dopo l'esperienza di Elisabetta mutarono radicalmente. Nel 1559 Pietro, cugino di Elisabetta, mandò in Piemonte il figlio Ludovico come paggio nella neonata corte di Emanuele Filiberto, considerato il rappresentante di Carlo V in Italia. Alla fine degli anni Settanta, Marco e Paolo Antonio Godi, sostenitori della politica spagnola, abbandonarono lo studio del diritto, scegliendo la carriera militare al soldo di Alessandro Farnese nelle guerre combattute nelle Fiandre. La particolare attenzione dedicata alle singole e itineranti vicende biografiche vuole evidenziare la capacità di adattamento dei Godi nell'inserirsi in contesti geografici e politici differenti dopo l'abbandono del vicolo cieco vicentino (insoddisfazione per il provincialismo, delusione per il ruolo puramente tecnico-giuridico e non *lato sensu* politico al quale i patrizi di Terraferma erano costretti in Venezia, a causa dell'intransigente rifiuto veneziano di condividere la sovranità), e per inseguire il prestigio familiare nelle corti e negli eserciti.

Nel terzo capitolo ho esaminato infine alcune peculiarità della famiglia, nella sua autocoscienza culturale e nella sua vita quotidiana: la sua "genealogia incredibile" e la vita domestica sottesa alle scelte successorie e matrimoniali. Ho narrato le vicende di Girolamo e Orazio: il primo passò alla storia come l'emblema culturale della famiglia per i suoi contatti con gli intellettuali italiani (in particolare con Pietro Bembo) e con Andrea Palladio, che progettò proprio per Girolamo la prestigiosa e sfarzosa villa di Lugo di Vicenza, inserita come esempio architettonico ne *I quattro libri dell'architettura*.[19] Orazio, a seguito dell'adozione da parte del ricchissimo nonno materno, diventò il secolare simbolo dell'irrequietezza della nobiltà vicentina. Fu il protagonista dell'*escalation* della violenza cittadina, che ebbe il suo culmine nell'uccisione del nobile Fabio Piovene presso la sua abitazione. Il processo che ne seguì non sconvolse solo le finanze del casato, ma mise anche in crisi il solido *network* clientelare, a causa del bando che colpì il giovane Orazio.[20] Il capitolo si conclude con la menzione degli oggetti preziosi di cui rimane traccia nelle carte d'archivio e che i Godi tra Quattro e Cinquecento acquisirono per se stessi o come dono per altri, soprattutto per i patrizi veneziani.

La prima idea di questa ricerca risale al 2007; l'inizio del lavoro vero e proprio al 2010. Ho presentato alcuni risultati provvisori in seminari diretti da Gian Maria Varanini (presso l'Università di Verona), da John Henderson (presso il Birkbeck College, University of London), da Guido Beltramini (presso il Centro Internazionale di Architettura Andrea Palladio, Vicenza) e da Elena Taddei (presso l'Institut für Geschichtswissenschaften und Europäische Ethnologie – Università di Innsbruck). Buona parte di questo lavoro costituisce una rielaborazione della mia tesi di dottorato, discussa all'Università di Verona il 28 maggio 2013, tutor Alessandro Pastore.[21] Il paragrafo I.3 è stato esposto a Berlino, nell'ambito del progetto *European and Venetian Renaissance* (EVERE) del Dipartimento di Scienze Storiche, Geografiche e dell'Antichità dell'Università di Padova, all'*Annual Meeting* del *The Renaissance Society of America* del maggio 2015. Una versione della relazione sarà pubblicata con il titolo *Not Only Blood. The Spanish Faction in the Republic of Venice: Vicenza in the Early Modern Age*, in *Factional Struggles in European Cities (14th-18th C.)*, a cura di Mathieu Caesar, Brill, London 2017. I paragrafi II.3 e II.4 sono invece stati in piccola parte anticipati nell'articolo *Nobili relazioni. Militari e uomini d'affari vicentini nel ducato sabaudo (1559-1595)*, «Società & Storia», 149 (2015).

Alla fine di questo percorso di ricerca doverosi e non formali sono i ringraziamenti. Sono debitore di indicazioni specifiche e consigli di lettura, nonché di un aiuto nel migliorare la qualità del testo ai professori Alessandro Pastore, Walter Panciera e Gian Maria Varanini, al quale va la mia gratitudine. Quanto al Department of History, Archaeology and Classics del Birkbeck College di Londra, dove ho trascorso un semestre grazie all'assegnazione di un finanziamento tramite una

19. Palladio, *I quattro libri*, vol. II, p. 65.
20. Bizzocchi, *La dissoluzione di un clan*, pp. 3-45.
21. Savio, *Strategie nobiliari. La famiglia Godi.*

borsa CooperInt, sono grato ai docenti John Henderson e Filippo de Vivo per i preziosi suggerimenti sulla storia veneziana ed europea. Su alcuni temi devo puntuali indicazioni a Guido Beltramini, Donata Battilotti, Edoardo Demo, Michael Knapton, Claudio Povolo e Paolo Preto. Ringrazio per suggerimenti, segnalazioni e per il sostegno ricevuto Francesco Bianchi, Eliana Biasiolo, Andrea Caracausi, Alessandro Cont, Geri Della Rocca De Candal, Silvano Fornasa, Egidio Ivetic, Simone Maculan, Federico Melotto, Chiara Mottin, Giulio Ongaro, Ermanno Orlando, Corrado Pin, Mauro Pitteri, Ruggero Prandin, Luca Rossetto, Cristina Setti, Giovanni Silvano, Andrea Spaliviero, Enrico Valseriati, Francesca Vella ed Elena Zanoni. Un vivo ringraziamento va anche alle archiviste Mattea Gazzola (Biblioteca Civica Bertoliana di Vicenza), Maria Luigia De Gregorio (Archivio di Stato di Vicenza) e Maria Paola Niccoli (Archivio di Stato di Torino).

1. Successi e rivendicazioni dei patrizi di terraferma. Le armi e la toga

1. *Violenza aristocratica nella città primogenita nella Terraferma veneziana*

1.1. *Il quadro politico di lungo periodo*

Tra XIII e XIV secolo, in assenza di una signoria locale, la storia di Vicenza fu quella di una città soggetta a diversi poteri esterni. Durante il Medioevo, la città berica non fu certo fra le più vivaci dell'Italia settentrionale a causa delle ridotte dimensioni e di una élite politicamente assai parcellizzata. Inoltre, posizionata nel cuore della Pianura veneta e a ridosso delle Prealpi, Vicenza era una preda allettante per i potenti poteri cittadini e signorili ad essa adiacenti.

Di primo acchito, la Vicenza tardo medievale potrebbe apparire un ambiente provinciale privo di una propria autonomia politica e con una spiccata propensione a divenire città suddita. Proprio per questa sorta di necessità a essere dominata, si potrebbe usare per Vicenza la categoria di città satellite, epiteto che negli ultimi decenni ha avuto una certa fortuna storiografica.[1] Dopo il tramonto ezzeliniano, se quasi tutte le città venete conservarono la propria autonomia, con esperienze di governo popolare e di signoria cittadina (a Treviso i Caminesi tra il 1283 e il 1312 e poi i goriziani nell'intervallo 1318-1323, a Verona gli scaligeri dal 1277 e a Padova più tardi i Carraresi dal 1339 fino al 1405), dal 1266, Vicenza subì la lunga supremazia dei potentati patavini. Furono questi dominatori a nominare i pubblici ufficiali, a imporre più tributi locali, ad ampliare la loro penetrazione fondiaria. Intervennero anche nell'assetto amministrativo del territorio,

1. Cracco, *Da comune di famiglie a città satellite*, pp. 73-138.

scorporando dal Vicentino i centri maggiori per incorporarli nel distretto padovano e nominarne i podestà. A lungo andare, tale sudditanza provocò una notevole avversione contro Padova da parte delle famiglie vicentine che di fatto ne favorì una maggiore coesione al fine di raggiungere obiettivi condivisi.[2] In realtà gli accordi in seno al patriziato vicentino ebbero come esito un nulla di fatto, poiché gli ottimati continuarono a essere esclusi dal governo della città. Piuttosto che tendere alla supremazia, le nobili casate scelsero di tornare a rintanarsi nelle loro roccaforti di campagna.[3]

Un intervento esterno, la discesa in Italia dell'Imperatore Enrico VII nell'aprile del 1311, agitò l'immobile aristocrazia vicentina che obbligò la ridotta guarnigione padovana a tornarsene a casa, grazie anche all'aiuto di alcune milizie veronesi. L'anno dopo, Vicenza passò sotto la dominazione scaligera e poi, nel 1387, sotto quella di Gian Galeazzo Visconti, duca di Milano ma la paura dei vicentini era sempre quella di diventare sudditi padovani. Il governo degli Scaligeri a Vicenza avviò l'opera di riordinamento politico-amministrativo, proseguito poi dai Visconti. I signori di Verona tentarono di eliminare gli elementi di conflitto tra fazioni che per secoli avevano limitato il ruolo politico della città berica e, contemporaneamente, estesero le prerogative urbane sul contado, che per secoli era stato il luogo di arroccamento delle élite cittadine, attivando nove vicariati, destinati a diventare undici durante la successiva dominazione veneziana. L'istituzione dei vicari era un'importante forma di controllo della città sul territorio e, in effetti, chi ricopriva quell'ufficio erano solitamente i membri delle locali consorterie nobiliari. Il vicario doveva presiedere alle assemblee delle comunità di sua competenza ed avallarne le decisioni, dirimere le cause civili minori ed eseguire i sequestri ai debitori insolventi.[4]

La fine inaspettata di Gian Galeazzo (1402) determinò una celere dissoluzione dello stato visconteo, cui subito seguirono le manovre politiche e militari del signore di Padova Francesco Novello da Carrara per sostituire i lombardi nel controllo della Terraferma veneta. La possibilità di una nuova signoria padovana allarmò l'élite vicentina, che preferì rivolgersi direttamente al Doge veneziano Michele Steno, pattuendo la dedizione della città. Il coinvolgimento marciano non fu, tuttavia, l'unica soluzione considerata dalla nobiltà vicentina, che in quei pochi giorni aveva forse

2. Bianchi, *Società e istituzioni del medioevo vicentino*, pp. 87-90.

3. Carlotto, *I da Marano*, pp. 199-219; Bortolami, *I Trissino e la Valle dell'Agno*, pp. 209-250; Bianchi, Parva civitas *di un ricco contado*, pp. 115-117.

4. Varanini, *Vicenza nel Trecento*, pp. 193-245.

valutato «anche la possibilità di aderire alla confederazione svizzera. Ad ogni modo, le truppe veneziane entrarono a Vicenza il 25 aprile 1404 (ma secondo diversi cronisti il 28 aprile)».[5]

Vicenza si proclamò dunque primogenita di Venezia (la retorica cittadina presto lo sottolineò) e, accettando volontariamente il dominio veneziano, ottenne la conferma di una serie di privilegi che riconobbero al comune cittadino un'autonomia sia fiscale che giurisdizionale. Queste concessioni quattrocentesche durarono a lungo. Forse la più importante conferma fu quella dell'antica magistratura del consolato. Tra i vari tribunali delle città soggette ai veneziani, questa corte di giustizia (aperta ai giuristi appartenenti alla nobiltà cittadina) aveva la prerogativa di istruire i processi per omicidio; inoltre, nel 1545, i vicentini acquisirono anche il diritto di bandire certi tipi di criminali da tutto lo Stato veneziano.

Nella prima età moderna gli stati regionali italiani erano abbastanza diversi dalle principali monarchie europee. Il pragmatismo veneziano, gelosamente conservatore, fu in grado di sfruttare le strutture burocratiche o gerarchiche preesistenti per collegare centro e periferia. Lo stato territoriale veneziano rimase comunque composito, un'accumulazione di territori distinti e frammentati amministrativamente privati soltanto di alcune competenze fondamentali.[6] Lo stesso linguaggio politico rinforzò questa distinzione: il comune di Vicenza manteneva la condizione di città stato, e si chiamò *respublica* senza obiezioni da parte di Venezia e perciò continuò a usare monete di conto differenti, ad avere una propria cittadinanza, un proprio calendario e propri santi patroni.

1.2. *La famiglia Godi nello spazio vicentino*

Per comprenderne il linguaggio politico è utile avere il *senso dei luoghi* della città di Vicenza.[7] Infatti, l'ambiente va considerato

> come un mezzo e un risultato di azioni e non come un mero contenitore di azioni, un qualcosa intimamente coinvolto e che non può essere separato da esse. Non vi è dunque un luogo che possa esistere separato dagli eventi e dalle attività sociali che in relazione a esso si svolgono.[8]

5. Bianchi, *Le dominazioni di una "città satellite"*, p. 92.
6. Tagliaferri, *Ordinamento amministrativo della Terraferma*, pp. 15-43; Chittolini, *Città, comunità e feudi*, p. 16.
7. Bourdieu, *Ragioni pratiche*, pp. 45-50.
8. Ronzon, *Il senso dei luoghi*, pp. 11-12.

I luoghi mutano sempre secondo i gruppi sociali che li abitano, nonché in base alle esigenze, al fattore tempo e soprattutto alle relazioni di potere: strategie, conflitti e negoziazioni. La questione dello spazio in alcuni casi è talmente importante che la geografia sembra soppiantare la storia.[9] Per comprendere un conflitto, seppur limitato, e contestualizzarne la specificità, è necessario non solo ricostruirne l'epoca, ma anche metterne in risalto le peculiarità locali. Questo è chiaro, nel dibattito italiano, fin dal saggio di Carlo Dionisotti del 1951, *Geografia e storia della letteratura italiana.*[10] Lo spazio è quindi una questione politica: delimitarlo serve a controllarlo e a difendere l'egemonia su di esso.

Dopo questa premessa, diventa rilevante analizzare dove nel corso del Cinquecento vissero i patrizi vicentini e in particolare la famiglia di Enrico Antonio Godi, oggetto principale di questo studio, quando la città era suddivisa nei quartieri Duomo, San Pietro, Santo Stefano e Portanuova, le unità amministrative maggiori.[11] Nel 1505, Enrico Antonio risiedeva nel suo palazzo principale, ereditato dai genitori, nella centralissima zona del Duomo (sindacaria di Carpagnon). Era a stretto contatto con i da Porto, gli Arnaldi e i Valmarana.[12] Terminata la guerra di Cambrai, nel 1519, Enrico Antonio si trasferì con la famiglia nell'attiguo quartiere di San Pietro, in sindacaria di San Faustino, dove i figli strinsero legami soprattutto con i giovani Valmara-

9. Lefebvre, *Spazio e politica.*

10. Dionisotti, *Geografia e storia*, p. 54.

11. In realtà il sistema era più complesso. Vicenza era suddivisa in sindacarie interne ed in borghi esterni. Le sindacarie di formazione medievale, così chiamate perché il capo contrada era il Sindaco, erano undici: Duomo o Vescovado, San Francesco, Carpagnon, San Michele, San Paolo, San Faustino, Santa Corona, Santo Stefano, San Giacomo, San Lorenzo e di San Marcello. I borghi erano otto ovvero Berga, San Felice, San Vito, Lisiera, Camisano, San Pietro, Portanova e Pusterla. Tutti questi venivano raggruppati nei quattro quartieri. Il Duomo comprendeva le sindacarie del Duomo, di San Francesco, di Carpagnon e i borghi di San Felice e di Berga. San Pietro raggruppava le sindacarie di San Michele, di San Faustino, di San Paolo e i borghi di Camisano e di San Pietro.

12. ASVi, *Estimo*, b. 2, anno 1505, secondo le cifre d'estimo del 1505 erano più ricchi Enrico Antonio Godi (con la cifra di estimo di 13) e Giovanni Augusto Ghellini (13). Gli altri erano Pietro di Biagio Saraceno (11), Bartolomeo di Pietro Antonio dal Toso (9), Francesco di Bernardino Repeta (9), Battista e fratelli Valmarana (9), Francesco di Antonio Trento (8), Bernardino Brazzoduro (8), del Duomo ma della zona di borgo San Felice Baldisserra di Nicola Fracanzan (8) e del Duomo ma della zona di Borgo Berga Guglielmo Poiana (8). I vicini di casa di Enrico Antonio Godi del quartiere del Duomo nella sindacaria di Carpagnon erano Vincenzo *quondam* Cristoforo Godi (4), i Poiana, i Castellini, i Trissino, i Bissari, i Velo, i da Schio, i da Roma, i Loschi, gli Arnaldi e i Valmarana.

na (si veda la fig. 1).[13] Negli anni successivi il capofamiglia acquisì altri edifici vicini alla casa di San Faustino, finché nel 1525 andò ad abitare in un palazzo prossimo al ponte di San Michele, nella sindacaria di San Paolo.[14] Qui, dopo la sua morte (1536), i figli legarono con i vicini giuristi (Ferramosca e Monza) e con coloro che praticavano la mercatura (Garzadori e Scroffa), al fine di mantenere buoni i rapporti con i Valmarana.[15] Negli anni Cinquanta e Sessanta del Cinquecento le abitazioni dei Godi formarono un aggregato urbano a grappolo. Si trattava di un *unicum* a Vicenza. Mentre quasi tutte le famiglie nobiliari avevano dislocato i palazzi situati in più zone della città, a forma di «grappolo, si potevano trovare solo le proprietà Godi e Scroffa [...] nuclei posti lungo importanti tracciati stradali».[16] Comprendere dove erano collocate le abitazioni è utile anche per spiegare le origini delle clientele e dei conflitti: infatti, fino agli anni Sessanta del Cinquecento, il lignaggio a capo dei Capra e dei Valmarana, al quale i Godi afferivano, risultava essere nel centro cittadino «rado, sfrangiato, diffuso»,[17] mentre trent'anni dopo il panorama era mutato a loro favore.

Forse è opportuno offrire qualche sintetica informazione sulla storia della formazione aristocratica vicentina dal Medioevo. Nel corso del Trecento i nobili vicentini passarono dall'età del "castello nel contado" all'età del palazzo cittadino e i contrasti tra di loro persero di intensità.[18] Anche

13. ASVi, *Estimo*, b. 2, anno 1519, secondo le cifre d'estimo del 1519 erano più ricchi a Vicenza Enrico Antonio Godi (19), Matteo dal Toso (18), Galeazzo Thiene (17) e Montano Barbarano (16). Enrico Antonio Godi viveva nel quartiere di San Pietro in particolare in sindacaria San Faustino (oggi tra contrà San Faustino e contrà Oratorio dei Servi) ed era vicino dei Valmarana. L'estimo successivo del 1519 in ASVi, *Estimo*, b. 2, anno 1519, conferma le cifre e le abitazioni precedenti.

14. ASVi, *Estimo*, b. 2, anno 1525, secondo le cifre d'estimo del 1525 era ancora il più ricco di Vicenza Enrico Antonio Godi, ma si spostò, di poco, nella sindacaria di San Paolo (oggi contrà San Paolo e contrà Piancoli) sempre del quartiere San Pietro. L'estimo del 1532 (ASVi, *Estimo*, b. 3, anno 1532) conferma le cifre e le abitazioni di quello del 1525.

15. Nell'estimo cittadino del 1563-1564 Pietro Godi figlio di Enrico Antonio era membro della commissione atta alla formulazione: Battilotti, *Vicenza al tempo di Andrea Palladio*, pp. 124-126. I Godi erano dislocati nel quartiere San Pietro in sindacaria San Paolo (oggi contrà San Paolo e contrà Piancoli) e i loro vicini appartenevano alle famiglie Ferramosca, Scroffa e Garzadori.

16. Boccato, *Un territorio conteso*, p. 599; sullo stesso tema per Verona, si veda: Lodi, *La contrada di San Vitale*, pp. 63-82; *Lo spazio politico locale*.

17. Boccato, *Un territorio conteso*, p. 605.

18. Cracco, *Da comune di famiglie a città satellite*, pp. 137-138; Vicenza non trascurò di rimarcare sempre la sua primogenitura veneziana: «son perfeta, fidel, discreta et richa», «la mia fama si spande per lialtate» in Varanini, *Vicenza nel Trecento*, p. 243.

4
3
2
1

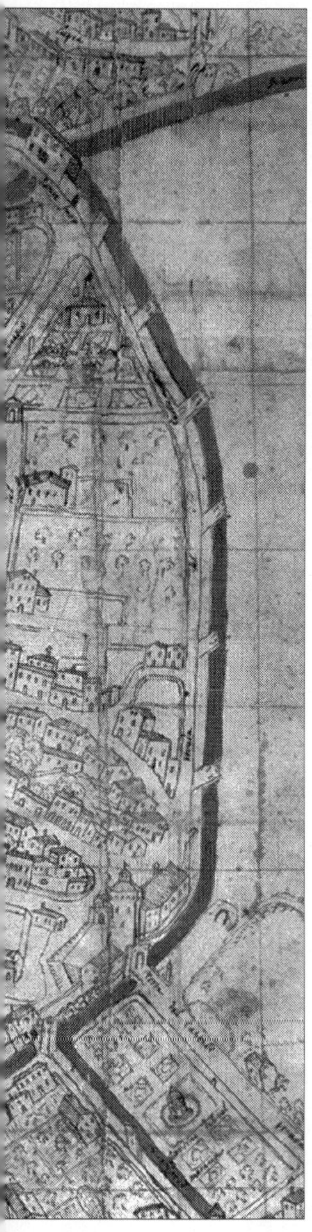

Fig. 1. La città di Vicenza nel 1580, pianta Angelica. Su concessione della Biblioteca Angelica di Roma. Rielaborazione di una copia della pianta di Vicenza, dall'estimo del 1563-1564:

1) la casa di contrà Carpagnon (ora palazzo Arnaldi Segala) apparteneva a Vincenzo Godi e fratello;

2-3) il nucleo presso ponte San Michele è diviso tra i figli di Enrico Antonio (Girolamo e Pietro) e si trovava ad occupare la parte dell'isolato compresa tra contrà Gazzolle e Piancoli, Oratorio dei Servi. Pietro ha la parte più consistente che comprende tutto il lato orientale di contrà Gazzolle una piccola casa sul lato settentrionale di contrà Piancoli; Girolamo una vecchia casa confinante con quest'ultima.

4) Un'altra casa Godi, degli eredi di Marcantonio Godi si trovava nell'isolato posteriore, tra contrà San Faustino e contrà Oratorio dei Servi, ma in questo spazio sia l'estimo che la pianta Angelica sono molto approssimativi e non è possibile individuarla. Dovrebbe essere vicina al ponte di San Michele.

nel corso del Quattrocento ci furono riduzioni di eserciti privati delle élite aristocratiche. Di recente questo fenomeno è stato definito come «destrutturazione di un sistema signorile» famigliare a favore del comune cittadino.[19] Nel Cinquecento si registrò poi la nascita di vere e proprie fazioni con bande armate che si susseguirono senza sosta per tutto il secolo e oltre.

Per restare nell'area della Terraferma veneta, solo nel Friuli perdurarono ininterrottamente, tra Trecento e Cinquecento, le massicce presenze di milizie private agli ordini delle nobili casate locali. In questo contesto geografico i nobili mantennero uno *status* ancora feudale con una sovranità territoriale quasi illimitata.[20] Venezia agì in modo tale da barattare parte del suo potere giurisdizionale con i nobili friulani in cambio della fedeltà e della difesa del territorio di confine, così importante per la sopravvivenza della capitale. In ambito criminale, le ingerenze da parte della Dominante furono limitate: a Vicenza e a Verona (ma in maggior misura a Vicenza) la giustizia era una prerogativa cittadina gestita quasi autonomamente dai rispettivi consolati urbani, costituiti dagli stessi nobili originari della città.[21]

1.3. *Violenza aristocratica e attitudini militari*

Dopo Agnadello la città di Vicenza si caratterizzò per essere la scena di efferati delitti: gli accusati di omicidio arrivarono a superare il centinaio di unità all'anno.[22] Il fenomeno, che interessò in generale tutti i luoghi

19. Varanini, *Nelle città della Marca Trevigiana*, pp. 584-585; Romano, *The Limits of Kinship*, pp. 87-102.

20. Ventura, *Nobiltà e popolo*, pp. 138-149; Muir, *Mad Blood stirring*; Bianco, *Mihi vindictam*, pp. 249-273; Andreozzi, *Rivolte e fazioni*, pp. 3-38. Girolamo Savorgnan, per esempio, aveva ucciso nel 1581 in un monastero di Venezia lo zio Ascanio ed era stato per questo motivo condannato al bando perpetuo. Fuggì e si rifugiò nel suo castello di Osoppo a capo di trecento suoi soldati in Molmenti, *I banditi della Repubblica Veneta*, p. 108.

21. Viggiano, *Governanti e governati*, pp. 214-215. A p. 306 l'autore descrive che nel Cinquecento l'intervento dei rettori veneziani a Vicenza era ancora limitato nei confronti di «homicidi et rixe».

22. Alcuni esempi di queste violenze per la città in ASV, *Collegio*, ASV, *Collegio, Suppliche, Suppliche di fuori*, f. 336, 20 aprile 1582; per il distretto in ASV, *Collegio, Suppliche, Suppliche di fuori*, f. 315, cc. 125r-126r, a Lupia una banda di centoventi uomini guidati da Nicolò Thiene e Galeazzo Chiericati "presidia" il territorio; ASV, *Collegio, Suppliche, Suppliche di fuori*, f. 320, c. 92, 31 maggio 1566; ASV, *Capi del Consiglio di dieci*, *Dispacci (lettere) dei rettori e pubblici rappresentanti*, b. 224, n. 232, 1577: «nelle ville di Mason, Angaran, et Mure son ben spesso commessi varii delitti con l'andar

della penisola dove le clientele locali nel corso del Quattrocento erano venute meno, sembra essersi verificato nella città berica con particolare veemenza. Nelle città della Lombardia veneta, e soprattutto a Brescia e a Bergamo, l'ingrossarsi degli schieramenti era stato più graduale.[23] I primi segnali di questi cambiamenti in seno all'aristocrazia incominciarono tra gli anni Venti e Trenta del Cinquecento, quando si sviluppò una decisa *militarizzazione* della società.[24]

A Vicenza tutte le famiglie che ricoprivano incarichi presso le massime istituzioni cittadine, a parte i Godi, avevano almeno un rappresentante che svolgeva la professione militare. È stato ormai chiarito come l'esile e incerta struttura dell'esercito veneziano spinse la Dominante ad avvalersi della capacità della nobiltà locale di arruolare e addestrare in tempi brevi le milizie, specialmente in territori di confine. I patrizi veneziani, spaventatati dalla sconfitta di Agnadello, richiesero progressivamente più uomini alle comunità del contado, che si configurarono come le «cellule base del complesso sistema militare dello stato, coloro che lo amministravano quotidianamente, in guerra così come in pace».[25] La maggioranza dei contadini venne reclutata a sorte all'interno delle comunità e una parte degli ufficiali fu scelta anche tra la nobiltà periferica. A sua volta l'aristocrazia, attraverso questa militarizzazione, ampliò relazioni e amicizie con nobili provenienti da altre realtà italiane, in particolare dall'Italia centrale.[26]

le parti in setta de 80 et 100 insieme». In generale Vicenza fu descritta spesso violenta. Nel 1555 i Sindaci inquisitori scrissero sui patrizi vicentini che «fra di loro non si amano; stanno continuamente sulla costione et la principal causa delle loro dissensione nascono per il loro litigare per essere persone litigiosissime» in Melchiorre, *Conoscere per governare*, p. 109. Le relazioni sulle tensioni in città sono ripetute, nel secondo decennio dei Seicento l'ambasciatore spagnolo a Venezia scrisse: «Vicenza è citta molto bella, allegra, abondante, et molto richa, per esser li vicentini molto facoltosi, ma però terribili, scandalosi, et homicidiarii, et in verità posso affermare che lo Stato di Venetia non ha sudditi più sanguinari, et vindicativi per non dire diabolici, delli vicentini, delli quali niuno sicuramente si può fidare» in Raulich, *Una relazione del marchese di Bedmar*, pp. 12-13.

23. Varanini, *Nelle città della Marca Trevigiana*, pp. 591-592.

24. Per la militarizzazione della società veneta del Quattrocento: Mallett, *L'organizzazione militare di Venezia nel '400*; Hale, *L'organizzazione militare di Venezia nel '500*; Mallett, *Signori e mercenari*, pp. 131-137.

25. Di Tullio, *La ricchezza delle comunità*, p. 19.

26. Varanini, *Vicenza nel Trecento*, p. 243, n. 663. Per le amicizie tra soldati vicentini e dell'Italia centrale: Pezzolo, *«Un San Marco che in cambio di libro ha una spada in mano»*, pp. 84-88.

Tra gli anni Trenta e Cinquanta, nei momenti delle *mostre*, cioè delle esercitazioni militari, furono spesso invitati a presenziare come ospiti capitani e comandanti laziali, toscani, marchigiani, ma anche francesi e tedeschi. In queste *mostre* si esibivano i nobili graduati e i semplici soldati, individui tra i più poveri delle comunità del contado. Questi ultimi si addestravano nelle compagnie dove c'erano i nobili proprietari dei poderi che decidevano i loro canoni di affitto. Dopo le esercitazioni militari, che avvenivano una volta al mese, i contadini ritornavano al loro lavoro.[27] A partire dagli anni Venti i nobili cominciarono gradualmente ad attorniarsi dei parenti più poveri e dei contadini più abili nell'uso delle armi, ovvero di coloro che militavano nelle *cernide* e nelle *ordinanze*.[28] Dalle testimonianze dei rettori vicentini il circondarsi di armati era a quel tempo un fenomeno quasi di costume, ma comunque contenuto: i giovani nobili vicentini si muovevano scortati da gruppi costituiti da due o tre persone. Dagli anni Trenta il fenomeno subì un incremento vertiginoso. Ebbe qualche influenza un evento che colpì Vicenza tra il 1527 e il 1531: un'orda di «furfanti et furfante trentine et de Soramonte», originaria cioè dell'area montana ai confini della Repubblica, aveva invaso Vicenza a seguito di una grave crisi economica.[29] Contemporaneamente, alcuni quartieri della città furono colpiti dal tifo e dalla peste, cosicché il consiglio cittadino il 31 ottobre 1531 decise di espellere tutti coloro che non fossero originari di Vicenza e del suo territorio.[30] In quel periodo criminali e servitori a basso costo erano disponibili a lavorare per chiunque avesse ga-

27. Pezzolo, *L'archibugio e l'aratro*, pp. 59-79. Nelle pagine successive Pezzolo accenna anche alla protezione della nobiltà locale nei confronti dei contadini-bravi a partire dagli anni Quaranta, ma il fenomeno andrebbe adeguatamente studiato anche perché nel vicentino c'erano più di tremila individui solo l'ordinanza degli archibugieri in *Relazione di Francesco Morosini*, p. 15. Negli anni Trenta furono dimezzati gli uomini impiegati nell'esercito e ciò può avere provocato un surplus di militari-bravi nelle campagne: Pezzolo, *Organizzazione bellica e ambiente militare*, pp. 248-249.

28. Nel 1543 «alcuni cittadini delle terre nostre [...] pigliano per servitori de questi dell'ordinanze per potersi servire della licentia che hanno di portar le arme contribuendo ad accrescere il disordine» in BCBVi, AT, b. 59, c. 100v, 22 settembre 1543. Dopo quarant'anni gli stessi contadini-miliziani approfittando della loro posizione al servizio dei nobili locali commisero parecchi illeciti andando «per il visintin facendosi paghar molte volte per dui o tri giorni» dalle comunità per non creare disordini: BCBVi, AT, b. 667, f. 20, c. 5, 1582.

29. Sanudo, *I Diarii*, XLVI, col. 380; la descrizione della tragica congiuntura viene esposta anche da Niccoli, *Vedere con gli occhi del cuore*, pp. 128-129.

30. Bortolan, *Un asilo di mendicità a Vicenza*, p. 10. L'espulsione, secondo il provvedimento, doveva avvenire entro tre giorni.

rantito loro una vita decente. Venezia non riuscì ad arginare e a comprendere nella sua drammaticità il fenomeno e si inimicò buona parte dell'élite vicentina a causa dell'aumento della tassazione. Ancora una volta, la capitale non si premurò immediatamente di rinsaldare, per quanto possibile, le relazioni con le aristocrazie suddite. L'interesse per il dominio della Terraferma aveva cominciato a manifestarsi con maggior frequenza dopo la parentesi della guerra, ma anche se la politica veneziana era basata su cauti accomodamenti, la Dominante non riuscì nel corso del Cinquecento a ristabilire il clima precedente alla guerra con i suoi ceti dirigenti: anzi, il controllo del territorio da parte di Venezia sembrò ridursi alla sola pressione fiscale e molti uomini del contado, per necessità di sicurezza economica e sociale, si trasformarono in soldati al servizio dei nobili.[31]

2. *La formazione giuridica dei Godi a Padova nel Quattrocento e nel Cinquecento*

2.1. *Aristocratici e studi giuridici*

I Godi studiarono diritto soprattutto per esprimere un ruolo rilevante nel consolato cittadino e nel collegio dei giudici.[32] A Vicenza vi era infatti una corte di giustizia periferica, composta in maggioranza da giuristi appartenenti all'aristocrazia cittadina, che attraverso l'esercizio politico della giustizia gestiva il controllo sociale rivestendo una funzione essenziale nella faida nobiliare e nella sorveglianza dei ceti sottoposti.[33] Coloro che appartenevano al collegio vicentino dei giudici godevano inoltre di alcuni privilegi, ad esempio l'esonero di una parte della tassazione.[34] Durante il Cinquecento appartennero al collegio vicentino dei giudici Enrico Antonio Godi, i figli Marcantonio e Pietro e il nipote Paolo Antonio.[35] Ad ottenere incarichi prestigiosi nella magistratura furono tutti i membri della fami-

31. ASV, *Relazioni*, *Collegio V* (*Secreta*), f. 51: il podestà Alvise Muazzo il 25 agosto 1539 nel tratteggiare i contadini vicentini scrisse «esser homeni sanguinei e que stano volentiera su le armi».

32. Su questi risulta fondamentale una relazione inedita sulle magistrature della città del 1582, in ASV, *Miscellanea codici*, b. 125, pezzo 36, seconda parte, vv. 37-40 e 60-61.

33. BCBVi, AT, b. 168, fasc. 16, f. 1r, *Statuto dell'antico e sacro collegio*, p. 166.

34. Grubb, *Comune privilegiato e comune dei privilegiati*, p. 52.

35. ASVi, CRS, CdG, reg. 2784, c. 11r; Faggion, *Les seigneurs du droit,* p. 182n.

glia.[36] Questi ultimi, vista l'importanza del loro ruolo, avrebbero potuto poi vantare il grado più alto di nobiltà una volta nominati.[37]

La giurisdizione del consolato, magistratura con ampie competenze in materia penale, era una delle espressioni dell'autonomia urbana, in quanto la città poteva mantenere sia un controllo assai stretto sul vasto territorio che una difesa oculata delle gerarchie sociali tradizionali, nonché una limitazione di alcuni dei poteri giurisdizionali di Venezia. I giuristi del collegio, invece, dovevano appartenere al ceto aristocratico e a loro competeva, in qualità di giudici, di realizzare la sintesi imprescindibile tra l'istanza di difendere le prerogative repubblicane e quella di sancire il ruolo egemonico della nobiltà berica sulla propria città.

Ai Godi una laurea in giurisprudenza era necessaria anche per accedere alla carica di vicario nel contado vicentino e per esercitare l'attività forense, come avvenne nel caso di Pietro Godi, l'ultimo grande avvocato della casata durante il Cinquecento.[38]

36. Nel decennio 1530-1540 ecco la carriera esemplificativa dei tre membri Godi nel collegio dei giuristi. Per Enrico Antonio Godi: ASVi, CRS, CdG, reg. 2793, c. 1r, 1530 sindaco fiscale; ASVi, CRS, CdG, reg. 2783, c. 1r, 1531 sindaco fiscale, ASVi, CRS, CdG, reg. 2783, c. 2r, 1531 sindaco ingrossadore; ASVi, CRS, CdG, reg. 2783, c. 14v, 1534 sindaco fiscale e ASVi, CRS, CdG, reg. 2783, c. 15v, 1534 priore del collegio dei giuristi. Per Marcantonio Godi: ASVi, CRS, CdG, reg. 2793, c. 4r, 1530 consigliere del collegio dei giuristi; ASVi, CRS, CdG, reg. 2783, c. 20r, 1534 giudice del cavallo; ASVi, CRS, CdG, reg. 2783, c. 24r, 1536 priore del collegio dei giuristi; ASVi, CRS, CdG, reg. 2783, c. 24r, 1536 giudice ingrossadore; ASVi, CRS, CdG, reg. 2783, c. 25v, 1536 giudice fiscale vecchio; ASVi, CRS, CdG, reg. 2783, c. 27r, 1536 giudice ingrossadore; ASVi, CRS, CdG, reg. 2783, c. 29v, 1537 giudice dell'aquila; ASVi, CRS, CdG, reg. 2783, c. 33v, 1538 consigliere del collegio dei giuristi; ASVi, CRS, CdG, reg. 2783, c. 35r, 1538 giudice delle mariganze; ASVi, CRS, CdG, reg. 2783, c. 36v, 1538 sindaco del vicariato di Malo; ASVi, CRS, CdG, reg. 2783, c. 37r, 1538 giudice fiscale vecchio; ASVi, CRS, CdG, reg. 2783, c. 39v, 1538 giudice del cavallo; ASVi, CRS, CdG, reg. 2783, c. 44r, 1540 giudice fiscale vecchio; ASVi, CRS, CdG, reg. 2783, c. 45v, 1540 giudice delle mariganze e ASVi, CRS, CdG, reg. 2783, c. 47v, 1540 giudice dell'aquila. Per Pietro Godi: ASVi, CRS, CdG, reg. 2783, c. 25v, 1536 giudice fiscale giovane; ASVi, CRS, CdG, reg. 2783 c. 27r, 1536 giudice dell'aquila; ASVi, CRS, CdG, reg. 2783 c. 30v, 1536 giudice fiscale giovane; ASVi, CRS, CdG, reg. 2783 c. 37r, 1538 giudice fiscale nuovo; ASVi, CRS, CdG, reg. 2783 c. 43v, 1539 giudice dell'aquila e ASVi, CRS, CdG, reg. 2783 c. 44r, 1540 giudice fiscale nuovo.

37. Grubb, *Comune privilegiato e comune dei privilegiati*, p. 53; sulla nobiltà degli avvocati si veda in Garzoni, *La piazza universale*, vol. I, p. 182 «il dottorato dei leggisti – studiosi di diritto – rilascia il certificato di nobiltà e per servar l'onesta e il decoro, che uno avocato vada vestito onorevolmente, secondo il suo grado, acciò che sia tanto più stimato e riputato dal giudice e da tutti».

38. Cozzi, *Il diritto nella politica del "Comune Veneciarum"*, vol. I, pp. 103-104. La vicenda di Alessandro da Lisca (1532-1610), un altro avvocato che si muoveva con suc-

Godi, Loschi, Monza e Nievo furono le famiglie vicentine che, più delle altre, nel corso del Cinquecento indirizzarono i propri figli allo studio del diritto. Quasi tutti i lignaggi berici, che nell'età moderna operarono nelle professioni legali, avevano preso avvio da una tradizione trecentesca iniziata con la pratica notarile. Successivamente, ogni famiglia, in base alle proprie scelte interne, preferì specializzare i propri membri nell'attività di procuratore presso il contado vicentino, o nell'avvocatura presso la città, o perfino nell'amministrazione centrale (come funzionari o assessori, che aiutavano, per quanto concerneva il diritto comune, i patrizi veneziani) e nell'insegnamento allo Studio di Padova. Conoscere il diritto era comunemente considerata una risorsa tra la fine del Quattrocento e gli inizi del Cinquecento, tanto che quasi ogni nobile famiglia berica aveva almeno un paio di membri che frequentavano i corsi di giurisprudenza a Padova. Nell'insieme i dottorandi vicentini raggiungevano cifre elevate, tanto più se si considera che Vicenza non era una città universitaria.[39] I motivi che portarono ad un numero così notevole di laureati in giurisprudenza devono essere ricercati proprio nella necessità di emancipazione di un ceto politico che, pur assoggettato ad altri dominanti, verso la fine del Quattrocento si destò dal suo torpore. Queste aspirazioni, che a Vicenza probabilmente furono solo più evidenti rispetto ad altre realtà, potevano essere ricondotte al fiorente sviluppo economico pedemontano – quindi alla necessità pratica di avere avvocati dello stesso ceto nelle cause mercantili – nonché alla particolarità vicentina di un consolato cittadino e di un collegio di giuristi con prerogative legali notevoli. Il ceto dei giuristi era profondamente collegato al potere politico locale e, a partire dal Quattrocento, coloro che svolgevano le attività di giudice e di avvocato nella città berica erano contraddistinti dal prestigio, dal potere e dalla ricchezza. Diverbi, ma anche omicidi, venivano appianati legittimamente tramite il ri-

cesso nei medesimi anni tra la Terraferma (Verona) e Venezia, è stato descritto in Lanaro, *Da grande nobiltà a nobiltà di provincia: i da Lisca a Verona nella prima età moderna tra ascesa politica e interessi fondiari*, pp. 50-55, e sulla fortuna economica degli avvocati ASVi, *Notarile*, Notaio Paolo Pace, b. 8088, c. da 31r a 50v.

39. ASVi, *Corporazioni soppresse*, b. 2782; Berengo, *L'Europa delle città*, p. 343 «I dati del Collegio [dei giuristi] di Vicenza – di una città non universitaria, dove quindi si offrono minori possibilità di impiego – non sono facili da interpretare, perché mentre i 21 immatricolati del 1469 sembrano riflettere un credibile ordine di grandezza, la loro vertiginosa crescita a 70 nello spazio di una intera generazione, nel 1503, pare rispondere a circostanze specifiche che ci sfuggono»; Grubb, *Firstborn of Venice*, p. 31. Nell'intervallo 1517-1530 si addottorarono in diritto 63 dottori padovani, 36 vicentini, 36 veneziani e 35 bresciani. Dei veneziani solo 4 erano patrizi.

corso al tribunale cittadino: in questa sede, avvocati e giudici (vi sono casi in cui potevano appartenere anche alla stessa famiglia) risolvevano i conflitti, trovando un accordo che soddisfacesse tutti i contendenti. Il patto, spesso imposto e considerato condizione essenziale per il ristabilimento dell'ordine pubblico, traeva origine da una struttura sociale ancora fortemente connotata dai lignaggi familiari e dalla faida.

La famiglia Godi era dunque fortemente coinvolta nello studio e nelle pratiche del diritto: era iscritta al collegio vicentino dei notai almeno dal Duecento[40] e a quello dei giuristi almeno dal 1321. Tra il 1480 e 1568 sul totale dei figli e dei nipoti di Enrico Antonio Godi la metà (dieci) si laureò a Padova e solo due non si addottorarono in legge.[41]

Tralasciando la parentesi della guerra della Lega di Cambrai e gli anni appena successivi, emerge che la quasi totalità della nobiltà vicentina, e in generale di tutta la Terraferma, si addottorò a Padova; le poche eccezioni di questi anni si riscontrano in coloro che per qualche motivo intrapresero la carriera ecclesiastica e preferirono quindi trasferirsi già dall'adolescenza in città più adeguate a queste vocazioni, *in primis* a Roma.

2.2. *Gli studi dei patrizi vicentini*

Nel Quattrocento furono essenzialmente culturali i motivi che spinsero i pochi studenti vicentini a studiare fuori dalla Repubblica, come fu per Girolamo Godi, che probabilmente si laureò a Firenze o a Urbino.[42] Per i vicentini lo studio di Bologna esercitò sempre un fascino particolare tanto che, durante la chiusura dell'ateneo padovano, Paolo Godi raggiun-

40. Sembra che la prima modula, cioè composizione dei notai in cui sono presenti i Godi a Vicenza, sia del 1309. In base ai manoscritti che narrano la storia della famiglia, si fa leggendariamente riferimento all'attività notarile già dal IX secolo.

41. Lionello Godi, che si laureava negli stessi anni a Padova, non apparteneva al ramo di Enrico Antonio Godi, ma è un cugino di secondo grado. Lionello da un punto di vista economico è più povero di Rigo Antonio e probabilmente sosteneva l'Impero. *Acta graduum academicorum gymnasii patavini. Ab anno 1471 ad annum 1500*, vol. 17, n. 1776, Lionello si addottorò il 20 agosto 1494 in diritto civile, i suoi testimoni furono Antonio Trento (cognato di Leonardo Trissino), Antonio Branzo, Nascimbene Angaran, Girolamo Ferramosca tutti scolari in diritto e vicentini.

42. Dupuigrenet Desroussilles, *L'Università di Padova dal 1405 al Concilio di Trento*, vol. 3, p. 617; sulle pressioni del governo veneziano, a metà secolo, per una esclusiva frequenza a Padova, Varanini, *«Nonnulli presumptuosi»*, pp. 211-219, ove si fa cenno anche al peso non irrilevante appunto di Ferrara.

se subito quella città: il prestigio dell'Università bolognese, il fatto che non fosse così lontana da Vicenza e non ultima la presenza di docenti vicentini costituirono gli incentivi al trasferimento. A metà Quattrocento, infatti, Nicolò Battista dalla Volpe, iniziando come semplice lettore pubblico allo Studio di Bologna, vi tenne in seguito la cattedra di "humanità", venendo riconosciuto dottissimo nelle lettere. Il suo successore fu un altro vicentino, Cristoforo Magrè.[43] Dal 1483 era docente a Bologna Nicolò da Lonigo, detto il Leoniceno (1428-1524), formatosi prima alla scuola di Ognibene da Lonigo e successivamente a Padova. Nicolò ricevette, fra gli altri, gli elogi di Erasmo da Rotterdam e dell'Ariosto per i suoi insegnamenti di matematica, filosofia e medicina, ottenendo anche l'ammirazione dei contemporanei, ivi compreso quella di papa Leone X. Nel novero dei suoi scolari tra Bologna e Ferrara ebbe Pietro Bembo e molti vicentini, il più celebre dei quali fu Giangiorgio Trissino.[44] Nella città emiliana gli studenti vicentini, già pochi, diminuirono sensibilmente fino quasi a scomparire dagli anni Trenta agli anni Cinquanta del Cinquecento, per poi ricomparire negli anni Sessanta (in questo caso appartenevano quasi tutti alla famiglia Trissino e si laurearono in medicina): probabilmente la ragione va rintracciata nella cattedra del professore Antonio Fracanzan, che dal 1562 al 1564 insegnò medicina nello Studio bolognese.[45] A partire dagli anni Sessanta del Cinquecento anche altri *Studia* minori che si trovavano fuori dalla Repubblica destarono interesse nelle famiglie vicentine, anche se i motivi di questo interesse furono differenti da quelle dei loro predecessori. Le scelte universitarie erano infatti spesso legate alla possibilità di intraprendere la carriera di cortigiano: le corti riscuotevano un forte *appeal* presso le nobili famiglie di Terraferma. Nell'aprile del 1582 si segnalarono ben sei gentiluomini vicentini (tra cui Ludovico Godi) che frequentavano materie scientifiche

43. Mantese, *Memorie storiche della Chiesa vicentina*, vol. III, parte II, pp. 784-785; Calvi, *Biblioteca e storia*, vol. II, pp. 114-123; Tiraboschi, *Storia della letteratura italiana*, vol. VI, p. 1130; Paglierino, *Croniche di Vicenza*, vol. IV, p. 185.

44. Sul Leoniceno si vedano Ferrari, *Gli errori di Plinio*, vol. II, pp. 173-204; Mugnai Carrara, *La biblioteca di Nicolò Leoniceno*. Sul Leoniceno a Vicenza, si veda Mantese, *Memorie storiche della Chiesa vicentina*, pp. 834-835; Calvi, *Biblioteca e storia*, vol. II, pp. 198-199.

45. Mantese, *Memorie storiche della Chiesa vicentina*, p. 839; Calvi, *Biblioteca e storia*, vol. III, p. 204; Tiraboschi, *Storia della letteratura italiana*, vol. VII, p. 667.

(medicina e matematica) presso l'Università torinese.[46] Molti rampolli vicentini andarono a studiare nello Studio di Parma tra la fine del Cinquecento e i primi anni del Seicento, rinunciando a Padova non solo per ragioni politiche ma anche per la qualità dell'istruzione.[47]

Ascesa sociale, malcelate simpatie per la Spagna e per l'Impero, ma anche dissenso religioso e adesione ad opinioni non cattoliche (è il caso di coloro che si recarono come scolari nelle città riformate) portarono, invece, altri studenti vicentini a prendere strade che conducevano fuori dall'Italia. In Europa, le città che vantavano un discreto numero di studenti vicentini furono quelle francesi: già negli anni Cinquanta, infatti, si segnalarono ben sette vicentini, molti dei quali banditi dalla Repubblica, fra lo Studio d'Orleans e quello di Parigi.[48] Nel corso del Quattro e del Cinquecento il patriziato veneziano, specie quello più tradizionalista, cercò in ogni modo di vietare la pratica della laurea all'estero in una logica statuale di accentramento e di controllo sull'istruzione superiore. Venezia arrivò al punto di annullare i titoli di studio conseguiti fuori dalla Repubblica e di proibire a tutti coloro che si fossero trovati in questa situazione di far parte dei collegi cittadini delle rispettive città di Terraferma; interdisse, inoltre, la professione all'interno dello Stato a coloro che si erano addottorati all'estero in diritto, medicina e arti. Si trattava di leggi severissime che volevano colpire una lunga tradizione di esterofilia ma che, come si evince dalla realtà vicentina, rimasero disattese per tutto il Cinquecento. Una parte di coloro che si recarono all'estero, inoltre, erano stati banditi da Venezia (e quindi le motivazioni dell'abbandono di Venezia non si devono cercare solo nell'ideologia imperiale) per fatti di sangue e i pochissimi che iniziarono a frequentare le Università fuori dalla Repubblica di Venezia generalmente non ritornarono più nelle loro città d'origine. I patrizi veneziani, come scrissero i rettori di

46. BAM, *ms. D 90 inf.*, Antonio Maria Ragona, *Viaggio d'Italia in Francia, Inghilterra, Hispagna et Portogallo [1582-1583]*, c. 6r: «in Turino è lo studio e quando vi passai vi erano cinque o sei gentiluomini vicentini». Cozzi, *La politica culturale della Repubblica di Venezia*, pp. 9-27.

47. RRV, vol. VII, p. 154.

48. BAM, *ms. D 90 inf.*, Antonio Maria Ragona, *Viaggio d'Italia in Francia, Inghilterra, Hispagna et Portogallo [1582-1583]*, c. 9r: «Giungemmo di buon ora a Roanne, terra grossa posta sull'altra ripa del Loere, e passammo il fiume sopra barche, ed allogiammo in una osteria nella quale diceva il Pigafetta esservi alloggiati ventidue anni avanti sette Vicentini che andavano allo studio d'Orleans e di Parigi». Considerando che il viaggio fu nel 1582 il Pigafetta dovrebbe parlare degli anni Cinquanta.

Terraferma, erano soprattutto preoccupati della collusione che si sarebbe potuta originare tra gli stranieri e gli studenti provenienti dalle città suddite in opposizione alla Repubblica stessa.[49] In realtà, gli ambasciatori veneziani residenti all'estero sfruttarono le relazioni con i laureati fuorusciti per far giungere alcune informazioni ai sovrani ospitanti.

2.3. *A Padova: formazione giuridica e legami sociali*

Le liste dei recenti volumi riguardanti i diplomi di laurea dello Studio di Padova, gli *Acta graduum Academicorum Gymnasii Patavini*, ignorati dalla maggior parte di coloro che si sono interessati della realtà vicentina in età moderna, offrono informazioni non solo sul corso scelto da parte dello studente attraverso il suo attestato finale, ma anche sui testimoni presenti durante le pubblicazioni. Da questo punto di vista, anche se i volumi non sono sempre completi, costituiscono un'inesauribile fonte di informazioni di amicizie e frequentazioni durante il periodo di studio, anche perché alcuni legami perdurarono negli anni. Si è già analizzata nel primo paragrafo la laurea di Enrico Antonio Godi, discussa a Padova il 12 gennaio 1480: tra i suoi amici filo-veneziani che erano andati a sostenerlo troviamo i nobili Giovanni Loschi, Paolo da Porto e il vicentino Ludovico Zuffato, che all'epoca presiedeva l'Università degli Artisti.[50] Uno dei testimoni del Godi, Giovanni Loschi si sarebbe addottorato in diritto civile dopo tre mesi e negli anni successivi, prima di essere assassinato da Leonardo Trissino, sarebbe divenuto un famoso giurista. Enrico Antonio Godi ne ricambiò la presenza partecipando alla laurea dell'amico assieme al canonico Simone da Porto.[51] Dopo Enrico Antonio il primo della sua famiglia a studiare a Padova fu il figlio Paolo. Probabilmente quest'ultimo iniziò a studiare diritto civile, ma non riuscì a istruirsi a lungo nella città patavina perché nel 1509 le vicende della guerra della Lega di Cambrai determinarono la chiusura dello Studio; egli proseguì poi a Bologna, dove nel 1519 conseguì il dottorato.[52]

49. RRV, vol. VII, p. 155.

50. BCBVi, AG, b. 25, m. XXIV, 12 gennaio 1480 e *Acta graduum academicorum gymnasii patavini. Ab anno 1471 ad annum 1500*, vol. 17, n. 636.

51. *Acta graduum academicorum gymnasii patavini. Ab anno 1471 ad annum 1500*, vol. 17, n. 643, Giovanni Loschi si addottora il 21 marzo 1480 e tra suoi testimoni vi erano oltre ai vicentini nominati: Raffaele Discalzi, padovano dottore artista e studente in civile, e Basileo Sugana, trevigiano studente in civile.

52. Bortolan, *Canonici della cattedrale di Vicenza*, alla voce Paolo Godi. L'autore lo cita come canonico laureato in legge e Guerrini, *"Qui voluerit in iure promoveri"*, p.

I vicentini che studiarono nel capoluogo emiliano fino alla fine della guerra della Lega di Cambrai (1517) manifestarono un solido amalgama tra loro e un'osmosi costante con gli studenti dell'Università degli Artisti. La chiusura politica dei veneziani verso la nobiltà vicentina in ascesa è ravvisabile anche tra coloro che erano presenti durante la nomina dottorale: i patrizi vennero progressivamente, e di fatto, sostituiti con nobili esterni la Repubblica. Questo fenomeno è già ravvisabile il 21 ottobre 1518 nella nomina dottorale di Marcantonio Godi in diritto civile.[53] La guerra, infatti, aveva ridisegnato i rapporti di forza tra le famiglie cittadine di Terraferma. Dopo qualche mese si addottorò in *utroque iure* Battista da Porto: furono presenti alla cerimonia il canonico Paolo Godi, figlio di Enrico Antonio, e Alessandro Trento.[54] L'assenza dei vicentini venne compensata da testimoni d'eccezione come Marco Antonio Loredan, capitano di Padova, e da alcuni vescovi veneti e protonotari apostolici.[55] Questa laurea del 1519, l'ultima in cui membri delle famiglie da Porto e Godi furono presenti assieme, prefigurò gli avvenimenti successivi: dalla fine degli anni Trenta nella città di Vicenza i rapporti fra le due famiglie gradualmente si deteriorarono. A tenerle unite fino ad allora fu probabilmente la figura carismatica di Enrico Antonio Godi, ma la sua morte nel 1536 si ripercosse negativamente anche sugli assetti relazionali e sugli equilibri politici.

Tra il 1529 e il 1532 anche un altro figlio di Enrico Antonio, Girolamo, frequentò lo Studio di Padova senza seguire alcun corso, ma fu in relazione comunque con Pietro Bembo e altri vicentini laureandi in diritto.[56] Girolamo completò gli studi in un'altra università, probabilmente a Firenze o a Urbino, ma poiché, come si è detto, in quel periodo la Re-

139, n. 322, il 19 dicembre 1519 Paolo Godi si addottorò in diritto canonico. Si vedano anche alla stessa data: ASBo, *Studio*, *Libri segreti del Collegio Canonico*, *segnato I*, 126 (1377-1528), c. 209v e ASBo, *Studio*, *Atti del Collegio Canonico*, *prima serie segnata A*, 22 (1507-1519), cc. 141r-141v. Nel 1519 il segretario personale di Enrico Antonio Godi a Venezia era bolognese e avevano la stessa origine i suoi fattori che lavorano nelle case di Vicenza e di Barbarano Vicentino.

53. *Acta graduum academicorum gymnasii patavini. Ab anno 1501 ad annum 1525*, n. 766, Marcantonio Godi si addottorò il 21 ottobre 1518 in civile.

54. Ivi, n. 788, Battista da Porto si addottorò in *utroque iure* il 4 marzo 1519.

55. Oltre ai vicentini presenziavano alla nomina di Battista da Porto: Ugo Rangoni vescovo di Reggio, Giovanni Argentino vescovo di Concordia, Giovanni Ludovico Saluzzo protonotario apostolico e abate di Staffarda e Giovanni di Campofregoso.

56. Sambin, *Gli studenti giuristi*, pp. 215-224.

pubblica non riconosceva corsi di studio fuori dai propri confini, dovette rinunciare a lavorare nel campo giuridico.[57]

Pietro Godi, un quarto fratello, cominciò invece a frequentare l'Università di Padova dal gennaio del 1531, quando fu presente alla nomina di Girolamo Priorato in diritto civile: come testimoni furono chiamati, fra gli altri, il vicentino Antonio Valmarana. Ai primi anni Trenta si potrebbe datare l'inizio del sodalizio tra i fratelli Godi, figli di Rigo Antonio, la famiglia di Leonardo e Antonio Valmarana e alcuni cremonesi politicamente di primo piano, come Leonardo Benzoni preposto della chiesa di Santa Maria Maggiore di Crema e studente in legge.[58] Negli stessi anni Godi e Valmarana, infatti, si avvicinarono e frequentarono assiduamente la figura controversa del frate domenicano Battista di Crema e poi il suo allievo Antonio Maria Zaccaria. Nel 1532 Pietro Godi, a dimostrazione del fatto che i suoi rapporti con i cremonesi non furono sporadici, fu presente assieme ad altri studenti di giurisprudenza milanesi alla nomina dottorale in civile di Fortunato Benzoni.[59] Il 22 dicembre 1534 arrivò alla fine del suo percorso di studio in diritto civile Pietro Godi, ma tra i suoi testimoni si trovavano solo membri della famiglia Monza e Valmarana e non si presentò alcun cremonese: il motivo potrebbe essere ricercato in un processo iniziato in quelle stesse settimane per una questione fiscale, che aveva per protagonista un abitante di Crema, accusato proprio da alcuni membri della famiglia Valmarana.[60] Dopo una decina d'anni, il 12

57. Girolamo Godi era dichiarato spesso dottore nei documenti padovani e anche dopo la morte del padre Enrico Antonio: Zorzi, *Le ville e i teatri*, pp. 25-26. Le motivazioni culturali potrebbero essere state maggiori di quelle economiche. Per la normativa sui laureati fuori Venezia, si veda Viggiano, *Governanti e governati*, pp. 193-194.

58. *Acta graduum academicorum gymnasii patavini. Ab anno 1526 ad annum 1537*, n. 1711, Girolamo Priorato si addottorò il 31 gennaio 1531 in civile e chiamò come testimoni sia il Godi che il Valmarana.

59. *Acta graduum academicorum gymnasii patavini. Ab anno 1526 ad annum 1537*, n. 1862, Fortunato Benzoni si addottorò il 9 settembre 1532 in civile, tra i suoi testimoni vi erano, oltre a Pietro Godi, solo studenti in diritto provenienti da Cremona, città natale del Benzoni, e da Milano.

60. Ivi, n. 2090, Pietro Godi si addottorò il 22 dicembre 1534 in diritto civile. Tra i suoi testimoni da Porto e Valmarana, come in BCBVi, AG, *Istrumenti*, *Istrumenti sciolti*, m. 89, b. 89 (probabilmente ora b. 77), n. 4195, 22 dicembre 1534, privilegio del dottorato del nobile Pietro figlio del cavalier e domino Enrico Antonio Godi. Tra i testimoni c'erano Ludovico Gagliardo, Paolo Leone e Antonio Valmarana; ASV, *Capi del Consiglio di dieci*, *Dispacci (lettere) dei rettori e pubblici rappresentanti*, b. 223, nn. 195-196, 30-31 dicembre 1534.

febbraio 1543, sempre a Padova, Pietro Godi si addottorò un'altra volta in diritto canonico e i suoi testimoni furono tutti friulani.[61] La ragione di una laurea così tarda e con testimoni provenienti dal Friuli, territorio con la quale i Godi apparentemente non avevano alcun legame, è al momento inspiegabile.

Dagli anni Venti agli anni Trenta i figli di Enrico Antonio Godi si trovarono assiduamente per motivi di studio a Padova, anche se, da quanto risulta nell'archivio privato, non comprarono delle abitazioni, ma si appoggiarono ai loro cugini di primo grado Vincenzo Godi, che aveva stabilito la sua residenza, in una casa tra le attuali via San Francesco e via del Santo, «alla Veraria», vicino all'Università,[62] Pietro di Guidone alle Torricelle[63] e Alessandro Pigafetta, che possedeva una casa in contrada San Giorgio.[64]

Fino al 1532 Girolamo Godi frequentò la casa padovana anche di Bernardino da Porto, fratello del più noto Luigi e cognato di Girolamo stesso, essendosi sposato con la sorella di questi, Lucia.[65] Nel 1532 tre vicentini legati dalla parentela e dal diritto come Girolamo Godi, Bernardino da Porto e Francesco Malchiavelli erano in strettissimi rapporti con l'élite culturale padovana rappresentata da Alvise Cornaro, Pietro Bembo e Angelo Beolco detto il Ruzante.[66] Il 14 febbraio 1532 il Bembo scrisse a Girolamo Godi per informarlo di una commedia a Padova preparata per l'occasione dal Corna-

61. *Acta graduum academicorum gymnasii patavini. Ab anno 1538 ad annum 1550*, n. 3917, Pietro Godi si addottorò il 12 febbraio 1543 in diritto canonico.

62. ASPd, *Notarile*, Notaio Bartolomeo Biasi, b. 1130, c. 362, 3 febbraio 1515, ASPd, *Notarile*, Notaio Prosdocimo d'Este, b. 2043, c. 51, 19 aprile 1514, ASPd, *Notarile*, Notaio Marco Rogato, b. 1472, c. 104, 6 dicembre 1513, ASVi, *Notarile*, Notaio Antonio Sarasin, b. 4984, 10 settembre 1511; ASPd, *Notarile*, Notaio Vincenzo Vaienti, b. 5841, 28 gennaio 1523.

63. Zaupa, *L'origine del Palladio*, pp. 46 e 51.

64. BCBVi, AG, *Istrumenti*, *Istrumenti sciolti*, m. 80, b. 80, n. 3526, 19 gennaio 1529, notaio Zaccaria Burletto di Padova, saldo «di Giacomo Antonio Bon al nobile Alessandro Pigafetta del mezzo dell'acquisto per esso Pigafetta fatte dal quondam Girolamo padre di detto Giacomo Antonio con ducati 264 d'una casa murata, cupata, e solerata, con pozzo e due corti in Padova, contrà di San Giorgio».

65. Ivi, m. 62, b. 62, n. 2422, 12 maggio 1516, notaio Bortolamio Pedretti, «nuziale della nobile Lucia figlia del nobile domino Enrico Antonio Godi promessa al nobile Bernardin quondam altro Bernardin Porto con dote di ducati 1300». Su Luigi da Porto: Clough-Pellizzari, *Luigi da Porto. Lettere storiche*, pp. 263-331.

66. Sambin, *Gli studenti giuristi*, p. 219 e sui rapporti Chiericati, Girolamo Godi, Alvise Cornaro, Pietro Bembo il documento, suppongo ancora inedito in, ASV, *Notarile*, Notaio Gio Maria Cavagnis, b. 3348, c. 623v, febbraio 1542 m.v.

ro.[67] L'amicizia tra il Bembo e il Godi doveva essere già nata negli anni Venti, perché il veneziano nelle lettere inviate a Bernardino da Porto raccomandava sempre di salutargli Girolamo.[68] Nel 1535 Girolamo Godi frequentò per qualche periodo anche la casa padovana dell'illustre Cesare Riario, mentre già nel 1511 suo fratello Paolo Godi aveva frequentato la casa bolognese di un altro membro di questa illustre casata, Raffaele Riario.[69]

Le relazioni del fratello Pietro Godi a Padova avevano più un interesse politico e professionale che culturale: dopo la seconda laurea negli anni Quaranta egli sfruttò, infatti, le amicizie coltivate durante gli anni di studio per proseguire il lavoro del padre. In questo senso si comprendono i rapporti che Pietro Godi mantenne con buona parte del patriziato veneziano, non disdegnando i rapporti con quegli avvocati che avevano collaborato con suo padre Enrico Antonio. Tra il 1546 e il 1547 Pietro Godi frequentò, per qualche tempo, il principe del foro Alvise da Noale, il quale, anche se non aveva potuto diventare Cancellier Grande, riuscì comunque ad essere uno dei più ricchi uomini del Veneto orientale.[70] Come suo fratello Girolamo, negli stessi anni Pietro mantenne buoni rapporti con la famiglia Cornaro, in modo particolare con Alvise e Giovanni figli di Giorgio.[71] Autonomamente egli estese i contatti anche alla famiglia feudale dei Collalto, che possedeva proprietà nel vicentino.[72]

Gli iscritti all'Università dei giuristi dovevano essere divisi in due gruppi che a loro volta appartenevano a undici *nationes* ciascuno.[73] In realtà a catalizzare la politica degli studenti dell'epoca erano proprio i bresciani e i vicentini, ma su questi primi conflitti abbiamo scarse informazioni perché le carte pervenuteci sono pochissime e sono posteriori al 1545, anno nel quale incominciarono gli atti (o annali) dei giuristi. Tra il 1537 e il 1540, come rilevò anche Giangiorgio Trissino, gli scontri erano costituiti da burle e spinte,

67. *Lettere di messer Pietro Bembo*, vol. III, pp. 319-320 e Bembo, *Lettere*, pp. 312-313, n. 1331.

68. Bembo, *Lettere*, p. 402, n. 1444.

69. Sambin, *Gli studenti giuristi*, p. 220.

70. Sui rapporti tra Godi e da Noale e i veneziani Alvise Cornaro e Giovanni di Giorgio Cornaro nel 1546, si veda il documento in ASV, *Notarile*, Notaio Marcantonio Cavagnis, b. 3250, c. 276v, 7 luglio 1546.

71. Zaupa, *Andrea Palladio e la sua committenza*, p. 28.

72. Ivi, p. 148 e come segnala l'autore anche ASVi, *Notarile*, Notaio Paolo Vaienti, b. 260: si registra il 19 novembre 1545 l'incontro tra alcuni Collalto e Pietro Godi.

73. Fedalto, *Stranieri a Venezia e a Padova*, pp. 531-532.

ma negli anni successivi si registrò un'*escalation* della violenza.[74] Lo scopo primario dei vicentini era focalizzato sullo spodestare i bresciani dai ruoli di primo piano che avevano conquistato negli organismi universitari, primo fra tutti il rettorato dei giuristi, una sorta di presidente tra gli scolari di diritto.[75] Per decidere la nomina del rettore servivano i voti degli studenti iscritti: in qualche caso i vicentini inserirono nomi di persone non iscritte che poi si recarono a votare, come nel caso di un Godi. Questi tentativi di broglio, tuttavia, vennero subito scoperti e il voto conseguentemente annullato.[76] Nel dicembre 1558 e nel gennaio 1559 alcuni vicentini delle famiglie Chiericati e da Porto ferirono e ammazzarono alcuni bresciani per poi risolvere momentaneamente la questione con una pace rogata a Vicenza alla presenza dei rispettivi capifamiglia e di alcuni professori.[77] L'accordo durò solamente qualche mese perché il 3 agosto 1560 si registrò un nuovo scontro fra tre vicentini e due bresciani. Lo scontro, con armi da fuoco, avvenne davanti al palazzo del podestà e Venezia, di conseguenza, soppresse per qualche mese le cariche elettive degli studenti. Nel 1560 le due fazioni all'interno dell'Università dei giuristi, ma anche in quella delle arti, erano così costituite: i vicentini con i trevigiani, i milanesi e i bergamaschi; il gruppo bresciano con i veronesi, i genovesi e i pugliesi.[78] Le altre nazioni, di volta in volta, decidevano con chi stare. In merito a questi conflitti, i Godi ebbero un ruolo rilevante negli anni Trenta con Pietro, che ricoprì il ruolo di sindaco e dovette gestire in prima persona le violenze durante la campagna elettorale; successivamente sembra che a capo del partito vicentino vi fossero i da Porto e i Trissino.[79] Dopo un

74. Morsolin, *Giangiorgio Trissino*, pp. 242: nelle sue lettere private il Trissino rilevò i problemi di carattere politico tra i bresciani e i vicentini presso l'Università di Padova e si vedano per gli scontri del 1537-1538 in ASAUPd, b. 5, f. 170v e sgg. e Piovan, *Guillaume Philandrier*, pp. 34-36.

75. ASAUPd, b. 5, cc. 34v-35r, 26 luglio 1537, vari vicentini facevano opposizione probabilmente contro i bresciani.

76. Ivi, b. 4, c. 307, agosto 1534: Nicolò Godi manifesta la volontà nel votare per essere studente; c. 312, agosto 1534, la candidatura di Nicolò Godi è cassata.

77. Nel dicembre 1558 l'aggressività tra bresciani (delle famiglie Bocchi, Montino, Fante, Buoni) e vicentini aumentò più del solito e per questo alcuni capifamiglia tentarono un accordo in ASVi, *Notarile*, notaio Teseo Brogliano, reg. 6539, 25 marzo 1558; ASV, *Collegio, Suppliche, Suppliche di fuori*, f. 312, c. 155r, 31 marzo 1558, alcuni bresciani si feriscono a Vicenza.

78. Dupuigrenet Desroussilles, *L'Università di Padova dal 1405 al Concilio di Trento*, pp. 607-647; Brambilla, *Genealogie del sapere*, pp. 102-113.

79. ASAUPd, b. 5, cc. finali pertinenti agli anni 1530-1532, s.d. ma probabilmente agosto 1532.

decennio di quiete le discordie ripresero, ma per timore delle ritorsioni veneziane, non furono sempre denunciate.[80]

Tra i figli di Enrico Antonio Godi laureati in giurisprudenza solo uno tentò la carriera presso l'Università di Padova. Nel 1508 era stato lettore di sacri canoni Marcantonio, ma lo Studio venne chiuso quasi subito a causa della guerra ed egli fu richiamato solamente il 25 ottobre 1518, cioè alla fine del conflitto.[81] Nel 1528 le esigenze dell'Università erano cambiate e Marcantonio, a seguito delle dimissioni di un altro docente, venne richiamato per circa un biennio come lettore in diritto civile, rendendosi disponibile anche in canonico.[82] Risulta interessante il fatto che, pur essendo una famiglia dall'indubbia tradizione giuridica (lo si deduce dal numero dei laureati, quasi la metà dei maschi), i Godi non svolsero nel corso del Cinquecento l'attività di giudici assessori. Queste cariche spettavano solitamente ai professori o ai giudici affermati, visto che si trattava di accompagnare i patrizi veneziani nei tribunali delle città di Terraferma. Era un ruolo che veniva affidato in particolare ai giuristi provenienti dalle città suddite, ma nel corso del Cinquecento furono i centri minori (Monselice, Rovigo ecc.), ossia le "quasi città", a vantare la maggioranza di questi professionisti.[83]

3. *Enrico Antonio Godi: un patrizio del primo Cinquecento tra professione giuridica e solidarietà familiari*

3.1. *Enrico Antonio Godi, avvocato di successo a Venezia (1480-1520 circa)*

Il compito dello storico dovrebbe essere «conoscere anche gli individui, senza essere troppo astratti».[84] Varrà la pena conoscere, quindi, la

80. Tra il 1568 e il 1580 si registrarono scontri tra studenti tedeschi (alleati dei bresciani) contro i vicentini, nel 1587 scolari tedeschi contro polacchi (si ignora se i vicentini fossero alleati dei polacchi e se i problemi fossero di ordine etnico) e nel 1589, nuovamente, i bresciani si scontrarono contro i vicentini per il controllo del rettorato.

81. Barbarano de Mironi, *Historia Ecclesiastica della Città*, vol. IV, p. 322, Marcantonio Godi venne chiamato per meno di un anno come lettore di sacri canoni all'Università.

82. Sanudo, *I Diarii*, libro XXVI, coll. 117-118, 25 ottobre 1518: «a la letura di mezo di rason civil domino Marco Antonio de Godis fiol di domino Rigo Antonio, con salario fiorini 51 a l'anno, in loco di domino Antonio Porzclin, fo conduto per rotulo e non vol più lezere» e si veda anche in Portenari, *Della felicità di Padova*, p. 230: «Marcantonio Godi da Vicenza buon Canonifta lefle in Padoua il Canónico. 1518».

83. Povolo, *L'intrigo dell'onore*, pp. 197-198.

84. Bloch, *Apologia della storia*, pp. 73-82.

biografia del nobile Enrico Antonio Godi.[85] Egli non assunse incarichi militari, né religiosi, né culturali, ma i contemporanei cinquecenteschi lo menzionarono per essere stato uno degli avvocati più noti della Repubblica di Venezia. Fu tra i personaggi di primo piano sia a Vicenza che a Venezia, che lo ricompensò per il suo costante impegno alla causa repubblicana.

Enrico Antonio, o meglio Rigo Antonio come era chiamato, seppe rompere con il proprio passato famigliare e imporsi professionalmente nella capitale.[86] Rigo Antonio gettò le basi anche per il futuro dei suoi figli, dopo la sua morte la famiglia non ebbe più personaggi così eminenti. L'altra ragione che ci induce a iniziare da Rigo Antonio è legata alla quasi totale rimozione dalla memoria vicentina di questo personaggio a favore di altri uomini che si distinsero allora nelle lettere, come Luigi da Porto, o nel diritto, come Aurelio dall'Acqua, perché Antonio Godi visse pochissimo a Vicenza, preferendo la capitale o la villa di campagna nel basso vicentino, a Barbarano Vicentino (fig. 2), sede dei primi possedimenti dei suoi antenati.

Enrico Antonio Godi, nato negli anni Cinquanta del Quattrocento e morto l'11 novembre del 1536, era figlio di Cristoforo e di Lucia da Centrale. Il padre di Cristoforo si chiamava Enrico ed era figlio di Antonio, per cui Rigo Antonio rievocava nel proprio nome quello del nonno e del bisnonno. Il 12 gennaio 1480 Enrico Antonio conseguì il privilegio del dottorato all'Università di Padova in *utroque iure* con i professori promotori Alessandro Nievo, Giovanni Battista Roselli, Pietro Barbò Soncin, mentre i suoi testimoni durante la discussione furono Ludovico Zuffato, rettore dell'Università degli artisti, e gli scolari giuristi vicentini Nicolò Trissino, Giovanni Loschi e Paolo da Porto.[87] Dopo un mese, il 6 febbraio 1480, egli fu eletto giureconsulto di collegio a Vicenza, e di lì a qualche anno

85. Braudel, *Civiltà e imperi del Mediterraneo*, pp. 8-9; Id., *Scritti sulla storia*, pp. 131-148.

86. Voce *Antonio Godi* curata da Marino Zabbia, in *DBI*, vol. 57, pp. 510-413 e BCBVi, *Ms. 485* (Godi), cc. 1r-12v. Tra il 1521 e il 1524 il poeta Gianbattista Dragonzino da Fano, fu spesso a Vicenza per cantarne le lodi. Nei suoi versi richiamò tutte le più ricche famiglie vicentine, ma si dimenticò di Enrico Antonio Godi, perché in quel periodo risiedeva a Venezia, in Dragonzino, *Nobilità di Vicenza*.

87. BCBVi, AG, b. 25, m. XXIV, 12 gennaio 1480 e *Acta graduum academicorum gymnasii patavini. Ab anno 1471 ad annum 1500*, vol. 17, nn. 636 e 643; su questi docenti: Belloni, *Professori giuristi a Padova nel secolo XV*, pp. all'indice. Gli ultimi due erano sostenitori di Venezia. Per Pietro Barbò Soncin: Martellozzo Forin, *Manoscritti, editoria e biblioteche*, vol. II, pp. 617-664; Zorzi, *Le ville e i teatri di Andrea Palladio*, p. 25 e ASVi, *Notarile*, Bortolo Carpi, b. 5624, 7 novembre 1536. Il documento originale non è reperibile

fu iscritto nella matricola dei notai della medesima città.[88] La nomina dei giureconsulti nella città berica era già all'epoca più prestigiosa di quella dei notai, ma egli dovette iscriversi comunque perché così avrebbe potuto presenziare anche nei consigli cittadini. Infatti, Enrico Antonio voleva affiancare all'esercizio della professione forense il *cursus honorum* delle magistrature vicentine, fino a giungere alla carica di console (i dodici consoli affiancavano il podestà e la sua corte di tre giudici nella discussione delle cause criminali della città e del territorio) o deputato, cariche politiche di primo piano nella città berica.[89]

Nel 1483, all'inizio della sua carriera, Enrico Antonio Godi, in contemporanea all'inizio della sua carriera di avvocato nella sua città, accompagnò per sei mesi i Sindici inquisitori, ossia i tre patrizi veneziani che venivano mandati nella Terraferma a compiere ispezioni periodiche nei tribunali locali.[90] Durante questo viaggio il giurista vicentino fece esperienza della bipartizione giuridica delle varie località dello stato marciano: nella Repubblica di Venezia vi era, infatti, una profonda differenza fra la dottrina giuridica della Terraferma, basata sullo *ius comune* di tradizione romana, che il Godi aveva acquisito nello studio patavino, e quella di Venezia, connessa a una visione più politica del diritto, che attribuiva un maggiore spazio di discrezionalità all'arbitrio del giudice.[91] Enrico Antonio in quel semestre maturò come avvocato, si costruì relazioni personali (clientelari) nei territori visitati e amicizie tra i veneziani che accompagnava. Il gruppo, oltre appunto ai patrizi veneziani, comprendeva un cancelliere per le questioni civili, un coadiutore per quelle penali e uno svariato gruppo di avvocati provenienti da quasi tutto

in ASVi, ma alcune copie coeve sono conservate nel fondo Godi della BCBVi, AG, b. 91, m. XCI.

88. Almeno dal 1493 secondo Tommasini, *Teatro genealogico delle famiglie nobili*, p. 79; BCBVi, *ms. 2426*, Godi (inizi del circa XVII secolo).

89. Sul collegio dei giudici di Vicenza: Faggion, *Les seigneurs du droit*; sul collegio vicentino dei notai Bartolini, *Pratique notariale dans une communauté de la Terre Ferme vénitienne*, pp. 259-274; sulle corporazioni e collegi vicentini in generale: Frigo, *Corporazioni e collegi tra governo cittadino e dominio veneziano*; Bisazza, *Notai tristi e sufficienti*, pp. 3-33; Muttoni, *L'antico Collegio dei Notari*.

90. Sanudo, *Itinerario per la Terraferma veneziana*; Varanini, *Gli ufficiali veneziani*, pp. 155-180; Melchiorre, *Conoscere per governare*, pp. 16-31; Law, *The Venetian Mainland State*. Nei primissimi anni Ottanta Enrico Antonio Godi si distinse appena laureato nell'arbitrato tra due noti siciliani in Martellozzo Forin, *Notes from the archives*, pp. 566-571. Sull'arbitrato: Panciera, *Il compromesso arbitrale e il concordato fallimentare*, pp. 391-402.

91. Leicht, *Lo Stato veneziano e il diritto comune*, vol. I, pp. 209-210.

il dominio. Rigo Antonio conobbe, in quell'occasione, anche il nipote di uno dei Sindici inquisitori, il futuro illustre diarista Marin Sanudo (1466-1536), allora diciassettenne, che avrebbe incontrato molte volte in seguito e che avrebbe raccontato il viaggio nell'*Itinerarium cum syndicis terrae firmae.*[92] Nell'itinerario il Sanudo nominò per Vicenza i personaggi più in vista della città che incontrò durante il soggiorno: Matteo Pigafetta, Battista Trissino e Alvise da Porto, tutti imparentati con il giovane Godi.

L'archivio Godi conserva soltanto le tracce dei suoi investimenti immobiliari urbani, sembra però che non abbia avuto una residenza ufficiale almeno fino agli anni Venti del Cinquecento perché prima risiedette a Venezia, dove aveva aperto uno studio forense.[93]

Altri avvocati erano stati delusi dal mancato successo, ma a 40 anni Enrico Antonio Godi cominciò la sua ascesa, prima difendendo i sudditi e poi gli stessi patrizi veneziani. Si distinse in duplice modo, praticando il diritto veneziano.[94] Si è già evidenziato come, a differenza che in laguna, le città della Terraferma veneta avessero una tradizione giuridica romanistica, quindi più propensa alle elaborazioni dotte. Lì l'avvocato era in genere un tecnico del diritto, dotato di un'ampia cultura giuridica e proveniente da ceti sociali altolocati; a Venezia, invece, egli era una figu-

92. Sanudo, *Itinerario per la Terraferma veneziana,* p. 461: «Sono infatti presenti almeno in quest'ultima fase personaggi di un certo spessore culturale, e "tecnici" del diritto e – direi soprattutto – dell'amministrazione: in grado complessivamente di costituire, ed è questo che conta, una specie di rappresentanza dei diversi ambienti della Terraferma. Troviamo infatti due giuristi veronesi (i già ricordati Bernardino Grasso, appartenente alla casata del capitano vita naturali durante della Cittadella, e Silvestro Rambaldo, patrizio in ascesa); Enrico Antonio Godi vicentino, anch'egli di famiglia tutt'altro che ignota; Bartolomeo da Maderno nella riviera gardesana occidentale, e infine lo studente bergamasco, di prestigiosa famiglia signorile e giurisdicente ma in via di integrazione nella società urbana, Trussardo da Calepio».

93. Zaupa, *Architettura del primo rinascimento*, pp. 36-37. In particolare Enrico Antonio Godi continuò ad acquisire abitazione tra le zone del Duomo e della contrada di Carpagnon: ASVi, *Notarile*, Notaio Giacomo Monza, b. 1923, c. 23, 27 dicembre 1481; ASVi, *Notarile*, Notaio Gregorio Malo, b. 4631, c. 19, 19 settembre 1486 e 23 aprile 1487; ASVi, *Notarile*, Notaio Antonio Sarasin, b. 4907, c. 5v, 2 gennaio 1488.

94. Viggiano, *Governanti e governati*, pp. 35-36; Zaupa, *Architettura del primo rinascimento*, pp. 218-219. Il primo caso accertato di difesa di Enrico Antonio Godi dovrebbe essere nei confronti del padovano Giacomo di Matteo Farina che si affidava all'avvocato nel febbraio del 1493 (non si comprende se la difesa aveva lavorato nei tribunali di Verona o di Venezia), in ASVr, *Notarile*, Notaio Bartolomeo Maccachio, b. 6868, c. 153v, il 18 febbraio; Berengo, *L'Europa delle città*, pp. 343-344.

ra che basava la sua professionalità principalmente sulle capacità retoriche e sulla ricerca di soluzioni di compromesso, riconducibili a condivisi valori di equità. L'abilità di Rigo Antonio verteva, quindi, sulla scelta delle argomentazioni, a partire dalle procedure consiliari veneziane e rinunciando alla propria conoscenza giuridica.

L'avvocato vicentino si affacciò sulla scena veneziana nel decennio in cui si erano appena ricomposte alcune tensioni tra gli avvocati di Terraferma e il patriziato di marca più tradizionale, che aveva tentato più volte nel corso del Quattrocento di impedire ai suddetti «advocati et doctores forenses di placitare tanto frequentemente cause presso i tribunali ed i consigli della Serenissima, contravvenendo in tal modo alla consuetudine per cui ai soli patrizi veneziani era consentito di esercitare quella funzione».[95] Nel corso del tardo Medioevo, infatti, a Venezia vi era stata un'evoluzione non lineare dell'avvocatura: da una prerogativa patrizia (avvocati ordinari) a una sorta di sistema misto con i professionisti del diritto (avvocati straordinari). Questi ultimi solo nel settembre del 1489 furono riconosciuti ufficiosamente dal senato veneziano; nell'ottobre successivo settantotto di questi si presentarono di fronte alla cancelleria veneziana per essere regolarizzati.[96] Fra «coloro che si erano registrati nel 1489 o erano arrivati alla professione legale negli anni immediatamente successivi, solamente pochi potevano aspirare a discutere le cause più importanti davanti alle Quarantie», prestigiosa magistratura, sede di appello delle sentenze emesse dai magistrati di Venezia e delle terre soggette, che giudicava gravi casi criminali. In tutto il dominio vi erano solo pochissimi legali autorizzati ad accedervi, fra questi soprattutto Venerio da Faenza e il vicentino Enrico Antonio Godi.[97] Nel 1497 il senato scremò una prima volta l'elenco degli avvocati straordinari eliminando coloro che non erano stati ligi alle leggi: Rigo Antonio Godi passò l'esame.[98]

95. Viggiano, *Il Dominio da Terra*, pp. 529-575; Gasparini, *I giuristi veneziani e il loro ruolo*, pp. 67-105, mentre sulla presenza e il radicamento degli avvocati nella città marciana: Cozzi, *La politica del diritto nella Repubblica di Venezia*, pp. 310-312 e 315-316 per il tentativo di sistemazione legislativa dell'avvocatura.

96. La riforma del 1489 non costituì un risultato definitivamente acquisito, ma solo nel 1518 un riconoscimento di fatto degli straordinari ebbe luogo con relativa tassazione. Gasparini, *I giuristi veneziani*, pp. 87-92; Knapton, *Tribunali veneziani e proteste padovane*, p. 167 n. 53.

97. Trebbi, *Le professioni liberali*, pp. 500-501.

98. ASV, *Compilazione delle Leggi*, b. 64, c. 211, 31 dicembre 1497 e Gasparini, *I giuristi veneziani*, pp. 88-89. Questa delibera sembra ispirarsi alle norme disciplinari vigen-

Il primo caso documentato a Venezia fu la difesa nel 1495 dei trevisani Alvise e Pietro Francesco Barisani in lite contro i patrizi veneziani Marco Querini e Bernardo Soranzo.[99] Come accadde per quasi tutti i processi ai quali partecipò come avvocato, non ci è dato conoscere l'esito della sentenza; comunque, dal 1499 e per meno di un trentennio tra i suoi clienti vi furono gli esponenti delle più illustri casate patrizie veneziane. Rigo Antonio fu uno dei pochi ad avere i requisiti per lavorare nelle Quarantie, a contatto con influenti patrizi veneziani, e diventò esperto sia nel diritto fiscale che in quello criminale.[100]

3.2. *La professione legale: clientela "pubblica" e clientela privata*

Ne *I Diarii* di Marino Sanudo, Rigo Antonio Godi appare nel gennaio del 1500 alle prese con la sua prima importante causa – il veneziano appuntò solo le controversie che fecero scalpore per il tipo di reato o per i personaggi che coinvolgevano – quando difese Antonio Zancani, accusato di furto ai danni dello stato. Il processo sembrò inizialmente evolvere in modo favorevole all'imputato:[101] il Sanudo stesso infatti, che era presente al processo, e Rigo Antonio pensarono ad un'assoluzione da parte dei giudici, tanto più che l'avvocato parlò «benissimo».[102] In realtà l'accusato venne condannato al confino a Zara e alla totale restituzione del maltolto. Tuttavia per l'opinione pubblica Rigo Antonio difese con perizia lo Zancani, facendo sì che la pena fosse mitigata rispetto a quello che aveva chiesto l'accusa, ovvero la condanna capitale.[103] Nelle settimane seguenti il Godi assunse la difesa di altri membri dell'amministrazione veneziana, finché nel marzo dello stesso 1500 iniziò a tutelare gli interessi di nobili vene-

ti per il personale della cancelleria ducale: Marini, *Luigi Marini segretario della serenissima repubblica di Venezia*, pp. 47-48; Trebbi, *La cancelleria veneta nei secoli XVI e XVII*, pp. 87 n. 62, 100 e pp. 65-125.

99. ASTv, *Notarile*, Notaio Gio Leonardo Berenghi, b. 416, c. 6v, 4 marzo 1495; Zaupa, *Architettura del primo rinascimento*, pp. 64-65.

100. Sanudo, *I Diarii*: alcuni esempi dal libro VII, coll. 516, 6 febbraio 1510; 556, 25 febbraio 1510 e 557, 26 febbraio 1510.

101. Ivi, libro III, coll. 74, 2 gennaio 1500: gli altri avvocati erano Daniele Zucuol, Venerio da Faenza, Bernardino Grasso e Alessandro Minio. Sanudo registrò specialmente le cause più chiacchierate e considerate scandalose dal pubblico veneziano. Sul Sanudo: Cozzi, *Marin Sanudo Il Giovane*, pp. 333-358 e Caracciolo Aricò, *Marin Sanudo il Giovane*, pp. 351-390.

102. Sanudo, *I Diarii*: libro III, coll. 76, 8 gennaio 1500.

103. Ivi, coll. 77, 11 gennaio 1500.

ziani che si erano macchiati del crimine di tradimento e ribellione contro lo stato durante le guerre contro i turchi; tra questi, ad esempio, vi furono Giovanni Moro,[104] il capitano Antonio Grimani[105] e il podestà di Antivari Bernardo da Canal.[106] In tutti questi casi i veneziani subirono perdite pesanti durante le battaglie e i comandanti, una volta tornati in patria, furono sottoposti a processo. La fuga, l'essersi sottratti agli ordini dei superiori o, più semplicemente, l'aver optato per strategie diverse da quelle richieste direttamente da Venezia, potevano portare a pene molto severe: nemmeno gli avvocati esperti riuscivano a evitarle. Al processo del capitano ribelle Grimani, Rigo Antonio impegnò tutto se stesso, ma la pena fu oltremisura severa con la relegazione perpetua nell'isola di Cherso.

L'avvocato vicentino accrebbe col tempo la sua fama e il suo onorario: ad esempio patrocinò in giudizio Girolamo Contarini, podestà e capitano di Treviso, e Paolo Trevisan, provveditore a Salò.[107] Dopo che Rigo Antonio difese la memoria del Doge Agostino Barbarigo (1486-1501) e i suoi eredi da un cospicuo risarcimento dovuto per le sue malversazioni, entrò nell'élite degli avvocati scelti dai patrizi più prestigiosi e facoltosi.[108] Con i nuovi incarichi del primo decennio del secolo diversificò la competen-

104. Ivi, coll. 144-145, 11-12 marzo 1500: Giovanni Moro venne accusato di aver ceduto senza combattere Lepanto.

105. Ivi, coll. 315, 385 e 387, 1-11 giugno 1500: Antonio Grimani (1434-1523) fu accusato di essere un capitano ribelle. Voce Antonio Grimani curata da Roberto Zago, in *DBI*, vol. 59, p. 594: «Il 14 aprile 1499 il Grimani fu eletto per la seconda volta capitano generale da Mar al comando della flotta che avrebbe dovuto affrontare quella turca. Riunite le proprie forze a Corfù, dopo una serie di scaramucce, il 12 agosto 1499 attaccò battaglia nelle acque della Sapienza (o dello Zonchio), con esito negativo. Più che una sconfitta, fu una vittoria mancata, ma sufficiente per gettare nel panico e nella più cupa frustrazione il governo e la popolazione di Venezia. Deficienza tattica nell'azione di comando, inadeguata preparazione morale degli equipaggi, uno stato di stanchezza ribelle nei quadri, l'affievolimento del senso del dovere spiegano la sconfitta meglio delle pesanti accuse al Grimani. La sua sostituzione non evitò infatti nuovi insuccessi e la perdita di Lepanto, Modone e Corone. Il Grimani, ritenuto responsabile della sconfitta, fu richiamato in patria e arrestato al suo arrivo a Venezia, il 2 novembre 1499. Dopo un processo dalle forti connotazioni politiche, il 12 giugno 1500 il Maggior Consiglio lo condannò alla relegazione perpetua nell'isola di Cherso». Sul processo: Zille, *Il processo Grimani*, pp. 137-197.

106. Sanudo, *I Diarii*, libro III, coll. 801-813, 21 settembre 1500.

107. Ivi, libro IV, coll. 620, 711, 4 gennaio e 8 febbraio 1503 e libro VII, coll. 556, 572, 595, 629, dal 27 giugno al 12 settembre 1508.

108. Ivi, libro IV, coll. 181-182, 184, 15 dicembre 1501: estorsione della famiglia del Doge defunto.

za delle cause, a partire da quelle testamentarie delle famiglie Grimani,[109] Trevisan,[110] Morosini,[111] con un paio di clienti d'eccezione, come il conduttore delle genti d'armi della Repubblica Bernardino Fortebraccio[112] e la magistratura dei Patroni all'arsenale.[113]

La guerra tra il primo e il secondo decennio del secolo bloccò ogni attività nella capitale, e nel 1510 Enrico Antonio ritornò momentaneamente a Vicenza a difendere le sue proprietà dai soldati e dai saccheggiatori. Quasi subito egli si allontanò dalla città natale e rientrò a Venezia, dove si trasferì quasi definitivamente. Nella capitale, grazie all'assenza degli altri avvocati per motivi legati alla guerra e grazie alla sua esperienza pregressa, egli assisté numerosi *testes*. Da quel momento i suoi concittadini vicentini gli attribuirono il soprannome di "secondo Demostene", per la sua eloquenza.[114]

L'acme del successo fu raggiunto tra il 1515 e il 1520, quando patrocinò le cause dei cretesi in lite con il loro vescovo per motivi di diritto feudale,[115] e soprattutto quella per le malversazioni della congrega crimi-

109. Ivi, libro VII, coll. 129: caso di Grimani Leonardo per vendite a soldati zenzeri. Il nemico storico del Grimani fu Angelo Trevisan. Sul caso della difesa per conto di Giovanni Battista Grimani, si veda ivi: libro XVIII, coll. 198-199, 17 maggio 1514. Sul ruolo dei Grimani nella Venezia dell'epoca si veda Viggiano, *Governanti e governati*, pp. 283-284.

110. Ivi, libro XVIII, coll. 556-558, nel febbraio 1510: caso di tradimento di Angelo Trevisan. Egli, infatti, secondo l'accusa, portò il 21 dicembre 1509 alla distruzione dell'avamposto veneziano e alla cattura di due galere da parte dei ferraresi: fu richiamato e processato. Le cause del disastro furono ritenute l'insipienza e la testardaggine del generale Angelo Trevisan, e ancor più nella pavidità dei sopracomiti, i quali, si diedero «chi… a la fuga, chi a scapolar robe et chi putane» e si veda anche ivi: libro XXIII, coll. 51-52, 13 ottobre 1516: caso di malversazioni di Trevisan Michele.

111. Ivi, libro VII, coll. 478, del 18 maggio 1508; libro XX, coll. 544-545, 21 agosto 1515 e libro XXIX, coll. 202, 24 settembre 1520.

112. Ivi, libro V, coll. 976, 12 marzo 1504; libro V, coll. 980, 31 marzo 1504; libro V, coll. 1018, marzo 1504 e libro V, coll. 1054, 12 marzo 1504.

113. Ivi, libro IX, coll. 516, 7 febbraio 1510.

114. Marzari, *La historia di Vicenza*, p. 150 e BCBVi, AG, *Processi*, m. II, b. 193, n. 46, *Godi contro figlie di Marcantonio Godi*, c. 82r-v, 2 dicembre 1562, vi è una descrizione da parte della controparte abbastanza equilibrata su Marcantonio Godi: «Che il detto Marco Antonio essendo venuto in questa città et intrato in collegio ut […] cominciò esercitar l'officio de l'advocato stando et habitando in casa del magnifico messer Henrico Antonio Godi suo padre di maniera che per la sua dottrina et valor et grandissima fama gli concorreva gran numero di persone al suo patrocinio, cusì in cause civile come criminale et così è la verità etc».

115. Sanudo, *I Diarii*, libro XXI, coll. 258, 27 ottobre 1515; libro XXIII, coll. 384, dicembre 1516; libro XXIV, coll. 520, luglio 1517 e libro XXV, coll. 76, 11 novembre 1517.

nale dell'Avogadore Michele Trevisan, del suo parente Camerlengo di Comun Giovanni Emo, e di Bartolomeo Moro. Il capo era Giovanni Emo che la pubblica accusa descrisse come «homo seditioso che dispensava li danari publici a chi ne voleva»:[116] i giudici dovevano accertare se gli accusati avessero defraudato o meno la Repubblica di circa 30.000 ducati.[117] Al processo, in difesa degli imputati parteciparono tutti i più importanti avvocati dell'epoca, tra cui Alvise da Noale che tutelava gli interessi dell'Emo. Michele Trevisan fu assistito dal Godi e da Bartolomeo da Fin, che spesso collaborava con il Godi stesso. Secondo il Sanudo il Godi «fece bona renga [ovvero arringa]»[118] per il suo cliente e indipendentemente dall'esito del processo il vicentino raggiunse quel prestigio sufficiente per chiedere alla Signoria la nomina di avvocato fiscale della Repubblica. Nell'agosto del 1517 fu accettata la richiesta di

> domino Rigo Antonio de Godis dotor, avochato, videlicet vol servir la Signoria in avochato fischal in loco di domino Venerio [da Faenza], qual havia ducati 200 a l'anno, con questo, sia scrito a Roma per beneficii per ducati ... a uno suo fiol.[119]

Ricevette la notizia del nuovo incarico mentre si trovava "in renga" in Quarantia e da quel momento dovette intervenire nelle cause sostenendo le ragioni repubblicane per «San Marco e Dominio».[120] Il nuovo ruolo impose al vicentino la difesa degli interessi finanziari della Signoria, mentre gli consentiva di continuare a coltivare la sua ricca clientela privata. Questo incarico era il massimo a cui poteva ambire: sotto questo aspetto, infatti, la società veneziana si andò progressivamente chiudendo; se ne poteva dedurre che i più «ambiziosi uomini di legge provenienti dalla Terraferma avrebbero sempre dovuto accontentarsi di carriere relativamente modeste».[121]

Nel ruolo di avvocato fiscale, Enrico Antonio non riuscì ad essere sempre equilibrato a favore dello stato marciano, probabilmente a causa dei continui conflitti di interessi, poiché il suo studio privatamente sosteneva molte

116. Ivi, libro XXIII, coll. 89, 21 ottobre 1516.

117. Ivi, libro XXIII, coll. 51-52, 13 ottobre 1516 e libro XXIII, coll. 86, 20 ottobre 1516.

118. Ivi, libro XXIII, coll. 88, 21 ottobre 1516.

119. Ivi, libro XXIV, coll. 559, agosto 1517.

120. Ivi, libro XXVI, coll. 218, 23 novembre 1518: in questo caso egli sostenne le ragioni della Repubblica nella causa tra i veronesi e i salodiani.

121. Trebbi, *Le professioni liberali*, pp. 508 e 525.

delle cause che si trovava a discutere anche dall'altra parte.[122] Questo irritò non poco i patrizi conservatori, tanto più che il ruolo dell'avvocato, di per sé, era concepito a Venezia come quello di un ufficiale della Repubblica. Per tutta la storia della Dominante, inoltre, i veneziani biasimarono la retorica e le sottigliezze legali degli avvocati della Terraferma, che teoricamente si sarebbero dovuti impegnare in maggior misura a delucidare le cause in cooperazione coi giudici, piuttosto che preoccuparsi di far prevalere le loro parti.[123] In qualche occasione la signoria fu costretta perfino a ridurre al silenzio e a cacciare Rigo Antonio Godi per il suo comportamento a favore dei privati e probabilmente per queste ragioni la nomina di avvocato fiscale non gli venne rinnovata dopo il biennio. Il giurista vicentino ritornò a difendere cause secondarie come liti testamentarie, querele e scontri politici, come quello che si verificò tra gli abitanti del paese di Breno, nel Bresciano, e gli abitanti di una valle vicina, per violenze tra presunti aderenti ai guelfi e ai ghibellini.[124]

Tra la fine dell'estate e l'inizio dell'autunno del 1522, Rigo Antonio si recò a Venezia per discutere le sue ultime cause. Nel luglio si rifiutò, assieme a più importanti avvocati dell'epoca, di difendere una magistratura di stato (gli Inquisitori) contro la potente famiglia di Leonardo Loredan (Doge nel ventennio 1501-1521) appena defunto, probabilmente perché il Godi e gli altri avvocati erano clienti della nobile casata.[125] Il 4 settembre sostenne in

122. Sanudo, *I Diarii*, libro XXVII, coll. 397, 17 giugno 1519: «fo Colegio di la Signoria e Savii e Cai di X, et steteno, etiam li Cai di XL e Savii ai ordeni, e do frati di san Zorzi, videlicet il Donado et uno zenoese era li loro avochati, et tra li altri domino Rigo Antonio, qual è avochato fiscal, il qual disse era avochato di frati avanti fosse stà electo fischal, e dimandava licentia poter parlar per li frati, et la Signoria el mandò via, dicendo non è il dover, hessendo avochato fiscal, parli contra San Marco».

123. *L'avvocato e il segretario*, p. 69 e Bellabarba, *Le pratiche del diritto civile*, pp. 807-808.

124. Sanudo, *I Diarii*, libro XXVIII, coll. 518, 19 maggio 1520; libro XXVII, coll. 530, 534, 1 agosto 1519: Rigo Antonio fece una buona arringa conclusiva difendendo gli abitanti di Breno. Si veda Putelli, *Intorno al castello di Breno*.

125. Sanudo, *I Diarii*, libro XXXIII, coll. 348, 7 luglio 1522: Enrico Antonio Godi, assieme ad altri avvocati, tra cui Alvise da Noale, si oppose a scontrarsi processualmente contro i figli del Doge defunto, Leonardo Loredan. È ipotizzabile che nel 1522 sia Enrico Antonio Godi e Alvise da Noale facessero parte della clientela dei Loredan, ma negli anni successivi queste relazioni si deteriorarono come dimostrano le cause in BCBVi, AG, *Istrumenti*, *Istrumenti sciolti*, m. LXXVIII, b. 77, n. 3337, 26 novembre 1527, procura del notaio Bortolo Carpi, e BCBVi, AG, *Istrumenti*, *Istrumenti sciolti*, m. LXXX, b. 78, n. 3550, 22 febbraio 1529, procura del notaio Taddeo d'Ascoli (era presente anche Alvise di Noale avvocato veneto). Grazie alle carte private dell'archivio della famiglia Godi si getta una nuova luce sul caso della sentenza pronunciata dagli inquisitori sul doge defunto Leonardo

Quarantia le difese dei daziari del sale veronesi,[126] ma fu l'ultima causa perché di lì a poco si trasferì stabilmente nel basso vicentino. Aveva 70 anni e fece ritorno a Venezia sempre più sporadicamente.

Rigo Antonio, cambiando spesso domicilio tra le calli della capitale nei pressi di San Moisé, frequentò assiduamente numerosi patrizi veneziani sia per lavoro che per diletto. Fu in relazione, per motivi culturali, con il già citato Marin Sanudo, con il nobile dottore Girolamo Molin e per amicizia con Francesco Morosini.[127] Nel primo trentennio del Cinquecento Rigo Antonio prestò denaro – probabilmente ad interesse – ad Orso Badoer e a Girolamo Zen e si legò, per affinità d'animo e per ragioni economiche, con tutto il lignaggio dei Grimani, dal Doge ai rami secondari.[128] Questa famiglia aveva vaste possessioni e palazzi tra il basso vicentino e la bassa padovana, confinanti con alcune proprietà dei Godi. Inoltre, quando erano nel vicentino, i Grimani frequentavano il vescovo di Vicenza Niccolò Ridolfi.[129] Sembra addirittura che Rigo Antonio Godi li avesse ospitati tutti in una sua casa a Bologna tra febbraio e marzo del 1533.

Insieme ai Grimani, Enrico Antonio Godi coltivò intense relazioni con le comunità ebraiche, sia quella ricca veneziana che quelle di Terraferma.[130] Nel 1519 Antonio Grimani pronunciò una famosa orazione nella

Loredan, si precisano le linee del lavoro di Viggiano (Viggiano, *Governanti e governati*) che difficilmente avrebbe trovato riscontro nei documenti istituzionali veneziani e si evidenzia la natura 'clientelare' di decisioni che non furono rette dal senso dello stato, ma privatistiche. Il forte atteggiamento pregiudizialmente favorevole al mito di Venezia di cui è intriso il volume di Viggiano è stato ridimensionato e sfumato nei suoi lavori successivi (Id., *Giustizia, disciplina, ordine pubblico*, pp. 825-857 e Id., *Il dominio da Terra*, pp. 529-575).

126. Sanudo, *I Diarii*, libro XXXIII, coll. 439, 4 settembre 1522: Enrico Antonio Godi difese i daziari del sale veronesi.

127. ASVi, *Notarile*, Notaio Gio Domenico Biada, b. 4846, c. 6v, 5 febbraio e 28 settembre 1495. Si veda anche Zaupa, *Architettura del primo rinascimento*, pp. 58, 135, 167 e 181. BCBVi, AG, *Processi*, m. 111, b. 301, n. 2166, 19 novembre 1515, c. 5r; ASVi, *Notarile*, Notaio Alvise Magrè, b. 5174, c. 6v, 8 ottobre 1491.

128. BCBVi, AG, *Istrumenti*, *Istrumenti sciolti*, m. LXXII, b. 72, n. 2864, 21 febbraio 1523, procura del notaio Gio Maria Cavagnis, e BCBVi, AG, *Processi*, m. LXXV, b. 265, 21 febbraio 1523. BCBVi, AG, *Istrumenti*, *Istrumenti sciolti*, m. 81, b. 81, n. 3609, 4 settembre 1529, procura del notaio Bortolo Carpi.

129. Sanudo, *I Diarii*, libro LVII, coll. 532 e 599, 20 e 28 febbraio.

130. Sulla presenza e l'attività degli ebrei vicentini nel tardo Medioevo si vedano fra gli altri Carpi, *Alcune notizie sugli Ebrei*, pp. 17-23; Zorattini, *Gli Ebrei durante la dominazione veneziana*, pp. 221-229; Nardello, *Il prestito ad usura*, pp. 69-128; Nardello, *Il presunto omicidio del beato Lorenzino Sossio*, pp. 25-45; Scuro, *La presenza ebraica a Vicenza*, pp. 103-121 e Scuro, *La* pezzaria *ebraica*, pp. 13-43.

quale ricordò l'aiuto prestato dagli ebrei nei momenti difficili della guerra e il loro indispensabile ruolo sociale ed economico. A sua volta Enrico Antonio Godi sarebbe stato ricordato a Vicenza come il più strenuo difensore degli ebrei del dominio. Per la sua caparbietà nel sostenere le loro ragioni si narrò, in seguito, che fu ricoperto d'oro.[131] In particolare, secondo una tradizione vicentina, avrebbe difeso gli ebrei presso il Senato veneziano dal rischio di espulsione da tutta la Repubblica e si sarebbe recato di fronte ai patrizi con il capestro in mano in tono di sfida. Queste vicende non hanno riscontri archivistici, ma è documentato il fatto che Rigo Antonio perorò in Quarantia le cause di alcuni ebrei della comunità veneziana.[132]

L'esilio degli ebrei vicentini, destinato a perdurare per tutta l'età moderna, fu deciso a seguito della nascita del Monte di Pietà cittadino, il primo nella Terraferma veneta. La contestuale cacciata degli ebrei dalla città si realizzò in clima di antisemitismo inasprito dai sermoni del reggente vescovile Pietro Barozzi[133] e dagli «atteggiamenti di alcuni lignaggi nobiliari, zelanti paladini di posizioni anti-usurarie ed antigiudaiche».[134] La mancata ricomparsa dei banchieri ebrei a Vicenza va connessa non tanto alla presenza del Monte di Pietà, quanto alla contrapposizione con i prestatori cristiani, esponenti occulti delle ricche famiglie patrizie beriche.

Al tempo in cui la famiglia di Rigo Antonio viveva ancora nella capitale, i suoi giovani figli giocavano e si scambiavano i vestiti con i figli degli ebrei, tuttavia fu soprattutto dopo la morte dell'avvocato, tra il 1536 e il

131. BCBVi, *Gonz.*, Da Schio, *I Memorabili*, alla voce Godi, c. 139 e BBVi, *Gonz.71.8*, Cogollo, *Per nozze Fantinati-Montanari*, pp. 15-17.

132. Sanudo, *I Diarii*, libro XX, coll. 379, 13 luglio 1515. Enrico Antonio Godi sostenne la difesa di Anselmo ebreo.

133. Lomastro, *Sul Monte di Pietà di Vicenza*, in part. pp. 27-33 e Lomastro, *Legge di Dio*, pp. 77-90.

134. «Fra i più aspri avversari della presenza e dell'attività ebraica si contava ad esempio Alessandro Nievo; titolare della cattedra di diritto a Padova sin dal 1456, nel 1476 egli diede alle stampe i *Consilia contra Iudeos foenerantes* per dimostrare l'illiceità del prestito ebraico. All'interno del tessuto intellettuale cittadino spiccava poi il contraddittorio rapporto con la parte ebraica del circolo dei da Porto, legato allo stesso Bruti»; rimando sul tema a Scuro, *Il credito a Vicenza*. Enrico Antonio Godi avrebbe difeso gli ebrei nel momento in cui a Vicenza il clima non era dei migliori, si veda Esposito, *Lo stereotipo dell'omicidio rituale*, pp. 83-85. Nella ex parrocchiale di Nanto, nel basso vicentino e poco lontano dalle proprietà dei Godi, è stato da poco ritrovato e restaurato un affresco riguardante Simonino di Trento; datato 1479, è stato probabilmente commissionato su sollecitazione della nobiltà vicentina antiebraica (famiglie Nievo o probabilmente Volpe).

1541, che i figli, forse bisognosi di liquidità, si trovarono spesso in contatto con agenti ebraici veneziani e padovani.[135] I Godi vendettero loro alcuni oggetti preziosi appartenuti alla famiglia per un importo complessivo non inferiore ai 2.000 ducati.[136]

Enrico Antonio Godi non venne quindi ricoperto d'oro dagli ebrei (semmai accadde il contrario), ma egli fu per circa un trentennio il più facoltoso vicentino e il suo patrimonio gli derivò dai proventi dell'attività forense.[137] Al pari dei più illustri difensori del tribunale veneziano, doveva indubbiamente ricavare parecchio: nel 1503, un suo celebre collega, per una singola causa, riscosse una parcella di 200 ducati e un altro, altrettanto stimato, trent'anni dopo ricavava dall'attività circa 3.000 scudi annui.[138]

Gli avvocati di Terraferma solitamente guadagnavano molto di più dei loro colleghi veneziani: le entrate di un avvocato come Alvise da Noale

> di circa 500 campi e di due case a Treviso e a Noale, erano stimate dai dieci savi intorno ai 554 ducati, laddove le rendite di avvocati patrizi come Sebastiano Venier (il futuro Doge) e Bartolomeo Soranzo raggiungevano a stento, rispettivamente, i 170 e i 100 ducati.[139]

Lo stesso Rigo Antonio Godi aveva una decina di case e svariati campi solo nel vicentino, per una stima di circa 843 ducati nella redecima, cioè nel-

135. BCBVi, AG, *Processi*, m. LVI, b. 246, n. 1194, f. 72, 8 novembre 1565, «volse e così li fu dato un paro di spaliere a figure et animali come sue proprie: perché esso per molti anni innanzi le haute tolte a Venetia da hebrei in cambio di alcune sue vesti da dottor fatte alla venetiana».

136. Ivi, m. II, b. 193, n. 46, *Godi contro figlie di Marcantonio Godi*, 82r-v, 2 dicembre 1562; BCBVi, AG, *Processi*, m. LVI, b. 246, n. 1196: i Godi ricevono 600 ducati dall'argento venduto da Grasso ebreo e BCBVi, AG, *Istrumenti*, *Istrumenti sciolti*, m. 97, b. 97, n. 4975, 30 ottobre 1541, «privata obbligazione di Moisè detto Grasso ebreo di dare al nobile Girolamo quondam Enrico Antonio Godi a conto d'un istrumento rogato da Bortolamio Piacentini 29 settembre suddetto ducati 39 ogni sei mesi, non ostante che per detto istromento abbia termine anni due ad esborsa la somma, ch'è di ducati 884».

137. Zaupa, *L'origine del Palladio*, pp. 47 e 103. La ricchezza di Enrico Antonio Godi è paragonabile a Vicenza a quella di Matteo dal Toso, si veda ASVi, *Notarile*, notaio Mario Valmarana, b. 194, 31 ottobre 1508. Sul dal Toso in Viggiano, *Governanti e governati*, pp. 295-296.

138. Trebbi, *Le professioni liberali*, pp. 505-506. Negli anni Sessanta del Cinquecento l'avvocato Paolo Pace affermò che guadagnava migliaia di ducati quando svolgeva la professione a Venezia (anni Quaranta), si veda ASVi, *Notarile*, notaio, b. 8088, c. 31r-50v.

139. Bellavitis, *Noale*, pp. 61-67 e 110-114.

la principale imposta sugli edifici della capitale, del 1514.[140] Alcuni avvocati straordinari di Terraferma si facevano pagare onorari esorbitanti e probabilmente Rigo Antonio fu uno di questi:[141] basterebbe citare il fatto che nel settembre del 1519 subì, da parte del suo "fedele" segretario bolognese,[142] il furto dello scrigno nell'abitazione di Venezia. In un primo tempo si stimò che fossero stati trafugati 5.000 ducati d'oro, successivamente la cifra fu ridimensionata a poco più della metà, comunque un ammontare decisamente consistente per l'epoca, tanto che Rigo Antonio chiese alla Signoria, e gli fu accordata, una speciale patente per far *retenir* (ricercare e arrestare) il suo segretario in tutto lo Stato.[143] Gli avvocati erano noti per spendere molto, infatti quelli più celebri ostentavano un tenore di vita elevato, che valeva ad attestare il loro successo ed anche ad incrementarlo, nella misura in cui teneva alta la loro reputazione e attirava nuovi clienti.

Nell'ultimo capitolo del presente lavoro si approfondirà il tema delle spese artistiche e culturali di Enrico Antonio e della sua famiglia. Nel frattempo si può citare il fatto che a Venezia l'avvocato indossava una «vesta di veludo longa [...] et haveva delle veste longhe de panno honorate da dottore secondo si usava all'hora, et delle pelle assai et de pui sorte et haveva spaliere, razi».[144] Il solo abito vecchio da avvocato, che gli fu rovinato in un alterco da un suo parente, in tribunale fu stimato dai giudici in 35 ducati.[145] Probabilmente fu sempre lui a commissionare ad Andrea Palladio la prima

140. ASV, *Dieci Savi alle Decime*, *1514*, b. 54, San Moisé, n. 42, dichiarazione di decima di Enrico Antonio Godi *quondam* Cristoforo, 1r-5v. Ringrazio per la segnalazione di questo documento Ermanno Orlando.

141. Sull'onorario esorbitante degli avvocati, si veda *L'avvocato e il segretario*, p. 69.

142. È rilevante che tutti i segretari di Enrico Antonio Godi fossero bolognesi o romagnoli. Sanudo, *I Diarii*, libro XXVII, coll. 618, 2 settembre 1519: «vene domino Rigo Antonio de Godis, vicentino, avochato in questa terra, dicendo in questa note a hore tre, per uno suo famejo nominato Zuan Francesco Bolognese, era stà aperto uno suo scrigno e toltoli assa' danari, fo dito ducati 5000, et richiese patente per tutto per farlo retenir. Et cussì per la Signoria li fo concesso ditta patente».

143. Il furto del suo scrigno "da spese giornaliere" venne valutato 5.000 ducati d'oro, si veda Sanudo, *I Diarii*, *XXVII*, col. 618, 2 settembre 1519 e Trebbi, *Le professioni liberali*, p. 505.

144. Sono parti o composizioni di vestiti molto costose, in BCBVi, AG, *Processi*, m. II, b. 193, n. 46, *Godi contro figlie di Marcantonio Godi*, c. 39v.

145. Ivi, *Istrumenti*, *Istrumenti sciolti*, m. 89, b. 89, n. 4183, 14 novembre 1534, procura del notaio Domenico Scaramello, «sentenza degli eccellentissimi giudici al magistrato del forestier qua resta condannato il domino Giulio Godi a pagar al Kavalier e domino Enrico Antonio Godi ducati 35 per una veste di veluto nero».

villa: se, infatti, fosse confermata l'anticipazione delle date di inizio della costruzione di villa Godi agli anni 1533-1535, bisognerebbe correggere il nome del committente, che fino a questo momento è stato considerato il figlio Girolamo. A quell'epoca, infatti, era ancora vivo Enrico Antonio, e difficilmente egli avrebbe lasciato ad altri la gestione del proprio denaro. Sul piano delle relazioni sociali, uno stile di vita dispendioso poteva assumere anche un altro significato. Infatti molti degli avvocati straordinari non erano patrizi, ma aspiravano ad una equiparazione con la nobiltà; perciò, una volta assicuratisi la disponibilità di redditi adeguati, essi perseguivano un obiettivo di promozione sociale anche attraverso la cura amorevole rivolta alle loro case di città e di campagna, così spesso ricordate nelle dichiarazioni.

3.3. *Nella fazione filo-veneziana durante la guerra della Lega di Cambrai (1509-1517)*

Nel tormentato periodo 1509-1517 Vicenza passò da Venezia agli imperiali e viceversa numerose volte. Tale frequenza è stata interpretata dagli studiosi come una prova della decisa opposizione del patriziato vicentino alla Repubblica veneta.[146] La guerra della Lega di Cambrai esplicita in effetti le diverse posizioni ideologiche delle famiglie beriche. Dal momento in cui si comprese che il conflitto avrebbe potuto durare anni, anziché concludersi in breve, si è interpretato l'atteggiamento dell'aristocrazia di Terraferma più interessata a «trarre dagli eventi il maggior utile possibile [...] che ad assumere un'esplicita posizione antiveneziana».[147]

I nobili vicentini, in realtà, non erano rimasti inerti a guardare l'arrivo della sparuta truppa dei Leonardo Trissino: nei giorni precedenti, sedici am-

146. Per la storiografia generale sui fatti che seguirono la disfatta di Agnadello, si veda Cervelli, *Machiavelli e la crisi dello Stato veneziano* e per uno sguardo sul vicentino, si veda la cronaca di Angelo Caldogno in *Una cronaca vicentina*. L'aristocratico vicentino annotò addirittura a p. 207 «dal tempo della rotta di Gieradada [la battaglia di Agnadello] sino a' 1517 a' 15 Marzo, [Vicenza] fu soggetta a trentasei mutationi, tutte instabili». La vicinanza tra Impero e Vicenza c'era stata anche nel corso del Quattrocento a seguito della nomina di notai imperiali di parecchie famiglie beriche (Ragona, Paiello, Thiene, da Porto, Valmarana, Loschi, Chiericati, Poiana, Garzadori, Trissino, Sesso) in Grubb, *La Famiglia, la Roba e la Religione*, p. 267. Per il Cinquecento si veda Preto, *Orientamenti politici della nobiltà vicentina*, pp. 50-52.

147. Zamperetti, *I 5000 fanti di Leonardo Trissino*, p. 82. Non può comunque sorprendere la pronta adesione che la città di Vicenza diede all'Impero nel corso della guerra della Lega di Cambrai. Sulla famiglia Trissino in quel periodo: Fornasa, *A 500 anni dalla guerra*, pp. 29-73.

basciatori (patrizi vicentini con il compito di negoziare a favore della città onde evitare saccheggi) si erano recati a Malo, nell'alto vicentino, a trattare la resa e a consegnargli Vicenza.[148] Sembra che il momento del negoziato servisse ai parenti vicentini del Trissino per riorganizzare e rinforzare l'armata imperiale prima dell'entrata in città.[149] Infatti al suo arrivo a Vicenza Leonardo venne accolto con pubblici ossequi, come fosse l'imperatore stesso.[150]

Tutti gli storici, da Machiavelli in avanti, si sono soffermati sullo spirito di opposizione a Venezia da parte dei nobili della Terraferma; differente fu la posizione delle classi popolari che mostrarono da subito un atteggiamento critico nei confronti degli imperiali.[151] Nelle campagne vicentine scoppiarono numerosi tumulti (nella parte meridionale della provincia, e in particolare nei vicariati di Barbarano e di Montebello) provocati da «uomini marcheschi molto fieri»;[152] ma anche in città non mancarono gli scontri, in particolare nel quartiere di San Pietro e nella zona di San Michele, che diventarono caposaldi dell'opposizione antimperiale.[153] Le zone ribelli (a Sud-Est della città e a Sud-Est della provincia), subivano, a causa delle molte proprietà di Enrico Antonio su quelle

148. Il Bortolan nella sua *Cronica* ne indica i nomi, tralasciandone però uno: Antonio Loschi, Antonio Thiene, Nicolò da Porto, Nicolò Trissino, Bartolomeo Paiello, Bernardino Sesso, Montano Barbarano, Nicolò Chiericati, Antonio Trento (cognato del Trissino), Girolamo Malchiavelli, Cardino Poiana, Angelo Caldogno, Vincenzo Scroffa, Vincenzo Ferramosca e Antonio Lonigo. Nonostante si trovassero di fronte alla reale, desolante, consistenza numerica dell'armata, gli inviati vicentini portarono a termine il loro incarico pregandolo anzi di «condur non volesse tanto numero di persone quanti egli scritto havea nelle sue minacciose lettere» in *Una cronaca vicentina*, p. 169.

149. Zamperetti, *Poteri locali e governo centrale*, p. 70; Fasolo, *Un episodio della guerra*, p. 131: i Trento ospitarono l'imperatore nella propria dimora e Sanudo, *I Diarii*, libro VIII, coll. 367.

150. L'imperatore scrisse parole di omaggio nei confronti dei vicentini, si veda Pozza, *Da Porto, storico*, pp. III-IV: «Havendo noi inteso dal fidel nostro Leonardo da Tresseno familiar nostro e vostro cittadino cun quanta fede e [...] de bono animo verso de nui tuti unitamente non solum ve haveti levato della intollerabil servitù e crudel tirania de venetiani, in la qual lungamente et atrocemente seti stati opressi et quasi sepulti, ma allegramente seti ritornati».

151. Sulla visione di Machiavelli della Repubblica di Venezia, si veda Gaeta, *L'idea di Venezia*, in particolare pp. 605-610; per la frustrazione dell'aristocrazia vicentina, Milan Massari, *Frammenti del libro ottavo*, p. 27 e Franzina, *Vicenza: storia di una città*, p. 439.

152. Clough, *Luigi da Porto*, p. 397; Sanudo, *I Diarii*, libro VIII, coll. 397 e BCBVi, *Cronica della città di Vicenza dall'origine fino al 28 giugno 1516*, cc. 142-143.

153. Franzina, *Vicenza: storia di una città*, p. 436.

aree, della sua influenza. Si ignorano i nomi dei contadini rivoltosi, ma non è escluso che avessero a che fare con Enrico Antonio Godi.

Le settimane successive furono caratterizzate dall'entusiasmo dei tedeschi per la presa di Padova del 9 giugno. Il fervore degli imperiali venne, però, affievolito quasi subito dalla riconquista veneziana di Padova verificatasi il 17 luglio.[154] Vicenza per il momento rimaneva tedesca, anche se persistevano evidenti segnali di insoddisfazione. Il 19 giugno, ancora una volta dal quartiere di San Pietro, si udirono grida a favore di Venezia; partigianamente il Sanudo scrisse che il «populo di Vicenza è tutto marchesco».[155]

Dopo la calda estate del 1509 (nella quale si segnalò tra gli altri il tentativo, da parte dei contadini della Riviera Berica di marciare sulla città di Vicenza per liberarla), l'imperatore Massimiliano da Trento raggiunse il 10 ottobre Costozza, località vicina alla città, ospitato dai cugini di Leonardo Trissino.[156] Qui l'imperatore cominciò a comporre alcune liste di proscrizione e incitò i suoi fedeli vicentini alla delazione nei confronti di tutti coloro i quali erano stati nei mesi precedenti sostenitori della Veneta Repubblica e nemici dell'Impero. Il governatore di Vicenza, quindi, presentò di fronte all'imperatore «alcuni citadini marcheschi, videlicet domino Rigo Antonio de Godis et altri» sotto la falsa promessa che dovessero parlar al sovrano, ma il monarca li evitò.[157] Probabilmente quest'ultimo, temendo una qualche azione violenta di certi nobili una volta che fosse giunto nella città berica, e soprattutto preoccupato che potessero incitare il popolo a tumulto, come probabilmente avevano già tentato di fare nelle settimane precedenti, li consegnò in custodia ad uno squadrone scelto dell'esercito.[158]

Il 21 ottobre, per la prima volta dall'inizio del conflitto, l'imperatore visitò Vicenza entrando nella città dal ponte di San Michele, cioè "il ponte dei Godi".[159] Qui si fermò per una giornata intera e pretese atti di

154. Nella stessa vicenda Leonardo Trissino fu fatto prigioniero e portato a Venezia dove morì in prigione il 3 febbraio del 1511.

155. Sanudo, *I Diarii*, libro VIII, coll. 422.

156. Franzina, *Vicenza: storia di una città*, p. 440 e Castellini, *Storia della città di Vicenza*, p. 52.

157. Il 16 ottobre l'imperatore era ancora a Costozza, in Sanudo, *I Diarii*, libro VIII, coll. 256.

158. Castellini, *Storia della città*, pp. 52-53.

159. *Una cronaca vicentina*, p. 185; Le proprietà dei Godi erano a grappolo, cioè raggruppate quasi tutte assieme, e si estendevano da una parte all'altra del ponte di San Michele. È probabile che l'imperatore abbia voluto forzare la situazione passando sul quel ponte perché non era significativo dal punto di vista politico e militare.

omaggio da parte di tutte le autorità religiose e civili, in modo particolare dal collegio dei giudici vicentini: ovviamente tra loro non figurava Enrico Antonio Godi, in stato di arresto.[160] Tra vicentini e occupanti, tuttavia, in quelle settimane, ci si sopportava a malapena a causa delle soperchierie continue da parte dei soldati.[161] I traditori, i disobbedienti, i fedeli a San Marco non furono più tollerati e anzi vennero imprigionati dai tedeschi. L'esercito occupante, privo di beni di prima necessità, iniziò a uccidere, a rubare e a confiscare i raccolti nelle campagne, a vuotare i magazzini e a tormentare i cittadini «dannegiandoli nella roba, nella vita, e nell'onore».[162]

Quando l'imperatore ripartì da Vicenza per recarsi a Verona portò «seco per ostaggi molti gentiluomini»,[163] e tra gli altri c'era Enrico Antonio Godi. In una delle pagine più drammatiche il Sanudo descrisse la condizione del Godi come disperata. Dalle sue parole si intende infatti che c'era un

> certo numero di citadini marcheschi retenuti, tra li quali domino Rigo Antonio de Godis dotor avochato, per mandarli in Alemagna, el qual pianzeva. Et vicentini haveano eletti 25 oratori al re pregando sua maestà non mandasse ditti citadini via, et domino Rigo Antonio ha conzà la soa cossa in ducati 1.000 et resti, et un altro, qual la relation nomina, con ducati 500.[164]

Le diverse fonti non concordano sulla data, che comunque deve essere compresa tra il 18 e il 22 di ottobre. La fama di Enrico Antonio non lo salvò dall'arresto-sequestro, perché pendeva su lui l'infamante accusa di aver organizzato ribellioni. I maggiorenti vicentini tentarono di salvarlo perché tra i prigionieri c'erano, oltre a suo fratello e suo nipote, anche altri membri del patriziato berico.[165]

160. Clough, *Luigi da Porto. Lettere storiche*, pp. 447-449.

161. Ivi, pp. 29, 107 e 147: «furono cominciate a usarsi per la città si strane e siffatte maniere di sforzi, di rapine, d'invettive contro gli uomini giusti, per cavar loro danaro, tormentandoli con inusitate angherie e crudeltà e tenendoli carcerati, che gli animi de' cittadini furono di subito nimicati e avvelenati contro la nazione tedesca».

162. Castellini, *Storia della città*, p. 59.

163. Ivi, p. 58.

164. Sanudo, *I Diarii*, libro VII, coll. 256, in data 16 ottobre 1509 e coll. 264, in data 20 ottobre.

165. Gli altri prigionieri furono il dottore Lionello Godi, dottore Lodovico Almerico, Vincenzo Godi, Francesco Marano, Giacomo Ragona, Alessandro Trissino, Alvise Paiello, Girolamo Scroffa, Bartolomeo Barbarano, Alberto Barbarano e un Aleardi; si veda anche Zaupa, *L'origine del Palladio*, p. 103.

Il 26 ottobre gli informatori veneziani persero le tracce dei prigionieri degli imperiali. Nelle stesse settimane cominciarono gli assalti dei veneziani per riprendere Vicenza: essi iniziarono la riconquista della città partendo dal quartiere di San Pietro e furono aiutati da alcuni popolani. I tedeschi, impauriti dagli stessi vicentini, trattarono la resa e uscirono dalla città proprio dal quartiere di San Pietro. A quel punto si levarono grida di giubilo in onore di Venezia.[166] I notabili che erano ancora in ostaggio dell'imperatore furono ulteriormente vessati dopo la notizia della perdita di Vicenza. L'imperatore ordinò di mandare i prigionieri a Giovanni conte di Terlago, in un castello nel contado del Tirolo:

> là furono ben custoditi, e continuamente minacciati di morte. Soffrir dovettero i più gravosi dispendi, obbligati a pagare non solo la spesa del vitto, ma eziando le prigioni, e le guardie, non computando le altre incommodità e disastri, che patirono per alquanti mesi, in capo dei quali furono confinati a Mantova, da dove poscia fuggiti ritornarono alla patria.[167]

Nell'archivio Godi non esiste alcun documento relativo a Enrico Antonio dal 27 settembre 1509 al 10 gennaio dell'anno successivo, mentre nei periodi precedenti e successivi si trovano i suoi atti con cadenza almeno settimanale.[168] Quasi tutti gli ostaggi furono liberati o fuggirono nei primi mesi del 1510; è probabile, invece, che Enrico Antonio abbia avuto una sorte diversa. Secondo alcuni cronisti il Godi fu portato insieme ad altri prigionieri a Castel Terlago, ma poi «non fu tradotto con essi a Mantova, ma ebbe egli solo da Massimiliano la facoltà di ritirarsi ove meglio gli fosse tornato a grado, per riguardo alla fama di sua dottrina conosciuta e rispettata dallo stesso nemico».[169] Così egli tornò a Vicenza, come è testimoniato dalle carte municipali datate il 15 di novembre. È improbabile che l'imperatore abbia improvvisamente cambiato idea sulla considerazione del giurista ed è più

166. Sanudo, *I Diarii*, libro VII, coll. 274, in data 26 ottobre 1509; Castellini, *Storia della città*, p. 63 e 69; *La battaglia di Agnadello e il Trevigiano*, pp. 19-20. Sulle motivazioni dei rurali e sul falso mito del contadino ingenuo di vedano *Episodi di guerra in Vicenza l'anno MDIX*, pp. 18-21; Fabris, *Girolamo Zugliano e i suoi* «Annali», pp. 463-492.

167. Castellini, *Storia della città*, p. 71; Sanudo, *I Diarii*, libro VII, coll. 334, in data 25 novembre 1509; BCBVi, *ms.* 2426, Godi (inizi del XVII secolo circa); Bortolan, *Leonardo Trissino celebre avventuriero*, pp. 5-46; Cesarini Sforza, *A Trento nei primordi della Lega di Cambrai*, pp. 58-89.

168. BCBVi, AG, *Cattastico degl'instromenti et cetera Godi, tomo II (Principia 1500 3 gennaro, termina 1527 31 decembre)*, b. 383, 22 settembre 1509 a 29 gennaio 1510.

169. BCBVi, *Gonz.*71.8, in Cogollo, *Per nozze Fantinati-Montanari*, pp. 12-13.

verosimile che sia stato pagato un riscatto o che Enrico Antonio Godi abbia corrotto i suoi carcerieri, come aveva tentato di fare in precedenza.[170]

Durante il biennio 1509-1510 i sequestri e i rapimenti non si limitarono al vicentino, sebbene in questo distretto l'imperatore fosse risultato più influente rispetto che nelle altre città, dove si erano riaccese scontri e vendette tra le fazioni per il controllo del potere urbano. Le vessazioni, in generale, sono utili per individuare le scelte di personaggi che avrebbero potuto mitigare lo scontro tra nobiltà di Terraferma filo-imperiale e contadini fedeli sudditi di Venezia.[171] Dagli anni Settanta del Quattrocento, Enrico Antonio Godi aveva fatto parte, a Padova, di un circolo vicentino che contava su intense relazioni con i veneziani. Questo gruppo di sodali era costituito essenzialmente da ex studenti di diritto e si era formato tra i banchi dell'Università di Padova; la loro peculiarità consisteva nel continuare a mantenere rapporti con i veneziani e di lavorare spesso nella Dominante. Questo gruppo, che nel corso degli anni si allargò anche ad altri nobili della Terraferma (come si rileva nell'*Itinerario* del Sanudo), era in antitesi con quello di altri giuristi, prevalentemente i bresciani e padovani, che frequentavano il medesimo Studio. Le motivazioni di tale conflitto vanno ricercate nella gestione del potere all'interno dell'Università, ma non è da escludere l'ipotesi di un differente legame degli stessi con la Dominante.[172]

Nel 1480, poche settimane prima che Enrico Antonio Godi completasse il suo ciclo di studi, si addottorò anche un altro giurista berico, Giovanni Loschi: tra i suoi testimoni vi erano lo stesso Godi e lo scolaro in diritto

170. Cesarini Sforza, *Nove vicentini confinati a Terlago*, pp. 260-271 e ribadito in Sanudo, *I Diarii*: libro VII, coll. 256, in data 16 ottobre 1509 e coll. 264, in data 20 ottobre.

171. Per sequestri e rapimenti nei centri minori come Bassano, si veda Varanini, *La terraferma di fronte alla sconfitta di Agnadello*, p. 157 e di Seneca, *Bassano sotto il dominio veneto*, pp. 77-84. Per i rapimenti in città maggiori, Pasero, *Francia, Spagna, Impero a Brescia,* pp. 155-156; Machiavelli, *Legazioni e commissarie*, p. 442. Sulle scelte di campo (e sul mito politico) delle popolazioni rurali vicentine, che generalmente difesero i confini di Venezia, si vedano anche alcuni documenti degli anni Quaranta del Cinquecento. Nel 1546 un abitante di Selva di Trissino, nella Valle dell'Agno, dichiarò sui fatti del 1510: «l'è la verità che quando li inimici de' nostri signori veneziani era in questa terra et da poi queli de San Marcho ghe fu dreto contra Verona, che, perché, tutu se allegravano che San Marcho era tornato» in ADV, A, b. 20/020, 23 luglio 1546 e Fornasa, *Brogliano nell'età moderna*, p. 65. Sempre sul vicentino, si veda da Porto, *Lettere storiche*, pp. 149-150.

172. King, *Umanesimo e patriziato a Venezia*; King, *Venetian Humanism* e la recensione del volume curata da Knapton, pp. 838-847. La studiosa per il vicentino, a parte i Thiene, i da Porto e i Lonigo, non indica giuristi vicini alle idee dei Godi.

canonico Simone da Porto.[173] I tre vicentini pagarono caro il loro sodalizio a favore di Venezia. Nel decennio successivo il Loschi venne ucciso proprio da quel Leonardo Trissino che, bandito da tutti i territori veneziani, nel 1509 occupò Vicenza in nome dell'imperatore. Nell'ottobre del 1509, durante l'occupazione della città, Simone da Porto fu accusato di avere stretto legami con i veneziani e di detenere in casa armi ed effigi raffiguranti San Marco. Egli aveva effettivamente tenuto quegli oggetti in casa sua per conto del capitano di Verona Domenico Contarini, che era fuggito da Vicenza verso Venezia all'inizio dell'estate. Il da Porto, avvertito in tempo della retata, riuscì a nascondere il materiale. I tedeschi, non trovando le armi, si innervosirono e accusarono tutta la famiglia di parteggiare per Venezia.[174] Dopo un mese gli occupanti chiesero proprio a Simone da Porto di trattare con gli assedianti veneziani che erano fuori dalle mura cittadine. Egli accettò e garantì un salvacondotto onorevole per i tedeschi, inoltre chiese alcune disposizioni favorevoli per il ritorno della città alla Repubblica.[175]

Il Godi, il Loschi e il da Porto, seppur rappresentanti dell'aristocrazia filo-veneziana, non appartenevano al gruppo più decisamente schierato

173. *Acta graduum academicorum gymnasii patavini. Ab anno 1471 ad annum 1500*, vol. 17, n. 643.

174. Da Porto, *Lettere storiche*, p. 142: «In questo tempo fu accusato messer Simone da Porto, che teneva trattalo coi Viniziani, e che aveva in casa alcune lancie e targoni dipinti con San Marco; e però deliberarono i Tedeschi di fargli per questo motivo visitare e cercare la casa [...], ma essendone avvertito [...], furono le lancie ed i targoni nascosti; i quali non erano ivi raccolti per conto di trattati o di congiure, ma a caso lasciati in quella casa da messer Domenico Contarini. Egli, venendo questa estate da Verona, dov'era capitanio quand'essa si die agl'imperiali, lasciò con ordine che gli fossero mandati dietro; ma sopraggiunta di corto la mutazione di stato alla città nostra, ciò non poté essere subilo verificalo. E cosi sono restati in casa per penerei tulli in tanto pericolo; perciocché, entrativi li Tedeschi molto numerosi con armi e con mal talento (cui in loro accresceva eziandio la ricchezza della casa stessa), la cercarono tutta per trovare quest'armi, e non trovandole, fecero gran minacce a tutta la famiglia nostra, come marchesca» e sul comportamento dei veneziani durante Agnadello, si veda Raines, *L'invention du mythe aristocratique,* pp. 126-143.

175. Da Porto, *Lettere storiche*, p. 146: «I Tedeschi stando in grandissimo sospetto della città, nella quale, venula la notte, si udiva in più luoghi chiamare San Marco; e intendendo essere di fuori gran numero di paesani, e dentro molte case disposte a prender le armi contro di loro, subito che i Viniziani cominciassero a dar battaglia, mandarono il signor Fracassa da messer Simone Da Porto, pregandolo che fosse contento di trattare coi marcheschi, acciocché volessero prender la città, salve le robe e le persone. E sopra ciò fatto lungo parlare, uscito messer Simone la notte della terra con alcuni cittadini, ch'egli volle seco, e trattata con i provveditori la cosa, recò la fede al Principe della sua salvezza, e la terra in mano de' Viniziani».

con Venezia, nel quale invece si distingueva, trai vicentini, Giovanni Chiericati. Questi frequentava il circolo di Ermolao Barbaro, composto tra gli altri dal veronese Bernardino Grasso[176] (legato ad Enrico Antonio Godi, essendo uno tra gli accompagnatori dei patrizi veneziani nella Terraferma) che ebbe qualche ruolo durante la resistenza attiva negli anni successivi ad Agnadello. Suo nipote Marco Faccin fu protagonista della presa di Padova da parte dei veneziani nel luglio del 1509.[177]

Nello stesso periodo, dall'altra parte della Repubblica, un altro avvocato, Cornelio Castaldi di Feltre, più giovane dei giuristi precedenti, ma praticante nello studio di Venezia di Enrico Antonio Godi, fuggì dalla sua città in preda agli imperiali e si organizzò nelle montagne con gli esuli sostenitori di Venezia.[178] Egli ridiscese in pianura solo quando le armate di Venezia ripresero Feltre.

Quasi tutti i protagonisti della resistenza veneziana di Terraferma del 1509-1512 compaiono fra i giuristi che accompagnarono Marin Sanudo nel 1483. Nei decenni seguenti essi rimasero in contatto per motivi di lavoro e parentela. Erano tutti nati negli anni Cinquanta del Quattrocento e si addottorarono nell'intervallo 1478-1484;[179] successivamente al 1483 lavorarono direttamente a Venezia o furono inviati nella capitale come rappresentanti (nunzi o ambasciatori) dalla loro città per difenderne le prerogative.[180] Dopo le prove di fedeltà nel periodo della guerra essi erano speranzosi di un riconoscimento tangibile da parte di Venezia; tuttavia, le loro aspettative furono deluse, poiché il patriziato della Dominan-

176. Voce *Girolamo Donà* curata da Paola Rigo, in *DBI*, vol. 40, pp. 741-753: «tra gli altri c'erano anche Nicolò Lippomano, Sebastiano Priuli, Marco Dandolo, Girolamò Donà, Gregorio da Faenza "de Zuchulis"».

177. Medin, *La obsidione di Padua*, p. 127. Anche per Trussardo da Calepio nel bergamasco e Bartolomeo da Maderno nella Riviera di Salò si distinsero, con atti concreti di coraggio durante la guerra, a favore di Venezia.

178. Ticozzi, *Storia dei letterati e degli artisti*, vol. I, in particolare su Cornelio Castaldi si vedano le pp. 77-79, mentre su Feltre si veda, Corazzol, *Una fallita riforma*, pp. 287-299.

179. Nel 1483 il più vecchio giurista, dal punto di vista della formazione, che accompagnava il Sanudo era il veronese Bernardino Grasso laureato il 7 maggio 1478 a Padova, in *Acta graduum academicorum gymnasii patavini. Ab anno 1471 ad annum 1500*, vol. 17, n. 551, mentre quello più giovane dovrebbe essere il bergamasco Trussardo da Calepio che si addottorò, solo alla fine del viaggio, il 10 luglio 1484, in ivi, n. 919.

180. Come Silvestro Rambaldo in Scroccaro, *Dalla corrispondenza dei legati veronesi*, pp. 629-632 e nota 18 (a p. 629).

te, frammentato al suo interno proprio su questo punto, manifestava più interessi verso la tassazione della Terraferma. È significativo che esista almeno un nocciolo, probabilmente però ridotto e fortemente ideologizzato, di sostenitori filo-veneziani inossidabili. Del resto gli anni della loro formazione padovana, quelli della guerra di Ferrara, sono citati, per certi aspetti, di massimo consenso a Venezia.

Senza dubbio i nobili studiosi di diritto provenienti dalla Terraferma durante il periodo 1509-1517 condizionarono le clientele urbane e i contadini grazie alle disponibilità economiche che a loro, come nel caso del Godi, certamente non mancavano. Nel novembre 1509, Rigo Antonio Godi riuscì a rientrare a Vicenza dopo la prigionia. Il 17 novembre, a seguito delle sue vicende personali e per la sua coerenza rispetto alla causa marciana, il Consiglio dei Cinquecento di Vicenza lo scelse, assieme ad altri nove, per la delegazione che doveva confermare la fedeltà a Venezia.[181] Fu tra coloro che si batterono affinché fossero riconfermati i patti della dedizione del 1404 (secondo un cronista ottocentesco fu proprio colui che scrisse e perorò la vecchia dedizione) e, viste le conseguenza della guerra, la Dominante accettò anche l'esonero per cinque anni da ogni gravezza sia per la città che per il contado.[182]

Nei primi mesi dell'anno 1510 molti furono i vicentini che, spaventati dal rischio che la città potesse ancora essere preda degli eserciti stranieri, fuggirono a Venezia. Il primo che vi si stabilì, alla fine di novembre del 1509, sembra sia stato proprio Enrico Antonio Godi, assieme ad un altro collega avvocato, Aurelio dall'Acqua.[183] Quest'ultimo, alla metà di otto-

181. Questi erano i dieci nobili scelti nel novembre 1509 per andare a Venezia: Bartolomeo Paiello, Bernardino Sesso, Nicolò Chiericati, Simone da Porto, Antonio Lonigo, Enrico Antonio Godi, Ludovico da Schio, Giovanni Scroffa, Bartolomeo Bissari e Bartolomeo Nievo. Di questi, quattro erano andati a trattare anche con Leonardo Trissino a Schio e a Malo ai primi di giugno 1509 cioè Bartolomeo Paiello, Bernardino Sesso, Nicolò Chiericati e Antonio Lonigo. Alcuni sono sostenitori di Venezia prima e durante Agnadello cioè Enrico Antonio Godi, Bernardino Sesso, Nicolò Chiericati e Simone da Porto. Probabilmente erano fedeli sostenitori di Venezia anche Antonio Lonigo e Bartolomeo Paiello, su quest'ultimo si veda soprattutto il lavoro di Marx, *Bartolomeo Pagello*, pp. 29-41 e sugli umanisti pp. 84-85; Sanudo, *I Diarii*, libro VIII, coll. 334, 22 novembre 1509.

182. BCBVi, *Gonz.*71.8, in Cogollo, *Per nozze Fantinati-Montanari*, pp. 14-15.

183. Personaggio di primo piano della città di Vicenza e giureconsulto alla pari del Godi, si veda la voce *Aurelio dall'Acqua* curata da Raffaella Zaccaria, in *DBI*, vol. 31, pp. 784-786: «Aurelio dall'Acqua si laureò a Padova il 27 gennaio 1501 in diritto civile; fra i testimoni della laurea compare anche uno zio paterno, Girolamo, professore in quella università. Intorno al

bre, aveva accolto con gli altri giuristi vicentini l'imperatore in città, mentre a novembre aveva preferito riparare assieme alla moglie nella capitale. Lì rimase anche per parte del 1510 e per l'intero 1511. Cominciarono ad arrivare a Venezia anche numerosi nobili che fino a quel momento erano stati neutrali o addirittura avevano sostenuto Leonardo Trissino.

Tra il 12 e il 13 giugno 1510 la città berica era stata ripresa dagli imperiali e il Sanudo registrò nei suoi diari la presenza di Nicolò Chiericati, che si recò a nome di «molti citadin vicentini che stavano [a Venezia] con le lhoro fameglie e fuziteno di Vicenza»[184] per rendere conto della loro situazione alla Signoria veneziana. La visita ad uno dei massimi organismi della Repubblica era dovuta al fatto che a Vicenza gli agenti dell'imperatore avevano affisso una grida, secondo la quale tutti i residenti che in quel momento si trovavano fuori dalle mura sarebbero dovuti rientrare entro cinque giorni, altrimenti sarebbero stati considerati ribelli e avrebbero subito la confisca di tutti i loro beni. Nicolò Chiericati concluse la sua dichiarazione dicendo che i vicentini presenti a Venezia avrebbero obbedito a qualsiasi decisione della Signoria. Probabilmente il Chiericati a capo degli esuli vicentini aveva bisogno di una qualche rassicurazione da parte di Venezia per tenere unito il gruppo dei dissidenti.

Successivamente arrivò il turno di Enrico Antonio Godi che, a sei mesi dal suo sequestro, non voleva tornare nella sua città natale: se fosse rientrato, probabilmente sarebbe definitivamente andato incontro alla «sua ruina».[185] Chiese la parola, infine, Bernardino Sesso che, anche a nome dei suoi nipoti, auspicava di essere assegnato a un ruolo militare di qualche importanza per aiutare la Repubblica in quei momenti così turbolenti. I veneziani si felicitarono di queste prove di lealtà e, per scoraggiare eventuali rientri, fecero pubblicare un editto dei Capi del Consi-

1500 aveva sposato Lucia da Schio, figlia di Francesco, professore di diritto all'università di Padova». Dal febbraio 1510 Aurelio dall'Acqua ed Enrico Antonio Godi risiedettero a Venezia quasi ininterrottamente fino alla fine dei conflitti. Non è un caso se Pietro Godi fu proprio esecutore testamentario di Aurelio, si veda Zaupa, *L'origine del Palladio*, p. 66.

184. Sulla presa di Vicenza e sui comportamenti dei veneziani durante il 1509 risulta molto interessante una cronaca inedita da me ritrovata recentemente in BCBVi, Archivio Bissari, *Cronaca 1492 Nota de papa Alessandro* ..., b. 53, c. 199r. La cronaca sarà a breve oggetto di studio da parte del sottoscritto. Il Sanudo scrisse che molti nobili vicentini risiedevano ormai stabilmente nella capitale veneziana, in Sanudo, *I Diarii*, libro X, coll. 558, 13 giugno 1510.

185. Sanudo, *I Diarii*, libro X, coll. 559, 13 giugno 1510.

glio di Dieci nel quale si vietava ai vicentini di partire da Venezia senza autorizzazione. Il 26 agosto Enrico Antonio, assieme ad altri nobili tra cui diversi esponenti della famiglia da Porto (che dopo aver cambiato idea parteggiavano solo per Venezia), chiese alla Signoria di provvedere alla salvaguardia di Vicenza perché le ultime informazioni davano per certo che gli imperiali fossero sul punto di incendiarla.[186] Effettivamente la situazione era drammatica e, anche se non si arrivò al rogo della città, si verificarono azioni efferate che difficilmente potevano invitare alla calma e al ritorno dei vicentini dalla laguna. Si possono citare a tal proposito alcuni eccidi a danno delle popolazioni rurali residenti presso le località di Lonigo, Costozza e Mossano.[187] La stessa zona di Barbarano, dove erano ubicate le terre dei Godi, fu fino al 1513 una delle principali aree di manovra degli imperiali e divenne, tra l'ottobre del 1514 e il giugno del 1516, sede del campo militare dei veneziani.[188]

Enrico Antonio Godi risiedette a Venezia dalla fine del 1509 fino al 1516. Si stabilì nella contrada di San Moisé, talché i funzionari lo credettero cittadino veneziano (probabilmente aveva la cittadinanza *de intus*) e gli notificarono l'importo da pagare nella redecima del 1514. Il Godi rispose che era costretto a rimanere a Venezia e che non avrebbe potuto pagare la cifra, non avendo più entrate a causa della guerra:

> et già anni 4 ed ultra non ho possuto andar in Vicenza né in Vicentina, nel qual tempo mi esta brusate et ruinate le case mie et fabriche e che mie lavoradori ruinati, le possessioni tagliate, le vide et arbori in bona parte, et tolte le intrade.[189]

La guerra gli aveva inferto parecchie perdite nella città e nel contado, ma con il suo lavoro di avvocato riuscì a recuperare parte dei danni. Anzi, da Venezia Rigo Antonio cercò di approfittare, probabilmente per rivincita, della nuova situazione venutasi a creare per comprare molti dei beni

186. Ivi, libro XI, coll. 9, 26 agosto 1510. Sulle notizie e sul passaggio di informazioni, De Vivo, *Patrizi, informatori, barbieri*.

187. Guicciardini, *Storia d'Italia*, p. 809 e Finlay, *The Myth of Venice* pp. 294-326; BCBVi, Archivio Bissari, Cronaca *1492 Nota de papa Alessandro*, b. 53, c. 202-204r.

188. Sanudo, *I Diarii*, libro XIX, coll. 106, 3 ottobre 1514; coll. 107, 4 ottobre 1514; coll. 139, 17 ottobre 1514; coll. 141, 18 ottobre 1514; coll. 143, 19 ottobre 1514; coll. 146, 20 ottobre 1514; coll. 151, 21 ottobre 1514; libro XX, coll. 309, 22 giugno 1515; libro XXI, coll. 468, 20 gennaio 1516; libro XXII, coll. 305, 21 giugno 1516 e coll. 326, 26 giugno 1516.

189. ASV, *Dieci Savi alle Decime*, *1514*, b. 54, San Moisé, n. 42, dichiarazione di decima di Enrico Antonio Godi *quondam* Cristoforo, 4r.

dei ribelli filo-imperiali confiscati dalla Repubblica, come quelli di Achille Borromeo,[190] o delle famiglie Loschi e Nogarola.[191] Proprio nei confronti di questi ultimi il ruolo del Godi si rivelò ambiguo: nel 1510 egli difese, infatti, da avvocato, Galeotto Nogarola e poi nel 1518 acquisì 300 dei migliori campi della stessa ribelle famiglia per la cifra irrisoria di 6 ducati l'uno.[192] Alla fine degli anni Venti Rigo Antonio possedeva ancora tutte le proprietà; quindi è improbabile che avesse effettuato quell'operazione come falsa compravendita per poi girare l'acquisto agli ex proprietari. Venezia indagò solo nel settembre 1524 su quella vendita ed effettivamente fu acclarato che Rigo Antonio aveva speculato sull'operazione: secondo alcuni patrizi della Dominante, fu «inganata la Signoria grandemente».[193]

Prima dello scandalo del 1524, Rigo Antonio aveva ricevuto dal Doge Andrea Gritti la nomina al cavalierato. Ai primi di settembre del 1523, infatti, fu creata una deputazione di nobili cittadini vicentini che avrebbero dovuto recarsi a Venezia a rendere omaggio al nuovo Doge. In un primo tempo fu scelto Aurelio dall'Acqua, insieme con Pietro Valmarana e Giangiorgio Trissino; successivamente però i primi due vennero sostituiti da Enrico Godi, Alessandro Nievo e Francesco Loschi. Si ignora il motivo dell'attribuzione così tarda del cavalierato al Godi. Probabilmente il riconoscimento era già stato deciso dal Doge precedente, Antonio Grimani (con lui, infatti, aveva combattuto battaglie politiche e processuali comuni). Più probabilmente Andrea Gritti, valoroso capitano

190. BCBVi, AG, *Cattastico degl'instromenti et cetera Godi, tomo II (Principia 1500 3 gennaro, termina 1527 31 decembre)*, b. 383, m. LVII, n. 2197, 27 settembre 1510, è una conferma del possesso «degli Eccellentissimi Capi del Consiglio di Dieci al domino Enrico Antonio Godi di ruote da molino acquistati ad Arlesega da Achille Borromeo, ribelle di Stato». Sul ruolo del Consiglio di Dieci durante Agnadello, si veda Conzato, *Usurpazione o riorganizzazione?*, pp. 191-206.

191. ASV, *Ufficiali alle rason vecchie*, b. 48; sulle confische e gli acquisti durante la guerra si vedano Del Torre, *Venezia e la terraferma*, pp. 164-167 e Varanini, *Proprietà fondiaria e agricoltura*, pp. 807-879. Tanto più che a Vicenza, forse conoscendo gli illeciti degli avvocati, si vietava a quest'ultimi di agire come Sindici o procuratori in ASVi, *Notarile*, Notaio Cristoforo Bassan, reg. 37/38, 27 gennaio 1480, ad esempio è con Marcantonio Godi che nel 1532 non era ancora laureato, ma faceva procure per il padre.

192. Sanudo, *I Diarii*, libro X, coll. 111, agosto 1510.

193. Ivi, libro XXXVI, coll. 594, settembre 1524; BCBVi, AG, *Istrumenti*, *Istrumenti sciolti*, m. LXXIV, b. 74, n. 3052, 8 settembre 1524, notaio Taddeo d'Ascoli, dichiarazione del nobile Cristoforo *quondam* Vicenzo Godi e BCBVi, AG, *Processi*, m. CXI, b. 301, n. 2165, 23 settembre 1524, *Relazione di Nicolò da Cattaro*, cc. 62-63.

durante le guerre successive ad Agnadello, voleva premiare l'esemplare comportamento tenuto dal Godi durante il biennio 1509-1510. Questi, comunque, si era ritirato dall'attività forense da qualche mese e la nomina voleva forse semplicemente essere un attestato di stima da parte dello Stato marciano nei confronti di uno dei suoi migliori funzionari, che aveva servito la patria per oltre un trentennio. Il 9 settembre Enrico Antonio Godi arrivò a Venezia «vestito di veludo cremexin alto e baso e becho di veludo paonazo»; dopo che il Doge Andrea Gritti lo ebbe nominato cavaliere di San Marco, «vene zoso di Collegio vestito di restagno d'oro con una grossa colana d'oro al collo».[194]

A causa dello scandalo Enrico Antonio Godi non ritornò a Venezia prima del febbraio del 1527: in quell'occasione tentò di intervenire durante un'udienza, dopo la lettura del giurista Nicolò Ungaro, ma gli fu impedito di agire.[195] Tale divieto fu per lui molto avvilente, anche se la frustrazione era sentimento comune fra gli avvocati patrizi della Terraferma, considerati cittadini solo ai fini dell'attività professionale e non in vista di ulteriori brillanti carriere al servizio dello Stato.[196] In questa occasione emerge la dimensione negativa, il "non detto", l'equivoco di fondo, la consapevolezza della precarietà, il nodo mai sciolto della non integrabilità dei patrizi di Terraferma nella società veneziana: questo è il principale motivo della "svolta" e del raffreddamento tra Enrico Antonio Godi e i veneziani negli anni Trenta. Questa demoralizzazione si connette con le vicende coeve di Alvise da Noale, un ricco avvocato amico del Godi che si era trasferito dal suo paese natio, Noale appunto, a Venezia alla fine del Quattrocento e si era sposato con una veneziana.[197] Nel 1524 aspirava, incoraggiato dal Doge Gritti, a diventare cancelliere grande – una carica all'epoca assai rilevan-

194. Sanudo, *I Diarii*, libro XXXIV, coll. 398-399.

195. Ivi, libro XLIV 44, coll. 125, 27 febbraio 1527, durante i giorni di Carnevale; ripreso anche Viggiano, *Governanti e governati*, pp. 286-287. Venezia lo mortificò, sebbene in quei giorni lui si fosse recato fino alla capitale mascherato (era Carnevale), mostrandosi di umore molto festoso.

196. In una lettera del 1532 Pier Paolo Vergerio, appena passato dalla condizione di avvocato a quella di funzionario pontificio, confrontava la vecchia e la nuova carriera: «questa è grado a qualche cosa maggiore. Quella non aveva altra futura (che di quel quasi ch'io era) speranza» in Schutte, *Pier Paolo Vergerio*, p. 51. Sulla formazione professionale si veda anche il volume curata da Pastore, *Avvocati, medici, ingegneri.*

197. Su questo avvocato si veda la monografia Bellavitis, *Noale*, pp. 61-67 e 110-114. Per i rapporti tra Enrico Antonio e Alvise si veda BCBVi, AG, *Istrumenti*, *Istrumenti sciolti*, m. LXXX, b. 80, n. 3550, 22 febbraio 1529.

te – ma la Signoria lo bloccò con la motivazione che non era un cittadino originario.[198] Venezia anche in questo caso non seppe dare una risposta e un giusto riconoscimento alla fedele nobiltà di Terraferma: erano ancora valide le parole di quel ribelle che qualche tempo dopo la disfatta di Agnadello aveva dichiarato su Venezia: «chi vide mai Stato alcuno, fuori che il vostro, non donare a' suoi buoni servi i guadagnati premi di onore?».[199] Da questo punto di vista possiamo concordare con quanto è stato recentemente affermato, ovvero che il quindicennio 1515-1530 segnò da parte di Venezia più una restaurazione che un decisivo rinnovamento.[200]

Nel decennio successivo (1526-1536) Enrico Antonio visse a Vicenza e contrasse forti legami con i da Porto, i dal Toso e i Nievo, mentre entrò in conflitto con i Barbarano e soprattutto i da Roma. La lontananza da Venezia e le ultime vicende avvenute nella capitale probabilmente fecero mutare in lui quella fedeltà che aveva sempre nutrito per la Serenissima. Ai primi di novembre fece visita a Vicenza l'imperatore Carlo V ed Enrico Antonio Godi ospitò nella sua casa gli ospiti sostenitori della politica spagnola: Francesco Maria I Della Rovere (duca di Urbino), Federico II Gonzaga (duca di Mantova) e Ippolito de' Medici (il cardinale, amico del vescovo vicentino Niccolò Ridolfi).[201] Qualcosa si era guastato nel rapporto fra Enrico Godi e Venezia, tuttavia sembra che egli non si recò a portare i propri omaggi a Carlo V e diversi indizi ci inducono poi a pensare che la svolta filo-imperiale appartenne alla generazione successiva.

5. *Scontri aristocratici nelle piazze e nel consiglio cittadino*

5.1. *Dissensi e contrasti negli anni Venti e Trenta del Cinquecento*

Il passaggio di Carlo V per il vicentino nell'ottobre del 1532 rinvigorì la cultura militare e imperiale delle famiglie locali: andarono a salutar-

198. Sulla cittadinanza originaria per l'ammissione alla cancelleria: Trebbi, *La cancelleria veneta*, pp. 67 e sgg; Cozzi, *Politica, società, istituzioni*, pp. 133 e 143-144; Zannini, *Burocrazia e burocrati*, pp. 34-47.

199. Ventura, *Nobiltà e popolo*, pp. 230-231. L'opposizione di Vicenza a Venezia è stata vista anche in chiave architettonica, in Neher, *Verona and Vicenza*, pp. 258-259.

200. Varanini, *La Terraferma veneta*, p. 63; sulla crisi politica che portò l'oligarchia al posto dell'aristocrazia, si veda Cozzi, *Ambiente veneziano, ambiente veneto*, p. 319.

201. Sanudo, *I Diarii*, libro LVII, coll. 188-189, 1 novembre 1532.

lo con onori solenni i Trissino, i Valmarana, i Gualdo, i Bissari, i Sesso e i Loschi.[202] Nei primi anni Trenta i Godi, e anche altre famiglie delle città di Terraferma, non appoggiarono più con la stessa passione dei primi decenni del Cinquecento la politica veneziana. Da quel momento molti vicentini cercarono, più marcatamente rispetto al passato, maggiori spazi di autonomia: se nel Quattrocento la crisi di identità vicentina si manifestò nel ricusare le proprie tradizioni per preferire quelle veneziane, nel Cinquecento il ceto dirigente comprese che Vicenza poteva avere una sorta di supremazia nell'ambito delle lettere (Trissino, Accademia Olimpica), delle arti (Palladio) e della mercatura, in sostituzione di quel ruolo politico egemonico cui aveva da sempre mirato, ma senza successo.

I cambiamenti – soprattutto culturali ed economici (prima la crisi degli anni Trenta e successivamente l'ascesa della produzione serica e laniera) – che coinvolsero la classe dirigente vicentina ebbero forti ripercussioni anche sulla gestione dei conflitti. Non è un caso che fino agli anni Trenta gli scontri furono tra individui o famiglie, mentre dagli anni Quaranta si formarono gruppi di lignaggi più o meno eterogenei. Dal 1572 nei documenti si usò con maggior frequenza il termine fazione,[203] mentre dal 1576 vennero recuperate le etichette sorpassate di guelfi e ghibellini per definire le contrapposizioni tra gruppi diversi.[204] Da quella data di rado ci furono spostamenti di campo e per buona parte del Seicento le due parti rimasero di fatto invariate: da un lato i Capra e dall'altro i da Porto. Molti di coloro che si sono occupati del XVI secolo hanno scritto

202. Morsolin, *Un episodio della vita*, pp. 293-315.

203. Per alcuni esemplificazioni ASV, *Avogaria di Comun*, *Miscellanea Penale*, b. 4372 (n.v. 222, f. 15), 1572, *Ferimento Guido Capra*, c. 104r e ASV, *Collegio, Suppliche, Suppliche di fuori*, f. 332, 5 agosto 1578: «per le molte fattioni» in Vicenza. Sulle fazioni si vedano Andreozzi, *Rivolte e fazioni*, pp. 3-38; Cavalieri, *"Qui sunt guelfi et partiales nostri"* e Finlay, *Venice Besieged.*

204. AGS, *Secreteria de Estado*, Venecia, leg. 1335, n. 512, 24 marzo 1576: è il primo documento che cita il termine fazioni per quanto riguarda i due gruppi a Vicenza. Si rileva che a utilizzare questo termine è l'ambasciatore spagnolo (ma basandosi su fonti locali) a Venezia che cercò di aiutare «la faccion gibelina» di ogni città di Terraferma e nel caso vicentino sostenne sempre le ragioni dei Valmarana. Si veda anche AGS, *Secreteria de Estado*, Venecia, leg. 1346, n. 515, 3 dicembre 1594, l'ambasciatore spagnolo Francisco de Vera fu accolto a Vicenza da quasi tutta la nobiltà vicentina che così descrisse è «quasi toda es de la faccion gibelina que professa afficion y servitud ala Serenissima Casa d'Austria». Sulle fazioni si veda Gentile, *«Postquam malignitates temporum hec nobis dedere nomina...»*, pp. 249-274.

dei perpetui scontri tra queste due famiglie, ma in realtà prima degli anni Settanta i Capra non ebbero alcuno scontro diretto con i da Porto.[205]

Prima del 1541, gli scontri a Vicenza si concentrarono solamente tra singoli individui o casate. La guerra che aveva scosso pesantemente Vicenza nel 1509 e 1510 aveva diviso in schieramenti le famiglie tra filo-imperiali (Trissino, Trento, Loschi, Valmarana, Capra, Muzzan, Sesso, Verlato, Chiericati e da Porto) e filo-veneziane (Godi, Caldogno, Chiericati, Thiene, Almerico, Paiello, Barbarano e da Porto). Alcune di queste avevano vissuto anche l'esperienza del rapimento e della confisca dei beni da parte dell'imperatore Massimiliano (Godi, Almerico, Trissino, Paiello e Barbarano). Tuttavia i confini politici tra i gruppi erano abbastanza labili: la necessità di sopravvivenza in un periodo come quello della guerra della Lega di Cambrai deve essere attentamente esaminata per comprendere la mutevole devozione e il tenace perseguimento degli obbiettivi più concreti del patriziato vicentino: l'esempio più noto è quello del letterato Luigi da Porto, che passò da un campo all'altro dei due schieramenti in pochissimo tempo. L'ideologia filo-imperiale degli anni Trenta è quindi differente da quella dei primi anni del Cinquecento: non vi fu continuità, anche se, a onor del vero, alcune famiglie rimasero fedeli alla causa imperiale dall'inizio alla fine del secolo.

Nei primi due decenni del secolo i conflitti, più che ideologici, furono di fatto economici e indirizzati contro la famiglia dei Thiene, mentre dagli anni Trenta gli scontri si concentrarono nei confronti dei Trissino e dei Capra.[206] A sintetizzare magistralmente, in una sua lettera, gli scontri della sua città tra gli anni Venti e Trenta fu Giangiorgio Trissino: «da Porto e dei Thiene con[tro] Giovanni da Trissino; dei Thiene con[tro] i Capra; dei da Roma con[tro] i Godi; di Davide Loschi con[tro] Francesco Capra; di Mar-

205. Zamperetti, *Poteri locali e governo centrale*, p. 102: secondo l'autore nel 1541 i Capra parteggiarono con i Trissino, i Ferramosca e i Valmarana contro i da Porto. Il primo scontro diretto tra queste due famiglie è probabilmente quello del 1572. Nel 1567 Ludovico da Porto era alleato di Guido e Ottavian Capra, si vedano le prime note del lavoro di Lavarda, *Banditry and Social Identity*, pp. 2-24.

206. Sanudo, *I Diarii,* libro 27, coll. 618-619. Il 27 agosto 1519 registrò uno scontro tra i Thiene e i Poiana; ASV, *Capi del Consiglio di dieci*, *Dispacci (lettere) dei rettori e pubblici rappresentanti*, b. 223, n. 160, 3 luglio 1531: Trissino contro Capra; b. 223, nn. 180-181, 15 gennaio 1534: Marcantonio Capra contro Girolamo Nievo e ASV, *Capi del Consiglio di dieci*, *Dispacci (lettere) dei rettori e pubblici rappresentanti*, b. 223, n. 182, 24 gennaio 1534: Marcantonio Capra contro Francesco Thiene.

cantonio di Thiene con[tro] i Velo; di Marco Thiene con[tro] gli Angaran; dei Branzo con[tro] i Monza e dei Branzo con[tro] i Branzo».[207]

Quando nel 1523 Enrico Antonio Godi ritornò a vivere nella città berica era riuscito, benché fosse il più ricco della città, a non inimicarsi alcuna potente famiglia. Ci fu un'unica eccezione con Stefano da Roma e la sua famiglia: costui mosse contro Enrico Antonio denunce di natura fiscale per alcune case e campi posti a Grisignano, nel basso vicentino.[208] L'accusa consisteva nell'aver comperato a prezzo agevolato quelle proprietà, frodando così il fisco e non pagando tutti gli affitti alla chiesa di San Faustino, una delle parrocchie della città di Vicenza. C'era quasi un intento ossessivo da parte del da Roma nei confronti del Godi.[209] Ma queste erano solo le prime di numerose cause, sia civili che criminali, che seguirono negli anni. Oltre al rapimento, tra il 1509 e il 1516, subì furti e ruberie nei palazzi cittadini e nel contado, soprattutto nei dintorni di Barbarano, dove aveva la maggior parte delle sue proprietà. In ogni caso rimase, prima e dopo la guerra, l'uomo più ricco della città e, come abbiamo ricordato, nel 1516 la sua carriera fu ricompensata con la promozione ad avvocato fiscale per conto della Dominante. Si ignora se egli avesse in qualche modo intaccato i beni dei da Roma o se avesse compiuto dei crimini.[210] Non appena Enrico Antonio si ritirò a vita privata gli furono imputate una serie di accuse infamanti. Probabilmente i da Roma non erano soli, perché per accusare l'avvocato vicentino che conosceva più di tutti le procedure veneziane ed era membro del collegio dei giudici della città berica, era necessario poter disporre di parecchio denaro. Nell'archivio privato dei Godi vi sono alcuni fascicoli che raccolgono le vertenze aperte con i da Roma dal 1524 al 1556: in uno di questi, Enrico Antonio Godi si sfogò al cospetto dei Provveditori

207. Morsolin, *Giangiorgio Trissino*, pp. 99-100 e Zaupa, *Sole, Luna, Andrea Palladio*, p. 87: nel 1522 vi furono diciotto feriti tra le famiglie dei da Porto contro quella dei Nievo.

208. BCBVi, AG, b. 243, *Godi contro da Roma*, m. 53, n. 1149, *Cause diverse antiche di ragione della Casa Godi contro diversi della famiglia Roma, Processus domini Henrici Antonii de Godis contra quondam Stephanum de Roma.* Sempre su Grisignano un'altra lite coinvolse successivamente Pietro Godi in BCBVi, AG, b. 199, m. 8, n. 137, *Vicenza. Processo del Comun da Grisignan contra i nobili de Roma*, 11 settembre 1546-4 maggio 1551. Il ruolo di Pietro Godi in 26*r* fu quello di avvocato di Francesco Perana, procuratore per il comune di Grisignano.

209. Zaupa, *L'origine del Palladio*, p. 57.

210. Dopo il suo rientro Enrico Antonio Godi fu sottoposto ad altri processi civili in BCBVi, AG, *bergamina*, n. 3321, 31 ottobre 1527, sentenza di sua eccellenza Giovanni Contarini Podestà Vice Capitano di Vicenza.

di Comun a Venezia il 27 giugno 1527, per aver «sofferto molti danni per indirecti modi [...] fatti et operati per messer Stephano da Roma cittadin di Vicenza circa alcune cose comprate [...] in bona fide».[211] Egli continuò ribadendo il concetto che, quanto più aveva tollerato questo atteggiamento del da Roma tanto più quest'ultimo si faceva più «licito di danni ficar et intricar[lo] in varie lite».[212] Infastidito da quelle assurde incriminazioni, Enrico Antonio decise a sua volta di querelarlo, nell'intento di farlo desistere «da consumar[lo] con lite esterne».[213]

Mentre era ancora in vita Enrico Antonio, le liti con i da Roma procedettero nelle aule dei tribunali vicentini, padovani e veneziani. Quando egli morì, il figlio Girolamo cambiò strategia. Il tempo del diritto (e delle personalità autorevoli, quale era stato Enrico Antonio) fu sostituito da quello della violenza: nel 1537 Girolamo Godi tentò di penetrare nella casa di Antonio da Roma, vicino alla cattedrale di Vicenza.[214] Lo scontro fu preparato nei minimi dettagli da Girolamo assieme ai suoi *famuli* veneziani e con l'aiuto del suo vicino di casa Bartolamio Pagliarini.[215] La vicenda, pur avendo avuto una vasta eco, fu derubricata dal consolato cittadino, probabilmente perché fu trovato un accordo tra le parti. I due patrizi avrebbero potuto, infatti, incorrere in pesanti sanzioni e da quel momento Girolamo evitò Vicenza per qualche tempo andando a vivere altrove.[216] Quando nel primo trentennio del secolo i Godi (in una Vicenza più tranquilla) erano i padroni quasi assoluti della città, non sentirono mai il bisogno di manifestare la loro autorità. Con la perdita di questo primato, e con i cambiamenti sociali in corso negli anni Quaranta, i Godi cercarono un loro riposizionamento nei confronti delle quattro famiglie che stavano emergendo: i Thiene, i da Porto, i Trissino e i Valmarana.

211. BCBVi, AG, b. 243, Godi contro da Roma, m. 53, n. 1149, *Cause diverse antiche di ragione della Casa Godi contro diversi della famiglia Roma, Processus domini Henrici Antonii de Godis contra quondam Stephanum de Roma*, c. 26r.

212. *Ibidem*.

213. BCBVi, AG, b. 243, Godi contro da Roma, m. 53, n. 1149, *Cause diverse antiche di ragione della Casa Godi contro diversi della famiglia Roma, Processus domini Henrici Antonii de Godis contra quondam Stephanum de Roma*, c. 26v.

214. BCBVi, AT, *Raspe criminali*, b. 1127, anno 1537, cc. 103r-104r.

215. Per Girolamo Godi c'erano Domenico Zancho, Battista detto Cotechie e Digolino Romano Regazio, mentre per Bartolamio Pagliarini, Battista da Nanto, Battista da Marano e Giovanni da Malo.

216. BCBVi, AT, *Banditi*, b. 1104 (1536-1545), c. 122, pubblicazione della sentenza 26 marzo 1538.

Rispetto alle altre famiglie cittadine avevano anche un problema di riconoscimento numerico, visto che erano rappresentate politicamente solo da un paio di deputati, mentre i Thiene addirittura da una decina.

A seguito dell'aumento delle violenze nella città tra il 1537 e il 1538, il podestà di Vicenza[217] emanò un proclama che vietava di portare armi senza autorizzazione. I cittadini trovarono il modo di eludere la norma «facendosi scriver soldati [...] del sior duca di Urbino et chi con altri conduttori».[218] Il podestà supplicò il Consiglio di Dieci di consigliarlo sul da farsi per provvedere contro tali abusi. Nel giugno del 1539 i capi del dello stesso consiglio, informati dalle lettere dei rettori, descrissero una città «divisa in due parti» e ordinarono che fossero mandati a Venezia «i cinque capi principali» di ciascuna fazione che apparivano più turbolenti e che avevano maggiori seguaci. Venezia prescrisse, inoltre, che nessun nobile avrebbe potuto avere al proprio seguito più di quattro servitori.[219] L'estate non si era ancora conclusa quando il podestà fu pubblicamente offeso dalla plebe cittadina, probabilmente sobillata dalla parte nobiliare anti-oligarchica. Gli omicidi aumentarono «de zorno in zorno».[220]

Nella primavera del 1540 esplose la violenza estrema. A Vicenza si fronteggiarono due gruppi: da una parte i Thiene con i da Porto e dall'altra quasi tutte le altre famiglie capeggiate da Marco Trissino. Il 20 aprile il podestà, preoccupato degli «odii et ranchori che arde fra i citadini» e prevedendo la possibilità di un imminente conflitto tra le famiglie «imperoché tuti hano levate le arme cum grandissimo numero di servitori», tentò di

217. Nella relazione del febbraio 1537 già si mettevano in luce gli omicidi: «si deve [...] regolar le cosse chriminal per obviar li tanti chrudi omicidii si fano alla iornata» e gli *odia* precedenti alle elezioni dei consiglieri, in *Relazione di Pietro Tagliapietra, podestà, presentata al senato il 15 marzo del 1537*, in RRV, vol. VII, pp. 19-20.

218. ASV, *Capi del Consiglio di dieci*, *Dispacci (lettere) dei rettori e pubblici rappresentanti*, b. 223, n. 215, 7 gennaio 1538. Sempre sul duca di Urbino, generale delle armate veneziane, vedesi ASV, *Capi del Consiglio di dieci*, *Dispacci (lettere) dei rettori e pubblici rappresentanti*, *Vicenza*, b. 223, n. 220, 16 dicembre 1539. Quando nel novembre 1532 Carlo V alloggiò nel vicentino preparò la sua venuta proprio Francesco Maria I Della Rovere (duca di Urbino) in Castellini, *Storia della città di Vicenza*, pp. 45-47. Nel 1547 Giovanni e Adriano Thiene furono uomini d'arme del duca di Urbino, condottiero della Repubblica, Riccardo Repeta e Alvise Valmarana per Valerio Orsini, si veda Pezzolo, *«Un San Marco che in cambio di libro ha una spada in mano»*, pp. 84-85; in generale tra Venezia e il duca di Urbino, Verstegen, *Francesco Maria and the Duchy of Urbino*, pp. 141-160.

219. Povolo, *Crimine e giustizia a Vicenza*, p. 421.

220. RRV, vol. VII, p. 20: «tra lor citadini he una cera discordia che seria a lungo a dir».

sequestrare le armi dei servitori e dei loro padroni. Tuttavia gli ufficiali che aveva mandato a requisirle dovettero far ritorno a mani vuote nel palazzo; subito dopo Achille Trissino, fratello di Marco, col pretesto di parlare al podestà, lo minacciò nella sua camera «con parole gaiarde piene di focco et di scandalo».[221] Girolamo Godi e Bartolamio Pagliarini erano nel gruppo che faceva capo ai Trissino. A dimostrazione del fatto che le aggregazioni non erano ancora così rigide, e che si basavano su relazioni spesso personali, è esemplificativa la strana alleanza stipulata nel gennaio 1541 tra Marcantonio Godi, fratello di Girolamo, e i Valmarana, assieme ai Thiene e ai da Porto, tutti quanti avversari di Giangiorgio Trissino.[222]

5.2. *Le fazioni vicentine dopo il 1541*

Nella primavera del 1541 la lotta aristocratica registrò un momento di fortissima tensione, coinvolgendo le più importanti famiglie della città: i Thiene, che da almeno un quinquennio detenevano le maggiori cariche cittadine, si scontrarono prima contro i Capra e i Nievo e quasi contemporaneamente contro i Velo e i Garzadori.[223] Il 25 aprile 1541 alcuni degli esponenti più autorevoli delle famiglie Valmarana, Velo, Garzadori, da Porto e Thiene furono costretti a recarsi a Venezia per sanare le loro divergenze. L'intervento veneziano dimostra che la centralità delle istituzioni municipali viene riconosciuta dal ceto dirigente vicentino. Proprio per questo motivo alcune famiglie tentarono di ottenere il controllo del consiglio scatenando risse durante le votazioni e violenze fuori dal palazzo comunale.

221. ASV, *Capi del Consiglio di dieci*, *Dispacci (lettere) dei rettori e pubblici rappresentanti*, b. 223, n. 224, 20 aprile 1540. I due gruppi era così compositi. Da una parte vi erano i conti Porto del ramo del magnifico collaterale e i fratelli conti Marco Antonio e Adriano Thiene e dall'altra vi erano: il dottor Achille Trissino, Marco Trissino e fratelli, Giovanni Battista Monza, Pietro Franco Scarana, Giacomo Valmarana, Girolamo Godi, Bernardino Velo, Bartolamio Pagliarini e Ottaviano Garzadori. Si veda anche Zanazzo, *Bravi e signorotti,* in particolare pp. 116-117.

222. Morsolin, *Giangiorgio Trissino*, pp. 327-328 e Zaupa, *Andrea Palladio e la sua committenza*, p. 147: nel 1541 Giangiorgio Trissino era avversario dei Thiene, dei da Porto, dei Valmarana e di Marcantonio Godi. La lite tra quest'ultimo e il Trissino potrebbe essere stata cagionata dalla differente modalità di azione nella causa contro Marostica.

223. Alcuni storici si sono concentrati nel dimostrare che i Thiene detenevano da parecchi anni le maggiori cariche della città. In realtà i libri parti del comune di Vicenza, con gli elenchi dei deputati e dei consoli, sono completi solo dal 1538; ma è comunque possibile dimostrare che i Thiene erano robustamente presenti almeno in qualche momento, grazie a un ms. inedito concernente il 1523-1524 (BCBVi, *Ms. 485*, cc. 10r-10v).

Al fine di cogliere le trasformazioni culturali di questo periodo è opportuno riflettere sulle coeve vicende che interessarono il Consiglio dei Cento, l'istituzione più rappresentativa della città di Vicenza. Fin dal 1423 competeva però ad un altro organismo, i *deputati ad utilia*, la scelta dei componenti che andavano a costituire il Consiglio dei Cento. I quarantotto *deputatati ad utilia* annuali, che si alternavano in sei giunte di otto unità ad avvicendamento bimestrale, condensarono in sé un potere preponderante. Era di fatto una funzione quasi patrimoniale: infatti, sia i seggi dei deputati *ad utilia* che quelli del Consiglio dei Cento garantivano il mantenimento di un'oligarchia chiusa e del tutto famigliare, modificabile solo con rotazioni pattuite anticipatamente.

Alla fine dell'inverno del 1541 l'amplificazione del conflitto aveva impedito la consueta azione mediatrice delle magistrature (*in primis* dei giuristi locali e poi dei rettori veneziani). Il 24 marzo 1541 si erano tenute le elezioni dei deputati della città, ma durante gli scrutini vi erano state parecchie risse e il risultato finale fu praticamente un rinnovo di quasi tutti i deputati cittadini degli anni precedenti.[224] I Thiene e i da Porto, che avevano sempre dominato la maggioranza, videro, seppur di poco, aumentare la loro parte. Pur conoscendo tutti gli elenchi dei deputati, è complesso comprendere chi fosse passato nel loro schieramento. Qualche giorno dopo, cioè ai primi di aprile, alcuni nobili cittadini del partito opposto ai Thiene si recarono a Venezia per protestare e chiedere l'intervento contro l'operato del gruppo oligarchico.

Venezia, di fronte al rischio sempre più vicino di una guerra civile, fu costretta a sciogliere il consiglio cittadino. L'intervento esterno del Consiglio di Dieci, con l'imposizione della pace a tutte le famiglie coinvolte, attestò la complessità della crisi, di cui è possibile cogliere alcuni aspetti importanti proprio nella riforma dello stesso consiglio attuata nel giugno del 1541. Su proposta dei rettori veneziani la composizione dell'intero consiglio venne riformulata, inserendo una serie di nomi che intendevano rappresentare i lignaggi più significativi e antichi dell'aristocrazia vicentina (tra i nuovi deputati inseriti vi furono gli Scroffa, gli Almerico, i da Monte, i Magrè, mentre tra i consoli i da Schio, i da Roma, i Trento) e stabilendo la contumacia, cioè un periodo di vacanza che avrebbe dovuto consentire, attraverso un ricambio

224. L'incidenza dei Godi prima e dopo il 1541 non cambia (circa uno all'anno), in BCBVi, AT, b. 863, *Partium primus 1538 usque 1557*, cc. 94v-95r, 21 giugno 1541. Su questo periodo si veda Povolo, *Onore e virtù*, pp. 245-271.

obbligatorio, l'allargamento del potere.[225] Se nel nuovo consiglio sedevano alcune famiglie molto critiche nei confronti dei da Porto e dei Thiene, d'altra parte mancavano i rappresentanti delle due famiglie che probabilmente lo avevano fatto sciogliere: i Monza e i Valmarana. Nel giugno 1541 si trovano due fratelli Godi come deputati nella stessa turnata, Pietro e Marcantonio: probabilmente non fu un errore la nomina di entrambi da parte di Venezia.

Il 17 luglio successivo i Thiene furono obbligati, di fronte al Consiglio di Dieci, a stipulare le paci prima con i Capra e i Nievo e, nelle stesso giorno, anche con i Velo e i Garzadori.[226] Apparentemente il potere centrale veneziano inferì pesantemente sull'immagine pubblica dei Thiene, sia intaccandone l'onore famigliare che quello politico cittadino; in realtà il mantenimento di alcuni meccanismi istituzionali permise una continuità del gruppo dirigente almeno fino alla fine degli anni Cinquanta. Già a partire dal 1542 la cosiddetta fazione oligarchica che riuniva le più antiche famiglie aristocratiche cittadine (Thiene e da Porto) riprese il potere, vanificando di fatto la riforma introdotta a seguito dell'iniziativa veneziana. Il gruppo che riuniva tutte le case più potenti della città e che trovava un punto di coagulo nel lignaggio dei Thiene e dei da Porto, era dunque riuscito a superare la crisi del 1541 e a riassestarsi quanto al controllo delle istituzioni locali.

A Vicenza non esistevano fazioni organizzate o semi organizzate prima del 1541, ma da quella data si formarono due gruppi politici contrapposti. Nel corso degli anni Quaranta vi era ancora un'autorappresentazione di gruppi mutevoli che si coagulavano intorno ad un obbiettivo comune: occasionalmente i rami secondari dei casati, fino alla fine del Cinquecento, transitarono repentinamente da uno schieramento all'altro e non pochi passarono con lo schieramento opposto.

La giurisdizione del consolato, magistratura prestigiosa con ampie competenze in materia penale e tra le massime espressioni dell'autonomia urbana, garantiva sia un controllo sul vasto territorio cittadino che una difesa

225. BCBVi, AT, b. 863, *Partium primus 1538 usque 1557*, c. 95r, 21 giugno 1541.

226. ASV, *Notarile atti*, b. 3349, cc. 432-439, pace del 17 luglio 1541, Piero Grimani e Marin Cavalli per volontà dei Capi del Consiglio di Dieci sono presenti alle paci tra Francesco *quondam* Leonardo da Thiene, Zuanne e Hieronimo e Lodovico fratelli da Thiene, Enea figlio di Francesco da Thiene, i suoi fratelli Sartorio e Orazio con Marcantonio Capra figlio di Bernardino, Alessandro e Giulio e Bortolamio e Ludovico tutti fratelli Capra figli di Marcantonio, Girolamo Nievo cognato di Marcantonio. Nelle stesse pagine viene registrata la pace tra Marcantonio da Thiene e Adriano *quondam* Zuangaleazzo con Bernardin Velo figlio di Bernardin e Ottaviano Garzadori figlio di Vincenzo.

delle gerarchie sociali tradizionali. Una nutrita serie di magistrature civili permetteva, inoltre, agli aristocratici di alternare l'attività di giudice a quella di avvocati. Se la dimensione forte della parentela era diffusa in quasi tutti gli strati sociali che traevano il loro sostentamento dalla gestione della proprietà fondiaria, nell'ambito delle aristocrazie questo dato era particolarmente accentuato sia dalla loro rilevante dimensione economica che da quella politica. La gestione della parentela si manifestava dunque con l'affidamento di importanti cariche pubbliche e la conduzione di vaste proprietà.[227]

Recentemente si è affermato che le lotte per il potere nelle città del Tre e Quattrocento corrispondevano a «cartelli elettorali che brigano nei corridoi» e fino alla metà del Cinquecento a Vicenza questo sistema è avvalorato dal fatto che per «organizzare una fazione, come organismo politico stabile imperniato su relazione di fedeltà personale, mancava una base sociale nelle campagne».[228]

Nel biennio 1541-1543 la situazione sembrò ritornare tranquilla in città. La tregua era stata rotta brevemente solo da alcuni giovani delle due parti che probabilmente erano stati estromessi, per mano delle proprie famiglie, dalla rosa dei nomi selezionati per la carica di deputato. Nel marzo del 1542 i giovanissimi rampolli dei da Porto e dei Thiene si scontrarono con alcuni dei Valmarana e dei Velo. I capifamiglia, preoccupati di un nuovo intervento veneziano e consapevoli del rischio di perdere definitivamente il seggio, richiamarono tutti all'ordine e alla pace.[229] Per nulla pacifici, invece, furono nel frattempo i rapporti con i nobili nel contado: i Godi, ad esempio, avevano notevoli interessi nel centro urbano e nel vicariato di Barbarano. Essi avevano affidato ai loro cugini più poveri il compito di gestire i rapporti con i contadini e con i nobili delle famiglie confinanti. Nel 1540 nel cuore della campagna vicentina era stato ucciso Matteo, uno di questi cugini; nel 1542, avvenne la morte di un altro cugino, Giacomo Godi, che si era battuto contro i Paiello e gli Scroffa.[230] La pena del bando

227. Sulle stesse tematiche si veda Ferraro, *Family and Public Life*.

228. Varanini, *Nelle città della Marca Trevigiana*, pp. 591-592.

229. ASV, *Capi del Consiglio di dieci*, *Dispacci (lettere) dei rettori e pubblici rappresentanti*, b. 223, nn. 245-246, 6 marzo 1542. Sui processi politici di chiusura e apertura dei consigli cittadini, si veda Lanaro, *Un'oligarchia urbana*, pp. 37-82.

230. BCBVi, AT, *Banditi*, b. 1104 (1536-1545), c. 157, sentenza pubblicata il 31 luglio 1540. Citati tutti dal consolato per la premeditazione, si presentarono tutti, ma non Girolamo Scroffa con l'accusa *per pensatum tantum*. Egli mirava ad ottenere il salvacondotto per l'omicidio puro. Ciò gli avrebbe permesso di riottenere la libertà qualora fosse

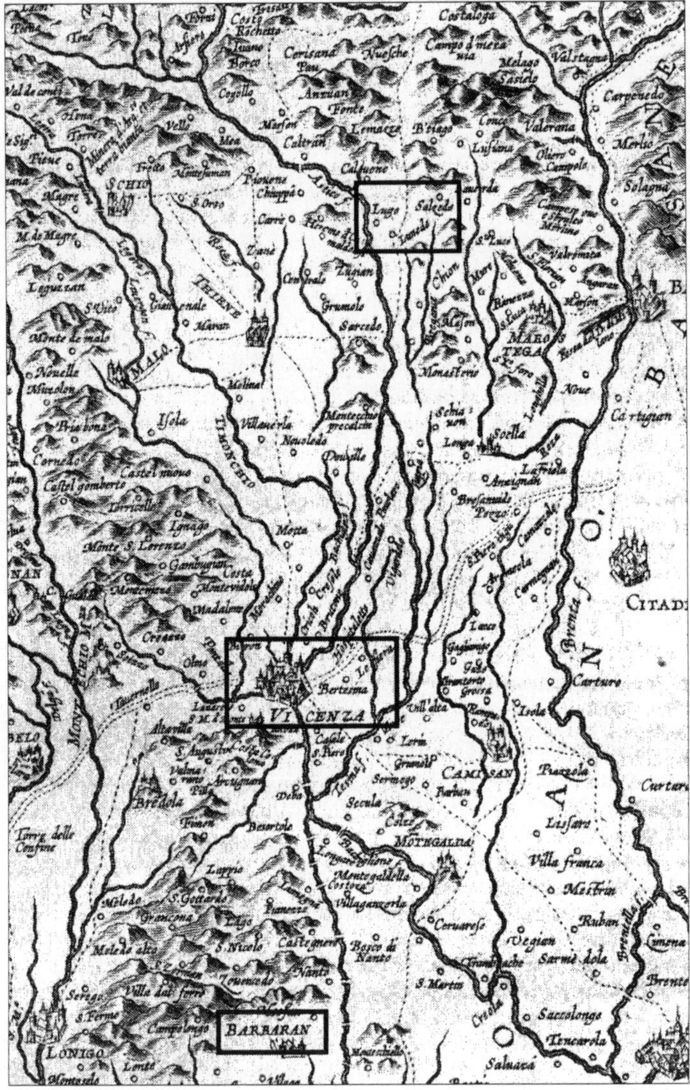

Fig. 2. Mappa della provincia di Vicenza, 1644. Sono segnalati i luoghi dove i Godi avevano cospicue proprietà nel corso del Cinquecento. Su concessione della Biblioteca Civica Bertoliana, Vicenza.

inflitta a Girolamo Scroffa tornò utile ai Godi cittadini, cioè al lignaggio che aveva subito l'omicidio, perché la utilizzarono come merce di scambio per una onorevole composizione extragiudiziale.

Nel 1543 gli omicidi ricominciarono in città, anche da parte dei Godi che aprirono un nuovo fronte contro i Loschi.[231] Il 7 novembre 1543 il podestà Bernardo Venier, seriamente preoccupato, scrisse nella sua relazione a Venezia che «la frequentia di delitti [...] va pur moltiplicando [...] ogni dì più». Temeva che in primavera, al momento del rinnovo delle cariche dei deputati, teoricamente scelti per essere «i più attempati, più nobili et più prudenti gentilhuomini della città»,[232] gli scontri si sarebbero acuiti. Ancora una volta Venezia intervenne e per qualche anno una calma apparente regnò in città, ma nel quinquennio successivo si verificarono ladrocini e qualche assassinio di nobile nel contado, pur senza alcun coinvolgimento dell'aristocrazia cittadina. Nel 1543 si era formata una piccola banda guidata dai nobili Galeazzo e Leonardo da Roma, ma fino al 1547 non avevano mai colpito direttamente nessun membro dell'aristocrazia cittadina. C'erano state alcune scaramucce con i servitori dei Godi e questi ultimi erano riusciti anche a farli processare a Venezia, ma ormai le amicizie del padre erano venute meno e i da Roma, probabilmente appoggiati dalle amicizie veneziane dei da Porto, vennero assolti dalla Quarantia Criminal.[233] Decisamente diversa dalle precedenti fu la modalità d'azione della medesima banda il mezzogiorno del 3 luglio 1548 che attuò alcuni tra i più efferati delitti nella storia della nobiltà vicentina.[234] In pieno giorno Galeazzo e Leonardo da Roma e Giuseppe Almerico si diressero nella casa dei Valmarana, posta in una delle strade centralissime di Vicenza: una volta entrati, uccisero i tre giovanissimi fratelli Tommaso, Nicolò e Alberto Valmarana; successivamente essi si precipitarono in casa Monza e trucidarono il dottore di legge e giurista Giovan Battista Monza.[235] Nelle

stato assolto dalla premeditazione. I tre Paiello vennero assolti, mentre Girolamo Scroffa fu bandito perpetuamente (BCBVi, AT, b. 1129, c. 81, sentenza del 6 giugno 1542).

231. BCBVi, AT, *Raspe Criminali*, b. 1130, 1543, cc.11-12 in RRV, vol. VII, p. 26.

232. Su questi risulta fondamentale una relazione inedita sulle magistrature della città del 1582, in ASV, *Miscellanea codici*, b. 125, pezzo 36, seconda parte, vol. 20.

233. Niccolini, *3 luglio 1548*, pp. 26-27.

234. Ivi, pp. 12-13. La vicenda è simile a quella descritta in Bellabarba, *Racconti famigliari*.

235. Dall'archivio Monza si conosce che la vedova del giurista pagò vari sicari per l'uccisione dell'Almerico che infatti avvenne all'inizio dell'anno 1558 a Bologna, vedi Niccolini,

carte riguardanti gli atti del periodo non c'è nessun riferimento ai Godi, ma è probabile che avessero subito ripercussioni negative a seguito della rappresaglia. Per i Godi comunque non ci fu alcuna conseguenza diretta, ma si legarono ancora di più ai Monza e ai Valmarana.[236] Un documento inedito svela come la famiglia dei Godi seguisse quelle vicende ancora nel 1553, quando Galeazzo da Roma fu carcerato per qualche tempo nel castello del borgo di San Lorenzo, in territorio fiorentino.[237]

La sanguinosa vendetta di sangue che si verificò a Vicenza nel 1548 fu in realtà la prima di una serie. Da quel momento e periodicamente, molti fatti attestarono le rivalità per il potere tra alcuni lignaggi aristocratici, ma tali vicende tuttavia non raggiunsero mai un'intensità tale da scuotere per intero la società nobiliare, mettendone in discussione la generale eminenza sociale della classe aristocratica: la faida si era espressa con risvolti sanguinosi, ma fino a quel momento aveva coinvolto solo singole famiglie. Dopo quell'evento e per qualche tempo, nella città, militarizzata da Venezia, non si, verificarono nuove faide. Sull'onda dell'emozione, i rettori stabilirono che chi si fosse arrischiato a sfoderare le armi avrebbe subito il taglio della mano. Per un certo periodo il provvedimento sortì gli effetti sperati: gli omicidi si limitarono e si preferì fare a pugni o bastonarsi, circoscrivendo così i danni alle persone. Tuttavia i deputati della città, probabilmente istigati dai propri giovani rampolli, chiesero ai Sindaci inquisitori, presenti in città, di togliere quella pena così disonorevole per la nobiltà.[238]

3 luglio 1548, pp. 37-38. Il 3 marzo 1552 i da Porto e i Thiene si sarebbero uniti per liberare dal bando Giuseppe da Roma, ma senza successo. Sulla vendetta, si veda Gentile, *La vendetta di sangue*, pp. 209-241; Zorzi, *La trasformazione di un quadro politico*, pp. 95-120.

236. Si può datare in questo periodo il legame tra Godi e Valmarana, nel 1571 durante la formulazione del testamento di Giacomo Valmarana è presente il suo compare Pietro Godi, si veda Zaupa, *Pallade Armata*, p. 244.

237. BCBVi, AG, m. CVIII, n. 5910, 4 settembre 1553, notaio Tommaso Vaienti, obbligazione della nobile Antonia relicta *quondam* Stefano Roma, di pagare al detto Stefano Almerico ducati 200 entro un anno, de quali egli è creditore di Galeazzo Roma, di lei figlio, carcerato nel castello del borgo di San Lorenzo, territorio fiorentino, e mancando in un anno al pagamento, cede ad Agostin, di lei altro figlio. I da Roma scapparono nel territorio fiorentino per il legame privilegiato con il duca Cosimo de' Medici. Questo documento potrebbe spiegare perché le carte dei da Roma sono state recuperate a Firenze. Nel 1546 i da Roma assoldarono due killer professionisti per uccidere alcuni Guazzo e Loschi. Questi sgherri erano Bobo da Volterra e Cecchino da Bibbona che due anni più tardi avrebbero ammazzato a Venezia Lorenzino de' Medici per volere di Cosimo, duca di Firenze.

238. ASV, *Capi del Consiglio di dieci*, *Dispacci (lettere) dei rettori e pubblici rappresentanti*, b. 224, nn. 40-46.

5.3. *La violenza aristocratica a Vicenza nella seconda metà del Cinquecento*

La perdita di supremazia da parte dei Thiene e dei da Porto cominciò quando in queste famiglie soprattutto in linea patrilineare (meno nel resto del lignaggio) fu più difficile tenere a bada gli animi dei giovani, dei rampolli, non più disposti a rispettare la pace stabilita con la parte avversa. La pace era infatti il modo principale di risolvere i conflitti, in quanto stimolava la ricerca di un accordo che potesse soddisfare entrambi i contendenti. Paradossalmente era anche un sistema per poter legittimare un nuovo conflitto in quanto era costituita e mediata sul filo degli equilibri e dei rapporti sociali. Questo atto, spesso imposto, era considerato la condizione essenziale per il ristabilimento dell'ordine pubblico, ma cominciò a perdere la sua antica funzione di riequilibrio sociale e politico negli anni centrali del Cinquecento.[239]

Gli scontri fisici all'esterno del consiglio si verificarono sempre parallelamente agli scontri politici al suo interno: è quasi possibile identificare un percorso temporale che mostra l'acme della violenza nell'estate del 1541, negli anni a cavallo tra il 1576 e 1578 e nei primissimi anni Novanta del Cinquecento. In contemporanea, tra il 1546 e il 1554 si consolidarono e si estesero le prerogative dei deputati *ad utilia*, ma solamente nel 1558 la fazione antioligarchica, capeggiata dalla famiglia Capra, rendendo effettiva la riforma del 1541 e ricorrendo alla cooptazione di genti nuove, pose fine al lungo dominio dei più potenti ed elitari lignaggi della città. Fu un processo rilevante e irreversibile, che non fu interrotto nemmeno dalla pur permissiva legge del 1567 (la cosiddetta "serrata") e dalla successiva riforma del 1593, che in realtà allargò il numero dei membri del consiglio cittadino a centocinquanta.

Il ruolo, infatti, che la storiografia vicentina e veneta ha dato alla famiglia Godi è stato (se non si tiene conto del cronista Antonio Godi di epoca medievale) decisamente marginale. Famiglie della nobiltà minore hanno avuto maggior spazio storiografico, come ad esempio, gli Orgiano e i Monza.[240] In entrambi i casi sono state studiate due famiglie: infatti, sia gli Orgiano (in questo caso Orgiano, un vicariato rurale) che i Monza (nel loro caso Dueville, un vicariato strettamente privato) erano signori stanziali nelle loro giurisdizioni. Solo negli ultimi anni si è cominciato

239. Niccoli, *Rinuncia, pace, perdono*, pp. 219-261; Id., *Perdonare. Idee, pratiche, rituali.*

240. Povolo, *L'intrigo dell'onore*; Grubb, *Patrimonio, feudo e giurisdizioni*, pp. 253-306 e *I "zornali" di Fabio Monza.*

a esaminare coloro che vissero fuori dalla città berica e ad analizzare la figura di Enrico Antonio.[241] Sia quest'ultimo che i suoi figli vissero fuori da Vicenza: il primo abitò per più di vent'anni a Venezia, quasi ininterrottamente dal 1510 al 1522, mentre gran parte dei suoi famigliari abitarono per circa un quinquennio a Padova, per motivi di studio. Proprio il fatto di addottorarsi nelle materie giuridiche comportava spesso un forte impegno di avvocato e oratore, esercitando anche al di fuori dalla città berica. I Godi difesero le cause dei propri cittadini anche nei tribunali delle altre città di Terraferma e inoltre tutelarono gli interessi della comunità vicentina a Venezia almeno fino al 1559. Contemporaneamente al loro isolamento da Vicenza, cominciò il lento declino politico della città che diventa centrale con l'allontanamento dal centro urbano dei conflitti.

Giulio e Lionello Godi, cugini più poveri di quelli cittadini, ebbero in gestione privata l'incarico di vicario a Barbarano dove, tra il 1563 e il 1579, vennero estratti a questa nomina per cinque volte.[242] In generale, prima di quella data, raramente si trovano personaggi di rilievo (dottori e cavalieri) che rivestono quella carica nei vicariati del contado: tra i pochissimi esempi, nell'anno 1522, Luigi da Porto ricoprì il ruolo di vicario ad Arzignano. Negli undici vicariati del vicentino si discutevano le cause civili minori, si eseguivano i sequestri ai debitori insolventi e si operava il recupero delle doti non pagate. I vicari erano nobili cittadini che avevano il compito di rappresentare la città di riferimento nelle comunità del contado: la carica durava generalmente un anno e consisteva nel presiedere le assemblee delle comunità del territorio di propria competenza ed avallarne le decisioni. Si trattava di un'importante forma di controllo della città sul territorio e, in effetti, questa carica era solitamente ricoperta dai membri delle locali consorterie nobiliari, che così potevano controllare i loro interessi nei vicariati in cui avevano proprietà terriere. I Godi detenevano infatti ampi patrimoni proprio a Barbarano e nelle comunità di quel vicariato.[243]

241. Pixley, *Patronage and the Construction of Nobility*, pp. 55-56.

242. Bressan, *Serie dei podestà e vicari*, per il vicariato di Barbarano a p. 24, 2 gennaio 1563 Giulio Godi, a p. 24, 30 maggio 1574 Lionello Godi; a p. 24, 11 novembre 1577 Lionello Godi, a p. 24, 7 luglio 1578 Giulio Godi (estratto e morto) e a p. 24, 11 ottobre 1579 Lionello Godi (estratto e morto).

243. Le comunità del vicariato di Barbarano erano: Barbarano, Albettone, Belvedere, Bosco di Nanto, Castegnero, Costozza, Lumignano, Longare, Longara, Lovertino, Mossano, Monticello, Nanto, Pozzolo, San Gottardo, Toara, Villaganzerla, Villaga, Zovencedo.

A Barbarano si strinse un accordo famigliare tra i rami secondari dei Godi (in contatto con i potenti cugini cittadini che decidevano le nomine nel Consiglio dei Cinquecento) e quello di una famiglia che aveva un ruolo importante nella comunità, i notai Caltran. Da una parte i Godi e le altre famiglie nobiliari loro affiliate gestivano il vicariato, dall'altra i Caltran detenevano le maggiori istituzioni comunitarie come i consiglieri, la *degania* e la *sindicaria.*[244] Nello stesso vicariato avevano alcune proprietà e clientele anche i da Porto, che dal 1563 acquisirono dagli stessi Godi l'antico palazzo dei canonici. I da Porto non rimasero a guardare oziosamente e dai primi anni Sessanta iniziarono una faida con i Godi, ma questi ultimi avevano dalla loro la comunità. Per questo motivo, il 29 gennaio 1565 il conte Ludovico da Porto aspettò le feste di Carnevale per inviare otto bravi camuffati ad ammazzare Scipione Godi che si trovava nella piazza centrale di Barbarano. Il tentato omicidio di fatto rompeva la pace che era stata stipulata tra i da Porto e i Godi nel 1562: prima i da Porto assassinarono tre popolani affiliati ai Godi e successivamente tentarono di uccidere anche il notaio Francesco Caltran (che rogò a Barbarano dal 1539 al 1592), mentre si stava recando dal Vicario (Traverso Traversi o Girolamo da Schio). Per la seconda volta i sicari sbagliarono bersaglio e trucidarono crudelmente, con sette coltellate, il fratello di Francesco Caltran.[245]

Nel marzo del 1566 la situazione non era cambiata: il notaio Alvise Caltran (che rogò a Barbarano dal 1554 al 1588) scrisse un'accorata supplica a Venezia per le continue angherie a cui erano sottoposti lui e la sua famiglia dai bravi bresciani dei da Porto (i fratelli Francesco e Alessandro e Zanagustin Lovisetti, Principale Mantovan, tutti da Brescia). Questi ultimi tentarono di uccidere Alvise Caltran in più occasioni, anche in presenza di altri uomini di Barbarano (tra cui il suo *germano* Battista Caltran). Corrotti dai da Porto, proprio coloro che dovevano amministrare la giustizia, comminarono sempre delle pene irrisorie. Nel caso, ad esempio, della morte di Zampace Caltran, i bresciani scontarono in carcere a Padova una pena ridotta di appena otto mesi. La richiesta di supplica di Alvise Caltran era stata inoltrata perché, dopo una pace stretta tra tutti i Caltran e i bresciani, questi ultimi tentarono nuovamente di assassinarlo ed anzi promisero che avrebbero sterminato tutta la sua famiglia.[246]

244. *Barbarano nel periodo veneziano*, pp. 466-470.

245. ASV, *Collegio, Suppliche, Suppliche di fuori*, f. 319, c. 6, 15 marzo 1565.

246. ASV, *Collegio, Suppliche, Suppliche di fuori*, f. 320, c. 19, 11 marzo 1566. Sulle suppliche, si veda *Suppliche e «gravamina»*.

Nel febbraio del 1567 Ludovico da Porto uccise sulla piazza principale di Vicenza il deputato e console Vincenzo Godi. I fratelli di quest'ultimo, Scipione e Giulio, signori di Barbarano, sconvolti per l'ennesima rottura della pace del 1562, non si aspettavano un affronto di tal genere[247]. Qualche mese dopo, Alvise Caltran, referente dei Godi, fu percosso a Barbarano, prima dai Lovisetti, satelliti dei da Porto e successivamente da Guido e Ottaviano Capra vicino al palazzo del Bo a Padova.[248] Ottaviano era *germano* di Ludovico da Porto: l'ennesima dimostrazione di come Capra e da Porto almeno fino al 1567 non fossero in lite. Mercoledì 16 luglio 1567, nella piazza centrale di Barbarano durante il mercato, mentre Alvise Caltran stava contrattando con un venditore di seta, alla presenza del vicario Orazio Fioccardo, fu colpito ripetutamente con uno spiedo dal bresciano Alessandro Lovisetti. In quell'anno i Lovisetti bastonarono quasi una decina di famigliari e amici dei Caltran.[249] Alvise Caltran in quell'occasione si salvò; rimase incolume anche nel dicembre del 1567, quando riuscì a fuggire a cavallo, e nell'estate del 1574, quando la faida non era ancora conclusa.[250] Dal 1568 i da Porto cominciarono però a perdere il controllo della situazione, perché i Godi cittadini si erano impegnati a difendere i notai Caltran. I da Porto a quel punto intimoriti dal procedimento processuale che si sarebbe aperto contro di loro, decisero di minacciare e sopprimere alcuni testimoni a favore dei Caltran.[251] I fratelli Scipione e Giulio Godi, percependo la diminuzione del consenso nei confronti dei da Porto, tentarono di colmare quel vuoto minacciando e tormentando i contadini che lavoravano per gli avversari.[252] Iniziarono così nuovi conflitti, ma dal 1570 la partita si spostò nuovamente in città.

247. ASV, *Collegio, Suppliche, Suppliche di fuori*, f. 321, c. 7r, 5 marzo 1567. Sulla pace si vedano Bellabarba, *La giustizia nell'Italia moderna*, pp. 76-81 e Stuart Carroll, *Peace-Making in Early Modern Europe*, pp. 75-92.

248. ASV, *Collegio, Suppliche, Suppliche di fuori*, f. 321, c. 89r, 30 maggio 1567.

249. Ivi, f. 321, c. 175r, 4 agosto 1567.

250. Ivi, f. 328, n. 174, 4 agosto 1574. Sulla violenza e la faida in Europa e in Italia, si vedano Ruff, *Violence in Early Modern Europe*, in part. pp. II-III e Bellabarba, *La giustizia nell'Italia moderna*, pp. 100-106. Sulle tematiche della violenza e della giustizia si vedano Peltonen, *The Duel in Early Modern England* e, anche se sul Seicento, il lavoro di Corazzol, *Cineografo di banditi*.

251. ASV, *Collegio, Suppliche, Suppliche di fuori*, f. 322, c. 48r, 6 aprile 1568.

252. ASV, *Collegio, Suppliche, Suppliche di fuori*, f. 323, c. 299r. Nel 1571 Giovanni Battista Loschi, in stato di arresto, dichiarò che odiava ardentemente i fratelli Girolamo e Pietro Godi.

Da questo conflitto inedito emerge l'assenza di uno scontro fra nobiltà e popolo o tra il ceto dirigente della comunità (una *borghesia* costituita da causidici, avvocati, notai, procuratori) e la nobiltà; l'opposizione era tra gruppi e clientele (dei Godi contro quelle dei da Porto). Certamente nelle occasioni più importanti, come le questioni fiscali, il ceto nobiliare era unito e compatto, ma generalmente nei vicariati la suddivisione politica era legata alla clientela urbana. Il caso dei Caltran di Barbarano è simile a quello avvenuto con i Toaldo a Schio nei medesimi anni. Questi ultimi erano membri della comunità di Schio e, pur non riuscendo a diventare nobili, si comportavano come tali. Nel Cinquecento i Toaldo ricoprirono ininterrottamente con un loro famigliare gli incarichi più importanti della comunità. La loro rete clientelare era fittissima, prestavano denaro ai ceti meno abbienti attraverso il sistema del livello affrancabile ed erano molto stimati da tutta la comunità scledense tanto che la loro «fattion abbrazza quasi tutto Schio et è patrona quasi de tutto quel paese». Intorno al 1555 si allearono con la famiglia dei da Porto, la famiglia a capo della più potente fazione cittadina, e in tal modo si inimicarono il lignaggio dei Capra e di tutti i loro alleati, in particolare i Godi. I Capra, assieme ai Godi, arrivarono al punto di organizzare un'imboscata per assassinare alcuni Toaldo ad una festa privata organizzata da quest'ultimi. Negli anni Settanta, come nella precedente vicenda, lo scontro si spostò nuovamente in città ed è evidente che tra i Capra e i da Porto i rapporti erano ormai incrinati.

Per conoscere gli schieramenti è utile considerare una supplica del 15 marzo 1577 di Emilio Loschi contro i bravi e i sicari dei Capra. Emilio Loschi sottoscrisse che alla fazione dei Capra appartenevano «li Pogliana, Garzadori, Godi, Monza, et altri; tal che così come ogni dependente loro è troppo avvantaggiato così all'incontro, chi non è da questi dipendenti mal può ottenere giustizia conforme alli delitti commessi».[253] L'autore, evidentemente in pericolo di vita, descrisse i soprusi subiti dal clan avverso, costituito anche dai Godi, che si era impossessato delle principali magistrature (consolato e deputati ad utilia) e che aveva ormai ampliato insanabilmente la sua clientela in città come nelle campagne. In questo clima si scatenarono per qualche mese le azioni di Orazio Godi contro Tommaso Piovene nelle campagne dell'alto vicentino. Orazio Godi era facoltoso perché, pur essendo il quinto figlio di Pietro Godi e di Cecilia Capra, nell'aprile del 1553 il ricco nonno Marco Capra decise di adottarlo e di nominarlo erede

253. ASV, *Collegio, Suppliche, Suppliche di fuori*, f. 321, c. 89r, 15 marzo 1577.

universale dei suoi beni. La scintilla che fece deflagrare la questione fu probabilmente il problema della precedenza in una strada di campagna tra i nobili e i rispettivi bravi al confine tra le due proprietà nella comunità di Lugo di Vicenza il 12 dicembre del 1577. Dopo l'alterco partirono alcuni colpi d'archibugio che ferirono gli appartenenti ad entrambi gli schieramenti: le parti si rifugiarono nelle rispettive ville e qui si asserragliarono.[254] A quel punto i Godi raccolsero parecchi armati suonando la campana a martello e, circondata la casa del Piovene, tentarono di assediarla. Vedendo che l'accerchiamento si protraeva più del previsto, i Godi inscenarono l'arrivo di un magistrato veneziano che si presentò come ufficiale dei signori capi del Consiglio di Dieci e così riuscirono ad accedere nella villa: nel processo e nelle cronache coeve, ricostruite *ad hoc* dagli alleati, essi affermarono che erano entrati in casa per «darlo nella forza della giustizia». In realtà, essi volevano minacciare la madre di Tommaso per conoscere dove fosse nascosto il figlio e, trovatolo, lo uccisero senza pietà.[255]

Il caso era nato per motivi personali per poi assumere negli anni successivi le dimensioni di una faida, dove i Godi e i Piovene erano solo comparse secondarie dei Capra da una parte e dei da Porto dall'altra. Ciò che è singolare è il fatto che le due famiglie furono legate fino al 1577 da alcuni matrimoni (nell'ultimo decennio del Quattrocento e nel primo decennio del Cinquecento), da rapporti economici (come la compagnia Garzadori-Godi-Piovene) e soprattutto dalla sepoltura nella chiesa di San Michele di

254. BCBVi, *Raccolte di cronache vicentine donata dal conte Giovanni Mocenigo Juniore*, 1, 1578: «nella Villa di Lonedo domino Tommaso Piovene e Fabio suo fiolo per causa de una strada venittero a constion con domino Alessandro de Godi per il che il predetto Fabio sparò un'arcobusata al sopraddetto domino Alessandro, e lo colse in una costa, e salvandosi esso Fabio in casa sua, portarono via esso Alessandro come per morto».

255. *Ibidem*: «Avendo per ciò trovato esso Fabio ascosto sotto una scala saltò suso, et sbarò quatro archibusate verso alcuni bravi marchiani, che stavan con essi Godi [...] et tutti essi bravi li furono addosso, et lo fecero in pezzi con tutto non fosse di voler di domino Orazio, il quale stava la corte ad aspettare che lo prendessero per darlo in mano alla giustizia. Ed essendo il predetto domino Tommaso et moglie di esso Tommaso, et madre di esso Fabio andati alla delegazione avanti li capi del Consiglio di Dieci prendendo essi il capo, fu presa la retenzione di domino Orazio, et domino Alessandro Godi et di Antonio Godi fiolo di Scipion et de Nicolò Maran et domino Alessandro Maran, et dodese contadini da Lonedo e Fara, e cinque Marchiani et uno de Barbaran suo soldato; et non si presentado altri che domino Alessandro Godi et Alessandro Maran e dodici contadini da Lonedo e Fara, per ciò domino Orazio Godi fu bandito da terra e lochi per il Consiglio di Dieci [...] il tutto costò alli Godi quarantamilla ducati. Dapoi l'anno 1585 venne un provveditor, et li fece far pace».

Vicenza.[256] In quel mese di dicembre l'opinione pubblica veneziana fu particolarmente sensibile e severa nei confronti degli atteggiamenti sediziosi dai nobili della Terraferma e in particolar modo dai vicentini. Ai primi di gennaio a Venezia ci fu poi una vera e propria «caccia al vesentin» a causa del terribile incendio che aveva distrutto parte del palazzo di San Marco il 20 dicembre: i colpevoli furono identificati come vicentini della casa dei da Porto, che si erano subito accorti del fuoco ma avevano taciuto.[257] Nei giorni successivi al grave avvenimento, i danni furono quantificati in almeno 50.000 ducati, oltre al fatto simbolico, se ne andava letteralmente in fumo un pezzo di storia veneziana: l'ambasciatore descrisse che «si va recognosendo il dano che si dice inestimabile per la distrutione del coperto di piombo, sontuosi solari, antiche piture e memorie, merli e colone guaste, scritture arse, e tanti altri dani» e della documentazione «brugiarono tutti li protocoli de notari morti, ridoti in una stanza con altre, infine scritture di diversi offii».[258] I Godi, nella prima fase delle indagini, furono quindi accomunati dai veneziani ai da Porto in quanto provenienti dalla stessa città.

La sentenza che Venezia emise il 23 luglio 1578 fu durissima: «mai si sentì verdetto così rigoroso» in caso di omicidio, ma solo nei casi di ribellione contro lo Stato: Orazio Godi fu bandito da tutta la Terraferma e, inoltre, fu deciso che fossero «atterrate due case l'una in Vicenza, et l'altra in villa ove successe il fatto [la villa appena progettata da Palladio]. Il terzo, che tutti li beni in che modo si voglia fussero posseduti dal detto signor Horatio inclusi fideicomissarii siano confiscati, et applicati in feudo alla parte offesa di Piovene». Il fratello di Orazio, che invece si era presentato, venne rilasciato dopo quattro anni di carcere trascorsi in attesa della sentenza.[259]

256. Zaupa, *Andrea Palladio e la sua committenza*, pp. 61 e 212 dove si dimostra come ancora nel 1554 i legami fossero fortissimi tra le due famiglie.

257. ASTo, *Venezia Lettere Ministri*, m. 1, lettere dell'ambasciatore Bernardo Rovero, c. 212, 3 gennaio 1578.

258. ASTo, *Venezia Lettere Ministri*, m. 1, lettere dell'ambasciatore Bernardo Rovero, c. 210, 21 dicembre 1577. Sull'incendio: Burns, *L'incendio di Palazzo Ducale*, p. 361.

259. ASV, *Consiglio di Dieci, Deliberazioni, Criminali*, reg. 12 (1574-1579), 28 gennaio 1578 m.v., c. 116r-v e 117r, «Alessandro et Horatio di Gu over Godi quondam Piero, un figliolo di Sipion di Godi, Cristoforo Trotto fattor delli detti Alessandro e Oratio, Francesco di Biasio Hosto di Lonedo imputati che sotto dì 16 dicembre prossimamente passato [citati anche alcuni bravi della famiglia Marchian e Paulo da Imola]»; ASV, *Consiglio di Dieci, Deliberazioni, Criminali*, reg. 12 (1574-1579), 23 luglio 1578, cc. 135v, 136r-v, 137r-v, 138r: bando perpetuo del Godi Orazio e spianamento delle case e ASV, *Consiglio di Dieci, Deliberazioni, Comune*, reg. 34 (1 settembre 1578-31 gennaio 1580 m.v.), c. 115v, 30 giugno 1579.

Appare evidente che l'obbiettivo del provvedimento assunto dal Consiglio di Dieci era il ridimensionamento del potere di quei lignaggi familiari che, disponendo di una vasta clientela e di enormi ricchezze, erano in grado di condizionare e di contrastare, se non di opporsi apertamente, alla supremazia della Dominante. Dal 1578 Venezia fu costretta, sulla spinta dell'esigenza di far fronte ai grossi problemi di ordine pubblico suscitati dal banditismo e dal fuoriuscitismo, a ricorrere ad una severa legislazione bannitoria e premiale: Venezia introdusse per gli omicidi premeditati la confisca ascendente senza riguardo per eventuali fedecommessi istituiti in precedenza. Il provvedimento doveva servire a rendere più difficile la solidarietà dei lignaggi aristocratici ai condannati che vi appartenevano. Il sequestro dei beni costituiva una lesione profonda nell'onore della famiglia all'interno della comunità di appartenenza e finiva per indebolire, se non annientare del tutto, il radicamento nel territorio di alcune delle più antiche famiglie.[260]

In tutta la vicenda dell'omicidio Piovene da parte dei Godi è evidente il ruolo non secondario svolto dai podestà veneziani a Vicenza. Nel caso specifico di Orazio Godi, il podestà presente a Vicenza era Bernardino del fu Antonio Lippomano (1576-1578), che certificò una situazione estremamente negativa nei confronti dei Godi e che per tutto il suo mandato osteggiò la loro fazione, ovvero quella dei Capra-Valmarana. Il suo successore Francesco del fu Girolamo Morosini (1578-1579) fu considerato dai Capra un «compare, amico e fautore» della fazione dei da Porto.[261] Anche se nel 1578 non avevano più lo stesso potere del ventennio precedente, i da Porto mantenevano forti aderenze con i patrizi della Dominante, cosicché poterono anche nel quinquennio successivo a uccidere quasi impunemente. Tra i da Porto divenne famoso per le sue gesta

260. Laven, *Banditry and Lawlessness*.

261. I due podestà che susseguono tra 1577 e 1578 probabilmente erano stati corrotti o appoggiavano la fazione dei da Porto come si può notare anche dalle suppliche veneziane di quei medesimi anni. Si veda in ASV, *Collegio, Suppliche, Suppliche di fuori*, f. 332 (marzo 1578-febbraio 1580 m.v.), 6 febbraio 1580 m.v., Claudio, Girolamo e Guido fratelli Capra dichiarano che il podestà è protettore dei Porto, compare, amico e loro fautore. Sul processo Godi e Piovene si vedano in BCBVi, AG, *Processi*, m. 63, b. 253, n. 1345, *Sententia Ghillina fra Godi et Pioveni*; BCBVi, AG, *Processi*, m. 63, b. 253, n. 1353, *Carte diverse volanti Godi e Piovene*; BCBVi, AG, *Processi*, m. LXIX, b. 254, n. 1355, *Criminale Abozzi. Processus criminalis Godi e Pioveni*, cc. 1-25 e 37-51 e AG, *Processi*, m. 42, b. 254, n. 1367, *Godi e Piovene*, cc. 25-39, 48-50 e 66-69. Sulle relazioni dei rettori Knapton, *Dico in scrittura*, pp. 531-554.

Ludovico, stimato condottiero di Lepanto, ma anche crudele bandito.[262] Nell'ultima fase della sua vita egli fu più fuorilegge che eroe; una notte, tornando nel suo villaggio natale appena fuori da Vicenza,

> Ludovico e quattordici altri banditi appiccarono il fuoco alla sua casa [dopo un intenso scambio di archibugiate] il fumo cominciava ad affumicare quelli di dentro, e due [degli assediati] saltarono da una finestra [...] e vennero a Vicenza in camicia ad avvisare i suoi nemici Godi, Capra, Garzadori.[263]

È rilevante notare che i testimoni del crimine, anziché avvisare l'autorità veneziana, preferirono avvertire i loro nemici che si sarebbero fatti giustizia privatamente. E quando Ludovico da Porto morì ucciso da alcuni veronesi,

> gli levarono le armi pian piano; e dettero loro delle archibugiate, e mozzarono le teste a tutti; e le mandarono a Vicenza in un sacco ai loro nemici Godi, Garzadori e Capra quando allora si aspettava che venissero a bruciar tutti i loro nemici.[264]

La storia del da Porto si collega con quella di Orazio perché la testa dell'eroe di Lepanto, ormai mozzata, doveva servire come merce di scambio per liberare dal bando il Godi. Nel 1586 Orazio Godi era sereno a Torino e, poiché la testa risultò avere un costo troppo esoso per la sua famiglia d'origine, fu venduta dai veronesi per liberare alcuni patrizi veneziani. Orazio Godi fu probabilmente sollevato nel conoscere la tragica fine del nemico perché lo riteneva responsabile della corruzione dei podestà nel biennio 1577-1578, durante il procedimento processuale nei suoi confronti.

Conclusioni

La città di Vicenza, all'interno del contesto istituzionale della Repubblica di Venezia, è stata "letta" attraverso la lente delle vicende di una famiglia altamente rappresentativa del suo ceto nobiliare durante il Cinquecento. A condurci nella sua storia è la violenza che emerge con evidenza in un secolo di profonda rottura nei meccanismi socio-istituzionali della città e del suo contado. Infatti, tra gli anni Ottanta del Quattrocento e la metà del secolo successivo, Vicenza cambiò la sua fisionomia demografica: nel

262. Lavarda, *Banditry and Social Identity*, pp. 2-24.
263. BBVi, ms. 2852, c. 14.
264. BBVi, ms. 2858, c.15.

1483 i cittadini dentro le mura risultavano essere 19.000, mentre negli anni Cinquanta del Cinquecento si aggiravano addirittura tra le 30.000 e le 32.000 unità, superando forse la popolazione di Padova. Il picco massimo fu raggiunto nei primi decenni del Seicento. L'incremento demografico del contado vicentino nel secondo Cinquecento fu ancora più consistente rispetto a quello della città: da 125.000 abitanti del 1540, ai 160.000 circa del 1603.[265] In questo contesto dinamico, ricco, violento può apparire quasi naturale una certa propensione da parte del ceto dirigente locale alla carriera militare, dentro e fuori la città di Vicenza.

Meno nota storiograficamente la fortuna degli avvocati vicentini. Questi erano mossi non solo da legittime ambizioni personali (si veda la presenza a Vicenza del consolato e di un potente collegio dei giuristi), ma soprattutto da motivazioni di tipo economico. Rivestirono perciò ruoli non solamente marginali nelle istituzioni veneziane. La nobiltà di Vicenza, con numeri più rilevanti rispetto ad altre città del Dominio, si caratterizzò, nel corso dei primi secoli dell'età moderna, per una propensione allo studio del diritto all'Università di Padova. Alcune casate, come i Godi, i Loschi, i Monza e i Nievo, indirizzarono per più generazioni, già a partire dal Trecento, i propri figli alla formazione giuridica. Con la frequentazione di Padova, una buona parte della nobiltà vicentina allacciò rapporti personali con gruppi di studenti provenienti da tutta Europa. Queste amicizie spesso si consolidarono nel tempo in legami culturali, politici ed economici.

Enrico Antonio Godi risultò essere l'uomo più ricco di Vicenza nel primo decennio del Cinquecento. Avvocato a Venezia, egli trascorse pochissimo tempo nella sua città natale durante la carriera forense. La sua vita, come del resto quella di gran parte delle popolazioni del Nord Italia, venne sconvolta dalla guerra della Lega di Cambrai. Le sue vicende possono spiegare l'atteggiamento di una parte della nobiltà di Terraferma – costituita soprattutto da avvocati – fortemente sostenitrice della politica veneziana durante il periodo bellico. Se la nobiltà patavina si schierò perlopiù con l'impero, a Vicenza i fronti politici apparvero più equilibrati. Di Enrico Antonio veniamo a conoscere inoltre la soddisfazione, alla fine della guerra, per la sua nomina ad avvocato fiscale della Repubblica, forse più per fedeltà che per meriti professionali, nonché la delusione per un cambiamento di governo che mai si concretizzerà.

265. Mometto, *Per una storia della popolazione*, pp. 3-15; Melchiorre, *Conoscere per governare*, p. 200; Panciera, *Vicenza. L'età moderna (1516-1813)*, pp. 137-140.

Il ritorno a Vicenza di Enrico Antonio coincide con un periodo di enormi problemi di ordine economico e sociale, minacciati come sono da uomini in armi più o meno organizzati. In seno alla nobiltà si riorganizzano due gruppi, non sempre facilmente distinguibili, controllati dalle famiglie nobiliari e ideologicamente afferenti gli uni alla Spagna e all'Impero, gli altri alla Francia. I Godi si avvicinano gradualmente alla fazione imperiale. Nel 1541, Venezia, infastidita dagli atteggiamenti di aggressività dentro ai consigli cittadini, è costretta a scioglierne e a riformarne i principali. Da quel momento cessano le violenze fisiche all'interno dei consigli, ma continuano all'esterno per tutta la durata del secolo.[266]

266. Savio, *Vicenza. La storia*, p. 157.

2. I Godi fuori di Vicenza

1. *Fedeltà politica ed esperienze religiose*

1.1. *Repubblicanesimo e insoddisfazione municipale*

I patrizi delle città di Terraferma, spesso ricchi di estrazione mercantile, spesso colti, erano insoddisfatti degli sbocchi troppo limitati offerti loro all'interno del "recinto municipale": la realtà comunale appariva loro stretta perché non v'era alcuna possibilità di valorizzare le proprie competenze a livello di governo dello stato. A Venezia si arrivava magari come tecnici del diritto (è il caso di Enrico Antonio Godi); qualcuno si era fatto strada come soldato (si veda, già nel Quattrocento, l'esempio di Valerio Chiericati); tuttavia l'insoddisfazione maturata nel seno del proprio ceto d'appartenenza e della realtà cittadina era indiscutibile, ed ebbe addirittura manifestazioni religiose con l'adesione, da parte di alcuni, a percorsi spirituali alternativi.[1]

Con il passare dei decenni, la fisionomia delle società cittadine assunse un carattere sempre più immobile e si assistette a un graduale passaggio alla vita cortigiana. Dalla battaglia di Pavia all'incoronazione di Carlo V

1. Il problema feudale nella Terraferma veneta è più circoscritto che al Sud (si rifletta, ad esempio, alla creazione dei *Provveditori sopra feudi*); si vedano i lavori di Chittolini, *Stati padani, "Stato del Rinascimento"*, pp. 9-29; Berengo, *Patriziato e nobiltà*, pp. 493-517 e Id., *L'Europa delle città*, pp. 255-266. Per la situazione della nobiltà veneta durante Cambrai: Varanini, *La Terraferma di fronte alla sconfitta*, pp. 115-161; Zamperetti, *I 5.000 fanti di Leonardo Trissino*, p. 82 e Donati, *L'idea di nobiltà*, pp. 29 e 45. Ventura nel descrivere l'atteggiamento delle aristocrazie di terraferma nei confronti dello Stato sottolineò l'estraneità verso quest'ultimo come sentimento di una parte dei ceti dirigenti locali in Ventura, *Nobiltà e popolo*, p. 232. Il vicentino Luigi da Porto, nell'autunno del 1509, affermò tranquillamente che la sua famiglia era portata ad obbedire a chi vinceva.

più di un nobile della Terraferma vide negli spagnoli il futuro politico della penisola: ciò avrebbe comportato un sistema basato sulla centralità della corte, sull'onore e sull'esaltazione della vita in villa.[2] I patrizi delle città di Terraferma, ansiosi di affermazione sociale, avevano due strade davanti a sé: trovare soddisfazione nell'ideologia civica o emigrare andando a cercare una corte, anteponendo la propria dimensione privata (famiglia) a quella pubblica (città). In realtà i patrizi procedevano perlopiù su questa seconda via per accreditarsi socialmente e ripresentarsi successivamente, magari più forti, sul palcoscenico urbano d'origine.

Il tema della corte si era sviluppato proprio in Italia e, grazie al trattato *Il Cortegiano* di Baldassare Castiglione, si diffuse nel resto d'Europa.[3] Le corti esistevano anche al di fuori dei centri politici (piccole corti nascoste si potevano individuare anche nelle realtà repubblicane) e potevano essere rette da principi, cardinali o anche da patrizi. Essi appartenevano a settori delle élite socio-culturali che non sempre coincidevano con quelle politiche. Tuttavia l'idea di corte cambiò nel corso del Cinquecento a causa della crescente domanda di affermazione nobiliare. I nobili, appassionatisi alla letteratura cavalleresca, tentarono di perseguire carriere negli eserciti italiani ed europei. I principi, notando l'affermazione di questa nobiltà, cominciarono a promuovere *cursus honorum*, istituendo ordini militari e incoraggiando tornei cavallereschi.[4] Uno dei problemi più dibattuti è quello della fedeltà alla corte rispetto allo Stato: infatti, il più delle volte il cortigiano prestava fedeltà alla casata, ma non riconosceva l'entità statuale su cui essa deteneva il potere. Per questo motivo i sovrani enfatizzarono la funzione dei titoli nobiliari, ma nel contempo limitarono il potere politico e feudale di chi li deteneva.[5]

Nell'assetto istituzionale veneziano la corte non esiste, questo inficiava la possibilità di una rete di parentele e di alleanze tale da estendersi

2. Varanini, *La Terraferma veneta del Quattrocento*, p. 52.

3. Castiglione, *Il libro del cortegiano*, par. 7: «Consideri ben che cosa è quella che egli fa o dice e 'l loco dove la fa, in presenzia di cui, a che tempo, la causa perché la fa, la età sua, la professione, il fine dove tende e i mezzi che a quello condur lo possono; e cosí con queste avvertenzie s'accommodi discretamente a tutto quello che fare o dir vole».

4. Elias, *La società di corte*, pp. 367-377; Visceglia, *La nobiltà romana*, pp. XX e 118; la corte è complessa e mai fissa come descritta in Papagno, *Corti e cortigiani*, p. 240; *Donne di potere* e Riva, *Paolo Greppi*, pp. 77-118.

5. Merlotti, *Disciplinamento e contrattazione*, in particolare pp. 254-266 e Merlin, *La struttura istituzionale della corte*, in part. pp. 297-304.

dalla capitale alle province: per la cooptazione delle élite locali, infatti, l'intermediazione e il clientelismo erano elementi chiave per la costruzione dei primi stati moderni.[6]

Venezia conobbe una prima serrata del patriziato all'inizio del Trecento; tuttavia vi furono alcune eccezioni per uomini valorosi, come Antonio Savorgnan, o alcuni stranieri ammessi come soci onorari ed entrati nel libro d'oro per una forma di pubblico encomio: è il caso delle famiglie papali e di Enrico III di Francia.[7] Le città della Terraferma vantavano a loro volta i propri patrizi, ma essi non avevano diritto a far parte dei consigli veneziani. A fine Quattrocento anche Venezia fu costretta ad arginare le rivendicazioni dei nobili più fedeli e per questo creò dei titoli nobiliari per i patrizi di Terraferma paragonabili al cavalierato. Il problema si poneva nelle città minori, dove venivano dati titoli di nobiltà a persone riconosciute come nobili spesso senza alcun principio, tal che si è affermato che «non si poteva essere patrizi senza avere cariche mentre si poteva essere nobili senza alcun ruolo pubblico».[8]

La Repubblica di Venezia non riuscì a diventare una nazione completamente moderna: lo dimostrano i comportamenti del ceto dirigente di Terraferma durante i momenti fondamentali per la sopravvivenza della Repubblica, la guerra della Lega di Cambrai e l'invasione francese di fine Settecento.[9] Tra Venezia e le città suddite vi era un divario culturale, ma soprattutto politico che opponeva il patriziato della capitale a quello dei dominati. Alla fine del Quattrocento molti nobili di Terraferma avevano creduto nella possibilità di diventare patrizi veneziani e auspicavano un maggior potere politico sia a livello periferico che centrale.[10] Ma già dagli anni Venti del Cinquecento le aspirazioni furono deluse. A Vicenza (il fenomeno si registrò marcatamente anche a Verona e nel Friuli) chi, come i Godi, aveva parteggiato per Venezia immediatamente dopo la disfatta di Agnadello, subendo rapimenti, distruzioni e sacrifici, si sentì tradito, perché alla fine si ritrovò tassato quasi

6. Cozzi, *Ambiente veneziano, ambiente veneto*, pp. 291-352; Id., *La politica culturale della Repubblica di Venezia*, pp. 9-27.

7. Ventura, *Nobiltà e popolo*, pp. 134-135 e il più recente Raines, *Cooptazione, aggregazione e presenza*; Gullino, *Venezia. Un patriziato per cinque secoli*.

8. Stumpo, *I ceti dirigenti in Italia*, pp. 151-197.

9. Tenenti, *Stato: un'idea, una logica*, pp. 90-91.

10. Bellavitis, *Identité, mariage, mobilité sociale*, pp. 261-267, per la figura di Alvise da Noale: Bellavitis, *Noale*, pp. 62-68 e si legga a tal proposito anche la vicenda di Antonio Savorgnan in Casella, *I Savorgnan* e Ventura, *Nobiltà e popolo*, p. 315.

più di prima.[11] Per i Godi, che avevano pagato un pesante tributo in termini economici e di immagine, un risarcimento arrivò solo nel 1523 quando il Doge attribuì ad Enrico Antonio il titolo onorifico di cavaliere di San Marco. Nel peculiare contesto della Repubblica di Venezia, difficilmente le esperienze di servizio burocratico (come quello dell'avvocato fiscale) potevano trasformarsi in carriere stabili ed in esempi di fedeltà allo stato, come invece accadeva in altre realtà italiane ed europee. Se poi si considera che un nobile quale Giangiorgio Trissino aveva sostenuto l'Impero per tutta la durata del conflitto e nel 1516 era stato prontamente perdonato da Venezia, era naturale che fosse maturato più di qualche malumore in parte della nobiltà cittadina e del contado.[12] A difesa di molte famiglie che parteggiarono per l'Impero nel 1509-1510, va ricordato il particolare momento della presa della città berica. Le indubbie simpatie imperiali del patriziato vicentino vanno quindi contestualizzate in un discorso di sostanziale opportunismo teso a garantirsi la sicurezza della vita e dei beni di fronte al rischio di un coinvolgimento bellico, e non caricate di un significato ideologico troppo marcato.[13]

I problemi di Venezia erano la complessità e la lentezza operativa della sua macchina burocratica, col timore che qualsiasi cambiamento destabilizzasse il suo delicato ed equilibrato sistema politico. D'altra parte qualsiasi monarchia o ducato dell'epoca ricompensava più velocemente i propri sudditi per i servigi offerti.

11. Contro i debiti contratti i documenti del giugno 1523 in Zamperetti, *Poteri locali e governo centrale*, pp. 87-88; Del Torre, *Venezia e la terraferma dopo la guerra*, pp. 33 e 50-51 e Knapton, *Il sistema fiscale nello stato di terraferma*, pp. 9-30. Lamentela dei Godi in BCBVi, AG, *Istrumenti*, *Istrumenti sciolti*, *m. LXXII*, b. 72, n. 2864, 21 febbraio 1523. La pergamena del notaio Gio Maria Cavagnis raccoglie le istanze della procura di Enrico Antonio Godi nel nobiluomo Benedetto *quondam* Orso Badoer per esigere i capitali scossi. Aurelio Dall'Acqua e Pietro Valmarana si recarono a Venezia una prima volta nel 1518 e poi vi ritornarono nel 1533, come ambasciatori straordinari per la città di Vicenza, per trattare il problema delle esazioni imposte dal governo veneziano e a cui molti vicentini cercavano di sfuggire.

12. Morsolin, *Giangiorgio Trissino*, pp. 87-92 e Ventura, *Nobiltà e popolo*, pp. 126-127, 168-188 e 253-278. Del Torre ha mostrato che i beni sequestrati, e poi restituiti, ai nobili ribelli furono cospicui: Del Torre, *Venezia e la terraferma*, pp. 162-165.

13. Sulle simpatie imperiali, l'introduzione di Marcello Verga e il saggio di Giovanni Cipriani in *L'Impero e l'Italia nella prima età moderna*, pp. 11-26 e 393-416, in part. pp. 410-417. La vicinanza tra Impero e Vicenza c'era stata anche nel corso del Quattrocento a seguito della nomina di notai imperiali di parecchie famiglie beriche (Ragona, Paiello, Thiene, da Porto, Valmarana, Loschi, Chiericati, Poiana, Garzadori, Trissino, Sesso) in Grubb, *La Famiglia, la Roba e la Religione*, p. 267; Zamperetti, *Immagini di Venezia in Terraferma*, pp. 926-932.

Il sistema repubblicano veneziano poteva essere considerato un'organizzazione "orizzontale", che si differenziava dalle monarchie "verticali" (o centralizzate o piramidali), qual era per esempio l'Impero. In un sistema monarchico, dopo essersi guadagnati la fiducia del principe, era possibile raggiungere abbastanza facilmente ruoli di rilievo all'interno dell'amministrazione, della politica e delle gerarchie militari; non così nella Terraferma veneta dove un nobile cittadino poteva aspirare al massimo alla carica di giudice assessore al seguito di un patrizio veneziano. Non si comprende se il patriziato lagunare si comportasse in tal modo perché non voleva cambiare, o perché non poteva migliorare, ma è un dato di fatto che negli anni Trenta moltissime famiglie nobiliari delle città suddite preferirono mandare i propri figli come paggi nelle corti italiane ed europee.[14] Venezia – come è ben noto – non aveva una propria corte e perfino i suoi uffici amministrativi erano di difficile accesso per il patriziato di Terraferma.[15]

I nobili della Terraferma erano perlopiù insoddisfatti nei confronti della Dominante, dal momento che erano del tutto esclusi sia dalla gestione del potere nella capitale, sia dall'accesso alle redditizie cariche vescovili, che il ceto dirigente veneziano aveva monopolizzato.[16] Tutto ciò era bilanciato, specie per le nobiltà di confine, dalla possibilità di affermarsi all'estero purché questo non contrastasse con la politica veneziana. Emergere in una corte estera permetteva ai nobili di Terraferma di affermare il proprio prestigio individuale e famigliare sia nei confron-

14. Il fenomeno era in realtà iniziato già a fine secolo come si rileva dalla numerosa presenza alla corte di Urbino di nobili di Terraferma, in Castiglione, *Il libro del cortegiano*, pp. 340, 354, 382-383 e 386-387.

15. Zannini, *Burocrazia e burocrati a Venezia*, pp. 41-44 e 183-186 e Id., *"La seconda corona della nobiltà"*, pp. 31-51; Bellavitis, "*Per cittadini metterete...*", pp. 359-383 e Trebbi, *I diritti di cittadinanza nelle repubbliche*, pp. 135-182.

16. Un esempio di questi scontri istituzionali avvenne a Vicenza nel 1550 quando la famiglia dei da Porto appoggiata dal consiglio cittadino e facendo leva su un antico privilegio del capitolo della cattedrale riuscì a far eleggere un suo membro, l'elezione venne poi annullata dalla Santa Sede. Sulla vicenda Mantese, *Memorie storiche della chiesa vicentina. Dal 1404 al 1563*, vol. III, parte II, pp. 195-197 e 207-212 e più in generale Del Torre, *Patrizi e cardinali*, pp. 85-86. Su queste problematiche di apertura politica anche le riflessioni settecentesche da parte del patriziato di terraferma: Suggerimento per la perpetua preservazione della Repubblica di Venezia atteso al presente Stato d'Italia e dell'Europa, scritto tra il 1736 e il 1736, pubblicato solo alla fine del secolo con il titolo, *Consiglio politico*. Finora inedito, pp. 81-82 e 112 e sgg; Ulvioni, *Nota per una nuova edizione del Consiglio politico*, pp. 301-308 e Pii, *Il pensiero politico di Scipione Maffei*, pp. 93-117.

ti delle altre consorterie locali che in rapporto alla stessa Dominante. Quest'ultima, nel caso di fallimenti politici ufficiali, poteva sfruttare la risorsa ufficiosa ed efficace costituita dai cortigiani.

Nel XVI secolo la fedeltà delle città di Terraferma era basata sui patti quattrocenteschi di dedizione tra le singole città e la capitale, riconfermati quasi totalmente dopo l'esperienza di Agnadello.[17] Con la riconquista della Terraferma veneta, la Repubblica di Venezia entrò in una fase politica di consolidamento del suo ruolo militare, economico e politico. Questo è ravvisabile soprattutto nei confronti delle grandi città del dominio, che, perlopiù, non avevano esitato a dimostrare la loro inclinazione verso l'Impero. Venezia stabilì con tutte nuovi patti e nuovi accordi che non mutarono sostanzialmente la situazione preesistente alla guerra della Lega di Cambrai.[18] Dopo queste ratifiche da parte di Venezia, coerentemente con le mutate condizioni politiche a livello europeo e con il timore di una nuova Agnadello, le singole realtà cittadine chiesero che il sistema di diritto veneziano fosse ridefinito a loro favore. Era una richiesta di autonomia politica, che consisteva nella rivendicazione di un maggior spazio giurisdizionale nei confronti del proprio territorio.

In quel momento tali proposte avrebbero sancito la sconfitta politica di Venezia e pertanto vennero subito accantonate. Era inconcepibile un simile cambiamento, che avrebbe assegnato uno spropositato potere alle città suddite. La nuova politica della Dominante, improntata ad una maggiore prudenza, si accompagnò pure ad una particolare attenzione, soprattutto a partire dagli anni Quaranta del Cinquecento, nei confronti delle realtà territoriali, anche se diversificate sia per conformazione istituzionale che per peculiarità dei contesti sociali.[19]

La fedeltà nei confronti di Venezia era spesso formale. Nello stesso territorio veneziano iniziarono a diffondersi alcuni atteggiamenti ostili, come nel 1532, quando un gran numero di vicentini accompagnarono Carlo V alla Motta di Costabissara, dove l'esercito spagnolo aveva sconfitto quello veneziano nel 1513. I rettori veneziani furono non poco imbarazzati da tale

17. Bowd, *Venice's Most Loyal City*.

18. Grubb, *Comune privilegiato e comune dei privilegiati*, p. 46. Sulla fedeltà dei vicentini pp. 62-63.

19. Tra gli anni Trenta e Quaranta, infatti, nei contadi erano maturate nuove idee, portate avanti da mercanti e causidici, per una maggiore redistribuzione fiscale tra città e territorio: Zamperetti, *I piccoli principi*.

affronto,[20] anche perché l'imperatore fu letteralmente accerchiato con entusiasmo dai vicentini.[21] Probabilmente più di altri, l'aristocrazia vicentina aveva appoggiato l'Impero nel corso della guerra della Lega di Cambrai: tale adesione, più che da una vera e propria opposizione alla Dominante, era motivata da un radicato senso di autonomia politica; un'immagine che non appare diversa da quella di altre grandi città appartenenti allo "Stato da terra". Esse cominciarono a rivendicare maggiori spazi politici sia nei confronti di Venezia che in ambito cittadino.

L'esigenza di partecipazione politica non era espressa tanto dai singoli individui, quanto dalle case più illustri ed antiche del gruppo dirigente vicentino (ma anche di quello bresciano e bergamasco) ed ovviamente di quel ceto di giuristi che rinveniva la propria legittimità culturale nel diritto comune imperiale. Negli anni Quaranta si ripose dunque meno fiducia in Venezia, mentre l'Impero o la Francia sembravano garantire un miglior futuro personale, familiare e cittadino.[22] Se l'atteggiamento di avvicinamento ideologico ai grandi stati europei era comune in molti territori della penisola italiana, si supponeva che fosse meno stimato nelle repubbliche, in particolare a Venezia. Tuttavia la Terraferma non era Venezia e, infatti, tra tutti i nobili italiani che frequentavano le corti alla metà del secolo molti erano provenienti proprio dalle repubbliche.

Il tema della scarsa fedeltà del patriziato di Terraferma è perciò centrale, in un contesto – quello italiano – in cui manca una prospettiva di stato na-

20. Morsolin scrive che Carlo V "assediato" dai vicentini in festa fu costretto a farli conti e cavalieri per liberarsene, in Morsolin, Un episodio della vita di Carlo V, pp. 293-315. Secondo Zamperetti non c'era un progetto imperiale dei vicentini negli anni Trenta: Zamperetti, *Poteri locali e governo centrale*, pp. 99-100. Per il pensiero vicentino sui veneziani, si veda quello che affermò l'anno precedente, nel luglio 1531, Nicolò Loschi «l'è gran peccato che tanta nobiltà de zentilhomeni padoani, vicentini e trivisani stiano sottoposti a questi barcharolli» in Desroussilles Dupuigrenet, *L'Università di Padova dal 1405 al Concilio di Trento*, pp. 637-638.

21. Zamperetti, *I 5.000 fanti*, p. 82. Non può comunque sorprendere la pronta adesione che la città di Vicenza diede all'Impero nel corso della guerra di Cambrai. Un'adesione che, più che da una vera e propria opposizione alla città lagunare, era probabilmente motivata da quel più diffuso senso di appartenenza ad un contesto politico, in cui l'idea stessa di repubblica e di rappresentazione della propria identità incontrava la sua massima estrinsecazione; Cozzi, *Ambiente veneziano, ambiente veneto*, p. 311 e più recentemente Casella, *La nobiltà al confine tra Cinque e Settecento*, pp. 169-185.

22. Su Brescia esemplare la vicenda di Tommaso Caprioli, *miles*, che si recò alla corte di Rodolfo II con successo. Si veda la voce Tommaso Caprioli curata da Benzoni, in *DBI*, vol. 19, pp. 216-217.

zionale moderno.[23] Nella teoria religiosa e politica medievale la lealtà, intesa come servizio a qualcuno, rifiutava la nozione di doppia fedeltà. Si poteva certamente essere fedeli al proprio lignaggio e, senza contraddizione, essere fedeli a Venezia: l'esistenza di lealtà multiple non causava una slealtà.[24] I nobili di Terraferma non giuravano però direttamente ad un signore, ma era la città a dedicarsi alla Repubblica; tuttavia, se vigeva nella Terraferma ancora alla metà del Cinquecento il motto di alcuni nobili «nui si va con chi vince», c'era per la Repubblica un problema di adesione politica.

Nel Cinquecento la fedeltà veniva considerata una virtù primaria, centrale fra tutte le virtù, e quindi dovere imprescindibile. Essa era considerata il principio morale di base, dal quale tutti gli altri principi potevano derivare. La fedeltà si manifestava attraverso la devozione, la volontà e i servigi. La fedeltà era qualcosa di sociale, una causa che univa gli uomini legandoli insieme nel loro servizio. A Vicenza due erano i perni attorno ai quali il ceto aristocratico faceva ruotare il proprio prestigio: il lignaggio e le virtù repubblicane della città.[25] La fedeltà al primo consisteva nella lealtà nell'ambito delle relazioni di vicinato e del quartiere di origine, dove le famiglie cittadine si erano sviluppate e ancora vivevano.[26] Gli individui facevano parte di reti di fedeltà e associazioni strutturate gerarchicamente in base alla residenza e nel caso di conflitto tra clan o tra quartieri, tipico delle città italiane di età medievale e moderna, la lotta accentuava la solidarietà di gruppo. La lealtà di quartiere poteva dipendere quasi certamente dalle configurazioni geografiche delle abitazioni e dalla localizzazione spaziale dei luoghi frequentati dalle famiglie aristocratiche.[27] Il repubblicanesimo, invece, era un concetto che si fondava sull'emancipazione della città avvallata dai suoi privilegi e dalle sue consuetudini:

> nell'ordinamento interno il postulato dell'eguaglianza di tutti i cittadini nei diritti e nei doveri era del tutto compatibile con l'esistenza di differenze nelle

23. Tenenti, *L'Italia del Quattrocento*. Sulla lealtà: Hirschman, *Exit, Voice, and Loyalty*, pp. 79-81 e con una visione sulla comunità Hueglin, *Early Modern Concepts for a Late Modern World*, p. 108.

24. Sulla fedeltà del cavaliere: Lazzarini, *Amicizia e potere, pp. 1-5. Sulla costruzione delle clientele e delle alleanze grazie agli incarichi pubblici:* Chapman, *Private ambition and political alliances*, pp. 12-13; Welsford, *Four Types of Loyalty*.

25. Megna, *Storie patrizie*, pp. 231-237.

26. Varanini, *Edilizia privata e licenze per l'occupazione di suolo pubblico*, pp. 56-70.

27. Per Verona: Varanini, *Famiglie patrizie, contrade e vicinato*, p. 142-153; mentre per Vicenza: Boccato, *Un territorio conteso*, pp. 587-680.

ricchezze e nel peso politico, poiché l'esigenza di partecipazione politica non era espressa tanto dai singoli individui, quanto dal comune come associazione giurata consociata.[28]

La concezione di Vicenza come una piccola repubblica indipendente non era differente da quella delle altre città che facevano parte dello stato marciano. Ne enfatizzavano l'autonomia alcuni istituti quali l'esistenza di un collegio di giudici, un ceto professionale di giuristi e un potente consolato locale che poteva gestire in modo diretto particolari situazioni, tali da limitare alcuni poteri giurisdizionali di Venezia. Altri segnali della sua autonomia erano l'insistenza sulla libertà: un vicentino del primo Cinquecento considerava tale solo quella goduta sotto i Visconti. Un certo linguaggio politico rafforzò l'idea che il comune di Vicenza dovesse mantenere lo *status* di città-stato definendosi come *respublica* senza sollevare obiezioni da parte di Venezia. Una radicata convinzione della propria sovranità emerge anche dall'uso di monete, misure, norme sulla cittadinanza e persino calendari completamente differenti da quelli della Dominante. Lo stesso termine di *Repubblica di Vicenza* cominciò ad apparire nella documentazione ufficiale con modalità sempre più frequente a partire dal 1494, mentre dagli anni Trenta del Cinquecento si diffuse la concezione di eguaglianza tra i diversi lignaggi aristocratici.[29] Questi ultimi sostenevano l'idea che grazie alla loro «virtù» vicentina-cittadina erano gli unici degni di amministrare. Lo sconvolgimento degli equilibri politici europei aveva enfatizzato il concetto di repubblicanesimo cittadino portando i grandi lignaggi a competere tra loro.[30] Per i Godi, i Valmarana e i Gualdo la ricerca di prestigio presso il

28. De Benedictis, *Politica, governo e istituzioni*, p. 384.

29. Un provvedimento del 1536 aveva voluto abrogare i titoli onorifici elargiti da Carlo V nel corso del suo passaggio per Vicenza di quattro anni prima. Titoli che, evidentemente, minavano alla base quel concetto di repubblicanesimo che tra i suoi principi intendeva pure salvaguardare l'eguaglianza dei membri del ceto dirigente cittadino. La parte del 1536 rifletteva la dimensione repubblicana e la sua sottesa ideologia egualitaria: «Athenensium et Spartanorum respublicas sanctissimis Solonis, Lycurgique legibus aequalitatem servari debere inter cives sanciendo, nedum florentissime domi viguisse sed et longe et late, terra marique imperitasse, postquam vero sublata aequalitate nonnulli civium aliis praeesse contenderant, easdem seditionibus et mutuis praeliis concidisse, adeo ut vix eorum extent nomina, facile omnibus perspicuum est. Nec minus idem contigit Romanis olim rerum dominis liquido constat», in *Ius municipale vicentinum*, Venetiis 1567, p. 197v.

30. Povolo, *Onore e virtù in una repubblica aristocratica*, pp. 251-253. Un esempio fra i tanti, anche se particolarmente rilevante, è costituito dalle carriere intraprese dai figli del giurista Leonardo da Porto. Il primogenito Giovanni dapprima militò al servizio dei re

sovrano, ossia «la protettione cesarea», aveva dissolto l'idea di uguaglianza cittadina a fronte di un impegno incondizionato a Carlo V.

Venezia necessitava di una patria, mancava di una religione di stato (la cappella di San Marco era prerogativa dei patrizi veneziani), di un diritto unico, come rilevava amareggiato l'ambasciatore veneziano a Torino. In questo senso le città venete si differenziavano profondamente da tutte le città del Nord Italia. Per certi aspetti la condizione istituzionale di Vicenza, di Brescia e di Padova rispetto a Venezia era paragonabile a quella di alcune città dello stato pontificio provviste di non scarsi margini di autonomia come Perugia o Ancona, o anche Bologna.[31] Anche la situazione dell'aristocrazia militare era simile. Esponenti nobiliari della Terraferma avevano militato per anni al servizio dei vari monarchi europei, acquisendo prestigio e stima: la Repubblica cominciò quindi ad opporsi al fenomeno di allontanamento della nobiltà, sempre più autonoma e inserita nelle corti straniere. Dopo l'accordo di Cateau-Cambrésis del 1559, molti di quelli che avevano militato per Francia e Spagna ritornarono in patria.[32] Proprio nel 1559 per la prima volta i Godi riuscirono ad inserire un loro membro, Ludovico, come paggio presso la neonata corte di Emanuele Filiberto. In realtà, nel primo decennio del secolo, un altro Godi aveva fatto parte, per un brevissimo periodo, della corte di Urbino: il nonno di Ludovico, Enrico Antonio, vi si era recato, infatti, un paio di volte per alcune missioni politiche. Era il tempo in cui i Godi sostenevano politicamente la Repubblica di Venezia.[33]

di Spagna e di Francia, e poi in qualità di *colonnello* in quello dell'imperatore Carlo V; il secondogenito Ludovico combatté in diverse parti d'Italia al seguito dell'imperatore; Pietro svolse la sua attività di condottiero al servizio del duca di Savoia e morì in battaglia. Paolo e Simone furono illustri prelati e canonici della cattedrale. Il primo fu pure consigliere ed oratore di Enrico II di Francia e, alla morte del vescovo Ridolfi fu proposto al pontefice come suo successore dal capitolo vicentino.

31. Questa analisi vede a suo favore Gian Maria Varanini, Filippo De Vivo e James Grubb, cito solo quest'ultimo in Grubb, *Patriziato, nobiltà, legittimazione*, p. 245. Mentre a Roma c'era stato un continuo reclutamento del personale dalle province, nella terraferma veneta questo fenomeno venne a mancare: Fosi, *All'ombra dei Barberini*, 97-98. Per il rapporto tra nobiltà e militare nel corso del Cinquecento e il servizio a sovrani stranieri: Brunelli, *Soldati del papa*, pp. 71-79.

32. Come nel caso di Ascanio Valmarana in Zago, *Presenza nobiliare in Lisiera*, in part. pp. 647-648 e Conzato, *Dai castelli alle corti*. Sulle rivolte o tentativi di rivolta contro Venezia: Berengo, *Tra latino e volgare*, pp. 27-65. La congiura probabilmente del 1560 era nata a seguito di pesanti polemiche sulla gestione della signoria veneziana p. 31.

33. È probabile che proprio ad Urbino suo figlio Girolamo avesse conosciuto Pietro Bembo, con cui rimase in contatto durante gli anni padovani, in *Lettere di messer Pietro*

1.2. *Il percorso ecclesiastico di Paolo Godi tra Bologna e la curia romana*

A fine Quattrocento, una famiglia vicentina che poteva fregiarsi della titolazione nobiliare era quella di Enrico Antonio Godi. Di antichissimi natali, i Godi erano i discendenti del primo cronista della città, partecipavano almeno dal XIII secolo ai consigli cittadini e sedevano nel collegio dei giudici. Inoltre essi, insieme con altri vicentini, si relazionavano con altre nobiltà italiane, a Bologna per esempio.[34]

Nella Bologna del quinquennio 1509-1513 avevano preso alloggio altri vicentini: dapprima si trasferirono alcuni mercanti che ritenevano l'antica Felsina una delle città più tranquille dove esercitare il commercio; poi giunsero diversi studenti tra cui Francesco Chiericati e Paolo Godi.[35] Francesco Chiericati fino a quel momento aveva vissuto le stesse esperienze del Godi e fuggì verosimilmente con lui da Padova. Entrambi fecero a Bologna parte della clientela dei Gonzaga (come la famiglia Trissino) e percorsero una carriera ecclesiastica che li obbligò al trasferirsi a Roma. Nella città bolognese il Chiericati godette della protezione di Federico Fregoso, uno degli interlocutori del *Cortegiano*; grazie al suo appoggio, nel 1511 poté fraternizzare con i familiari del cardinale Alidosi, legato pontificio a Bologna. Nello stesso anno questi fu ucciso, ma la protezione del cardinale Sigismondo Gonzaga gli consentì comunque di entrare nella nutrita schiera dei protonotari apostolici.[36] Nello stesso

Bembo cardinale, vol. III, pp. 358-359 e Marzari, *La historia di Vicenza*, p. 153: «Laico, decorato della equestre dignità fu non pure di belle lettere, ma di generosissimo e di splendidissimo animo dotato, onde havendo dai fondamenti piantato a Lonedo in Pe di Monte un Palazzo superbissimo con tutte le cor relative sue alla regia, non prettermesse mai, mentre visse d'honorare con cortesissime e honoratissime maniere tutti quelli, che per goder con gli occhi dette rarissime fabbriche e luoghi a quelle pertinenze».

34. Su un certo permissivismo tra dominati e Dominante: Law, *The Venetian Mainland State*, pp. 153-174. Bortolan, *Canonici della cattedrale di Vicenza*, alla voce Paolo Godi. L'autore lo cita come canonico laureato in legge. Per Bologna nel primo Cinquecento: *Bologna nell'età di Carlo V*.

35. Demo, *L'anima della città*, pp. 314-320. Non fu uno spostamento unidirezionale, perché a distanza di qualche anno (1513-1515) arrivarono a Vicenza diversi artisti bolognesi che influenzarono l'arte vicentina del primo Cinquecento: Zaupa, *Sole, Luna, Andrea Palladio*, pp. 152 e 238; Brizzi, *Per un atlante della mobilità studentesca*.

36. Voce *Chiericati Francesco*, curata da Foa, in *DBI*, vol. 24, pp. 674-681. Quando Francesco Chiericati ritornò a Roma trovò il fratello Ludovico che di lì a breve ebbe una carriera a fianco di Niccolò Ridolfi. In Bertoliana si conservano alcuni manoscritti del primissimo Cinquecento sull'origine dei Chiericati, interessanti per indagare la mentalità "romanocentrica" e non vicentina degli stessi: BCBVi, *Lettere E1*, *Origine dei Chiericatti* (Chierigatti da Viterbo).

1511, come studente chierico a Bologna, Paolo Godi frequentava assiduamente la casa di Raffaele Riario, l'ecclesiastico denominato "cardinal di San Zorzo", per la sua carica di cardinale di San Giorgio al Velabro. Il rapporto con il Godi potrebbe non essere casuale, dal momento che il primo cognome del Riario era Della Rovere e i tre vescovi di Vicenza che governavano la diocesi (senza mai entrarvi) dal 1507 al 1514 erano tutti Della Rovere. Il Riario fu il camerlengo che a Roma legò il suo nome alla ricostruzione della chiesa di San Lorenzo in Damaso e del circostante palazzo, detto poi della Cancelleria.[37] Dal gennaio del 1512 il Chiericati divenne l'uomo di fiducia del cardinale Matteo Schinner, compiendo per lui missioni diplomatiche in Europa. Dopo la morte di Giulio II, il 21 febbraio 1513, sia Matteo Schinner che Raffaele Riario si trovarono a Roma per il conclave. Francesco Chiericati ancora legato ai Gonzaga, perché mantovano da parte materna (era figlioccio di una duchessa Gonzaga), continuò a mantenere, per tutta la vita, i legami con la corte mantovana adoperandosi e riuscendo a migliorare i rapporti con i sovrani spagnoli. Nel 1513 Gianfrancesco Gonzaga aveva, ad esempio, chiesto la sua intercessione presso lo Schinner perché appoggiasse l'elezione al pontificato del cardinale Raffaele Riario, vecchio amico dei Gonzaga (tuttavia Schinner preferì schierarsi con Giovanni de' Medici, il futuro Leone X) Nel 1513 il Chiericati lasciò il servizio dello Schinner e passò a quello del cardinale Adriano Castellesi. Paolo Godi nello stesso periodo continuò a vivere come protetto dal Riario. Nel 1517 si scoprì una congiura contro il papa ordita dal cardinal Petrucci. Tra i vari implicati ci furono il Riario che si dichiarò da subito innocente e il Castellesi che fuggì a Venezia. Non ci furono conseguenze per i due vicentini: Francesco Chiericati era in missione all'estero e ritornò solo negli anni Venti a Roma,

37. Amante delle arti e mecenate, ebbe rapporti con Melozzo da Forlì e Raffaello. Si deve principalmente a lui l'inizio dell'attività di Michelangelo a Roma: Orbicciani, *Il palazzo della Cancelleria*, pp. 9-11. Per il rapporto tra Michelangelo e Ridolfi: Costa, *Michelangelo alle corti di Niccolò Ridolfi*. I Godi, sia Paolo che il fratello Girolamo, continuarono a frequentare l'area del palazzo della cancelleria e della chiesa di San Lorenzo in Damaso anche dopo la morte del Riario: sono documentati due pagamenti per la sepoltura di Paolo e Girolamo nella chiesa di San Lorenzo nel 1535. Per i rapporti tra patriziato di terraferma e vescovi, si veda Del Torre, *Patrizi e cardinali, pp. 94-97 e 151-152.* I rapporti tra i Godi e i Della Rovere sono confermati anche da uno stemma di questa famiglia in un palazzo dei Godi nel vicentino, in Grossato, Simeone, *Testimonianze artistiche in Barbarano*, pp. 1909-1112.

mentre Paolo Godi poté laurearsi a Bologna nel 1519, diventò canonico della cattedrale di Vicenza nel 1522 e si trasferì definitivamente a Roma nel 1525 tra i chierici veneti della curia romana, in contatto con i cugini già stabiliti nella città di San Pietro nel secolo precedente.[38]

Roma nel Secondo decennio del Cinquecento vantava una colonia vicentina abbastanza cospicua. Vivevano in città alcuni Chiericati, nonché Gottifreddo Sesso e Girolamo Bencucci da Schio, con ruoli di primo piano nella politica pontificia. Tra il Secondo e Terzo decennio del secolo questi nobili cominciarono a parteggiare più apertamente per una politica nell'orbita spagnola,[39] frequentando le corti di Mantova e di Urbino.[40] Furono gli stessi nobili che, dopo la nomina di Niccolò Ridolfi alla carica vescovile di Vicenza, cominciarono a contattarlo a Roma: i casi più eclatanti sono quelli dei Gualdo, dei Chiericati e dei Trissino. Dopo essere entrato al servizio del cardinale Pompeo Colonna, Girolamo Gualdo fu nominato da Ridolfi come responsabile per l'organizzazione del Concilio di Vicenza (1537-1538); Ludovico Chiericati diventò il suo luogotenente mentre Giangiorgio Trissino era già suo confidente dagli anni Venti.[41] Ma a Roma

38. Guerrini, *"Qui voluerit in iure promoveri..."*, n. 322, il 19 dicembre 1519 Paolo Godi si addottorò in diritto canonico. Si vedano anche alla stessa data ASBo, *Studio*, *Libri segreti del Collegio Canonico, segnato I*, 126 (1377-1528), c. 209v e ASBo, *Studio*, *Atti del Collegio Canonico*, *prima serie segnata A*, 22 (1507-1519), cc. 141r-141v. Nel medesimo 1519 vi sono alcuni fattori bolognesi che lavorano per Enrico Antonio Godi nelle case di Vicenza e di Barbarano; BCBVi, *ms. 485*, cc. 11r-11v. Il documento descrive una storia dei Godi da Roma a Vicenza.

39. Vennero *aureati* dal titolo papale in questo decennio Francesco Gualdo da Adriano VI e Gottifreddo Sesso da Clemente VII. Nel medesimo ventennio furono *aureati* dal titolo imperiale da Carlo V: Giangiorgio Trissino (1530), Palmiero Sesso, Francesco, Paolo e Nicolò Gualdo (1540), Ippolito da Porto, Lelio e Leonoro Gualdo e Leonardo da Porto (1547). Non era un caso se nel novembre 1532 Carlo V alloggiò nel vicentino prima a Sandrigo, poi a Montecchio Maggiore e infine nel colognese ospitato rispettivamente dai Sesso, dai Gualdo e dai Sarego, con la presenza di Francesco Maria I Della Rovere (duca di Urbino), Alfonso I d'Este (duca di Ferrara), Federico II Gonzaga (duca di Mantova) e Ippolito de' Medici (il cardinale amico del vescovo vicentino Niccolò Ridolfi), si veda Castellini, *Storia della città di Vicenza*, vol. XVIII, pp. 45-47.

40. Voce *Da Porto Luigi (Alvise)*, curata da Patrizi, in *DBI*, vol. 32, pp. 736-741: «Per completare la propria istruzione ed educazione, il Da Porto, non ancora ventenne, fu mandato ad Urbino presso la corte federiciana: i Da Porto erano imparentati con la famiglia di Elisabetta Gonzaga, duchessa di Urbino».

41. Voce *Gualdo Girolamo*, curata da Massimi, in *DBI*, vol. 60, pp. 515-517. Per il rapporto tra Giangiorgio Trissino e il cardinal Ridolfi si veda, Muratore, *La biblioteca del cardinale Niccolò Ridolfi*, pp. 509-510, lettera del 1518.

c'erano anche i da Porto e i Thiene, membri di famiglie meno subordinate alla politica spagnola.[42] I da Porto e i Thiene erano famiglie molto ramificate e definirne una linea politica comune è complesso: sembra che il loro orientamento politico antispagnolo sia iniziato con il sacco di Roma, ma i da Porto ancora nel 1532 avevano ottimi rapporti con l'imperatore (probabilmente per relazioni pregresse iniziate ancora nel Quattrocento). In quell'anno, infatti, ben ventisette membri della famiglia da Porto venivano nominati da Carlo V con il titolo di *conti palatini di Vivaro e Val Leogra e terre annesse* nonché di *cavalieri aureati*. Dopo questa data la maggior parte dei Thiene e dei da Porto cominciarono ad avvicinarsi a gravitare politicamente su posizioni filo-francesi.[43]

Tutti i nobili vicentini che vivevano a Roma frequentavano il vescovo Niccolò Ridolfi per mantenere o allargare i benefici ecclesiastici che detenevano nella diocesi. L'unica attestazione di questi contatti in cui viene citato anche Paolo Godi, che viveva a Roma almeno dal 1525, è una lettera scritta di suo pugno nel momento della fuga dalla capitale durante il saccheggio della città.[44] All'epoca del sacco di Roma, iniziato il 6 maggio 1527, i lanzichenecchi provocarono un numero così elevato di violenze da far affermare pubblicamente, e con una certa sicurezza, che la maggioranza dei cardinali era stata uccisa. A Venezia i primi informatori riportarono notizie disastrose. Proprio per tranquillizzare le rispettive famiglie, i

42. In generale, comunque, nella prima età moderna la curia pontificia e la nobiltà romana non avevano troppe simpatie per la politica spagnola: Visceglia, *Roma papale e Spagna*, p. 21.

43. La spaccatura della politica estera delle famiglie di Vicenza era simile a quella della capitale veneziana. L'esempio dei Grimani può essere indicativo anche perché molto vicini ai Godi. Il Doge Antonio (1521-1523), incarcerato per la sconfitta allo Zonchio nel 1499, era stato difeso strenuamente da Enrico Antonio Godi. Non è forse un caso se nel 1523 lo ricambiava con la nomina di cavaliere di San Marco in Marin Sanudo, *I Diarii*, lib. III, coll. 315, 385, 387 e lib. XXXIV, coll. 398-399. Vincenzo, il figlio del Doge, parteggiava per i francesi facendo parte della cerchia di Gaetano Thiene, Gian Matteo Giberti e Gian Pietro Carafa, mentre il nipote, Marco per gli spagnoli. Quest'ultimo, invece, frequentava Gian Giorgio Trissino e Niccolò Ridolfi e durante il carnevale del 1526 oltrepassò i limiti, consentiti dall'etichetta politica, mostrando un gallo con le penne e la cresta tagliata (pesante allusione agli insuccessi dei Francesi) alla voce *Grimani Marco* curata da Gullino, in *DBI*, vol. 59, pp. 633-639. Come la famiglia dei Godi per Vicenza, quella dei Grimani per Venezia era legata al diritto (giureconsulti) e nei primi anni Trenta alla curia romana. Probabilmente non è un caso se i nomi legati a Palladio a Venezia erano patrizi legati alla sede apostolica.

44. BCBVi, AG, *Istrumenti*, *Istrumenti sciolti*, *m. LXXV*, b. 75, n. 3153, 4 dicembre 1525: don Alessandro Godi nominò procuratore a Roma suo fratello don Paolo Godi assieme a don Giacomo Cortese. Entrambi erano residenti nella curia romana.

veneti presenti nella capitale cominciarono a descrivere la loro situazione e il *network* su cui si poggiavano in quel momento. Le prime due lettere sull'evento, scritte alle famiglie ma recapitate immediatamente al Collegio veneziano, arrivarono a Venezia la mattina del 24 maggio e furono redatte da Marco Grimani e da Paolo Godi. Il secondo scrisse al padre da Orte, vicino a Viterbo, ancora impaurito.[45] Si era salvato, ma aveva perduto tutto il suo patrimonio. Per maggior sicurezza partì da «Roma insieme con missier Paolo da Porto et molti altri compagni de caxa de Redolfi et altri, et hora se ritrovamo in loco securo ad Orti»,[46] tra gli altri c'erano i cardinali Cortona (Silvio Passerini, protettore di Giorgio Vasari) e Ippolito de' Medici. La repentina consegna della lettera del figlio al Collegio dimostra la lealtà di Enrico Antonio Godi, che ipotizzava lo smarrimento di Venezia di fronte a tali avvenimenti. Non è un caso se tale missiva sia poi stata segnalata da Sanudo nei suoi diari: probabilmente conoscere come era andata tramite le stesse parole dei veneziani (Grimani e Godi) fu importante per documentare uno degli eventi più dolorosi che colpirono l'immaginario collettivo italiano del Cinquecento.

Nel febbraio del 1528 Paolo Godi era di nuovo a Roma, come attestano le procure a favore della nomina del fratello Alessandro nella cattedrale vicentina, in qualità di suo sostituto canonico.[47] Paolo Godi visse sempre a Roma fino alla morte, avvenuta prematuramente alla fine del 1534.[48] Il fratello Girolamo si recò nella città pontificia alla fine di quell'anno per farlo

45. Ivi, coll. 179.

46. Ivi, coll. 180. Ciò è confermato anche dalla recente pubblicazione di Muratore, *La biblioteca del cardinale*, pp. 512-513, lettera del 17 giugno 1527. Niccolò Ridolfi per buona parte del maggio 1527 fu tenuto in ostaggio assieme ad altri cardinali da Ugo di Moncada.

47. BCBVi, AG, *Istrumenti, Istrumenti sciolti, m. LXXVIII*, b. 78, n. 3386, 23 febbraio 1527mv e BCBVi, AG, *Istrumenti, Istrumenti sciolti, m. LXXIX*, b. 79, n. 3488, 23 ottobre 1528. Si veda anche Bortolan, *Canonici della cattedrale*, alla voce Alessandro Godi. L'autore lo indica come canonico laureato in ambo le leggi.

48. Ritornò in provincia di Vicenza a Barbarano almeno una volta per restaurare (nel 1530) il palazzo dei canonici (ora biblioteca comunale) come testimonia una lapide tuttora murata nella facciata dell'edificio «Paulus Gudus Henrici Antonii filius Proth. Apost. fecit anno MDXXX», si veda *Testimonianze artistiche in Barbarano*, pp. 909-910. Il palazzo dei canonici fu restaurato proprio in quegli anni come risulta dalla visita pastorale del 6 ottobre 1530, in ACVVi, *Visite pastorali*, b. 1/0553, c. 339. Nella relazione si specificò che l'ingente spesa fu tutta a carico di Paolo Godi, che venne definito caratterialmente assente da vizi. Nel 1561 il palazzo dei canonici venne definito dignitoso, con belle e onorevoli stanze. Il fatto che fosse di proprietà di Paolo Godi è confermato dallo stemma, in facciata, dei Godi con il cappello prelatizio tipico dei canonici.

seppellire nella chiesa di San Lorenzo in Damaso.[49] Non era una chiesa qualsiasi, bensì quella restaurata da Raffaele Sansoni Galeotti Riario Della Rovere (1480-1517) e della quale era titolare Ippolito de' Medici (1532-1535). Entrambi i cardinali erano fuoriusciti toscani amici del Ridolfi e legati al mondo vicentino (fuggirono tutti assieme durante il sacco della città) e a Paolo Godi. Il cardinale Ippolito de' Medici morì di lì a poco e fu sepolto nella medesima chiesa. Girolamo Godi ritornò a Roma, almeno un'altra volta, per onorare la memoria del fratello, al quale doveva essere molto legato, dal momento che in quest'occasione lasciò un'epigrafe a lui dedicata nella sala capitolare della chiesa di San Lorenzo in Damaso.

Paolo Godi non raggiunse a Roma la fama di un Giangiorgio Trissino o l'autorità di un Gaetano Thiene, ma è indubbio un suo ruolo non secondario all'interno della famiglia di origine, al fine di procurarle altre prospettive, sia da un punto di vista politico (di lì a pochi anni i Godi sarebbero stati a capo del partito spagnolo vicentino) che artistico (contemporaneamente alla sua morte il padre e il fratello di lui, Enrico Antonio e Girolamo, chiamarono presso di loro Andrea di Pietro della Gondola, cioè Palladio). Girolamo probabilmente tornò a Roma negli anni Sessanta e mantenne legami con due famiglie principesche romane, i Paluzzi Albertoni e i Mignanelli, come dimostrato da ricerche ancora in corso.[50]

1.3. *La vocazione spirituale di Elisabetta Godi tra le angeliche di Milano*

In merito alle reti religiose, segnaliamo la vicenda milanese di Elisabetta Godi, vedova di Nicolò del fu Vincenzo Porto e dal 1537 suora presso il convento di San Paolo Converso a Milano, con il nome di Paola Antonia.[51] Nicolò Porto era parente di Bernardino che, dopo la morte di

49. BCBVi, AG, *Catastici, t. III* (2 gennaio 1528-28 dicembre 1543), b. 384, n. 4199, 6 gennaio 1535 (il documento manca dalla serie *Istrumenti*): «Acquisto del nobile Girolamo Godi per scudi 18 d'oro dalli reverendissimi canonici di San Lorenzo in Damaso di Roma, del sito di far in detta chiesa una sepoltura per se, suoi eredi, e successori».

50. *La prima [-terza] parte dell'Historie di Giovanni Zonara*. Il volume è dedicato a quattro nobili italiani: due giuristi romani Angelo Paluzzi Albertoni e Pietro Paolo Mignanelli e due giuristi vicentini (Girolamo Godi e Giulio Capra). Su questo volume ha condotto una tesi di dottorato a Oxford Geri Della Rocca de Candal, che ringrazio per la segnalazione.

51. BCBVi, AG, *Processi, m. LII*, b. 242, n. 1124, *Vicenza. Processus magnifici Vincentii et Giulii de Godis quondam magnifici domini Christofori et nepotis et quondam Francesco eorum contra magnificum dominum Lelium de Gualdo*, c. 54v «recevei [Galeazzo Gualdo] dal magnifico domino Giacomo Valmarana per nome de madonna sor Paula Antonia di

Enrico Antonio Godi, divenne probabilmente il nobile mercante più ricco della città. Il matrimonio tra Elisabetta Godi e Nicolò da Porto, avvenuto nel 1535, doveva suggellare le basi per un futuro politico ed economico tra le due famiglie più ricche della città di Vicenza degli anni Trenta. La morte prematura del marito appena due anni dopo le nozze provocò una lacerazione tra i parenti dei da Porto e dei Godi e non fu più rimarginata. Infatti, proprio dalla metà del secolo non si registrarono più incontri per la stipulazione di patti matrimoniali, ma soltanto scontri tra le due famiglie.

La figura della «bella»[52] suor Paola Antonia Godi è rilevante per gli aspetti politici della sua scelta vocazionale come suora angelica. La sua biografia, infatti, rappresenta una testimonianza dei rapporti tra Vicenza e Milano fra gli anni Trenta e Sessanta.[53] Le suore angeliche di San Paolo, che iniziarono ad operare a Milano intorno al 1530 per vivere in comunità e senza una struttura gerarchizzata, erano generalmente gruppi di donne molto ricche staccate dalle famiglie per raccogliersi nella periferia malfamata del centro lombardo. Esse erano in relazione con Antonio Maria Zaccaria, cappellano della contessa di Guastalla Ludovica Torelli, che aveva fondato a Milano la compagnia dei figlioli e delle figliole di Paolo Santo, costituita da tre collegi di sacerdoti, di suore e di laici. Il collegio femminile di suore angeliche fu istituito con autorizzazione del gennaio 1535 dal papa Paolo III (le esentò dalla clausura, autorizzandole a uscire dai monasteri per le opere di apostolato), mentre quello maschile, di chierici regolari, venne fondato con la bolla del luglio successivo. Zaccaria era un allievo del frate domenicano Battista da Crema, il quale sollecitava nei suoi accoliti slanci di spiritualismo non privo di connotazioni radicali e fervore caritativo. Tuttavia le opere di Battista erano sospette di deviare

Godi a bon conto scudi 25 […] adì 20 marzo 1550» e BCBVi, AG, *Processi*, *m. LII*, b. 242, n. 1115, *Gualdo Vicenza. Processus magnifici Francisci de Godis contras Illorum de Gualdo*, c. 12r, 3 settembre 1549, Peregrino Cavagioni è procuratore di Francesco Godi contro Nicolò Gualdo (incartamento del 1549 1553).

52. Beccanuvoli, *Tutte le donne vicentine*, p. 74-75. *Veridicamente el stato virginale esser più glorioso del stato viduale e maritale* insieme a *Tutte le donne vicentine, maritate, vedove e dongele* sono l'inizio di un fiorire di tutta una serie di libretti che si riferiscono a "Scale", al paradiso, a "Fiori di virtù", a "Specchi", a "Regole" e che pongono l'accento sulle norme di comportamento delle fanciulle; ma è soprattutto alle vedove che la trattatistica si rivolge precocemente, interlocutori privilegiate di un'azione caritatevole e devota anche al di fuori dello spazio domestico.

53. Chabod, *Storia di Milano*.

dalla dottrina ortodossa e, dopo la sua morte, avvenuta nel 1534, cominciarono alcune inchieste sul suo conto e sulle conventicole milanesi che a lui si ispiravano. Alla morte nel 1539 di Antonio Maria Zaccaria, fu una donna, l'angelica Paola Antonia Negri, chiamata dagli aderenti «divina madre maestra» per il suo eccezionale carisma, a divenire il punto di riferimento della compagnia. Il prestigio della Negri, «una delle figure femminili più discusse tra le donne che ebbero culto nella prima metà del Cinquecento»,[54] era aumentato già prima della morte del fondatore, quando, il 2 luglio 1537, partirono insieme per Vicenza chiamati dal vescovo della città. Vicenza probabilmente non era stata una scelta casuale per iniziare la propaganda, dal momento che un certo misticismo, era già stato apprezzato nel quindicennio precedente, quando Battista da Crema aveva fatto proseliti nel convento di Santa Corona.[55]

Le severe regole delle due congregazioni avevano, infatti, attirato l'attenzione del cardinale Niccolò Ridolfi e della fondatrice delle convertite madonna Maddalena Valmarana, che richiesero l'intervento di alcuni barnabiti e angeliche perché provvedessero alla riforma dei locali conventi delle convertite.[56] Dopo la fortunata parentesi vicentina la Negri proseguì la sua opera di fondazione a Verona nel 1542, chiamata dal locale vescovo Gian Matteo Giberti, a Padova e a Venezia.[57] Alla fine degli anni Quaranta a Milano le consorelle angeliche erano generalmente nobili e provenienti da Milano, Mantova, Pavia, Vicenza, Verona e Padova.

A Vicenza Paola Antonia Negri trovò grande accoglienza soprattutto tra le donne di due famiglie locali di primo piano, i Valmarana e i Godi, che erano a capo del partito spagnolo della città.[58] Maddalena Valmarana

54. Zarri, *Le sante vive*, p. 99 e Baernstein, *Vita pubblica, vita familiare*, pp. 297-312.

55. Mantese, *Memorie storiche della Chiesa vicentina*, vol. IV, parte I, p. 385. Battista da Crema era iscritto al convento di Santa Corona di Vicenza nel 1520. Un certo misticismo era certamente apprezzato in terra berica prima col Crema negli anni Venti, poi con Antonia Paola Negri negli anni Trenta e Quaranta e infine con Antonio Pagani negli anni Settanta e Ottanta. Deianira Valmarana (sorella di Leonardo consigliere e gentiluomo di Filippo II alla corte di Spagna) fondava insieme a Angela Valmarana di Girolamo e Isabella Chiericati vedova Franceschini nei primi anni Ottanta l'istituto delle dimesse sotto la direzione spirituale dell'ex barnabita Antonio Pagani, un'esperienza religiosa ispirata ai modelli spirituali che trent'anni prima il Sant'Uffizio aveva condannato e punito nelle compagnie paoline.

56. Bonora, *I conflitti della Controriforma*, p. 417.

57. Prosperi, *Tra evangelismo e controriforma*, pp. 280-281 e 313 e con il Ridolfi p. 305.

58. Burns, *"Da naturale inclinatione guidato"*, p. 388. Si veda anche Barbarano de Mironi,

volle da subito effettuare alcune donazioni affinché fossero amministrate dalla congregazione di San Paolo Apostolo di Milano; a queste se ne aggiunsero ulteriori, provenienti da altri munifici esponenti di casa Valmarana.[59] Ancora più profonda sul piano spirituale, invece, la relazione con Elisabetta Godi. È probabile che quando Paola Antonia Negri giunse a Vicenza, Elisabetta, che era appena diciassettenne e dal matrimonio con Nicolò da Porto aveva avuto un figlio, fosse rimasta vedova da poco. Da subito tra le due donne si instaurò un forte legame, tale da far decidere alla vicentina di abbandonare la vita mondana che conduceva per recarsi a Milano e prendere i voti come angelica con il nome di Paola Antonia, dimostrando così con i fatti l'intensità del rapporto che la univa alla «divina madre maestra».[60] Le drammatiche vicende biografiche di Elisabetta erano solo all'inizio. Nel 1546 il capitolo dei chierici milanesi si mosse a favore del ricongiungimento con il figlio Claudio per educarlo tra loro

> "perché dove hora si atrova [Vicenza] non impara né litere né costumi": una soluzione sfociata in tragedia, dal momento che dopo appena qualche mese il fanciullo morì a San Barnaba in seguito a una ferita incidentalmente procuratosi alla testa con un ferro.[61]

Dopo questa vicenda la Godi cadde in uno stato di depressione, si legò ancora di più alle consorelle e in particolare divenne la dama di compagnia della potente principessa Isabella di Capua.[62] Nell'anno successivo, comin-

Historia Ecclesiastica della Città, p. 235. Il titolo dei cavalieri di San Giacomo fu conferito dal re di Spagna nel Cinquecento solo a due famiglie vicentine i Valmarana e i Gualdo.

59. Sembra che i locali fossero proprio di Maddalena Valmarana come ribadito in seguito ad alcune contestazioni fiscali con il comune cittadino in ASVi, *Archivio Corporazioni Soppresse*, b. 1945, n. 565, 26 aprile 1541; ASVi, *Notarile*, notaio Bernardino Massaria, b. 5802, s.d. ma attribuibile al 26 aprile 1541, Madonna Maddalena dichiarò di voler donare il monastero e la chiesa di Santa Maria Maddalena alla priora e alle Convertite a condizione che venissero amministrati dalla Congregazione di San Paolo apostolo di Milano, e che la priora della comunità fosse stata sempre una delle angeliche milanesi in *Di donne e di carità al tempo di Andrea Palladio*, catalogo interno gentilmente messo a disposizione dalla curatrice. Era solo il primo di numerosi lasciti della famiglia Valmarana come ad esempio ASVi, *Notarile*, notaio Zuanne Orgiano, b. 6258, 9 gennaio 1545.

60. Barbarano de Mironi, *Historia Ecclesiastica della Città*, p. 315.

61. Bonora, *I conflitti della Controriforma*, p. 331 e Premoli, *Storia dei barnabiti*, p. 171. Claudio da Porto era giunto a Milano l'8 dicembre 1546, morì nel marzo del '47 e fu sepolto a San Paolo converso.

62. Bonora, *I conflitti della Controriforma*, p. 314n e Premoli, *Storia dei barnabiti*, p. 118 «Hiersera il reverendo commissario [Leonardo Marini] mandò fuori dal monasterio

ciò a gestire alcune rendite a favore delle angeliche milanesi. Il giureconsulto vicentino Giacomo Valmarana e Maddalena, fondatrice delle convertite vicentine, inviavano regolarmente a Milano i fitti riscossi per conto della nobile vicentina Elisabetta Godi sulla base di una procura rogata a Milano dalla Godi a favore del Valmarana.[63] Questi era stato un potente politico cittadino, un abile giurista e nel contempo un temibile criminale, ma nel 1546 sembra fosse andato incontro ad una sorta di conversione: è un fatto che a partire da quell'anno si sia legato convintamente alla vita spirituale di Paola Antonia Negri.[64] Elena Bonora ha individuato le procure a favore di un altro piccolo gruppo di notai e giuristi vicentini (il notaio Gian Pietro Valle e il procuratore Angelo Cavazza) in contatto con la Godi, che nel contempo faceva parte del gruppo sorto intorno alle angeliche nella città berica.[65] In realtà il gruppo che appoggiava le angeliche e i barnabiti nella città vicentina era molto ramificato. Elisabetta Godi era la referente a Milano per le angeliche vicentine, come mostrano diversi documenti redatti tra il 1549 e il 1550 a Vicenza in suo favore dalla governatrice delle convertite Maddalena Valmarana.[66] Negli stessi anni l'esperienza milanese di Elisabetta diventò strategica per le reti commerciali dei famigliari vicentini che si stavano espandendo in Lombardia.

madonna Francesca [Bonati], cioè l'angelica Paola Maria, accompagnata da la signora Isabella [Godi], [dama] de la signora principessa [la principessa di Molfetta]». Isabella era la figlia primogenita di Ferrante, conte di Alessano, marchese di Specchia e principe di Molfetta. Fu data in moglie a Traiano Caracciolo, principe di Melfi ed ebbe in dote il principato di Molfetta, il Marchesato di Specchia e la Contea di Alessano. Traiano morì poco dopo ed Isabella nel 1529 si risposò a Napoli con Ferrante Gonzaga, conte di Guastalla. Isabella, che morì nel 1559, è ricordata come una donna adulata da poeti e letterati che le dedicarono madrigali e poemetti per sua bellezza e per le virtù morali. Ferrante Gonzaga (1507-1557), suo marito, fu un importante condottiero italiano e governatore di Milano dal 1546 al 1554, succedendo nella carica ad Alfonso III d'Avalos.

63. Bonora, *I conflitti della Controriforma*, pp. 417n-418n. Si vedano ASVi, *Chiesa e monastero delle convertite, S. Maria Maddalena, Libro istrumenti*, b. 1945, n. 648, 3 gennaio 1550; ASM, *Notarile*, Notaio Sigismondo Ferrari dei Gradi, b. 10634, 8 novembre 1547; ASM, *Notarile*, notaio Ludovico Besozzi, b. 10628, 8 novembre 1547 e BCBVi, AG, *Istrumenti, Istrumenti sciolti, m. CIII*, b. 103, n. 5511, 8 novembre 1547, in bombacina. Altri documenti di procura della Godi da Milano a favore dei laici vicentini legati all'istituto delle convertite furono: a Gian Pietro Valle (ASM, *Notarile*, notaio Giovanni Pietro Besozzi, b. 10628, 3 marzo 1544) e Angelo Cavazza (ASM, *Notarile*, notaio Sigismondo Ferrari dei Gradi, b. 10632, 8 luglio 1545).

64. Barbarano de Mironi, *Historia Ecclesiastica della Città*, p. 314.

65. Bonora, *I conflitti della Controriforma*, pp. 329n-330n.

66. ASVi, *Corporazioni religiose soppresse, Monastero di Santa Maria Maddalena*, b. 1979, notaio Pietro del fu Francesco Cogollo, 3 gennaio 1550.

Nel febbraio del 1551, quando Paola Antonia Negri era al massimo del suo prestigio e della sua popolarità, il governo di Venezia decretò l'espulsione dal territorio della Repubblica dei barnabiti e delle angeliche della congregazione di San Paolo, evento che provocò un'inchiesta a Roma, conclusasi con la reclusione in un convento milanese della Negri, la separazione fra barnabiti e angeliche e la clausura di queste ultime.[67] Sia Maddalena Valmarana che Elisabetta Godi non tradirono la Negri: Maddalena riconfermò la sua ferrea volontà di lasciare eredi le angeliche di Milano del monastero di Vicenza, mentre Elisabetta restò vicina alla madre maestra.[68] Il 7 luglio del 1552 Paola Antonia fu condannata anche dall'Inquisizione romana e nel 1555 morì. Dal 1552 fino al suo ultimo giorno di vita Elisabetta Godi condivise anche il giaciglio con la superiora malata e morente nella segregazione in clausura.[69]

Le vere ragioni del provvedimento veneziano, motivate da elementi non esclusivamente religiosi, non sono state tuttora chiarite. Adriano Prosperi ha ipotizzato che Paola Antonia Negri avesse un potere così carismatico da circuire patrizi veneziani per ottenere segreti politici a favore del governatore di Milano.[70] In seguito Elena Bonora ha ipotizzato che ciò fosse dovuto al timore di Venezia per la presenza di numerosi preti spagnoli vicini ai barnabiti e alle angeliche e al rischio della fuga di notizie segrete riguardanti lo stato marciano.[71] Sembra infatti che nello stesso periodo anche i gesuiti spagnoli che vivevano a Venezia avessero lo stesso timore di esserne cacciati.

67. Santarelli, *Il papato di Paolo IV*.

68. ASVi, *Notarile*, notaio Pietro Cogollo, b. 487, 26 aprile 1551. Madonna Maddalena, venuta a conoscenza, con suo gran dolore e fastidio, che il Consiglio di Dieci di Venezia aveva bandito le angeliche dallo stato veneto, sperando in un loro ritorno, confermò la volontà di lasciarle eredi del monastero di Vicenza. Si ringrazia M.L. De Gregorio per la segnalazione di questo documento.

69. Giovanni Pietro Besozzi, *Lettera al Folperto*, in AGBR, L.b.(2).1, minuta, p. 50 «Parvi cosa da santa il farsi dire la messa in camera, et dicendosi avere alle volta o la nostra di Guodi [Elisabetta Godi] o qualunque altra giovane in letto con lei et giocare et parlare poi anche comunicarsi?» chiedeva con piglio accusatore il Besozzi nella lettera al Folperto, a proposito della Negri. Forse nel Besozzi c'era un'implicita accusa di omosessualità femminile.

70. Voce *Besozzi Giovanni Pietro* curata da Prosperi, in *DBI*, vol. 9, pp. 680-684: «Il Besozzo, in una informazione, inviata a Carlo Borromeo il 19 ottobre 1579, riporta, tra le accuse, quella che dava un significato di spionaggio politico, a favore del governatore di Milano». Per lo spionaggio milanese in terre venete, si veda Preto, *I servizi segreti di Venezia*, p. 123.

71. Bonora, *I conflitti della Controriforma*, p. 502.

Certamente qualche legame tra la Spagna e le angeliche doveva esserci visto che a Milano a difendere subito Paola Antonia Negri furono Gabrio Casati e Domenico Sauli.[72] Il primo divenne di lì a qualche anno il massimo responsabile della politica spagnola in Italia, con il ruolo di reggente del supremo consiglio d'Italia e presidente del senato milanese dal 1565 fino alla morte.[73] Domenico Sauli era invece un patrizio genovese, mecenate, benefattore nonché giurista e uomo diplomatico trasferitosi a Milano negli Venti, dopo essere stato l'oratore del papa presso Carlo V. Il Sauli, che era stato negli anni Trenta in contatto con alcuni vicentini,[74] seguì le vicende dei barnabiti anche negli anni a seguire, visto che Alessandro, il suo secondogenito, paggio nei primi anni Cinquanta alla corte di Carlo V, entrò successivamente nei barnabiti, guadagnandosi la fama di noto predicatore e diventando poi confessore dei cardinali Carlo Borromeo e Niccolò Sfondrati, il futuro papa Gregorio XIV.

La fiducia nei confronti della Negri, anche dopo il 1551, da parte dei Valmarana fu probabilmente ricompensata con l'encomio nel 1540 del titolo di conti palatini da Carlo V. In quegli stessi anni i Valmarana, come i Godi, avevano i propri figli nelle corti imperiali impiegati nel ruolo di paggi, stabilendo preziosi contatti politici.

Dopo gli anni Settanta Elisabetta Godi ritornò nel vicentino e nel 1587 si fece incidere una lapide (non più esistente) in una chiesa intitolata a Santa Maria delle Grazie: «Catherina Campilia et Elisabeth Godia, vidue, Christi charitate coniunctissimae, hic sibi loco monumenti electo, gloriam eternam expectant». Nel testamento da lei redatto il 28 febbraio 1596, poco prima di morire, volle che il suo corpo fosse «sepolto senza pompa nella sepultura sua et della quondam magnifica Catherina Campiglia sua in amor sorella».[75] Le parole «sua in amor sorella» evidenziano che negli ultimi anni di vita le due donne avevano scelto liberamente di continuare a vivere insieme ancora come angeliche benché fuori del monastero, portando ancora il loro abito religioso. Caterina Campiglia,

72. Ivi, pp. 338-339 e Firpo, *Paola Antonia Negri*, pp. 35-82 e in part. p. 52 e specialmente Firpo, *Paola Antonia Negri*, ivi, pp. 7-66.

73. Bonora, *I conflitti della Controriforma*, pp. 340-341.

74. A Milano nei primi anni Cinquanta lavorava per Carlo V, e quindi per il Sauli, l'ingegnere vicentino ed esperto di fortificazioni Giorgio Capobianco.

75. ASVi, *Notarile*, Notaio Francesco Cerato, b. 8815, testamento redatto con procedura segreta di Elisabetta Godi di Cristoforo del 28 febbraio 1596. Elisabetta fece scrivere di essere vedova di Nicolò del fu Vincenzo da Porto.

infatti, era diventata angelica di San Paolo lo stesso giorno di Elisabetta Godi, ma era morta qualche anno prima dell'amica.[76]

La fine delle congregazioni dei barnabiti e delle angeliche produsse un certo sconcerto anche nel mondo vicentino, tuttavia si rileva che a raccogliere i consensi delle stesse famiglie che simpatizzavano per questo tipo di cattolicesimo furono in seguito, dopo un circa un ventennio, i gesuiti. Tra gli anni Settanta e i primi anni Ottanta del Cinquecento altri due Godi, Marco e Vincenzo (nipoti di Enrico Antonio), rimasero affascinati dagli ideali dei gesuiti e non solamente da giovani studenti: essi dovevano essere tra i primi aderenti a questa nuova spiritualità nella città di Vicenza.[77] Dopo la battaglia di Lepanto la Compagnia di Gesù svolse un ruolo di primo piano per l'impegno nelle guerre contro i nemici della fede: la nobiltà acquisì una sensibilità religiosa apertamente legata all'idea di milizia che collocò i padri della Compagnia in una situazione ideale, dal momento che questa modalità "militare" di vivere la fede non poteva che affascinare i giovani nobili delle casate aristocratiche (non è un caso che i duelli e i combattimenti, come abbiamo già detto, incontrassero in quei decenni vasto successo).[78] Nella seconda metà del secolo i gesuiti annoverarono moltissimi aderenti, ma non nella Terraferma veneta, come dimostra il fatto che la loro unica scuola, quella di Padova, accoglieva essenzialmente patrizi veneziani.[79] Per questo motivo i gesuiti del Nord Italia considerarono fino al 1578 il collegio padovano come marginale, addirittura in via di smantellamento e fino alla fine degli anni Settanta la sede centrale dei gesuiti in Italia del Nord fu Milano ed essi decisero di non fondare nuovi collegi in Veneto. Probabilmente fu per questo che gli stessi Marco e Vincenzo Godi dovettero studiare all'estero, e precisamente presso il «noviziato» di Vienna.[80] Si ignorano le motivazioni per

76. Barbarano de Mironi, *Historia Ecclesiastica della Città*, p. 316. In realtà si chiamava Caterina Traverso ed era stata moglie di Paolo Campiglia. I cronachisti vicentini, anche in pieno Seicento, non rinnegarono né l'esperienza di Battista da Crema né quello di Paola Antonia Negri

77. I gesuiti disposero della loro prima residenza a Vicenza dal 1599 al 1606, si veda Pellizzari, *Continuità e trasformazioni*, pp. 69-70, 83-84 e 89-90.

78. Civale, *Guerrieri di Cristo*, p. 12.

79. Sangalli, *Cultura, politica e religione*, pp. 52-53; Cozzi, *Fortuna, e sfortuna*, pp. 64-65 e Brizzi, *Scuole e collegi*, pp. 482-483.

80. A Vienna vivevano altri vicentini tra la fine degli anni Settanta e i primi anni Ottanta del Cinquecento: Girolamo e Paolo Gualdo (Puppi, *Introduzione* a *G. Gualdo jr., 1650*, pp. XXI-XXV e Cozzi, *Intorno al cardinale Ottavio Paravicino*, pp. 40-41),

le quali i Godi scelsero questa città: si ipotizza che essi intravedessero la possibilità del proprio inserimento nella corte di Vienna che fino al 1583 fu la capitale imperiale di Rodolfo II.[81] La conclusione dell'esperienza scolastica presso la Compagnia di Gesù pose i due nipoti Godi davanti alla scelta tra proseguimento degli *studia* teologici e la carriera militare: alla metà degli anni Ottanta, come quasi tutti i rampolli delle nobili famiglie di Terraferma che appartenevano alla fazione spagnola (spesso usata impropriamente come sinonimo di imperiale), Marco e Vincenzo si recarono a combattere nelle Fiandre.[82]

La loro esperienza si potrebbe collegare a quella precorritrice di Elisabetta, cioè causata da un comune scenario di disagio e dalla voglia di fuga dalla città da una parte sempre più consistente del ceto dirigente vicentino.

2. Itinera mercatorum*: affari della compagnia di famiglia*

2.1. *La rivincita della manifattura e del commercio*

Nel fondamentale volume di Angelo Ventura del 1964 sul patriziato veneto di Terraferma è descritta una nobiltà cinquecentesca *rentière* oc-

per brevi anche alcuni rappresentanti della famiglia Trento, Leonardo Valmarana e Giorgio Nogarola (su questi ultimi due si veda Dal Cortivo, *Leonardo Valmarana*, pp. 65-66). Ringrazio il dott. Claudio Ferlan che ha controllato nei suoi cataloghi se vi erano Godi come gesuiti o studenti dei gesuiti impegnati in Austria nel Cinquecento. Si veda comunque Ferlan, *Dentro e fuori le aule*, pp. 74-96. Pietro Godi, tra il 1558 e il 1559 aveva condotto in alcune città austriache alcuni accordi per conto della città di Vicenza per risolvere i problemi confinari tra vicentini e imperiali.

81. ASV, *Savi all'eresia*, b. 60, fasc. 5 maggio 1587, *contro dominum Lodovichum Pichui Venetum mercante di Malvasia in Germania andato diese volte con compagnia di me accusato di luteranesimo*: c. 15 «che in Germania et in Viena ho havuto molta conversatione di religiosi et particolarmente giesuiti appresso dei quali ancora mi affaticava che fosse instrutto un putto dei Godi nobile vicentino raccomandetomi da suoi fratelli che mi hanno sempre conosciuto per catolico. Il qual giovane poi al mio partir di Viena lasciai in casa del reverendo pre Stefano Pissano beneficiato del domo di detta città». Sui gesuiti in Austria un buon punto di partenza generale sono gli Atti del convegno: *Die Jesuiten in Innerösterreich*; *I gesuiti e gli Asburgo* e Heiß, *Die Bedeutung und die Rolle der Jesuiten*, pp. 63-76. Su Vienna: Press, *The Imperial Court of the Habsburgs*, pp. 289-312; Duindam, *The Court of the Austrian Habsurgs c. 1500-1750*, pp. 165-188.

82. BCBVi, AG, *Istrumenti, Istrumenti sciolti*, m. 133, b. 133, n. 8729, 26 aprile 1588.

cupata a gestire i grandi possedimenti fondiari, distaccata dal commercio e dalle attività "meccaniche".[83] A partire con gli anni Ottanta la storiografia, soprattutto di carattere economico, incominciò a sottolineare come la situazione fosse più complessa. Si notò infatti che nella Repubblica di Venezia per tutto il Cinquecento gli appartenenti al ceto dirigente che si occupavano di mercatura continuavano a essere numerosi: gli studi condotti dimostravano come non solo Venezia, ma anche le città di Terraferma manifestassero una forte vocazione manifatturiera soprattutto per il lanificio e il setificio (ma non solo). Cospicua era la presenza di mercanti imprenditori in grado di operare in traffici a lunga distanza, con l'esportazione di semilavorati e di prodotti finiti presso svariate piazze della penisola italiana, d'Europa e del Vicino Oriente. A questi circuiti di scambio partecipavano, non di rado, anzi, gli appartenenti ad alcune delle principali famiglie del ceto dirigente delle città suddite.[84]

Nell'ultimo decennio, sul tema della storia economica della Repubblica di Venezia sono state pubblicate molte ricerche innovative grazie a una équipe di studiosi che ha saputo trovare e far emergere una vasta e inedita documentazione notarile. In queste indagini si evidenziano come i nobili mercanti investissero capitali nei settori tessili almeno fino ai primi decenni del Seicento. La Terraferma visse tra la fine del XV e la metà del XVI (esclusa la parentesi del periodo immediatamente successivo alla disfatta di Agnadello), un'indubbia espansione economica. Tale fenomeno risulta essere particolarmente evidente nel corso del XVI secolo in riferimento all'aristocrazia: alcuni nobili sembrano agire esclusivamente grazie all'operato di procuratori o prestanome (pratici di diritto), altri invece risultano dirigere direttamente una o più società con interessi produttivi e commerciali.[85] Marino Berengo ha sostenuto che Vicenza nel Cinquecento era inspiegabilmente la città con la maggior quantità di

83. Ventura, *Nobiltà e popolo*, pp. 205-224. Il titolo del paragrafo si rifà a Mazzei, *Itinera mercatorum*, si vedano in part. pp. 3-13 e 322.

84. Per il dibattito inerente allo sviluppo economico di Venezia e di tutta la Terraferma veneta nel corso del Cinquecento si veda Fontana, *Industria e impresa nel Nord Est d'Italia*, pp. 161-218; Lanaro, *At the Centre of the Old World*, pp. 19-69. Tutto il numero CXLII di «Archivio Veneto» è dedicato alla recente storiografia economica del Veneto in età moderna, ma si veda soprattutto, *Manifatture e commerci nella Terraferma*, pp. 27-50. In ciascuno dei testi appena richiamati è possibile trovare rimandi agli studi precedenti in materia.

85. Demo, *Gli affari mercantili di dimensione internazionale*, pp. 119-158; Id., *Le attività economiche dei committenti vicentini di Palladio*, pp. 25-28.

laureati in diritto di tutta la Terraferma e, se il proverbio veneto degli anni Trenta del Cinquecento citava «non ha Vinegia tanti gondolieri, quanti Vicenza conti e cavalieri», allora non sorprende che vi fosse un cospicuo gruppo di "cavalieri in diritto" che trafficavano in seta.[86] La ricchezza che rese possibile la costruzione della Vicenza palladiana proveniva soprattutto dalla seta. Vicenza con il suo territorio, nella prima metà del Cinquecento, era una delle aree più dinamiche d'Europa per la produzione e il commercio di seterie. La seta grezza era prodotta nelle ville in campagna, dove si allevavano i bachi nutrendoli con le foglie del gelso ed era poi lavorata in città, grazie ai grandi mulini meccanici mossi dalla forza dell'acqua.[87] Anche i Godi rientrano in questo scenario.

2.2. *I Godi e l'attività commerciale tra Vicenza, Milano e Lione (1520 c.-1560 c.)*

È importante rilevare la compresenza fra i dottori in diritto e il commercio (la strategia familiare dei Godi prevedeva evidentemente queste due opzioni): i nobili giuristi Godi e altre famiglie vicentine del periodo non disdegnavano infatti la mercatura.[88] Questo fu probabilmente l'esito

86. ASVi, *Corporazioni soppresse*, b. 2782; Berengo, *L'Europa delle città*, p. 343: «I dati del collegio [dei giuristi] di Vicenza – di una città non universitaria, dove quindi si offrono minori possibilità di impiego – non sono facili da interpretare, perché mentre i 21 immatricolati del 1469 sembrano riflettere un credibile ordine di grandezza, la loro vertiginosa crescita a 70 nello spazio di una intera generazione, nel 1503, pare rispondere a circostanze specifiche che ci sfuggono»; Grubb, *Firstborn of Venice*, p. 31 e Dupuigrenet Desroussilles, *L'Università di Padova*, pp. 633-634: dal 1517-1530 si addottorarono 63 dottori padovani, 36 vicentini, 36 veneziani e 35 bresciani. Dei veneziani solo 4 erano patrizi.

87. Demo, *Mercanti di Terraferma*, pp. 28-38.

88. I nobili potevano commerciare all'ingrosso come affermato in Grubb, *La Famiglia, la Roba*, p. 273-274, ma lo stesso autore scrive che questo non avveniva perché nel Veneto non esistevano grandi compagnie commerciali. Smentito da ricerche successive è da rilevare che comunque Grubb aveva individuato questa possibilità. Il tema del commercio all'ingrosso diventa utile per stabilire se veniva accettata la cittadinanza per coloro che volevano inurbarsi e la nobiltà per coloro che avessero voluto migliorare il proprio *status*. In realtà veniva comunemente accettato il commercio all'ingrosso come si vede in questo importante documento relativo alla cittadinanza vicentina di una famiglia del contado, che nel corso del Seicento sarà nobilitata: BCBVi, *Gonz.C.1150, Ducali, decreto, et giudicii nella materia de' cittadini, & obblighi loro ...*, Vicenza 1621, p. 9, 24 maggio 1581 «*Cittadinanza di D. Iseppo Lodi, habitante in Schio* [...] l'istesso facendo il quondam Ambrosio mio padre tutto il tempo di sua vita, essercitando diverse mercantie honoratamente, come ho fatto sempre ancor io, e tuttavia faccio, non havendo

di necessità economiche e amministrative di una famiglia che dal Quattrocento si può definire "togata". Il possesso fondiario rimaneva comunque la prima fonte di prosperità materiale del nobile, attraverso il quale affermava il suo *status* di prestigio sociale.[89]

Sembra che per i Godi l'ascesa economica e politica sia avvenuta fra il 1480 e il 1530, cioè durante la vita di Enrico Antonio. Nei periodi successivi si attesta un abbandono della mercatura, non equilibrata da investimenti nel settore agricolo. Vicende biografiche, specialmente processuali (uno nel 1580 costò loro quasi 100.000 ducati) e famigliari (problemi testamentari) limitarono gli investimenti. I Godi alla fine del Quattrocento disponevano già di molte delle proprietà, tra palazzi, fornaci[90] e terreni agricoli, che poi mantennero fino all'Ottocento. Enrico Antonio, ad esempio, acquistò centodieci campi prima di morire e fu l'ultimo acquisto di un certo valore riguardante gli appezzamenti agrari per la famiglia Godi nel Cinquecento. I suoi figli e i nipoti non acquisirono più in un unico contratto terreni per un importo superiore ai dieci campi.[91]

Incrociando i nomi dei nobili che si occupavano di mercatura nel vicentino con i laureati dell'Università di Padova nel periodo 1525-1560 emerge un dato incontrovertibile: fra i patrizi vicentini che commerciavano su scala italiana ed europea più della metà avevano conseguito il titolo di dottorato a Padova. Di queste persone una buona parte, inoltre, se lo era aggiudicata in diritto, e in particolare solo in quello civile.[92] Tra le famiglie che in que-

mai essercitato arte alcuna mecanica, ma essercitando honorata mercantia, come è notorio, mediante la quale ho ridotto in quel loco essercitio di filatorio e di tener ormesini in notabil moltitudine». Sui Lodi, Demo, *Mercanti di Terraferma*, p. 60.

89. Si vedano Di Simplicio, *La nobiltà europea*; Kamen, *L'Europa dal 1500 al 1700.*

90. Enrico Antonio Godi possedeva una fornace per la produzione di vetro, si veda: Demo, *Le manifatture tra Medioevo ed Età Moderna*, p. 96.

91. BCBVi, AG, *Catastici*, *t. III* (2 gennaio 1528-28 dicembre 1543), b. 384, n. 4388, 7 agosto 1536 (il documento manca dalla serie *Istrumenti*), notaio Bortolo Carpi, acquisto del cavalier e domino Enrico Antonio Godi per scudi 1700, da Valerio *quondam* Antonio Belli (il noto artista), d'una possessione in cultura del borgo di Pusterla, «sive di Portanuova, in contrà di Brotton, di campi 110 arativi, prativi e brollivi con due case, due teze, e colombara oltre corti, e brolli, appresso il cavalier Gian Giorgio Trissino».

92. *Acta graduum academicorum gymnasii patavini. Ab anno 1526 ad annum 1537*; *Acta graduum academicorum gymnasii patavini. Ab anno 1538 ad annum 1550*; *Acta graduum academicorum gymnasii patavini. Ab anno 1550 ad annum 1565*: Girolamo Arnaldi figlio di Vincenzo n. 791 dottorato in civile il 29 luglio 1558, Giulio Capra n. 2189 dottorato in civile il 26 ottobre 1535, Giovanni Battista Calderari n. 3430 dottorato in civile

sto intervallo di tempo coniugarono maggiormente l'attività dello studio e il commercio c'erano i Capra, gli Scroffa e i Gualdo, cioè coloro che furono centrali politicamente ed economicamente a Vicenza negli anni Settanta e Ottanta del Cinquecento. Se si considera il fatto che moltissimi furono gli studenti in civile che lasciarono gli studi prima della laurea o si addottorarono in altre Università, il dato non è banale: in genere si presume che, a questa altezza cronologica, l'obbligo per i "sudditi" veneti di studiare a Padova fosse rispettato.[93] Quasi tutti i maschi della famiglia Godi si erano addottorati all'Università di Padova in utroque iure e i pochi che non appartenevano a questa categoria erano i laureati in diritto civile che commerciavano.

Nella Vicenza del Cinquecento numerose erano le compagnie che operavano su di uno scenario di amplissime dimensioni (Lione soprattutto, ma anche ad Anversa, Francoforte, Lipsia, Norimberga, Londra...) attività rese possibili grazie al sicuro dominio dei principali strumenti per la pratica d'affari utilizzabili all'epoca (rigorosa tenuta della contabilità in partita doppia; ampio ricorso alla lettera d'affari per intrattenere i rapporti con i corrispondenti attivi nelle diverse piazze europee e alla lettera di cambio per i pagamenti internazionali; utilizzo dell'assicurazione per i carichi inviati all'estero e del conto corrente bancario per l'accredito o l'addebito di somme senza il movimento di denaro contante).[94] Tra le famiglie coinvolte in questi traffici si possono ricordare ad esempio Angaran, Bissari, Caldogno, Chiericati, Magrè, Pigafetta, Piovene, Porto, Scroffa, Thiene. Seppur in modo apparentemente minore rispetto ad altre casate della nobiltà vicentina, anche i componenti della famiglia Godi continuarono a manifestare per tutto il secolo interesse per i traffici commerciali.[95]

il 12 maggio 1547, Michele figlio di Girolamo Caldogno n. 3654 dottorato in civile il 13 febbraio 1549, Giulio Capra figlio di Battista n. 3840 dottorato in civile il 19 luglio 1550; Galeazzo figlio di Francesco Ferramosca n. 1271 dottorato in civile il 17 dicembre 1526; Giovanni Battista di Tiberio Fracanzan n. 2113 dottorato in civile il 26 febbraio 1535; Ercole Fortezza n. 3468 dottorato in civile il 24 agosto 1547; Giovanni Gualdo n. 1016 dottorato in civile il 16 luglio 1560; Alvise Loschi dottorato in civile il 29 luglio 1558; Alessandro Muzan figlio di Girolamo n. 3230 dottorato in civile il 18 gennaio 1546; Guido di Guido Piovene n. 105 dottorato in civile il 21 gennaio 1552; Alfonso di Brunoro Porto n. 357 dottorato in civile 10 maggio 1554; Nicola e Fabio fratelli e figli di Vincenzo Scroffa n. 809 dottorati in civile il 27 agosto 1558; Francesco Trento figlio di Girolamo n. 7 dottorato in civile il 26 gennaio 1551; Pietro Francesco Trissino n. 506 dottorato in civile. Molti di questi nobili sono gli stessi citati in Demo, *Mercanti di Terraferma.*

93. Marconi, *Studenti a Perugia*, pp. 254-255.

94. Demo, *Mercanti di terraferma.*

95. Demo, *Una città di "ricchezze assai abbondante"*, pp. 248-254.

Di grande rilievo in questo contesto e a riprova dell'interesse mercantile dei diversi componenti della famiglia Godi si possono riportare due eccezionali processi civili inediti, costituiti da circa un centinaio di carte e riguardanti la nascita di una compagnia mercantile sulla fine degli anni Venti del Cinquecento; essi sono rilevanti non solo perché confermano la propensione all'attività imprenditoriale della nobiltà vicentina, ma anche in quanto retrodatano storiograficamente di almeno un quinquennio la prima presenza a Lione di mercanti vicentini. La società fondata dai Godi assieme ai Gualdo e ai Piovene era attiva almeno dal 1526. I legami tra le prime due famiglie, già in rapporti di vicinato (nella contrada di San Michele a Vicenza), si intensificarono dopo le compravendite di alcuni terreni nel basso vicentino avvenute nel primo decennio del secolo.[96] Entrambe, inoltre, qualche anno prima avevano ricevuto e condiviso a Venezia la nomina di cavalieri di San Marco direttamente dalle mani del Doge Antonio Grimani.[97] Nel periodo immediatamente successivo alla disfatta di Agnadello, tra i Godi e i Piovene erano iniziati saldi legami famigliari che perdurarono positivamente fino alla fine del 1577.

Stando ai documenti conservati, i Godi e i Gualdo inviarono a Lione nel febbraio del 1526 alcune balle di seta filata attraverso un accordo privato. Due anni dopo si associarono all'accordo commerciale dei Gualdo-Godi anche i Piovene, che si occuparono delle vendite presentando alla compagnia alcuni intermediari milanesi e fiorentini. Le prime vendite si rivelarono molto vantaggiose.[98] La piazza commerciale su cui continuarono ad operare

96. BCBVi, AG, *Processi, m. LII*, b. 242, n. 1115, *Gualdo Vicenza. Processus magnifici Francisci de Godis contras Illorum de Gualdo*, 1r-4r (1507, ma il processo è della fine degli anni Quaranta). Nelle cc. 5r-11r sono registrate numerose vendite tra il 1507-1508 dei terreni nei vicariati di Barbarano (Castegnero) e Montebello (Sorio e Gambellara) tra Dalla Volpe e Gualdo, tra Gualdo e Godi. Sui Gualdo, si veda Zironda, *Dall'archivio Gualdo*, pp. 295-309.

97. Barbarano de Mironi, *Historia Ecclesiastica della Città*, p. 237.

98. BCBVi, AG, *Processi, m. LII*, b. 242, n. 1124, *Vicenza. Processus magnifici Vincentii et Giulii de Godis quondam magnifici domini Christofori et nepotis et quondam Francesco eorum contra magnificum dominum Lelium de Gualdo*, c. 12r, 13 gennaio 1528: nota di «Galeazzo de Gualdo et messer Christoforo di Godi et messer Guido da Piovene per lui et suo fratello messer Leonardo» di pagamento per «comprar seta filata et greza et doppi per mandare a Lione et altri lochi et a vendere in queste terre et in ogni lochi a beneplacito dalli conpagni predetti et per principio de causa de ciò fo comperato de li denari de nui tri videlicet cadauno per la sua terza parte. Primo balle quattro di setta greza de peso de libro novecentosettanta qual furono mandate a Lione per la fiera di agosto prossima passata sotto [il] nome di mi Galeazzo al nome suddetto fano del domino

fu Lione e gran parte dei documenti sulla gestione della compagnia furono redatti non nei palazzi vicentini, ma nella villa di campagna dei Gualdo a Montecchio Maggiore, dove – come si ricava da altri documenti – si praticava la gelsibachicoltura.[99] All'interno della società i Godi dovevano provvedere alla spesa per un terzo e i medesimi requisiti venivano pretesi dalle altre due famiglie.[100] L'accordo della compagnia non prevedeva la costituzione di un vero e proprio capitale sociale bensì ognuno dei tre gruppi familiari acquistava la materia prima e le spese erano poi suddivise nei tre nuclei. Già nel primo anno sembra che la società fosse ben strutturata e, considerando che tutte le partite di seta (costituita da una quindicina di balle tra filata e grezza) erano dirette a Lione (o qualcuna al mercato locale vicentino), le spese della produzione della società si aggiravano intorno ai 6.000 ducati: per i primi anni Trenta a Vicenza essa doveva essere una delle più interessanti realtà imprenditoriali in attività. Il fatto poi che fosse retta da nobili era ribadito anche dalla marca della compagnia, cioè la doppia G inframmezzata da una croce б+9 che poteva significare Gualdo+Godi o più semplicemente Galeazzo Gualdo. La vendita sul mercato lionese era assicurata da commissionari lombardi o fiorentini pagati a provvigione in base ai quantitativi venduti. Dai dati a nostra disposizione la compagnia pose in vendita sulla piazza lionese almeno una tonnellata e mezzo di seterie tra semilavorati, seta grezza e sottoprodotti della trattura. Un quantitativo sicuramente non disprezzabile.

Dopo un paio di anni dalla stipula dell'accordo i Piovene, probabilmente a seguito del decesso del capofamiglia Guido o per problemi economici connessi con gli intermediari lombardi, decisero di ritirarsi cedendo il loro terzo di capitale ai Gualdo.[101] Nel 1530 questi ultimi erano diventati

Stefano del Benino compagni fiorentini et farli finiti per lui presente questo a pretio et tempi cume per suo litere et qual sono appresso domini Galeazzo item da poi fo venduto in questa terra a Tommaso dalle Arme [modenese che vive a Vicenza] da libbre dozento et quattordese vel circa de doppi grezi».

99. Ivi, c. 14r, 18 novembre 1529, in casa Gualdo a Montecchio Maggiore «societate [...] certam quantitatem sirici partim crezii et partim filati», si sottoscrive un contratto di 5.000 ducati.

100. *Ibidem*.

101. BCBVi, AG, *Processi, m. LII*, b. 242, n. 1124, *Vicenza. Processus magnifici Vincentii et Giulii de Godis quondam magnifici domini Christofori et nepotis et quondam Francesco eorum contra magnificum dominum Lelium de Gualdo*, cc. 14r-14v, 18 novembre 1529, notaio Giacomo Panciera, «convenzione tra il nobile Lunardo Piovene per nome anco della nobile Chiara relicta quondam Guido Piovene suo fratello, e il nobile Stefano Gualdo sopra la seta provenduta in società e consegnata a Stefano Benini e compagni di ducati 5.000».

i soci di maggioranza della società e cominciarono ad interessarsi sempre più direttamente delle vendite recandosi spesso a Milano, dove possedevano una casa nella zona di Porta Vercellina, nell'intento di controllare i loro procuratori e le altre compagnie milanesi e fiorentine che agivano per loro conto a Lione.[102] I fratelli Galeazzo e Stefano di Francesco Gualdo nominarono loro procuratore il mercante milanese Gian Ambrogio Muzio al fine di recuperare parte di un credito dal milanese Gian Andrea Moroni: infatti nel 1530 Stefano di Francesco Gualdo vantava un credito nei confronti dei Moroni di Milano per traffici avvenuti in Lione.[103] Probabilmente questo costrinse i Gualdo a ritardare la liquidazione dell'ultima *tranche* per la fuoriuscita della società dei Piovene, quota che, infatti, non fu saldata prima della fine degli anni Sessanta del Cinquecento.[104]

Nel 1531 i Gualdo comprarono una grossa quota di titoli di stato alla camera ducale di Milano gestita dai genovesi Sauli e dagli spagnoli Avalos, entrambi committenti di alcuni artisti vicentini presenti nel capoluogo lombardo negli anni Trenta.[105] Nei quartieri spagnoli di Milano (Porta Romana e San Paolo Converso) i vicentini frequentarono nobili di Urbino e mercanti provenienti da Venezia, Brescia, Vercelli, e dal contado milanese (Cornaredo e altre comunità sulla strada per Vercelli) e alcuni spagnoli. Nello stesso periodo, si ricordi che l'imperatore Carlo V soggiornò brevemente nella loro villa di campagna appena fuori Vicenza.[106]

102. Ivi, c. 21r «information scrita a civitate Mediolani. 1530 adì 25 magio [...] per virtù del ditto instrumento el detto Neri a instrumento fece a ditti fratelli de Gualdi cessione de tanto credito qual haveva verso le figlioli [*sic*] di messer Iohannes Jacobo Pozobonello quanto importans scudi 1.500 del sole da li quali Pozobonello hebbeno dicti Gualdi in pagamento una casa et un giardino fora di porta Vercelina como da loro se ne potrà havere piena informatione».

103. ASV, *Notarile Atti*, reg. 3255, c. 47v, 18 febbraio 1550 mv (ma atti riguardanti il 1530).

104. BCBVi, AG, *Processi, m. LII*, b. 242, n. 1124, *Vicenza. Processus magnifici Vincentii et Giulii de Godis quondam magnifici domini Christofori et nepotis et quondam Francesco eorum contra magnificum dominum Lelium de Gualdo*, cc. 16r-19r e 35r-37v.

105. Ivi, c. 21v: Tancredi, *Giovanni Demio tra contado e città*. Palladio definì Demio «huomo di bellissimo ingegno» ne *I quattro libri dell'Architettura*, vol. II, p. 64. Il legame tra Demio e il d'Avalos è stata profilata da Bora, *La cultura figurativa a Milano*, pp. 45-54. Domenico Sauli, magistrato delle entrate ordinarie dello Stato di Milano, assunse il patronato della cappella Rusca nel tempio domenicano di Santa Maria delle Grazie. Gli affreschi che la adornano e la *Crocifissione* visibile sulla parete di fondo furono eseguiti e autografati da Demio, Dell'Acqua, *Giovanni Demio a Milano*, pp. 386-398.

106. AMCVi, *Fondo Gualdo*, b.28 [ora l'intero fondo è depositato in Bertoliana], Pergamena sciolta datata ottobre 1532. L'imperatore Carlo V, dopo aver visitato le proprietà dei

Per il primo periodo i Godi si appoggiarono ai procuratori dei Gualdo, ma dagli anni Quaranta cambiarono strategia avvalendosi di propri agenti.[107] Tuttavia una nuova corrispondente cominciò a gestire alcuni affari per i Godi, almeno dalla primavera del 1550: si trattava di Elisabetta Godi, vedova di Nicolò del fu Vincenzo Porto.[108] Nicolò Porto era parente di Bernardino che, dopo la morte di Enrico Antonio Godi, divenne probabilmente il nobile mercante più ricco della città. Il matrimonio tra Elisabetta Godi e Nicolò da Porto doveva suggellare, come si è detto, le basi per un futuro politico ed economico tra le due famiglie più ricche della città di Vicenza degli anni Trenta. La morte prematura del marito provocò una lacerazione tra i parenti dei da Porto e dei Godi che non fu più rimarginata.

Elisabetta viveva a Milano nel convento di San Paolo Converso, e oltre a coltivare un certo misticismo, per circa un ventennio non dimenticò di registrare entrate e uscite che consegnava ai suoi fratelli, ai Gualdo e ai Valmarana.[109] Non era così inconsueto che donne molto potenti commer-

Gualdo, assegnò a Stefano Gualdo di Montecchio Maggiore e ai suoi familiari ulteriori privilegi, tra cui il titolo di conti e cavalieri *aureati*. Ciò è confermato anche dalla moda successiva, infatti, analizzando i quadri della seconda metà del Cinquecento i da Porto e i Thiene seguirono la moda francese, mentre i Gualdo la spagnola. Si veda G.A. Fasolo, *Paola Gualdo con le figlie*, 1560 circa, olio su tela, cm 184x153, Vicenza, Museo civico e G.A. Fasolo, *Giuseppe Gualdo con i figli*, 1560 circa, olio su tela, cm 180x134, Vicenza, Museo civico.

107. I primi procuratori dei Gualdo furono i milanesi Bernardino Sola, Giovanni di Porta Romana e Giovanambrogio Muzio e l'ultimo fu negli anni Sessanta il vicentino Panciera Panciera.

108. BCBVi, AG, *Processi*, *m. LII*, b. 242, n. 1124, *Vicenza. Processus magnifici Vincentii et Giulii de Godis quondam magnifici domini Christofori et nepotis et quondam Francesco eorum contra magnificum dominum Lelium de Gualdo*, c. 54v «recevei [Galeazzo Gualdo] dal magnifico domino Giacomo Valmarana per nome de madonna sor Paula Antonia di Godi a bon conto scudi 25 [...] adì 20 marzo 1550» e BCBVi, AG, *Processi*, *m. LII*, b. 242, n. 1115, *Gualdo Vicenza. Processus magnifici Francisci de Godis contras Illorum de Gualdo*, c. 12r, 3 settembre 1549, Peregrino Cavagioni è procuratore di Francesco Godi contro Nicolò Gualdo (incartamento del 1549-1553).

109. Ivi, s.n.c., s.d. «Io Isabetta suprascritta dal signor Giacomo [Valmarana] ducati dieci scossi dal linarollo per anno 1550 che non erano in questo libro ne in lo soprascritto saldo. Et ho ricevuto il resto delli denari mandati da Milano per conto delli Gualdi. La soprascrita partida si trova in libro di conti carte 161 a tergo in fine, et è de man della signora Isabetta»; 48r [5-13 novembre 1566] «primo, che essendo ditto domino Giulio di Godi andà a Milano l'anno 1554 dovesi rimorava nel monasterio di San Paolo Converso Madonna Isabetta sua sorella, li preditti messer Giulio et Madonna Isabetta scosero nella ditta città di Milano da messer Zanambrosio Mucio mercadante de Millano, procurator costituido dal magnifico domino Gualdo et domino Leonoro li scudi 75 d'oro per esso

ciassero negli anni Settanta del Cinquecento. Ad esempio Bianca Nievo, moglie del committente palladiano Giacomo Angaran, fece produrre tessuti di seta da porre in vendita sul mercato di Lione e sempre nel secondo Cinquecento è Laura Thiene, moglie di Ciro Trissino, il figlio di Gian Giorgio Trissino scopritore di Palladio, a dichiarare «di vendere sete e di contrattare da sé la loro vendita con i sensali».[110]

Nel 1566 Giulio Godi incontrò probabilmente per l'ultima volta la sorella a Milano per riscuotere gli ultimi ducati di una società che ormai aveva cessato di esistere.[111] Infatti, dall'estate del 1565 i Gualdo furono ripetutamente citati in giudizio dai Godi per alcune migliaia di scudi d'oro che non erano stati ripartiti. I Godi sostenevano che i Gualdo non li avevano distribuiti, mentre questi ultimi adducevano il fatto che gli accordi con i Moroni di Milano non erano mai andati a buon fine e loro non avevano percepito nulla.[112] Nell'aprile del 1566 il procuratore dei Gualdo, Panciera Panciera tentò un atto di pacificazione che fu istantaneamente respinto dai Godi, i quali anzi aumentarono le richieste.[113] La vicenda processuale ebbe un primo esito nel settembre 1566 quando il vicario del podestà di Vicenza condannò Lelio Gualdo alla restituzione di alcune spese, sentenza che fu ratificata dal giudice di appello dell'ufficio della ragione di Vicenza nel gennaio successivo.[114]

Mucio come procurador delli detti Gualdi, scosi in Millano» e 48v «secondo, che la predetta Madonna Isabetta all'hora nominata suor Angelica Paula Antonia del 1554 alli 18 de agosto mandò per il magnifico et eccellente dottor domino Giacomo Valmarana scudi 25 d'oro al quondam magnifico messer Lionoro de Gualdo et di questo Madonna Isabetta ne ha scientia et intelligentia».

110. Demo, *Donne imprenditrici nella Terraferma*, pp. 85-95.

111. BCBVi, AG, *Processi*, *m. LII*, b. 242, n. 1124, *Vicenza. Processus magnifici Vincentii et Giulii de Godis quondam magnifici domini Christofori et nepotis et quondam Francesco eorum contra magnificum dominum Lelium de Gualdo*, c. 46v.

112. Ivi, c. 1r-1v [luglio 1565] Gualdo figlio di Galeazzo Gualdo, Lelio e Lionoro fratelli e figli di Stefano Gualdo sono citati da Vincenzo Godi, eredi figli di Francesco Godi, Giulio e fratelli figli Cristoforo Godi. I Gualdo avevano stretto accordo con Zanandrea Moroni *quondam* Thomaso milanese di 625 scudi d'oro.

113. Ivi, c. 5r, 27 aprile 1566; c. 33r (fino 34r) 4 settembre 1566 e 45v (fino al 47v) 5-13 novembre 1566.

114. BCBVi, AG, *Processi*, *m. LII*, b. 242, n. 1144, c. 35, 12 settembre 1566; BCBVi, AG, *Processi*, *m. LII*, b. 242, n. 1124, *Vicenza. Processus magnifici Vincentii et Giulii de Godis quondam magnifici domini Christofori et nepotis et quondam Francesco eorum contra magnificum dominum Lelium de Gualdo*, c. 56r, 18 gennaio 1567 e pubblicata a c. 58r il 28 gennaio successivo.

Da tutta questa vicenda emergono spunti innovativi e significativi sul piano storiografico: è presente un gruppo compatto e costituito da soli patrizi vicentini in affari mercantili a Lione che investe una cifra di capitali davvero ragguardevole.

Nel Cinquecento quasi tutte le disposizioni di corresponsione dei debiti facevano riferimento al mercato di Lione e, analogamente al resto della nobiltà vicentina, si suppone che l'apice di questi traffici si sia manifestato negli anni Sessanta. Lione era una città vicina al confine savoiardo, a Ginevra e ai cantoni svizzeri, iniziò il suo sviluppo economico a partire dal XVI secolo, con l'arrivo di banchieri e di mercanti, soprattutto italiani. Vi si sviluppò in particolare il commercio della seta: questa città in pochi anni divenne una delle capitali europee per la compravendita di questo prodotto. Il periodo di prosperità terminò con le guerre di religione, perché Lione risentì dei massacri del 1572. Successivamente la città si riprese, ma senza raggiungere il prestigio del periodo precedente. Tra gli anni Cinquanta e Sessanta la città vide crescere il numero di italiani, specie toscani e veneti, per ragioni culturali, economiche e religiose.[115] Si iniziava con gli affari e poi alcuni potevano anche discutere riguardo alle nuove idee religiose e politiche. Il caso delle nobili famiglie mercantili vicentine è significativo. Le sete vicentine, infatti, erano riconosciute come le più richieste sul mercato lionese. Negli anni Sessanta sia i mercanti milanesi che quelli fiorentini dichiaravano che le «sete vicentine sono le più adomandate».[116]

Gli studiosi discutono sul fatto che molte delle famiglie che gestirono attività mercantili a Lione e Ginevra ebbero qualche componente accusato di eresia.[117] Da questa ricerca si rileva che c'erano stati contatti con sospetti eretici già negli anni Quaranta e nella stessa città di Vicenza, tali da far

115. Sozzi, *Boccaccio in Francia*, pp. 72-76 e per una bibliografia aggiornata sulla presenza degli italiani nelle fiere di Lione si veda Marsilio, *Dove il denaro fa denaro*, pp. 48-51. Fondamentale questa monografia per lo studio della città, Gascon, *Grand commerce et vie urbaine*, pp. 115, 186 e 314; Mazzei, *I mercanti e la circolazione delle idee religiose*, pp. 459-468.

116. Sono le parole usate tra il 1561 ed il 1563 dai milanesi Dada nelle lettere commerciali da loro inviate da Lione al vicentino Biagio Saraceno, ASVi, Caldogno-Curti, pacco 100, fasc. CCCXIII, intitolato *Negotio di Leone de sede; quello delle biave con li Mazi; quello delli cambi*. Ringrazio Edoardo Demo per la segnalazione di questo documento.

117. Per i rapporti fra le due città si veda Davis, *Le culture del popolo*, pp. 13, 15, 21, 22, 41, 56, 65, 107, 143 e 152.

definire nel 1550 Vicenza tra le città più infette d'Italia.[118] L'adesione alle opinioni riformate, se era più manifesta in alcune famiglie (i Thiene e i da Porto per esempio), fu comunque perlopiù individuale e legata spesso a conflitti generazionali intestini alle stesse famiglie.[119] La conferma di queste eccezioni eterodosse è proprio l'esperienza della famiglia Godi, cattolica e sostenitrice della Spagna almeno dagli anni Quaranta, ma i cui membri furono residenti per alcuni brevi periodi proprio a Lione. All'interno della famiglia almeno tre esponenti di primo piano – il dottore in diritto Pietro Godi e i suoi figli il cavaliere Ludovico e suo fratello Alessandro – furono in contatto per diversi motivi, ma soprattutto per commerciare seta, con lionesi tra il 1569 e il 1582. Nel caso di Pietro egli agiva nella città francese tramite un procuratore. Dalla documentazione finora analizzata si ipotizza che tra il 1569 e il 1570 il valore dei contratti stipulati da Pietro si aggirasse intorno al migliaio di ducati.[120] Non era una cifra enorme, ma la sua era una situazione migliore di quella che dovettero affrontare i suoi figli, i quali, entrambi residenti a Torino, diventarono procuratori per alcune delle famiglie mercantili più importanti di Vicenza.[121] Indubbiamente il fatto di

118. Adorni-Braccesi, *Una città infetta*, p. 319. Assieme a Lucca e Modena, Vicenza era considerata da Gian Pietro Carafa nell'inverno del 1550 una delle tre città più eretiche dell'intera penisola. Credo che su Vicenza Carafa fosse più angustiato per le angeliche che per gli anabattisti o i riformati in generale.

119. Mantese, *La famiglia Thiene*, pp. 82 e 97; Scremin, *L'eresia dei nobili*, pp. 116 e 118.

120. ASVi, *Notarile*, Notaio Francesco Bassan, reg. 7178, 25 giugno 1569; ASVi, *Notarile*, notaio Francesco Bassan, reg. 7187, 11 gennaio 1570. In entrambi i casi Pietro Godi ricevette lettere di cambio da Lione. Il suo procuratore Giovanni Francesco Calderino che viveva a Venezia, agiva tramite un banco di questa città.

121. Ivi, Notaio Luca Gabrieli, reg. 6524, c. 252v, 19 luglio 1580, Gian Battista Pilati mercante vicentino «Venetiarum comorans» nominò suo procuratore il nobile vicentino Ludovico Godi – dimorante a Torino – perché bloccasse il sequestro di quattro o più balle di sete vicentine dirette a Lione di proprietà del mercante vicentino, residente nella città sul Rodano, Vincenzo Pilati, fratello del suddetto Gian Battista, nonché suo debitore; ASV, *Notarile Atti*, reg. 7851, c. 1r, 29 dicembre 1583 (ma in realtà 1582): «Egregius vir dominus Iacobus Putheus mercator venetus quondam egregii domini Ioannis Baptiste sponte et omni quo potuit meliori modo solemniter constituit et ordinavit procuratores suos legittimo et commissos dominos Antonium Coguolum [Cogollo] et Carolum Verteman […] specialiter et expresse ad ipsius domini constituentis nomine et pro eo petendum, exigendum, recuperandum et recipiendum a magnifico domino Alexandro Godi nobili vicentino scuta 100 auri in ratione librarum 7 parvorum monete venete pro quolibet scuto vigore litterarum missivarum magnifici domini Ludovici Godi fratris sui datarum ut dixit ex Turrino».

vivere a Torino dava loro modo di controllare il movimento delle merci e di risolvere i problemi che potevano verificarsi, ma risulta difficile spiegare come alcune famiglie ad "alto tasso di nobiltà", e con ruoli primari nella politica cittadina, potessero lavorare al servizio di semplici *cives*. L'unica spiegazione possibile è quella economica: era dunque consistente la somma di denaro che avrebbero ricevuto per la loro prestazione.

Attualmente con la documentazione in nostro possesso non sappiamo se nella scelta dei Godi di trasferirsi in Piemonte siano prevalse ragioni commerciali o quella più aristocratico-cortigian-sabauda. E non sappiamo neppure se essi siano là giunti prima di altre famiglie venete, come ad esempio i Piovene, casata molto attiva sia nella mercatura che nell'attività militare.

3. *Cortigiani e militari vicentini nel ducato sabaudo*

In questo paragrafo verrà ricostruito il percorso di alcuni giovani vicentini che nell'arco del Cinquecento ebbero fortuna presso la corte sabauda, mettendo a fuoco il loro sistema di alleanze. Essi assunsero il ruolo di mediatori commerciali e culturali tra la città di Vicenza e il Piemonte, posizione che si rivelerà alla fine utile ad alcuni famigliari rimasti nella terra d'origine e coinvolti in vicende criminali. In questo senso le considerazioni sulla presenza dei vicentini e di altri sudditi di Venezia nella realtà del ducato sabaudo del secondo Cinquecento vorrebbero inaugurare una nuova prospettiva storiografica sul ruolo e sull'influenza dell'esser nobile, con particolare riferimento alla realtà della Terraferma veneta.[122]

3.1. *Il ducato sabaudo nei decenni centrali del Cinquecento*

Dal 1536 il ducato sabaudo era entrato nella sfera d'influenza francese con l'occupazione di quasi tutte le piazzeforti della Savoia e del Piemonte. Da sempre risultava difficile governare questo stato a cavallo delle Alpi, definito da Braudel «un mondo a sé»[123] rispetto alla penisola italiana dalle

122. Nella sterminata bibliografia dedicata alla nobiltà nella prima età moderna mi limito a segnalare alcuni lavori: Stone, *The Crisis of the Aristocracy*; Maravall, *Poder, honor y élites*; Donati, *L'idea di nobiltà in Italia*; Grubb, *Patriziato, nobiltà, legittimazione*, pp. 235-259; Hinz, *Rhetorische Strategien des Hofmannes*.

123. Braudel, *Civiltà e imperi del Mediterraneo*, pp. 1012-1013; Merlin, *Emanuele Filiberto*, pp. 4-5.

tradizioni e identità molto differenti.[124] Durante l'occupazione francese la nobiltà della Savoia aveva cooperato con i nuovi arrivati: nel contempo gli ufficiali piemontesi avevano tentato con l'aiuto dei soldati spagnoli la riconquista dei territori assoggettati, ingaggiando anche altri militari, spesso professionisti provenienti dalla Terraferma veneta e in particolare da Brescia e Vicenza.[125] Negli anni Quaranta, mentre in Piemonte proseguivano gli assedi alle principali città, in Europa l'erede designato a governare il ducato sabaudo, il giovane Emanuele Filiberto, accompagnava Carlo V nelle sue campagne militari, nel corso delle quali conobbe Guido Piovene, vicentino e paggio alla corte spagnola. Dal 1547, quando la corte imperiale era di stanza in Germania, il Piovene ed Emanuele Filiberto si frequentarono più assiduamente e il vicentino divenne uno tra i confidenti del futuro duca e suo personale colonnello di campo.[126] Nel 1554 Guido Piovene lo accompagnò a Londra, assieme anche ad altri vicentini, per una missione politica per conto di Carlo V. Successivamente, negli anni Settanta del Cinquecento, Emanuele Filiberto lo incaricò di custodire la cittadella di Torino, suscitando – come scrisse l'ambasciatore veneziano a Torino – l'invidia del resto della corte che lo disprezzava poiché era pur sempre un forestiero.[127] Evidentemente, il duca apprezzava la fedeltà anche di chi non era originario dei domini sabaudi.

124. *Il Piemonte sabaudo. Storia d'Italia*, pp. 3-173; Barbero, *Il ducato di Savoia*, pp. 3-47; Cozzo, *La geografia celeste dei duchi di Savoia*.

125. Per i rapporti fra la Repubblica di Venezia e il ducato sabaudo di Emanuele Filiberto e del figlio Carlo Emanuele: *Relazioni di ambasciatori veneti al Senato*, pp. 11-470; Segre, *Emanuele Filiberto e la Repubblica di Venezia*, pp. 65-513. Per i rapporti tra i militari vicentini e il ducato sabaudo tra il 1525 e il 1550: Magrini, *Reminiscenze vicentine*, pp. 21-22 e 42; Ricotti, *Storia della monarchia piemontese*, vol. II, pp. 6-145. In Piemonte Carlo V si era servito di vicentini nella presa della fortezza di Fossano e ne aveva affidato la custodia al nobile capitano Pietro da Porto. Successivamente il capitano vicentino aveva respinto altri attacchi da parte dei francesi, guadagnandosi sul campo dal duca di Savoia il grado di colonnello; aveva ripreso sia Cuneo che Mondovì, ma era morto tentando di recuperare un'altra fortezza. Anche altri militari vicentini parteciparono agli assedi in Piemonte come Ludovico da Porto, fratello più giovane del suddetto Pietro, Attilio e Brunoro Thiene, Ippolito da Porto, il capitano Angelo Caldogno, Valerio Chiericati, Giovanni e Francesco Rustichello.

126. Il primo giugno 1560 nove galeotte condotte dai corsari calabresi si diressero verso il porto di Villafranca, dove in quel momento si trovava anche Emanuele Filiberto; qui Guido Piovene organizzò un'imboscata contro i corsari salvaguardando la vita del duca: Magrini, *Reminiscenze vicentine*, pp. 21-22 e 42.

127. Negli anni Settanta del Cinquecento l'atteggiamento contrario della corte nei confronti del Piovene potrebbe spiegarsi con la crescente disaffezione di una parte della nobiltà nei confronti del sovrano: *Relazioni di ambasciatori veneti al Senato*, pp. 183-185

La possibilità di arricchirsi con i bottini di guerra aveva avuto come conseguenza principale l'arrivo in Piemonte di molti militari. Dagli anni Trenta, inoltre, c'era anche un altro motivo che spingeva alcuni mercanti, spesso nobili, a transitare per quei territori: Torino infatti era una tappa obbligata del viaggio per Lione. Alcuni mercanti emigrarono dalle Venezie e si stabilirono in Piemonte, da dove potevano agevolmente tenere le fila dei traffici commerciali, soprattutto quello della seta.[128] Le molteplici comunità straniere che vivevano a Vicenza permisero al capoluogo di diventare «un nodo all'interno di un *network* commerciale che comprendeva città francesi, fiamminghe, tedesche, austriache, boeme e polacche».[129] La gelsibachicoltura si diffuse anche in Piemonte, in particolare a Vercelli e nella zona di Racconigi, proprio grazie all'emigrazione di maestranze venete e soprattutto vicentine.[130] Negli anni Settanta e Ottanta queste relazioni proseguirono: molti dei vicentini che erano giunti nei decenni precedenti avevano nel frattempo stretto forti legami con la nobiltà sabauda.[131]

e 311-312; Merlin, *Emanuele Filiberto*, pp. 110-111. Senza alcuna pretesa esaustività relativamente alla corte: Elias, *La società di corte*; Dean, *Le corti*, pp. 425-447; *Le corti come luogo di comunicazione*.

128. I legami fra veneti e piemontesi andrebbero meglio rivisti anche alla luce dei rapporti universitari nella Padova degli anni Trenta del Cinquecento, Piovan, *Autonomy by Imposition*, pp. 549-559.

129. Vianello, *Tra commercio internazionale e orizzonti urbani*, pp. 67-68; Molà, *The Silk Industry of Renaissance Venice*; Shaw, *The Justice of Venice*; *Commercial Networks and European Cities*.

130. Comba, *Contadini, signori e mercanti*, pp. 150-151; Ricotti, *Storia della monarchia piemontese*, p. 464: il primo a iniziare la gelsibachicoltura «fu Micheli da Vicenza, perché stabilisse in Vercelli il lavoro delle moresche, o avanzi della seta e dei pannilani, e del sapone». Il documento archivistico originario sembra andato disperso alla fine dell'Ottocento. Negli anni Trenta del Cinquecento proprio tra Milano e Vercelli le famiglie Godi e i Piovene operavano con la loro compagnia di seta in direzione del mercato di Lione, si veda a questo proposito la documentazione conservata in BCBVi, AG, *Processi*, *m. LII*, b. 242, n. 1124, c. 14r, 18 novembre 1529. Sulla coltivazione del gelso e l'allevamento dei bachi da seta negli anni Settanta del Cinquecento, Merlin, *Emanuele Filiberto*, pp. 138-139.

131. Sui commerci di Giuliano di Guido Piovene, si veda: Demo, *Le attività economiche dei committenti vicentini*, pp. 26-27; BAM, ms. D 90 inf., Antonio Maria Ragona, *Viaggio d'Italia in Francia, Inghilterra, Hispagna et Portogallo [1582-1583]*, c. 6r-6v: «si apparecchiava Monsignor di Raconis, principale Signore presso Sua Altezza e suo parente stretto, d'andare con buona compagnia di cavalleria insino a Genova ad espedire quel negozio, e vi andava con lui il Signor Cavalier Godi [vicentino], ch'era favoritissimo di quel Signore. Alla fine, sbrigato da Turino, avendomi banchettato i Signori fratelli Godi, che tre vi si trovarono». Su questo viaggio sarà pubblicato a breve uno studio dello scrivente assieme a Edoardo Demo e Alessandro Tuzzato.

Fino alla fine degli anni Quaranta, nel ducato sabaudo non esisteva ancora un'unica corte centralizzata.[132] Le novità introdotte dal duca riguardarono una serie di aspetti istituzionali in particolare l'accentramento politico e una crescente sfarzosità. La vittoria di Emanuele Filiberto a San Quintino e il suo matrimonio con Margherita di Valois, che riconsegnò al duca i territori sabaudi conquistati a fatica dalla Francia e da essa difesi per oltre un ventennio, ebbero come conseguenza la creazione di una nuova corte: tra coloro che provenivano dalla Repubblica di Venezia i primi ad inserirvisi furono alcuni esponenti della famiglia bresciana dei Martinengo, mentre, tra i vicentini, oltre ai già menzionati Piovene, vanno segnalati alcuni membri della famiglia Godi.[133]

A parte il caso anomalo di Guido Piovene, l'ammissione dei giovanissimi veneti a corte in qualità di paggi avveniva solitamente dopo contatti e colloqui tra i capifamiglia e i membri di primo piano del potere sabaudo. Una proficua relazione in questo senso si stabilì fra il nunzio vicentino a Venezia Pietro Godi e Claudio Malopera, ambasciatore sabaudo nella Repubblica veneta e membro del senato di Chambéry. In quei mesi Venezia stava predisponendo per la prima volta una propria ambasciata in Savoia (febbraio 1560). La Dominante in quel momento aveva già rappresentanti presso l'imperatore, i re di Francia e Spagna, il sultano ed il pontefice, mentre a Milano e a Napoli risiedevano solo segretari.[134]

Sul Monsignor di Racconigi ovvero Bernardino II Savoia-Racconigi, promotore dell'industria della seta nel territorio di Racconigi, e la famiglia Godi, si veda: BCBVi, AG, *Processi,* m. VI, b. 197, n. 101, ultimi tre incartamenti segnati alla fine della miscellanea, s.d., s.n.

132. Barbero, *Il ducato di Savoia*, pp. 197-256.

133. Per i due Francesco Martinengo e in particolare su due personaggi l'uno militare e l'altro ecclesiastico molto influenti nella corte di Emanuele Filiberto: Cozzo, *I vescovi della transizione*, p. 202; Bianchi, *Una riserva di fedeltà*, p. 337. Per la presenza di altri lombardi della Repubblica: ASTo, *Camerale Piemonte, Articolo 813-813bis*, m. 1. Tra i primi documenti attestanti le relazioni tra i Godi e i Savoia: BCBVi, *AG*, b. 399, c. 1558-1560. Una copia di questo documenti fu pubblicata, con molte lacune, nell'Ottocento: BCBVi, *Gonz.237.14*, *Lettere di Savoia a Godi*, Vicenza 1884, p. 7. Tra i veneti che si fermarono a corte nei primi decenni della sua costituzione si possono annoverare i padovani Aurelio Savioli, Ortensio Bigolini, Marco Antonio Zabarella; i vicentini Manfredo, Antonio e Sebastiano da Porto, Guido e Giuliano Piovene, Marco Antonio Bologna, Ludovico Poiana e Angelo Caldogno, Celso Negri, Alessandro e Giacomo Monza, i veronesi Bernardo Salerni, Vinciguerra di San Bonifacio e Sartorio Miniscalchi; i veneziani Melchiorre Micheli e Stefano Trevisan alcuni citati anche nell'opera del Ricci, *Istoria dell'ordine equestre*, pp. 30-46.

134. In realtà dalla metà di marzo del 1560 venne mandato anche un segretario a risiedere presso il duca di Firenze come si rileva nell' Archivio di Stato di Mantova, *Gonzaga*, *E. esterni*, b. 1680, c.s.d., ma databile a marzo 1560.

3.2. *I vicentini e la corte sabauda a partire dagli anni Cinquanta*

I Godi nei primi anni Cinquanta si accostarono alla corte sabauda grazie al progressivo avvicinamento di larga parte del ceto dirigente vicentino, successivamente alla crisi di Agnadello, a posizioni filoimperiali: Emanuele Filiberto, in quanto nipote di Carlo V, era il sovrano italiano che poteva dare maggiori garanzie nei rapporti con la corona imperiale.[135] I Godi fino al primo decennio del Cinquecento avevano parteggiato per Venezia, mentre dal secondo decennio del secolo aspirarono ad entrare nelle corti italiane, ritenendo che l'influenza spagnola nella penisola sarebbe stata rilevante negli anni successivi.[136]

Dagli anni Quaranta del Cinquecento i Godi, con i Valmarana, erano a capo del partito spagnolo a Vicenza e mantenevano, di fatto, legami con altre famiglie filoasburgiche delle città della Terraferma veneta. Alla fine degli anni Cinquanta le due famiglie vicentine alleate avevano inserito contemporaneamente i propri figli come paggi nelle corti spagnole e sabaude: i ragazzi Valmarana furono inviati a Madrid, mentre Ludovico Godi era al servizio dei Savoia prima a Nizza, poi a Rivoli e infine a Torino.[137] In precedenza anche i Godi avevano tentato l'ammissione alla corte di Spagna, ma senza successo. A quel punto Pietro Godi riservò alcune attenzioni particolari all'ambasciatore sabaudo mirando anche a tutelare gli interessi economici che la famiglia aveva a Lione. Le pressioni nei confronti dell'ambasciatore sabaudo furono forse eccessive, come lo stesso Emanuele Filiberto fece notare in una lettera che scrisse, nel febbraio del 1560, a Pietro Godi, padre di Ludovico, ringraziandolo per l'interesse che manifestava nei confronti del proprio ducato.[138] La risposta non si fece attendere: egli era stato impressionato dalle azioni

135. Verga, *L'Impero in Italia*, pp. 11-24.

136. Bianchi, *La corte di Savoia*, pp. 142-143.

137. Ludovico Valmarana, nato nel 1543, nel 1555 cominciò a servire come paggio per cinque anni Filippo II: BCBVi, *ms. Gonzati, B.4.54* (476). Nel 1557 venne ricompensato di 600 scudi da Filippo II. Sui paggi: Cont, *Servizio al Principe ed educazione cavalleresca*, pp. 211-221.

138. BCBVi, *AG*, b. 399, c. 10 febbraio 1560: «certo del amorevole affetion che vostra signoria ci porta col evidente segno che n'ha fatto in darci per nostro pagio il suo figliolo qual havemo a charo, si siamo anche magiormente confirmato di essa soa buona volontà con la relation che ci ha fatto l'ambassador e senator Malopera qual ci ha rifferto le cortesie che gl'ha usate […] Il duca di Savoia. Emanuele». Si veda, inoltre, *Relazioni di ambasciatori veneti al Senato*, pp. 44-45.

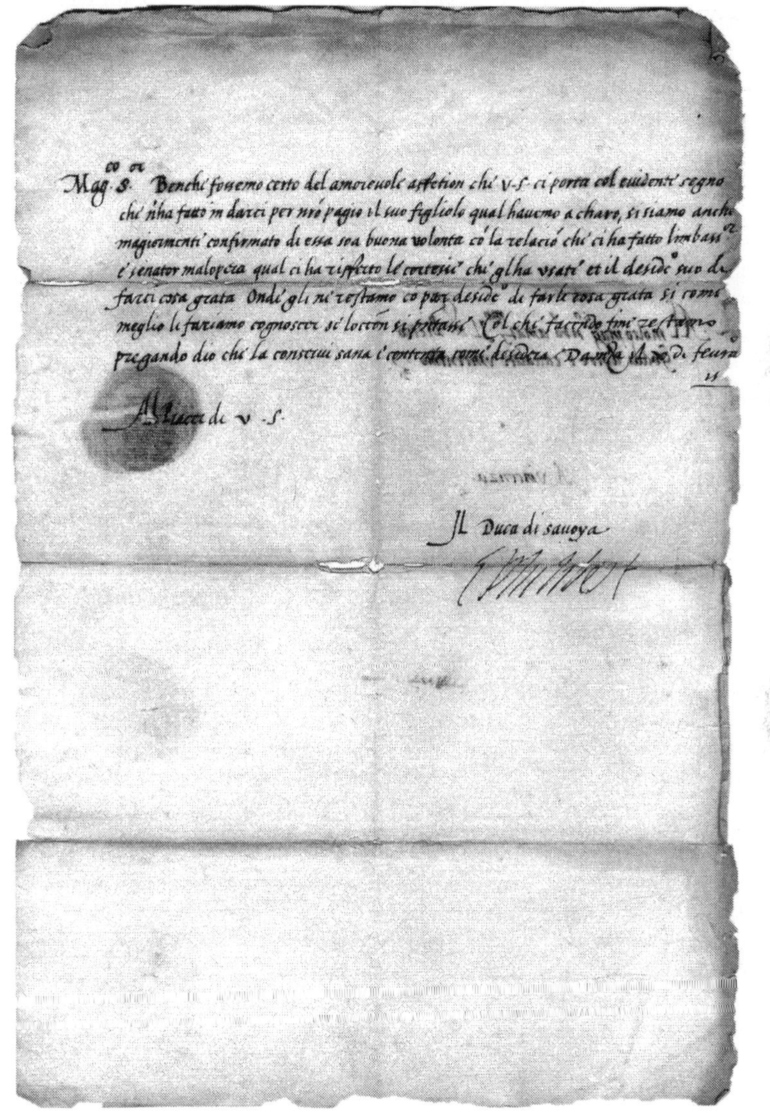

Mag.co S.or Benchè fossemo certo del amorevole affetion chè V. S. ci porta col evidente segno
chè n'ha fatto in darci per nro paggio il suo figliolo qual havemo a charo, si siamo anche
maggiormente confirmato di essa soa buona volontà co' la relatió chè ci ha fatto l'imbass.or
e senator malopera qual ci ha rifferto le cortesie chè gl'ha usate et il desid.o suo di
farci cosa grata. Onde gli ne restamo co' par desid.o di farle cosa grata sì come
meglio le faremo cognoscere se l'occasioni si presentano. Col chè facendo fine ce restamo
pregando dio chè la conservi sana e contenta come desidera. Da [illegible] il 10 di febr.

Al piacer di V. S.

Il Duca di Savoya

Emanuel Philibert

Fig. 3. Lettera del Duca Emanuele Filiberto a Pietro Godi, 10 febbraio 1560. BCBVi, AG, b. 399, alla data. Su concessione della Biblioteca Civica Bertoliana, Vicenza.

militari del duca a tal punto da sollecitarlo a mandare come suo servitore il proprio figlio.[139] L'ammissione di Ludovico Godi come paggio nella piccola corte di Nizza era per Pietro fonte di generale prestigio, tanto da spingerlo a dichiarare che da quel momento avrebbe sempre appoggiato il duca sabaudo. Così, il passaggio di Ludovico Godi alla corte di Emanuele Filiberto come paggio, rientra nel circuito dei percorsi clientelari esterni ai confini della Repubblica. Le strategie della famiglia Godi in questo primo periodo trascorso nella corte sabauda di Emanuele Filiberto non erano ancora ben delineate, ma sembra che Ludovico frequentasse con una certa assiduità Margherita di Valois, moglie del sovrano.

Il bilancio dello stato sabaudo era in passivo e per risiedere a corte molti cortigiani (piemontesi e non) chiedevano somme di denaro alle proprie famiglie di origine per prestarle al sovrano. Per le ricche famiglie Piovene e Godi sembra che l'aspetto economico fosse secondario: anzi, nei primi anni Settanta, fu lo stesso Ludovico Godi a prestare ingenti somme di denaro ad Emanuele Filiberto per la costruzione di navi da guerra. Il vicentino, mettendosi in affari con il sovrano, intendeva investire strategicamente sul proprio futuro a corte; i versamenti probabilmente agevolarono la sua carriera.

Fino alla prima metà degli anni Sessanta del Cinquecento Ludovico Godi era stato un semplice cortigiano con la qualifica di «paggio di Sua Altezza». Questo ruolo, all'epoca di Emanuele Filiberto, consisteva soprattutto nell'apprendere i rudimenti di equitazione e di scherma impartiti dalla scuderia ducale: solitamente i paggi non ricevano alcun salario, ma occasionalmente potevano portare delle lettere al duca, e quindi ricevere doni o elargizioni in denaro.[140] Comunque i paggi appartenevano al livello più basso nella gerarchia degli onori di corte.[141] Nei primi anni Sessanta si

139. Ivi, c.s.d. Il documento anche se manca di elementi cronologici è evidentemente legato a quello del 10 febbraio 1560: «Io ho sempre havuto per natural inclinatione l'animo mio affettionatissimi et devotissimi verso Vostra Altezza dalla qual mosso procurai di servirla con la persona di mio figliolo et hora son obligato maggiormente di haverlo, poi che s'è degnato di accettar esso mio figliolo per suo paggio et però s'io in qual modo che ho potuto ho dimostrato al signor suo ambassadore et senator il signor Claudio Malopera di riconoscer questo mio debito et obligatione non era bisogno che sua signoria di ciò ne facesse quella relatione [...] [Pietro Godi]». Sul Malopera, Merlin, *Emanuele Filiberto*, pp. 215-216.

140. Barbero, *Il ducato di Savoia*, p. 223. Sulle strategie famigliari si rinvia a Lipp, *Noble Strategies*.

141. Barbero, *Il ducato di Savoia*, p. 223: nei primi anni Cinquanta del Cinquecento ai paggi si insegnava «innanzitutto l'equitazione e la scherma; su di loro peraltro disponiamo

trasferirono a Torino altri due vicentini coetanei di Ludovico: Celso Negri e Ludovico Poiana.[142] In un primo tempo assunsero l'incarico di paggi di corte, poi si arruolarono nelle guerre contro gli ugonotti francesi e gli svizzeri. I due vicentini si incontrarono spesso a corte con Ludovico, ma poi sparirono dalla scena torinese. In quel periodo il duca stava profondamente rinnovando la sua corte, scegliendo i suoi paggi in modo da limitare la presenza dei francesi e soprattutto degli spagnoli.[143] Accettare per questo ruolo i giovani sudditi provenienti dalla Repubblica di Venezia aveva essenzialmente due scopi: stringere relazioni con le singole famiglie nobiliari e investire sul futuro dei ceti dirigenti (oltre che ricevere, come si è visto, vantaggi economici che potevano essere consistenti).

La ricerca di prestigio da parte del duca, oltre che sul fronte diplomatico, si manifestò anche nella promozione di una politica tesa a favorire una nuova cultura artistica e architettonica. Nel primo Cinquecento le forme dell'arte rinascimentale si diffusero in Piemonte con lentezza: solo dopo il ritorno di Emanuele Filiberto, Torino fu interessata da mutamenti urbanistici di segno classicista, favoriti dall'apporto di ingegneri vicentini. Il 10 febbraio 1560, lo stesso giorno in cui chiamava Ludovico Godi a Torino,[144] il duca, desideroso di ristrutturare le fortezze del suo stato e di innalzarne di nuove, chiese alla Dominante di concedergli uno dei suoi ingegneri militari più insigni, il cavaliere vicentino Francesco Orologio (Orologi o Horologi).[145] La Repubblica, come prova di fiducia

di pochissime informazioni, anche perchè non ricevevano alcun stipendio. Occasionalmente s'incontrano tuttavia piccole donazioni, di 5 o 6 scudi, per questo o per quel paggio, e non di rado qualcuno di loro era incaricato di portare lettere del duca. Non siamo in grado di precisare quanti giovani nobili vivessero a corte per compiervi la propria educazione». Sulla rappresentazione del potere nella corte, Gentile, *Riti ed emblemi*.

142. ASTo, *Camerale Piemonte, articolo 217*, anni 1565-1568, m. 1, c. 68v.

143. *Relazioni di ambasciatori veneti al Senato*, p. 40: «ha più di ventiquattro paggi di sangue onorevole, oltre tutti quelli altri poi che occorrono al servizio della casa di un principe; e in tutta essa casa ho avvertito che non altro che uno spagnolo, che sta nella camera sua e governa li vestimenti».

144. BCBVi, AG, *Istrumenti, Istrumenti sciolti, m. 132*, b. 132, n. 8591, 1 gennaio 1586. Probabilmente il giovane vicentino era già presente in Piemonte dal 1558, ma solo nel 1560 poté accedere ufficialmente alla corte.

145. La presenza del cavaliere Orologi nel primo quinquennio degli anni Sessanta è confermata dai pagamenti conservati in ASTo, *Sezioni Riunite, Camera dei Conti, Piemonte, Conti generali approvati, art. 86, Ricevidoria, poi Tesoreria generale del Piemonte, par. 3-Piemonte, Tesoreria Generale*, b. 1, n. 134 del 15 aprile 1561 e del n.

e di amicizia, acconsentì.[146] Dopo la definitiva conquista di Torino, avvenuta alla fine del 1562, l'ingegnere vicentino contribuì alla progettazione della cittadella, e quindi la capitale fu trasferita stabilmente dalla Savoia al Piemonte, considerato più sicuro dal punto di vista militare.[147] L'idea del duca di cambiare capitale fu certamente avveduta: una politica nuova esigeva una capitale nuova. Dal 1563 Torino crebbe economicamente, grazie al rinnovamento edilizio e allo sviluppo della manifattura, connessi a speciali interventi di privativa industriale; la città fiorì culturalmente e politicamente mirando a ricalcare il modello delle capitali imperiali.[148] Ciò traspare dai nomi degli uomini chiamati a lavorare per Emanuele Filiberto, tra i quali vi era addirittura il più noto degli architetti italiani dell'epoca, Andrea Palladio, lo stesso che aveva progettato in precedenza una villa per i Godi.[149] Le feste e le cerimonie della corte imperiale furono adottate dal duca in funzione del suo programma di governo, in cui obiettivi militari e urbani erano strettamente intrecciati.

La corte sabauda era tripartita in *casa ducale* (o *hotel*), *camera* e scuderia. Dal suo canto, nel 1565, dopo cinque anni come paggio, Ludovico Godi diventò scudiero.[150] Gli scudieri costituivano il primo gradino della

322 del 14 giugno 1561; ASV, *Senato (Secreta)*, *Dispacci Rubricari, Savoia (Piemonte)*, f. E1 1560-1589. Per la partenza dell'Orologi da Verona, si vedano: ASV, *Collegio, Notatorio*, reg. n. m. 32 (n. v. 40), cc. 40 e 157; ASV, *Collegio, Notatorio*, reg. n. m. 33 (n.v. 41), 4v del 12 settembre 1560. Alcuni suoi disegni per la cittadella di Torino sono conservati presso l'ASTo, *Corte, Architetture militare*, vol. 5, J.b III 11, e presso la BNCF, *Magliabechiano*, *Brevi ragioni del fortificare di Francesco Horologgi vicentino*, cl. XIX, cod. 127. Il suo nome, inoltre, è associato ad alcuni fatti criminali, si veda: ASV, *Consiglio di Dieci, Deliberazioni, Comuni*, reg. 27 (anni 1565-1566), cc. 89v-90r, 13 marzo 1566.

146. Magrini, *Reminiscenze vicentine*, pp. 60-75.

147. Promis, *Gl'ingegneri militari*, pp. 91-107; Viglino Davico, *Fortezze "alla moderna"*, pp. 92-94 e 115-124; *Architetti e ingegneri militari*, pp. 149-151; Lusso, *Francesco Horologi*, pp. 21-32; AST, *Corte, Biblioteca antica, Architettura Militare*, vol. V, f. 156; AST, *Carte topografiche e disegni, Ministero della Guerra, Tipi Guerra e Marina (Sezione IV), Monte Chiaro*, n. 469 e http://www.museotorino.it/view/s/40ed93718b5943adaf3e6d6b573f4556.

148. Stumpo, *Spazi urbani e gruppi sociali*, pp. 185-221; Fantoni, *The City of the Prince*, pp. 39-57.

149. La chiamata del Palladio è datata tra il dicembre del 1565 e il febbraio del 1566. In quel momento gli unici vicentini presenti a corte oltre a Guido Piovene e ai Godi erano Celso Negri e Ludovico Poiana, in ASTo, *Camerale Piemonte, articolo 217*, anni 1565-1568, m. 1, c. 74v.

150. ASTo, *Camerale Piemonte, articolo 217*, anno 1565-1568, m. 1, c. 74v. Tra il 1585 e il 1586 anche alcuni cugini vicentini di Ludovico Godi, Giacomo e Alessandro

casa ducale, quindi il loro incarico costituiva la premessa a futuri avanzamenti più prestigiosi all'interno della corte. Il desiderio di ascesa sociale spingeva molti giovani ad ambire alla posizione di scudiero, che implicava il mantenimento diretto da parte del principe con salari cospicui. Arrivò addirittura il momento in cui Emanuele Filiberto, che aveva circa settanta scudieri, fu costretto a licenziarli tutti perché non riusciva a pagarli. Il duca aveva enormi problemi di bilancio e per questo cercò di limitare le spese di corte, come anche quelle militari. In realtà gli scudieri erano soprattutto nobili savoiardi e piemontesi, e rappresentavano una sorta di indicatore della nobiltà in tutto il ducato; tuttavia, come dimostra il caso dei Godi, essi potevano essere anche nobili non autoctoni. Non si conoscono con precisione i compiti dei «gentiluomini della bocca di Sua Altezza»: essi dovevano perlopiù rallegrare il principe durante i pasti e scortarlo armati in particolari momenti.[151] Nel dicembre 1569 fu conferito a Ludovico Godi il grado di «gentiluomo ordinario di camera»: grazie a questo ulteriore incarico, il vicentino ebbe accesso alla camera ducale. Dopo dieci anni a servizio della monarchia sabauda, egli poteva finalmente considerarsi un perfetto cortigiano, poiché aveva svolto i tre più importanti servizi a corte.[152] La *camera* era una prestigiosa istituzione perché era costituita da persone fidate e selezionate non in base alla nascita nobiliare, ma alle capacità. I «gentiluomini di camera» erano stretti confidenti del sovrano e, frequentando i suoi ambienti privati, potevano aspirare a nuovi e ancora più prestigiosi incarichi.[153] E se il ruolo e lo *status* dei cortigiani erano definiti proprio dal rapporto con il sovrano e in particolare dalla sua vicinanza, il nobile vicentino con il suo incarico si distingueva così dagli altri membri della media e piccola aristocrazia presenti a corte.[154] Negli anni Settanta

Monza intrapresero la medesima carriera nella sabauda, AST, *Patenti Controllo Finanze*, reg. 1585 in 1586, f. 31, 114r. I paggi erano centrali nel momento delle feste: Varallo, *Le feste sabaude*, pp. 19-26.

151. Barbero, *Il ducato di Savoia*, pp. 202-205; Merlin, *Nelle stanze del re*, p. 14.

152. BCBVi, AG, *m. CXXIII*, *n. 7756*, 3 dicembre 1569, *Conferimento del grado di gentiluomo ordinario di camera conferito da Sua Altezza il duca di Savoia al nobile Lodovico Godi, annessa la fedel servitù prestata in grado di paggio e di gentiluomo dalla Bocca*. Questo documento è introvabile, pertanto l'unico riferimento è in BCBVi, AG, *Catastici*, *t. IV* (4 novembre 1560-4 dicembre 1577), b. 386, n. 7756, 3 dicembre 1569.

153. Barbero, *Il ducato di Savoia*, pp. 202-217; Merlin, *La struttura istituzionale*, pp. 286-289.

154. Elias, *La società di corte*, pp. 87-90.

il *cursus honorum* di Ludovico Godi raggiunse i massimi livelli e la sua ascesa sociale poteva ormai indirizzarsi alla carriera politica o militare.

Alla metà degli anni Sessanta le relazioni politiche tra Emanuele Filiberto e le élite delle città venete si intensificarono. Nell'aprile del 1566 il sovrano si recò a Venezia e sulla strada di ritorno si fermò proprio a Vicenza. Il 15 aprile, ovvero un mese prima del suo arrivo in città, i parenti dei Godi avevano cominciato a far recapitare doni al sovrano attraverso alcuni uomini politici veneziani (Vincenzo Tron e Giovanni Correr) che facevano la spola fra Torino, Vicenza e Venezia.[155] Il 21 giugno Emanuele Filiberto arrivò a Vicenza in lettiga «per esser un poco resentido»:[156] la Repubblica si voleva accollare le spese del soggiorno, ma il duca preferì alloggiare nel palazzo del suo amico Giuliano Piovene, nel centro della città. Poco prima di raggiungere le mura urbane fu accolto da una ventina di gentiluomini guidati dai Piovene assieme ad alcuni servitori che vestivano con i colori di casa Savoia. Dopo il saluto iniziale apparve anche una decina di cavalieri capeggiati da Ippolito da Porto e infine, solo dopo che il secondo gruppo si era allontanato, il podestà veneziano venne ad accoglierlo.[157] Questo aspetto del cerimoniale e in particolare i congedi di ogni gruppo sono estremamente interessanti per comprendere i rapporti di forza all'interno della cittadina berica. Non si conoscono tutti i cognomi delle illustri casate che parteciparono ai festeggiamenti, ma l'aristocrazia locale tentava di riprodurre alcune pratiche della corte sabauda, nella quale i Piovene e i Godi avevano conseguito il loro successo.[158] La cerimonia di benvenuto suddivisa in tre parti (prima il saluto dei Piovene, poi dei da Porto e infine del podestà veneziano) costituiva una passerella d'eccezione per coloro che gestivano il potere a Vicenza alla fine degli anni Sessanta del Cinque-

155. Davis, *Il dono*, pp. 113-131.

156. *I "zornali" di Fabio Monza*, p. 286.

157. Ivi, p. 307. Credo che risalga a questo periodo il fiorire dei quadri dedicati a Emanuele Filiberto esposti nelle stanze dei principali palazzi vicentini Godi, Piovene, ma anche a Cogollo come rilevato in Pitacco, *Il collezionismo a Vicenza*, p. 146.

158. A Torino c'erano già stati alcuni contatti tra i Godi e i Piovene come segnalati in ASVi, *Notarile*, notaio Ludovico Piovene, reg. 619, 4 luglio 1565: in una procura redatta a Torino per conto dell'ufficiale Guido Piovene «capitano degli archibugieri» si registra che tra i testimoni vi era il residente Ludovico Godi. Guido *quondam* Leonardo Piovene visse in un certo periodo nel castello di Drosso e nello stesso periodo diventò signore di Carpenea. Sulla famiglia Piovene e in particolare su Giuliano in Piemonte, si veda: Demo, *Le attività economiche dei committenti vicentini*, pp. 25-28.

cento. Non fu certamente irrilevante il fatto che il gruppo dei Piovene e dei Godi fosse quantitativamente doppio di quello dei da Porto.

La fazione filoimperiale dei Piovene e dei Valmarana, a cui afferivano anche i Godi e i Capra, era appena uscita vincitrice dallo scontro politico ingaggiato con i da Porto, che erano su posizioni filofrancesi, e la faida continuava a mietere vittime.[159] Questo conflitto interno alla città potrebbe spiegare perché solo pochi nobili si recarono a portare i loro saluti al sovrano sabaudo e d'altra parte «i Savoia risultavano pienamente inseriti nel contesto giuridico-istituzionale dell'Impero».[160] In questa cerimonia il ruolo del podestà veneziano rimase sullo sfondo, e non certo perché la Dominante provasse avversione verso il duca (egli era rimasto per quasi un mese a Venezia), ma piuttosto perché l'autorità centrale in quel momento non voleva dare importanza all'evento, che avrebbe potuto favorire il clan dei Piovene-Valmarana. L'Accademia Olimpica, una delle principali istituzioni culturali della città, nata appena da due lustri, decise di dedicare al sovrano sabaudo una festosa accoglienza con letture poetiche e concerti musicali. Tra gli altri manifestò il suo apprezzamento nei confronti del duca anche Giambattista Maganza, un letterato protetto dai Godi, che recitò una poesia in suo onore.[161] Andrea Palladio era presente fra gli accademici: ancora una volta l'incontro fra l'illustre architetto ed Emanuele Filiberto era stato favorito dai Godi e dai Piovene, ovvero da coloro che avevano un qualche ruolo nella corte piemontese. I Piovene, in particolare, nel successivo triennio 1567-1569 si distinsero nelle campagne militari contro le truppe della Repubblica di Ginevra poste ai confini dello stato sabaudo.[162] Nello stesso periodo Emanuele Filiberto introdusse una riforma militare e una sorta di leva obbligatoria per ridurre il ricorso costoso alle truppe mercenarie. Così, oltre a contingenti svizzeri e a condottieri italiani, egli poté contare su

159. RRV, vol. VII, Milano 1976, pp. 54-55 e, relativamente ai conflitti, anche Grubb, *When Myths Lose Power*, pp. 43-94.

160. Merlin, *La croce e le aquile*, p. 251.

161. Magrini, *Reminiscenze vicentine,* pp. 33-34.

162. *Relazioni di ambasciatori veneti*, p. 48: Giuliano Piovene era «gentiluomo vicentino suddito di vostra serenità, il quale è di più gentiluomo della camera di sua eccellenza, molto valor suo, oltre la buona grazia di quel principe in che si trova essere». In un primo tempo il duca, sollecitato da Roma e dallo stesso Filippo II, favorì la repressione dell'eresia perché convinto che le guerre di religione avrebbero gravemente minato l'autorità sovrana, favorendo le lotte civili. Su queste tematiche, si veda: Carpanetto, *Divisi dalla fede*.

uomini della milizia nazionale d'ordinanza. Tale organizzazione includeva uomini d'arme e condottieri da tutta Italia e fu affidata al piacentino Giovanni Antonio Levo e al vicentino Guido Piovene.[163] Era ancora una volta la prova che nella milizia al servizio di Emanuele Filiberto, almeno fino agli anni Settanta, c'erano coloro che avevano combattuto con lui nelle Fiandre e non nuovi militari di origine piemontese formatisi a corte. Dopo la nascita del primogenito Carlo Emanuele, nel 1567, Emanuele Filiberto inviò proprio Guido Piovene a Venezia – e non un suo ambasciatore – con il compito di chiedere che la Repubblica facesse da "madrina" al battesimo del principe, così da suggellare il legame politico e militare fra i due stati.[164] Proprio sulla base di considerazioni di carattere militare si giustifica l'invito a corte di Palladio: l'architetto vicentino fu convocato a Torino nel giugno 1568 per alcune consulenze di ingegneria e in quell'occasione cominciò a manifestare l'ambizione di diventare primo architetto di corte.[165] Come i Godi e i Piovene, Palladio vide nel ducato la possibilità per una maggiore affermazione personale. Per ringraziare Emanuele Filiberto dell'invito in Piemonte e sapendolo appassionato di storia militare, nel 1570 l'architetto dedicò al duca il terzo de *I quattro libri dell'Architettura*, con la motivazione che era l'unico principe italiano che si potesse paragonare agli antichi eroi romani.[166] Nell'epistola dedicatoria si complimentò con il sovrano per le sue conoscenze nell'ambito dell'arte militare. Egli si propose, inoltre, di dirigere la costruzione di palazzi e fortezze in Piemonte, come emerge nell'ultima parte della lettera, là dove scrisse «mi disponga à dar fuori il rimanente dell'incominciata fatica». Palladio in realtà non diventò l'architetto di casa Savoia, ma rimase in buone relazioni con il principe, come dimostrano alcune concessioni a suo favore: ad esempio il rilascio dei privilegi di stampa nello stato sabaudo per varie sue opere, e in particolare per i *Commentari*.[167]

163. Voce *Emanuele Filiberto* curata da Stumpo, in *DBI*, vol. 42, pp. 559-561. Il Levo era un comandante e un architetto militare e scrisse alcune opere tra cui Levo, *Discorso dell'ordine*; Id., *Discorso del capitano*.

164. Anche nel 1588 durante il battesimo di Filippo Emanuele, figlio del duca Carlo Emanuele, il ruolo dei vicentini non fu secondario, come quello di Orazio Godi, con i suoi servitori, e di Antonio Maria Ragona, con i suoi cento ufficiali e servitori: Bucci, *Il solenne battesimo*, pp. 4r e 25v.

165. Cozzi, *La politica culturale della Repubblica*, pp. 9-27; Tessari, *Sul soggiorno di Andrea Palladio*, pp. 9-*10;* Manfredini, *Le relazioni culturali*, pp. 149-150 e 167.

166. *I quattro libri*, vol. III, p. 3.

167. Beltramini, *Andrea Palladio e l'architettura.* Sembra che Emanuele Filiberto nel volere il Regio Parco nel 1568 e affidatone l'incarico ad Ascanio Vittozzi, volle che lavorasse con la supervisione del Palladio.

3.3. *Ludovico e le ripercussioni delle faide nobiliari vicentine a Torino*

Le vicende dei personaggi non piemontesi che vivevano nella corte torinese erano connesse con quelle dei loro parenti che risiedevano ancora negli stati di provenienza. Ciò si constata soprattutto dalla seconda metà del Cinquecento, quando i governi ricominciarono a occuparsi più incisivamente dei contadi e dei ceti dirigenti delle città suddite.[168] Ad esempio, a partire dagli anni Settanta del Cinquecento la Repubblica di Venezia ricorse a una severa legislazione per far fronte ai gravi problemi di ordine pubblico suscitati dalle faide aristocratiche: fu in questa occasione che i nobili di Terraferma cominciarono a chiedere aiuto ai loro parenti che risiedevano nelle corti estere.[169] Le famiglie di coloro che subivano pene severe (come ad esempio il bando) si sentivano legittimate a domandare protezione ai sovrani amici che, a loro volta, avrebbero fatto insistenti pressioni presso i massimi organi della Dominante. Per quanto riguarda Vicenza, ci furono da parte degli ambasciatori stranieri a Venezia sollecitazioni per annullare le pene o a ridurre le durate dei bandi. Tutte le richieste effettuate a favore dei banditi vicentini fino al 1577 furono accolte, in parte o completamente, dal Consiglio di Dieci, l'organo preposto a giudicare tali reati. Questo costituisce ulteriore prova della triangolazione tra patriziato vicentino (o delle città di Terraferma in generale), governo veneziano e sovrani stranieri. Per quanto riguarda la fazione dei Godi, furono accolte le richieste di salvacondotto per gli assassini banditi dalla città e a loro favore si appellarono anche gli ambasciatori esteri.[170] Questi atteggiamenti favorirono sicuramente il rapporto tra Venezia e gli altri stati confinanti, ma svalutarono il ruolo della Dominante

168. Sbriccoli, *Giustizia criminale*, pp. 163-205. Per quanto riguarda il rapporto città-contado, senza alcuna pretesa esaustività, si vedano: Willoweit, *Rechtsgrundlagen der Territorialgewalt*; Chittolini, *La formazione dello Stato regionale*; in merito alla Repubblica di Venezia: Zamperetti, *Per una storia delle istituzioni rurali*, pp. 61-131; Bianco, *La "crudel zobia grassa"*.

169. Povolo, *Retoriche giudiziarie, dimensioni del penale*, pp. 10-170; Lavarda, *Banditry and Social Identity*, pp. 2-24. Per i conflitti aristocratici al nord e al centro della penisola Arcangeli, *Gentiluomini di Lombardia*, pp. 418-419 e Fosi, *La giustizia del papa*, pp. 184 e successive.

170. ASV, *Consiglio di Dieci, Deliberazioni*, *Comuni*, reg. 29 (1 marzo 1569-28 febbraio 1570 m.v.), cc. 4v-5r; ASV, *Consiglio di Dieci*, *Deliberazioni*, *Comuni*, reg. 30 (1 marzo 1571-28 febbraio 1572 m.v.), c. 103r; ASV, *Consiglio di Dieci, Deliberazioni*, *Comuni*, reg. 30 (1 marzo 1571-28 febbraio 1572 m. v.), c. 59r; Povolo, *Crimine e giustizia a Vicenza*, pp. 411-432.

nei confronti delle aristocrazie di Terraferma, che si sentivano ancora più legittimate a cercare un sostegno politico presso i sovrani stranieri. Era un metodo costoso, perché affermarsi presso una corte estera richiedeva tempo e denaro: ciò emerge dalla documentazione non veneziana, come ad esempio dalle carte dell'ambasciatore spagnolo e di quello sabaudo. Il primo cercò di aiutare in ogni modo la «la faccion gibelina»[171] di ogni città di Terraferma, e nel caso vicentino sostenne sempre le ragioni dei Valmarana;[172] il secondo, invece, come dimostra il carteggio conservato a Torino, si occupò di risolvere i problemi dei banditi vicentini e bresciani.[173] Il ruolo dei sudditi veneti che si erano "emancipati" nelle corti tornava utile a quei lignaggi che ora avevano bisogno di aiuto per salvarsi da pene rigorose. Esemplari si possono considerare due bandi emanati rispettivamente nei confronti di un nobile bresciano e di uno vicentino: indipendentemente dell'esito finale dei processi, l'interessamento di Emanuele Filiberto nei loro confronti si può spiegare considerando le relazioni che già in precedenza intercorrevano tra le famiglie e la casata sabauda.[174]

Mentre nella corte sabauda Godi e Piovene convivevano tranquillamente, a Vicenza dalla fine degli anni Cinquanta il rapporto tra le due famiglie si era logorato. Dopo l'omicidio i Godi scrissero sia al fratello Ludovico che ad Emanuele Filiberto per avvertirli del fatto. Il duca di Savoia comprese subito il problema, perché da poco aveva risolto la faida dei Martinengo e degli Avogadro e già il 5 gennaio 1578 inviò un paio di let-

171. AGS, *Secreteria de Estado*, Venecia, leg. 1335, n. 512, 24 marzo 1576, richiesta di Leonardo Valmarana per il bando di Orazio Valmarana; AGS, *Secreteria de Estado*, Venecia, leg. 1336, n. 513, 8 marzo 1577, richiesta di Leonardo Valmarana per il bando di Orazio Valmarana e AGS, *Secreteria de Estado*, n. 1346, 515, 3 dicembre 1594, Leonardo Valmarana e le fazioni a Vicenza. Sulle fazioni, si vedano: *Guelfi e ghibellini*; Rizzo, *Sticks, Carrots and all the Rest*, pp. 145-184; *Le Signorie dei Rossi*.

172. Iscrizione sopra il portone d'ingresso del palazzo Valmarana Braga, Corso Fogazzaro, Vicenza: «L'imperatrice Maria d'Austria, rispettivamente figlia, moglie, madre degli imperatori Carlo V, Massimiliano II, Rodolfo II, fatta venire dalla Germania dal fratello Filippo, potentissimo re degli spagnoli, per governare quel regno, da poco conquistato, che un tempo era appartenuto ai re di Lusitania, compiendo il viaggio attraverso l' Italia, in questo palazzo, che ella stessa scelse per l'antica amicizia dei principi d'Austria verso questa famiglia, insieme ai figli, gli arciduchi Massimiliano e Margherita, fu accolta da Leonardo Valmarana, conte e stipendiato del re Filippo, con sontuosissima beneficenza. 28 settembre 1581».

173. ASTo, *Venezia Lettere Ministri*, m. 1, fasc. 8, cc. 140-181.

174. Entrambe queste famiglie frequentavano la corte almeno dagli anni Sessanta del Cinquecento.

tere al suo ambasciatore a Venezia affinché lo tenesse informato. Bernardo Rovero si recò subito nel collegio veneziano per dimostrare l'interesse del duca nei confronti di quella vicenda. Il diplomatico tentò di giustificare l'azione di Orazio Godi, ma i patrizi veneziani risposero in questi termini:

> Signor ambasciatore adesso vi faremo vedere, se il caso è stato fortuito. Iddio volesse che non fosse il più atroce et pensato che forse sia stato commesso de molti anni nelli nostri stati.[175]

Bernardo Rovero cercò di raccogliere informazioni a favore di Orazio Godi, ma inutilmente.[176] L'omicidio era scaturito da una questione di precedenza riguardo a una strada di campagna al confine tra le due proprietà Godi e Piovene: era il 12 dicembre del 1577. Dopo un primo alterco erano partiti alcuni colpi d'archibugio che avevano ferito i contendenti; a quel punto i Godi raccolsero parecchi uomini armati che tentarono di assediare la villa del Piovene.[177] Vedendo che l'accerchiamento si protraeva più del previsto, i Godi inscenarono l'arrivo di un fittizio magistrato veneziano (si presentò come ufficiale dei signori Capi del Consiglio di Dieci) ed entrarono nelle proprietà degli avversari, trucidandoli atrocemente.[178] Di fronte a queste nuove prove e testimonianze le autorità veneziane cominciarono a chiedere polemicamente quale sovrano avrebbe difeso i propri amici; l'ambasciatore sabaudo rispose che per il momento vi era solo una versione dei fatti e che occorreva ascoltare la testimonianza di molti e che sarebbe stato opportuno che il processo non venisse celebrato a Venezia, bensì fosse delegato in Terraferma. I Dieci risposero che, se qualcuno si era finto autorità veneziana, ciò andava appurato proprio nei tribunali della capitale.[179] A Nizza Ludovico

175. ASTo, *Venezia Lettere Ministri*, m. 1, fasc. 8, c. 213, 14 gennaio 1578 e BCBVi, AG, b. 399, c. 15 gennaio 1578.

176. I due podestà che avevano seguito il caso tra il 1577 e il 1578 probabilmente erano stati corrotti o perlomeno appoggiavano la fazione dei da Porto. Si veda: ASV, *Collegio, Risposte di fuori*, f. 332 (marzo 1578-febbraio 1579 m.v.), 6 febbraio 1578: Claudio, Girolamo e Guido fratelli Capra dichiararono che il podestà era protettore dei da Porto perché compare, amico o fautore.

177. BCBVi, AG, b. 399, c. 15 gennaio 1578, 1r.

178. Ivi, 1v.

179. Ivi, 2r. L'ambasciatore, forse intuendo che la situazione era assai drammatica, scrisse anche al sovrano una sua impressione: «Hora non posso con manco serenissimo principe di pronosticare che le spese, et travaglii saranno grandissimi ne si termineranno senza numero de anni, che questa longa vita hanno le litti d'importanza in Vinetia: ma ben spero che l'esito sarà buono, con li buoni offitij che di tempo in tempo non permetterò di

Godi si risentì molto nei confronti dell'ambasciatore perché non aveva reso giustizia ai suoi fratelli e cugini. Il Rovero, forse temendo che si stesse creando una fronda a lui sfavorevole all'interno della corte, nel febbraio del 1578 scrisse direttamente al Godi.[180] Il 21 febbraio, lo stesso Rovero, dopo aver avuto il terzo colloquio di fronte al collegio, nel giro di pochi giorni e grazie ad alcune confidenze di un patrizio veneziano, comprese che la pena sarebbe stata assai severa, appena Orazio Godi si fosse presentato.[181] Egli scrisse dunque a Torino una lettera in triplice copia – temeva infatti venisse intercettato – con la quale suggeriva a Ludovico di avvisare Orazio Godi, affinché abbandonasse il territorio veneto. Non fu casuale che, negli stessi giorni, Orazio nascondesse parte del suo patrimonio presso le famiglie vicentine Valmarana e Gualdo. Sarebbe fuggito di lì a poco: l'ambasciatore Rovero tentò di aumentare il numero delle testimonianze a favore del Godi esibendo alcuni vizi procedurali durante il dibattimento ma, poiché l'accusato era introvabile, i giudici veneziani non vollero concedergli favori.[182]

Ai primi di luglio del 1578 i giudici ritennero plausibile che il Godi si fosse rifugiato presso Emanuele Filiberto ed il 23 luglio emisero la sentenza di condanna a morte. Secondo le parole dell'ambasciatore, «mai si sentì

fare, et con non essere il fatto così attroce (se a me è detto la verità) come è stato depinto». Sulla svolta nella pratica repressiva veneziana, si vedano: Cozzi, *Ambiente veneziano, ambiente veneto*, pp. 291-352; Povolo, *L'intrigo dell'onore*, in part. pp. 153-158.

180. BCBVi, AG, b. 399, 13 febbraio 1578, 1v e ASTo, *Venezia Lettere Ministri*, m. 1, lettere dell'ambasciatore Bernardo Rovero, c. 214, 14 febbraio 1578.

181. ASTo, *Venezia Lettere Ministri*, m. 1, lettere dell'ambasciatore Bernardo Rovero, c. 215, 21 febbraio 1578: «Sono tre giorni che sua serenità mi mandò a chiamar in collegio e mi dice che per il conto di me tenivano gl'era paso participarmi la lettera che per consulta del Consiglio di Dieci, scrivevano al loro ambasciatore residente appresso Vostra Altezza per conto della causa delli fratelli Godi vicentini, qual in somma contiene le scritture appresso di Vostra Altezza di non aver delegato il caso fuori del consiglio sodetto come io richiedevo. Ringratiai sua serenità del favore, e la supplicai di nuovo nelle cose arbitrarie, che senza grande aggravio della giustitia si possevano concedere restasse servita far conoscere ad essi Godi di quanto giovamento li fossero le raccomandationi delle altezze vostre, mi rispose sua serenità, questo faremo sempre, e di già habbiamo cominciato, che essendo per spirare il termine d'apresentarsi ad uno d'essi fratelli glelo habbiamo prorogato per otto giorni».

182. Ivi, c. 231, 11 luglio 1578: «Il Consiglio de Dieci, era per proferir sentenza contra delli absenti et forse rigorose. Ho supplicato a sua serenità di concedere, che si prolungasse l'espeditione delli absenti, quando si verrà a quella delli presentati, che sono da dodeci a tredici, et allegato ch'essendo questo a lei arbitrario Vostra Altezza haveria sentito contento che fossero essi fratelli compiacciuti in questo, e così facendo si verria in maggior cognitione della verità del fatto» e BCBVi, AG, b. 399, c. 11 luglio 1578.

verdetto così rigoroso» per un caso di omicidio; pene tanto severe erano semmai previste in caso di ribellione contro lo stato.[183] Appare evidente che l'obbiettivo del provvedimento assunto dal Consiglio di Dieci erano i potenti lignaggi famigliari che, disponendo di una vasta clientela e di cospicue ricchezze, erano in grado di condizionare e di contrastare, se non di opporsi apertamente, alla Dominante.

Dopo la sentenza, Ludovico Godi accusò l'ambasciatore sabaudo a Venezia di incompetenza, perché «peggior sentenza non poteva essere».[184] In effetti, Emanuele Filiberto aveva rapporti assai difficili con il duca di Mantova per le aspirazioni sabaude alla successione del marchesato di Monferrato. Ludovico aveva dunque le sue ragioni per lamentarsi dell'insuccesso, ma egli stesso era stato lontano dalla Terraferma veneta per troppo tempo: il sistema giudiziario veneziano aveva subito profondi cambiamenti. Bernardo Rovero, provato da queste vicende, decise di chiarire di persona le divergenze e di consigliare a Ludovico come agire nelle settimane successive:[185] egli avrebbe dovuto incontrare personalmente i giudici veneziani ed impietosirli, narrando che i figli di Orazio versavano in una condizione di indigenza; prima tuttavia avrebbe dovuto corrompere alcuni dei senatori più autorevoli.[186] Dopo un anno il nuovo ambasciatore sabaudo a Venezia Domenico Belli riuscì ad ottenere alcune concessioni sulla pena, ma sul bando si adoperò vanamente.[187] Nel frattempo, al fine di promuovere la vicenda del fratello, Ludovico incontrò a Torino numerosi diplomatici veneti e, tra questi, si confrontò in particolare con Francesco di Marcantonio Barbaro.[188]

183. Ivi, c. 232, 25 luglio 1578.

184. Tra Torino e Mantova vi era una frattura politica profonda, si veda: Raviola, *Monferrato e feudi imperiali*, pp. 76-77. In realtà sembra che i timori del Godi fossero strumentali e ingiustificati. Infatti un altro vicentino come Giuliano di Guido Piovene riusciva a collaborare contemporaneamente sia con il duca di Mantova che con quello sabaudo.

185. BCBVi, AG, b. 399, c. 8 di agosto 1578, 1r.

186. ASTo, *Venezia Lettere Ministri*, m. 1, lettere dell'ambasciatore Bernardo Rovero, c. 243, 14 novembre 1578. Per salvare almeno il patrimonio cominciò a frequentare vari patrizi veneziani, tra cui il padre di Luigi Foscarini: BCBVi, AG, b. 399, c. 1r, 23 agosto 1579.

187. Ivi, m. 2, lettere dell'ambasciatore Domenico Belli, cc. 14 febbraio, 17 febbraio e 18 febbraio e BCBVi, AG, b. 399, c. 1r, 25 agosto 1579.

188. BCBVi, AG, b. 399, c.s.d, 1r: «Lettera del signor ambasciatore di Savoia al signor ambasciatore Veneto in Turino. [...] Al signor Ludovico Godi fui sempre desiderso e debitore di servire per molti rispetti, et in vero che la causa di suddetti suoi fratelli m'è stata sempre a cuore; ne ho mancato far quelli ufficij, mi pareano portar giovamento: ma che vento habbi soffiato in contrario, per esser occulta filosophia non me lo posso imaginare,

Probabilmente la carriera di Ludovico coincise con la fiducia accordatagli dal sovrano ed ebbe il suo apice nella primavera del 1573, quando Emanuele Filiberto lo insignì tra i primissimi della nomina al cavalierato dell'Ordine dei santi Maurizio e Lazzaro.[189] Il duca Filiberto desiderava fondare un proprio ordine cavalleresco, forse in antitesi a quello mediceo. Nel 1572 Emanuele Filiberto ottenne l'approvazione papale per l'Ordine dei santi Maurizio e Lazzaro: per farne parte era richiesto ai candidati di dimostrare la loro "nobiltà generosa", ovvero che i propri antenati fossero stati nobili da generazioni. In casi particolari Emanuele Filiberto, che era il gran maestro dell'ordine, poteva insignire del titolo colui che, anche se non nobile, si fosse distinto per qualche atto oltremodo significativo a favore della Chiesa o del sovrano. L'attribuzione di titoli di cortigiani da parte del sovrano poteva essere concomitante all'accesso nell'Ordine mauriziano: così avvenne nel 1573, quando Ludovico Godi entrò a farne parte e contemporaneamente gli fu conferito il titolo di «gentiluomo ordinario e commendatore deputato al servigio della bocca di Sua Altezza». Nel gennaio 1586 il duca nominò il Godi contemporaneamente sia «commendatore della religione dei santi Maurizio e Lazzaro» sia capitano di una compagnia di cavalli leggeri.[190] Per Ludovico l'incarico religioso più rilevante fu il servizio di guardia, assieme ai suoi uomini, alla Sindone (o «santissimo sudario»)[191] durante la settimana pasquale. La Sindone era giunta da Chambéry a Torino il 14 settembre 1578 e qui rimase definitivamente: i Savoia la considerarono il "palladio" della loro casata e un segno tangibile del favore di Dio, giustificando in tal modo

e presuppongo, che vostra signoria clarissima haverà intesa la rigorosa sentenza, che di nuovo è uscita, nella quale mi duole di veder, che poco frutto habbino fatto gli ufficij suoi, e miei, in nome di Sua Altezza, né mai imparai, che da questa sentenza, che le pene, non solo contenessero gli auttori della colpa: ma altri innocenti, come per la rottura dei fideicomissi, et spianatura di case, communi con altri fratelli si può argomentare».

189. BCBVi, AG, *Istrumenti*, *Istrumenti sciolti*, *m. 126*, b. 126, n. 8043, 11 aprile 1574, elezione del duca di Savoia del nobile Ludovico Godi cavaliere della religione di San Maurizio e Lazzaro. L'originale è introvabile pertanto l'unico riferimento è in BCBVi, AG, *Catastici*, *t. VI* (13 gennaio 1578-26 dicembre 1607), b. 387, n. 8043, 11 aprile 1574. In realtà la nomina ufficiosa era avvenuta ancora un anno prima come si vede in Ricci, *Istoria dell'ordine equestre*, p. 30.

190. BCBVi, AG, *Istrumenti*, *Istrumenti sciolti*, *m. 132,* b. 132, n. 8591, 1 gennaio 1586: attestato della vita di Ludovico Godi alla corte sabauda. Sull'idea del capitano nel '500: Fantoni, *Immagine del «capitano»*, pp. 212-213. Sulla presenza dei gentiluomini militari a corte, Merlin, *La struttura istituzionale*, pp. 294-295.

191. BCBVi, AG, b. 399, c. 30 luglio 1586, 1r.

l'origine divina del loro potere temporale.[192] Dopo una collocazione iniziale nella chiesa di San Francesco d'Assisi, la Sindone fu conservata nella cappella ducale dedicata a San Lorenzo a Torino, e da qui nel 1583, fu trasferita in una cappella rotonda dell'antico Palazzo Ducale, dove probabilmente Ludovico Godi effettuò il suo servizio.

Spesso chi entrava nell'Ordine mauriziano aveva l'incarico di servire gratuitamente a corte il sovrano, ma Ludovico Godi, essendo uomo fidato del duca, fu retribuito per le sue mansioni. Si ricordi che a farne parte nei primi trent'anni, dalla sua rinnovata costituzione, furono soprattutto i militari che avevano aiutato Emanuele Filiberto nelle Fiandre; non è un caso se l'Ordine inizialmente era rappresentato da individui provenienti dai territori sabaudo-piemontesi, ma anche da nobili italiani e da una ventina di veneti, perlopiù vicentini.[193] L'Ordine mauriziano diventò un forte polo d'attrazione per le nobiltà italiane, se non addirittura lo strumento più efficace per poter declinare una politica dinastica di respiro internazionale, con lo scopo preciso del duca di creare un'istituzione che si estendesse al di fuori del suo stato.[194] Altri militari vicentini che si distinsero nell'Ordine nel primo decennio furono alcuni membri delle famiglie Piovene, Poiana e da Porto.

Nel 1573 Ludovico Godi cominciò a frequentare con maggior intensità la famiglia ducale, e in particolar modo Maria, figlia illegittima di Emanuele Filiberto, e suo marito, il marchese Filippo d'Este di Lanzo, noto per l'amicizia con Torquato Tasso e soprattutto per le sue posizioni schiettamente a favore della politica spagnola.[195] Per conto del duca, Ludovico cominciò a

192. Saxer, *La Sindone di Torino*, pp. 69; Delpiano, *Identità sabauda*, p. 103; Griseri, *Le corti e le arti*, p. 307; Cozzo, *Santuari del principe*, pp. 92-93; Id., *La geografia celeste*, pp. 62-73.

193. Ricci, *Historia dell'ordine equestre*, pp. 30-46: Lodovico Godi (12 maggio 1573), Manfredo Porto (15 maggio 1573), Guido Piovene (6 ottobre 1573), Antonio Porto (1595); Barbarano de Mironi, p. 236: Lodovico Poiana, Giuliano Piovene e il cavalier Fracanzan (1574) e Paolo Antonio Godi in BCBVi, AG, *Processi, m. 109*, b. 299, n. 2117, *Per contesse sorelle Godi contro conti Garzadori*, c. 41r, testamento del 15 giugno 1579 di Paolo Antonio figlio di Pietro dell'Ordine di san Maurizio e Lazzaro. Sulle rappresentazioni della corte: Subrahmanyam, *Courtly Encounters,* pp. 154-210.

194. Merlin, *Emanuele Filiberto*, pp. 118-125; Merlotti, *Un sistema degli onori*, pp. 477-514; Id., *I Savoia: una dinastia europea*, pp. 117-118.

195. Voce *Filippo d'Este* curata da Bertoni, in *DBI*, vol. 43, pp. 339-342; Bianchi, *Una riserva di fedeltà*, pp. 315-316. Il Tasso progettò una serie di dialoghi concernenti temi cavallereschi e proprio a Torino concluse il primo sulla *Nobiltà*. Questo trattato fu

recapitare vari messaggi e lettere di carattere privato.[196] Negli anni successivi, la vita del Godi si intrecciò con quella di Filippo d'Este che era da poco diventato capitano generale della milizia a cavallo, costituita da due compagnie di archibugieri e dodici compagnie di cavalleggeri, di stanza metà in Savoia e metà in Piemonte. Dal 1572 il ruolo di Filippo d'Este diventò sempre più rilevante nella corte, dal momento in cui riuscì a convincere papa Gregorio XIII a riconoscere l'Ordine dei santi Maurizio e Lazzaro. Ludovico era stato indotto ad arruolarsi probabilmente a seguito dei debiti di riconoscenza che aveva contratto a corte a causa dei cugini vicentini banditi da Venezia e, in generale, per una "serrata" (in contrapposizione alla dinamicità già messa in luce nel corso dei primi anni Sessanta) nei confronti di coloro che non erano piemontesi.[197] Dopo il 1575 Ludovico chiese ripetutamente al duca la possibilità di entrare nella compagnia di don Amedeo di Savoia, marchese di Saint-Rambert, figlio illegittimo e molto amato dal sovrano, ma solo nel marzo del 1579 gli fu concesso di far parte del manipolo.[198] Ludovico intraprese varie missioni dentro e fuori il ducato per conto di Amedeo, che fu spesso impegnato in campagne militari in Fiandra, in Francia, in Ungheria e, infine, contro Ginevra. Talvolta Ludovico lo seguì con i suoi uomini, ma nella maggioranza dei casi si limitò a difendere le frontiere, a controllare le fortificazioni del ducato e a mantenere i legami con i mercenari che aveva assoldato.[199] Proprio come responsabile dei confini,[200] ebbe

stampato, forse non casualmente, a Vicenza da Perin e Greco nel 1581 e poi a Venezia da Aldo Manuzio nel 1583. Torquato Tasso e i Godi nei primi anni Ottanta facevano parte della clientela dei Barbaro, che sostenevano una politica papalista e spagnoleggiante. Su *Francesco Barbaro*, la voce curata da Benzoni, in *DBI*, vol. 6, pp. 103-107.

196. BCBVi, AG, b. 399, c. 6 novembre 1573, 1r.

197. In generale sul tema militare, si vedano: Barberis, *Le armi del principe*; Pezzolo, *Professione militare*, pp. 341-366. Per quanto riguarda i veneti, la "serrata" della corte è facilmente dimostrabile dal presente saggio, ma per i nobili non piemontesi l'unica indagine può essere condotta constatando la loro riduzione nell'Ordine mauriziano dopo il 1600: Merlotti, *Un sistema degli onori*, pp. 497-514.

198. BCBVi, AG, b. 399, c. 11 marzo 1579, 1r. Emanuele Filiberto trattava Amedeo come un figlio legittimo per l'affinità spirito e soprattutto per le sue doti militari: Merlin, *Emanuele Filiberto*, p. 272.

199. BCBVi, AG, b. 399, c. 3 luglio 1579, 1r e 31 agosto 1581, 1r. Tra i principali mercenari Federico Agapito, che era feudatario dell'Este, Bernardo Chiesa e il perugino-romano Gianpaolo Baglioni, nipote omonimo del più famoso capitano di ventura, in BCBVi, AG, b. 399, c. 30 aprile 1582, 1r.

200. Sul tema dei confini in rapporto con la peste: Pastore, *Le regole dei corpi*, pp. 37-62; Pastore, *Introduzione*, p. 13 e sui rapporti fra Torino e confini svizzeri: Carpanetto, *Il regno e la repubblica*, pp. 159-162; Storrs, *La politica internazionale*, pp. 10-11.

il compito di regolare i transiti durante il periodo della peste nell'agosto del 1585. Probabilmente i suoi incarichi durante il periodo della pestilenza furono alquanto remunerativi, dal momento che tra il 1585 e 1586 il luogotenente Ludovico Godi possedeva un credito considerevole: egli anticipò l'intero importo di 1.600 scudi d'oro torinesi per l'acquisto di un galeone, come prestito per il sovrano Carlo Emanuele I.[201] Il primo gennaio 1586 Ludovico fu nominato «commendatore della religione dei santi Maurizio e Lazzaro» e capitano d'una compagnia di cavalli leggeri.[202] Il vicentino era dunque un condottiero con un proprio nucleo di uomini d'arme che pagava direttamente: tra tutti i suoi uomini, egli aveva stretto un forte legame con il perugino-romano Gianpaolo Baglioni.[203]

4. *Dopo la morte di Ludovico Godi*

4.1. *Orazio Godi e Renato Godi*

A partire dal maggio 1587, quando il Godi morì, non riuscirono ad accedere alla corte altri vicentini se non i suoi consanguinei Orazio e Renato Godi (francesizzato in René Godeau). Nel 1587 Orazio, con il grado di capitano, entrò in contatto con Filippo d'Este, che gli consigliò di reclutare nuovamente gli uomini di ventura del fratello defunto.[204] L'agire di Filippo

201. BCBVi, AG, b. 399, c. 10 marzo 1586, 1r e BCBVi, *Lettere 28 E*, s.d., ma databile nella primavera del 1586. Per inquadrare la figura dell'ufficiale di età moderna: Chittolini, *L'onore dell'officiale*, pp. 101-133 e per l'area veneta Varanini, *Gli ufficiali veneziani*, pp. 155-180; Arcangeli, *Carrieri militari dell'aristocrazia*, pp. 361-416; AST, *Patenti Controllo Finanze*, reg. 1585 in 1586, f. 31, 1 ottobre 1585: «Ordine a Paulo Rochione di pagare al scudiero Goddi li scuti mille seicento d'oro in oro che egli deve per la conpra del galleon, chiamato Santa Margarita del Soccorso. Il duca di Savoia al molto diletto fedel nostro Paulo Rochion di Nizza salute per le presenti ordiniamo che habiate da pagar al magnifico nostro scudiero carissimo il signor Ludovico Godi li mille seicento scudi d'oro in oro che ci dovete per intiero pagamento della vendita fattami dalla camera nostra de conti del galleone chiamato Santa Maria del Soccorso et de quali scuti mille seicento d'oro ne habiano fatto dono ad esso Godi». Sul problema dei ritardi dei pagamenti ai cortigiani, Merlin, *La struttura istituzionale*, p. 299.

202. BCBVi, AG, *Istrumenti*, *Istrumenti sciolti*, *m. 132*, b. 132, n. 8591, c. 1r, 1 gennaio 1586.

203. Su Baglioni: Brunelli, *Soldati del papa*, pp. 44, 62, 69 e ASV, *Senato, Dispacci, Roma*, b. 21, c. 145r-v.

204. BCBVi, AG, b. 399, cc. 24 maggio 1587 e 30 giugno 1587. Gianpaolo Baglioni ritornò a Torino nel maggio del 1587 a pochi giorni dalla morte di Ludovico Godi. Egli chiese di poter lavorare sotto il comando di Orazio Godi, fratello di Ludovico in BCBVi,

si spiega con il timore di non poter garantire continuità tra gli ufficiali della compagnia; infatti, se ciò non fosse accaduto, dopo la morte di Ludovico il reparto avrebbe potuto sciogliersi. L'8 gennaio 1588 Orazio ebbe la carica di colonnello alla guida di 1.000 fanti e provvide, tra i vari incarichi, al vettovagliamento della truppa anticipando con il suo denaro tutte le spese necessarie.[205] Probabilmente questa rapida carriera nei ranghi militari venne favorita sia da una discreta disponibilità economica che dalla fiducia che il fratello Ludovico aveva saputo meritare dai due sovrani che aveva servito. Tuttavia, la fortuna di Orazio durò poco: da una lettera del 1589 si apprende che Filippo d'Este esprimeva la sua vicinanza a Orazio Godi per un evento che dovette colpirlo duramente, ma che ci rimane ignoto.[206] Il 26 gennaio del 1590 Orazio Godi fece testamento e il 26 morì a Torino ancora bandito, lontano dalla sua patria e dai suoi figli ai quali rimase legato fino alla fine.[207] La notizia giunse a Vicenza solo il 6 marzo: le relazioni diplomatiche veneto-sabaude, durante tutto il periodo del bando, non risentirono del fatto che Carlo Emanuele ospitasse un bandito.

Quanto a Renato Godi, egli era probabilmente il figlio illegittimo di Ludovico. Entrato nella corte come «usciero di sala con il compito di stalliere», nel gennaio 1587 egli mantenne questo compito almeno fino al dicembre 1591. Renato era uno dei tre o quattro a servizio del maestro palafreniere e il suo compito consisteva nel nutrire e pulire i cavalli del duca.[208]

AG, b. 399, c. 30 giugno 1587, 1r. *S*ul passaggio in famiglia dei ruoli militari Pezzolo, *Professione militare e famiglia*, pp. 341-366. La trasmissione di una qualsiasi carica, sancita o meno da un previo atto formale, rappresentava una prassi comune negli stati d'*ancien régime*, Zannini, *Burocrazia e burocrati*, pp. 196-197.

205. BCBVi, AG, *Istrumenti*, *Istrumenti sciolti*, *m. 133*, b. 133, n. 8708, c. 8 gennaio 1588, 1r, incarico di colonnello di mille fanti conferita dal duca di Savoia al conte Orazio Godi colla provvisione di scudi 300 all'anno; AST, *Patenti Controllo Finanze*, reg. 1589 in 1590, f. 143, 16 dicembre 1589, 1r. Nel 1588 un membro del casato vicentino dei Godi (probabilmente Orazio) è segnato come cavaliere di San Gerusalemme a Torino: Bonazzi, *Elenco dei cavalieri*, p. 162, 29 ottobre 1588.

206. BCBVi, AG, b. 399, c. 28 luglio 1589, 1r, Filippo d'Este a Orazio Godi.

207. BCBVi, AG, *Istrumenti, Istrumenti sciolti*, *m. 134*, b. 134, n. 8807, 17 gennaio 1590; BCBVi, AG, *Istrumenti, Istrumenti sciolti*, *m. 132*, b. 132, n. 8808, 26 gennaio 1590.

208. AST, *Patenti Controllo Finanze*, reg. 1586 in 1587, f. 245, 4 gennaio 1587, «Ordine al consiglio della casa di far continuar a Renato Godeau usciero di sala li de scudi 5 ogni mese che haveva di stipendio come stalliero et de scudi 36 l'anno per il companatico della soa livria. Il Duca di Savoia al consiglio della casa nostra salute havendonsi provisto di usciero di sala Renato Godeau gran nostro stalliero et [...] in consideratione principalmente della longa servitù che egli ci ha fatto et che continoa»

Nel luglio del 1595 ottenne la mansione di paggio di Carlo Emanuele. In seguito sparì definitivamente dalla documentazione di corte: la morte del padre o il dissolversi delle reti clientelari che i Godi e gli altri vicentini erano riusciti a tessere e a costruire negli anni Sessanta e Settanta segnò irrimediabilmente la sua fine. A tutti i vicentini non restava, dunque, che ritornare nella Repubblica e tentare una carriera nella patria di origine.

Lo scenario che emerge dai frammentati percorsi biografici pone sul tappeto alcune riflessioni di ordine politico, sociale e culturale. Innanzitutto è evidente come per un ventennio soprattutto i Godi, i Piovene e altri esponenti della nobiltà urbana di Terraferma allentarono i legami di fedeltà con i patrizi della Dominante per tentare l'ascesa, come cortigiani, presso la corte sabauda di Emanuele Filiberto. Tuttavia, operazioni di tal genere rischiavano di portare a situazioni di aperto contrasto con la madrepatria e quindi esponevano i membri della famiglia rimasti nella patria d'origine alla possibilità di requisizioni e rappresaglie (come si verificò, almeno in un caso, a un esponente dei Valmarana nel secondo decennio del Seicento), proprio per questo molti casati, nel momento in cui constatavano che gli incarichi professionali *extra* dominio non soddisfacevano più alle loro necessità, ritornarono in patria. La seconda riflessione riguarda le ripetute ed eclatanti azioni di forza legate alla questione dell'onore, nell'ottica soprattutto della vendetta, in particolare nelle realtà cittadine di Brescia e Vicenza. Nonostante i lignaggi aristocratici controllassero la maggior parte delle consorterie nobiliari, tentando di evitare gli eccessi di brutalità, a partire dagli anni Settanta essi si rivelarono in buona misura incapaci di trovare gli accordi risolutivi per porre fine ai conflitti, anche a causa delle ultime normative della Repubblica. Esemplare in questo clima è la vicenda di Orazio Godi, uno dei primi nobili ad essere giudicato secondo le nuove procedure giudiziarie. Le pressioni esercitate a suo vantaggio da sovrani stranieri risultarono ininfluenti; perciò non godette di salvacondotti né gli furono riconosciute attenuanti. Le relazioni che si erano consolidate con personaggi di primo piano del governo di Emanuele Filiberto non avevano annullato la condanna inflitta dalla giustizia veneziana; tuttavia, Orazio Godi, accolto nella corte sabauda, poteva dirsi salvo.

e AST, *Patenti Controllo Finanze*, reg. 1595 in 1596, f. 217r-218v, dicembre 1591, pagamenti del 6 ottobre 1595 di 50 scudi da parte di Sua Altezza a diversi officiali della sua casa tra cui si cita Renato Godano, come usciero di sala. Sul compito di stalliere alla fine degli anni Ottanta del Cinquecento: Merlin, *Tra guerre e tornei*, pp. 75-76.

4.2. *I Godi di Torino e il mestiere delle armi nelle Fiandre*

Negli anni Ottanta del Cinquecento il nobile italiano che simpatizzava per i gesuiti e aveva membri della famiglia che frequentavano la corte sabauda aveva una strada statisticamente prevalente da percorrere: andare a combattere nelle Fiandre. Emanuele Filiberto di Savoia, sostenitore dei gesuiti, aveva amministrato quei paesi negli anni Cinquanta e anche in seguito continuò ad essere considerato da Filippo II uno dei massimi esperti di affari fiamminghi.[209] Emanuele Filiberto, oltre che col cugino, fu in stretti rapporti anche con un altro personaggio direttamente coinvolto nelle faccende dei Paesi Bassi, Alessandro Farnese, che a partire dal 1578 sostituì Don Giovanni d'Austria nel governo di quei territori. Fin da quando aveva assunto il comando, il nuovo governatore aveva ritenuto opportuno rivolgersi al principe sabaudo per essere ben informato sulla situazione politica ed economica della regione.[210] Negli anni seguenti e fino alla morte di Emanuele Filiberto (1580), il Farnese continuò ad informare il duca sulla situazione fiamminga, chiedendo pareri e ricevendo in risposta consigli di natura amministrativa e militare. Nel gennaio 1579, per esempio, ringraziò Emanuele Filiberto per avergli inviato delle lettere in cui esponeva le difficoltà in cui sarebbe incorso senza i suoi consigli, mentre sei mesi dopo, lo continuava a tenere informato sulle sue attività politiche e militari.[211]

Emanuele Filiberto era probabilmente all'epoca il sovrano europeo più adatto, dopo Filippo II, per raccomandare uomini d'arme con incarichi non secondari nell'esercito di Alessandro Farnese, tanto più che il Piemonte era in Italia una delle principali aree di raccolta e partenza delle truppe spagnole nei teatri di guerra europei. Tra maggio e giugno del 1582 partirono da Torino alla volta delle Fiandre due dei fratelli Godi, Marco e Paolo Antonio; almeno un altro, probabilmente Antonio, si era recato a Parma per ottenere una lettera di presentazione da mostrare al Farnese una volta arrivato nell'accampamento militare.[212]

209. Nel 1578 l'ambasciatore veneto a Torino Matteo Zane asseriva che «il re Cattolico fa quella stima e capitale della persona del signor Duca che si vede ogni giorno dagli effetti, perché [...] nelle risoluzioni per la guerra di Fiandra, in tutte queste trattazioni, Sua Altezza vi ha avuto di continuo gran parte e in esse il re gli ha prestato sempre gran credenza» in *Relazioni di ambasciatori veneti*, p. 334.

210. AST, *Corte*, *Lettere di principi Forestieri*, *Parma*, m. I, lettere del 2 ottobre 1578 e *Relazioni di ambasciatori veneti*, p. 340.

211. Ivi, lettere del 1 gennaio e del 30 giugno 1579.

212. Prima di partire da Vicenza per Torino e quindi per le Fiandre Paolo Antonio Godi fece testamento in BCBVi, AG, *Processi*, *m. 109*, b. 299, n. 2117, *Per contesse*

Dunque, casualmente o volutamente, i fratelli Godi partirono da Torino subito dopo l'arrivo di Filippo Pigafetta, un loro cugino che svolgeva il compito di informatore al soldo della Spagna. Filippo era di passaggio a Torino, essendo diretto a Londra per ottenere informazioni militari ed era accompagnato da Antonio Maria Ragona, un altro vicentino che invece «raccoglieva crediti» commerciali per conto del parente Vincenzo Scroffa, in quell'occasione Filippo potrebbe avere avuto un incarico segreto per i Godi. Infatti, proprio tra Torino e Vercelli si stavano ammassando le truppe dove era di stanza Guido Piovene, un altro vicentino, maestro di campo di Sua Altezza, sovraintendeva a

> forse diecimila fanti tra Spagnuoli ed Italiani, e mille cavalli del Regno di Napoli che già erano in viaggio ed avevano a passare vicino a Genova per congiongersi poi col resto dell'essercito in Fiandra, i quali in andando averebbono favorito l'impresa.[213]

La partenza dei Godi per le Fiandre era stata anticipata dall'invio di alcune lettere di presentazione da parte dell'ambasciatore veneziano a Parigi Giovanni Moro: questi scrisse parole di elogio nei confronti dei vicentini, che aveva conosciuto di persona quando era stato podestà a Vicenza. La nuova strategia famigliare sembra coincidere, in parte, con quella politica veneziana. Le lettere del diplomatico furono indirizzate all'ambasciatore di Spagna ed è verosimile che anche in questo caso fossero gli stessi Godi a richiederne la lettera di presentazione, per apparire sotto migliore luce quando si fossero presentati di fronte ad Alessandro Farnese.

I motivi della partenza per le Fiandre erano due: economici (i bottini di guerra ottenuti dal servizio, importanti soprattutto per coloro che avevano

sorelle Godi contro conti Garzadori. Testamenti, 15 giugno 1579, testamento di Paolo Antonio figlio di Pietro, c. 41r. Dal 1565 aveva funzioni di maggiordomo del duca il vicentino Cristoforo Trissino presso la corte di Parma, in Barbarano de Mironi, *Historia Ecclesiastica della Città*, vol. IV, p. 373. Nei primi anni Ottanta arrivarono a studiare a Parma diversi rampolli vicentini, che avevano rinunciato a Padova per motivazioni politiche, ma anche per la qualità dell'istruzione, in RRV, vol. VII, pp. 153-155. I Godi erano quasi certamente in contatto con i molti nobili di Parma che vivevano da alcuni anni nella corte sabauda, si veda Sabbadini, *La grazia e l'onore*, pp. 162-163.

213. BAM, *ms. D 90 inf.*, Antonio Maria Ragona, *Viaggio d'Italia*, c. 2r. A c. 19v viene riportato che c'erano circa 4.000 spagnoli e 6.000 italiani. Si ringrazia per la trascrizione il dott. Alessandro Tuzzato che sta analizzando il manoscritto per una prossima pubblicazione. Sui soldati italiani nelle Fiandre si vedano Maffi, *Cacciatori di Gloria*, in part. per il Cinquecento si vedano le pp. 73-76 e Gonzáles de León, *The Road to Rocroi*, pp. 71-72.

contratto debiti in patria) e militari.[214] Nel 1582 la situazione nella regione era incandescente. La guerra andava per le lunghe ed era stata da poco presa la città di Audenarde. All'assedio avevano partecipato molti soldati provenienti dalle città della Terraferma mossi da aspirazioni personali e da ambizioni a riconoscimenti che non sarebbero riusciti probabilmente ad ottenere così facilmente in patria. A metà degli anni Ottanta combatterono nelle Fiandre quasi tutti i rampolli, generalmente non primogeniti, delle nobili famiglie vicentine che appartenevano alla fazione dei Capra. Proprio uno di loro, Marcantonio Trissino, già paggio del duca di Parma, ebbe il titolo di capitano ed era a capo di seicento fanti.[215] Se non fu Filippo Pigafetta, furono il Trissino o i fratelli di Gianpaolo Baglioni, conosciuti e frequentati nella corte di Torino, il possibile tramite per chiamare in Fiandra i fratelli Godi.[216] I Paesi Bassi rappresentarono la grande scuola di formazione per tutti coloro che avessero una qualche ambizione in campo militare: lì, infatti, si collaudavano le tecniche belliche più aggiornate, si poteva giungere ai gradi più elevati della milizia in tempi relativamente brevi, nascevano e si consolidavano amicizie e relazioni con i comandanti più prestigiosi dell'epoca e, inoltre, c'era la possibilità di arricchirsi con i bottini di guerra.[217]

Numerosi furono i vicentini che si arruolarono negli anni Ottanta e Novanta del Cinquecento, e quasi sempre dalla parte del sovrano cattolico. Tra le famiglie che inviarono un numero cospicuo di combattenti si possono citare i Trissino e i Valmarana e proprio alcuni membri di questo casato raccontarono le loro gesta al cronista aquilano, poi vicentino d'adozione, Cesare Campana, il quale scrisse due libri sulla guerra di Fiandra.[218] Nello schieramento vicentino avverso ai Capra, cioè quello

214. BCBVi, AG, *Processi*, *m. LII*, b. 242, e anche in ASVi, *Notarile*, notaio Valentino Marchesini, reg. 8226, 26 aprile 1588: «Essendo che alli giorni passati sia passato di questa a miglior vita nelle parti di Fiandra il magnifico domino Camillo figliolo del quondam magnifico et eccellentissimo domino Carlo fu del quondam magnifico domino Constantino Sesso herede instituito dal dito suo avo havendo lasciato doppo se uno unico figliolo chiamato Carlo suo herede et appresso la sua facultà aggravata di molta quantità di debiti il pagamento de quali da creditori era instato et ricercato».

215. «25 febbraio 1587. È tornato di Fiandra il conte Vicenzo fiolo del conte Piero Capra, stato paggio del duca di Parma che ha scritto a suo padre del bon servizio avuto», in Bortolan, *Cronaca di Fabio Monza*, pp. 29 e 33. Sul Trissino: Povolo, *Furore. Elaborazione di un'emozione*.

216. Brunelli, *Soldati del papa*, p. 69 e Maffi, *Cacciatori di Gloria*, pp. 96-97.

217. Pezzolo, *Nobiltà militare e potere*, p. 408.

218. Marcantonio Trissino combatté tra gli anni Ottanta e Novanta del Cinquecento e dettò il suo testamento il 2 gennaio 1604 «sotto Ostende nella provincia di Fiandra

dei da Porto, pochissimi (probabilmente solo un paio) si recarono nelle Fiandre, ma si ignora da che parte furono reclutati, visto che sia i Thiene che i da Porto avevano simpatie per i riformati.[219]

Durante le campagne nei Paesi Bassi guidate dal principe Alessandro Farnese, poi duca di Parma, trovarono impiego soprattutto i simpatizzanti veneti di casa Farnese (tra i vicentini vi erano appunto i Trissino e i Valmarana), che si misero inizialmente in viaggio come volontari, senza la sicurezza del *soldo*. La nobiltà vicentina accorse massicciamente nelle Fiandre e probabilmente l'obiettivo esplicito di tanti giovani nobili era il riconoscimento di una promozione sociale, ovvero le possibilità di "spendere socialmente", una volta ritornati nella propria città, il valore dimostrato nel conflitto come un atto di concreta superiorità sugli altri membri dell'élite berica.[220] Oltre al prestigio personale vi era certamente la speranza che, frequentando ricchi principi, vi fosse la possibilità di entrare nelle loro corti una volta chiuse le operazioni militari.

La stessa Venezia, che non considerava positivamente la presenza di propri sudditi nelle Fiandre al seguito di sovrani stranieri, assecondava però questa pratica perché in questo modo essi sarebbero tornati in patria aggiornati sulle nuove tecniche di guerra. Negli ultimi decenni del Cinquecento molti nobili della Terraferma veneta inseguirono, maggiormente rispetto al passato, le possibilità di questa "militarizzazione" perché in questo modo avrebbero tratto prestigio e onore dalla funzione e dalla carica assunta nel mestiere delle armi.[221]

Probabilmente sulla base di queste motivazioni si erano mossi i due fratelli Godi da Torino. Come si è già visto in precedenza, la decisione

nel campo di Sua Maestà Cattolica», ASVi, *Archivio Trissino*, b. 35, XIV, f. 561; il «26 aprile 1586. Il conte Achille Trissino e il conte Lodovico Trissino, che lo aspetta a Brescia, vanno insieme alla guerra di Fiandra» in Bortolan, *Cronaca di Fabio Monza*, p. 25 e combatterono in Fiandra anche Fregnan Sesso dove morì nel 1596, Attila e Ottavio Trissino, Leonida Quinto in Barbarano de Mironi, *Historia Ecclesiastica della Città*, vol. IV, p. 269-270. Tra la nobiltà vicentina si ricordano anche i militari Gualdo e Galeazzo Priorato, Antonio e Tarquinio Angaran, Alfonso Capra: Campana, *Assedio e riacquisto d'Anversa* e Id., *Della guerra di Fiandra*.

219. Demo, *Mercanti ed eresia a Vicenza*, pp. 85-100.

220. Pezzolo ha dimostrato come proprio a Vicenza alcuni nobili avessero annotato nel proprio percorso professionale la presenza come soldati nelle Fiandre, a manifestare il valore positivo a livello generale di quell'esperienza militare in Pezzolo, *Nobiltà militare e potere*, p. 410.

221. Ivi, pp. 418-419.

definitiva della partenza fu presa nel giugno del 1582. Tra il dicembre del medesimo anno e il gennaio del successivo Paolo Antonio Godi, allontanatosi probabilmente da Parma con i fanti di Alessandro Farnese, era già nei territori del conflitto, come viene descritto in una lettera inviata al duca di Savoia.[222] È abbastanza complesso seguire le vicende dei due fratelli Godi, perché i loro percorsi sono insufficientemente documentati e le fonti non furono redatte direttamente dalle mani dei loro protagonisti. Marco Godi raggiunse con il fratello Paolo Antonio il teatro di guerra, ma probabilmente allora le loro strade si separarono definitivamente. Le poche notizie che trapelarono su Marco a Vicenza sono le testimonianze sulla sua temerarietà durante i combattimenti, il periodo di prigionia nel campo avversario, la liberazione e la morte lontano da casa.[223] Il documento che risulta più interessante per il numero di informazioni è il testamento dettato poco prima della morte ad un notaio di Anversa: probabilmente egli venne a mancare nel 1588, a seguito di una terribile epidemia.[224] Marco Godi fu attorniato da alcune figure che frequentavano i Savoia (tra cui frate Antonio Varesi di Roma, cappellano del conte Niccolò Rangone modenese), mentre i suoi lasciti furono indirizzati verso l'ordine dei gesuiti che lo aveva formato a Vienna e che aveva aperto una casa anche a Vicenza. Tra le sue ultime volontà si segnalano gli obblighi di restituzione per debiti economici o materiali (cavalli) nei confronti degli amici Achille Trissino e Germanico Savorgnan, nobili veneti presenti nel medesimo periodo nelle Fiandre.[225]

Il rapporto tra Marco Godi, i gesuiti e le Fiandre non era casuale. Il loro prestigio si era accresciuto dopo Lepanto e dai primi anni Ottanta

222. BCBVi, AG, *Processi*, b. 200, dicembre 1582 o gennaio 1583.

223. Ivi, *m. VI*, b. 197, n. 101, ultimi tre incartamenti segnati alla fine della miscellanea, s.d., s.n; «20 febbraio 1587. In Fiandra è stato fatto prigioniero dai soldati ugonotti il signor Marco Godi», in Bortolan, *Cronaca di Fabio Monza*, p. 28; BCBVi, AG, *Istrumenti*, *Istrumenti sciolti, m. 133*, b. 133, n. 8729, 1588 26 aprile: «nodaro Romondo di Bacquere, testamento fatto in Anversa dal nobile Marco Godi, con cui prega li nobili suoi fratelli a pagar a diversi vari suoi debiti ivi descritti tra quali alli reverendi padri gesuiti di Vicenza scudi 1500 per occasione dell'opera pia».

224. Credo non sia casuale che Carlo Sesso, un altro nobile vicentino, sia morto ad Anversa nello stesso giorno. È verosimile che sia scatenata un'epidemia nell'accampamento spagnolo: BCBVi, AG, *Processi*, *m. LII*, b. 242, ma anche in ASVi, *Notarile*, notaio Valentino Marchesini, reg. 8226, 26 aprile 1588.

225. Nipote di Giulio Savorgnan e intimo amico di Filippo Pigafetta, Germanico progettò la cittadella di Casale. Sui Savorgnan, Casella, *I Savorgnan*, pp. 131-142.

furono loro affidati dalla Spagna importanti incarichi per il tentativo della conquista dell'Inghilterra. Sia i fratelli Godi che Filippo Pigafetta, in precedenza presente a Torino, furono in rapporto sia con i gesuiti che con Alessandro Farnese per le loro attività di spionaggio nell'isola inglese.

Conclusioni

A metà Cinquecento, nella sua *Descrittione di tutta Italia*, Leandro Alberti definisce Vicenza città «di ricchezze assai abbondante» e abitata da «huomini [...] di vivace ingegno, di grande ardire e molto disposti alle lettere, all'arme ed ai traffichi»[226]. L'insoddisfazione municipale e la necessità del ceto dirigente cittadino di emergere dalla realtà locale si manifestano in un consistente numero di biografie nobiliari; vocazioni spirituali, più o meno eterodosse, predisposizione al commercio e soprattutto la cura nel tessere proficui legami politico-militari con alcuni principi italiani ed europei sono i tratti distintivi di queste personalità.

Un numero cospicuo di membri della nobiltà vicentina guarda con interesse alle proposte della Riforma protestante; alcuni aderiscono alla dottrina luterana, altri soprattutto al calvinismo. Inoltre, nel 1542 si costituisce un'occulta e misteriosa chiesa riformata vicentina e negli anni Sessanta viene scoperto un folto gruppo di calvinisti ben appoggiato dai membri più illustri del patriziato, tra i quali si contano esponenti delle famiglie Thiene, da Porto, Trissino e Angaran. È però presente a Vicenza anche un altro fenomeno, di egual o forse maggiore fortuna, ovvero il dissenso religioso di matrice "conservatrice". Dagli anni Trenta si diffondono anche a Vicenza pratiche nate o sviluppate in territori spagnoli, caratterizzate da slanci di spiritualità non privi di connotazioni radicali e da fervore caritativo, proposti dai barnabiti e dalle angeliche e sostenuti soprattutto dai membri femminili delle famiglie Valmarana, Godi e Gualdo, che talvolta si trasferiscono a Milano (è il caso, ad esempio, di Elisabetta Godi).

La trama della rete vicentina, quanto ai contatti con il resto d'Europa, in nessun campo si apre e si fortifica come in quello economico. Vicenza continua a essere per tutto il XVI secolo una città dallo sviluppo manifatturiero precoce, in gran parte dovuto al lanificio e al setificio. In particolare con l'affermazione di quest'ultimo, si sviluppano la gelsiba-

226. Alberti, *Descrittione di tutta Italia*, f. 383.

chicoltura, la filatura-torcitura e la creazione di flussi commerciali d'ingenti capitali. Questi settori produttivi animano commerci di carattere internazionale, principalmente verso Lione fino al 1572, grazie all'azione di società mercantili dirette da ricche e nobili famiglie cittadine, molte delle quali sono anche committenti palladiane. I Godi si distinguono per aver costituito la prima compagnia mercantile vicentina, che assieme ai Gualdo opera in territorio lionese.

Sul piano politico-militare, infine, troviamo un'altra importante novità, forse uno degli aspetti più rilevanti sul piano della ricerca, ovvero i legami dei nobili vicentini con alcuni principi italiani ed europei e in particolare con il duca di Savoia. Negli anni Cinquanta del Cinquecento, allo scopo di tentare l'ascesa sociale, molti si avventurano come paggi e militari al di fuori dei confini della Repubblica, mettendo a rischio la vita e le proprie fortune; le loro motivazioni vanno individuate nelle legittime ambizioni di personale affermazione, frustrate sul piano politico e dall'atteggiamento dell'oligarchia veneziana.

3. La fama

1. *Antenati mitici: dai Goti ai Godi*

1.1. *Origini cittadine e origini famigliari*

Marc Bloch affermò che «la storia delle famiglie dominanti nella prima età feudale non aveva caratteristiche più salienti della brevità delle loro genealogie»;[1] ed effettivamente fino all'XI secolo i diversi gruppi gentilizi si rifacevano assai vagamente alle proprie genealogie.[2] Il fatto che fossero imprecise non significava però che venissero percepite come irrilevanti; anzi, il carattere approssimativo di queste storie, perlopiù orali, le rendeva facilmente aperte ad accogliere nella narrazione variazioni contingenti, secondo le esigenze dell'aristocrazia. La consapevolezza familiare della memoria genealogica si manifestava quando si sentiva minacciata la purezza del ceto, e la venerazione verso la memoria dei propri avi diventava una celebrazione primaria di preservazione di questa integrità.[3]

La rievocazione del passato delle città forniva una continua interpretazione del presente che si rispecchiava nelle leggende delle singole famiglie cittadine.[4] Infatti, durante il Medioevo, ad esempio, la mitologia legata alle origini di Vicenza faceva capo soprattutto a due tradizioni:

1. Bloch, *La società feudale*, p. 417. Sulla memoria famigliare: *Enquêtes généalogiques et données prosopographiques*; Donati, *Famiglie e memoria familiare*, pp. 61-96 e Bizzocchi, *Genealogie incredibili*.

2. Casey, *La famiglia nella storia*, p. 34.

3. Kaiser, *The Practical Importance of Genealogy*, pp. 455-466.

4. Sulle tradizioni rinvio al capolavoro di Hobsbawm, *Introduzione: Come si inventa una tradizione*, pp. 3-18.

quella pagana con l'insediamento di popolazioni preromane (galliche o cimbriche) e quella biblica con Vinto, il nipote di Noè, che, fermatosi ai piedi dei Berici, decise di fondarvi una città.

Nel 1480 il cronista vicentino Giovanni Battista Pagliarini iniziò la descrizione di Vicenza rappresentandola come una città degna «per la sua antichità e per la nobiltà del suo sangue».[5] Il privilegio di sangue non era un *unicum* presente solo nello scritto del Pagliarini: un altro letterato – in questo caso forestiero – quale Giovanbattista Dragonzino da Fano descrisse ammirato i lignaggi vicentini, decantandoli e richiamandoli per «il chiaro sangue» e l'«antico e nobil sangue vicentino».[6] I nobili consideravano la propria stirpe famigliare come unica; credevano, ad esempio, che, una volta individuato il capostipite, potessero arrivare, di generazione in generazione, all'ultimo componente della famiglia in ordine cronologico; per dimostrare le proprie origini millenarie le élite aristocratiche non disdegnavano la creazione di falsi alberi genealogici *ad hoc* con relazioni tra presente e passato inverosimili, se non del tutto incredibili.[7]

Le genealogie famigliari si mescolavano con le origini mitiche e fondative delle città.[8] Fra Quattro e Cinquecento si reinterpretò la nascita di Vicenza alla luce dei miti della tradizione classica: chi pensò che essa fosse stata fondata da qualche troiano in fuga in Italia, paragonandola per antichità a Roma (e a Padova), e chi ipotizzò che la fondazione fosse dovuta all'arrivo dei «toschani» (etruschi).[9] Ad evidenziarne la romanità è nel 1591 Giacomo Marzari nella storia della città riservata ai concittadini illustri. Egli non fece iniziare la sua storia cittadina dai Galli e dai Cimbri bensì dai Latini.[10]

5. Pagliarini, *Croniche di Vicenza*, pp. 290-291.

6. Dragonzino, *Nobilità di Vicenza*, p. 23. Per rimanere relativamente sui Godi, Enrico Antonio venne definito di «[46v] Enrico Antonio Godi [...] di nobilissima et antiquisima fameglia al par di ogni altra di questa citta fu di singularissime et illustrissime virtu, et eccesse ogni altro di questa citta» in BCBVi, AG, *Processi, m. II*, b. 193, n. 46, *Godi contro figlie di Marcantonio Godi*, c. 44r, 6 aprile 1570. Sul privilegio del sangue: Casanova, *La famiglia italiana*, pp. 43-63.

7. Bizzocchi, *Genealogie incredibili*, pp. 212-252; Preto, *I falsi storici* e in particolare il paragrafo *Genealogie e imposture*. Sulla lunghissima durata della genealogia sui guerrieri: Brunner, *Vita nobiliare e cultura europea*, pp. 85-165.

8. Sulla Lombardia veneta in età moderna, si veda, Valseriati, *Miti fondativi, identità locali*, pp. 47-57.

9. Marzari, *La historia di Vicenza*, pp. 1-18.

10. Ivi, pp. 118-119.

Tra XV e XVI secolo i ceti dirigenti moltiplicarono le storie riguardanti la presenza fissa *in loco* dei loro antenati. Questo fenomeno, forse poco trattato dalla storiografia, risulta rilevante perché in precedenza le tradizioni famigliari basavano perlopiù le loro origini su un'odissea famigliare: fino al Trecento i primordi genealogici dei più importanti ceppi nobiliari venivano descritti come un viaggio da un luogo all'altro in quanto la mobilità trasmetteva un'immagine di autorevolezza. Nel Cinquecento, invece, l'idea dello stanziamento definitivo divenne centrale e l'importanza dell'immobilità venne dimostrata attraverso proprietà secolari, prerogative antichissime e la purezza del sangue.[11] La sacralità del sangue doveva certificare la compattezza della famiglia e rammentare a tutti i membri la discendenza da un unico capostipite. Se nei secoli precedenti Coluccio Salutati polemizzò con chi usava «chiamare nobili coloro che sono ragguardevoli per la rinomanza dei loro antenati [e coloro che sono noti] nel sangue»,[12] dalla fine del Quattrocento il lignaggio assunse una rinnovata importanza.

La memoria familiare esiste prima dei documenti e, fissato questo rapporto di antecedenza, si può stabilire una sorta di biunivocità tra memoria e documento: la prima crea il secondo che, a sua volta, perpetua o genera ricordi presso le generazioni successive. Verificata la relazione che si crea fra memoria e documento, si può così ben comprendere l'importanza di una realtà che raccolga e preservi le testimonianze della memoria qual è l'archivio familiare: esso permette che si formi un ricordo che si stratifica di generazione in generazione, e che proprio dall'accumulo delle carte viene regolato e garantito. Prima le leggende e poi i documenti diventano essenziali per discutere di futuro e di passato. Più la storia famigliare è illustre, maggiori sono le opportunità di apparentarsi con casati probabilmente meno famosi, ma più facoltosi che si sentono onorati di avvicendarsi con i primi.

I documenti presso gli archivi nobiliari assunsero negli anni sempre maggiore rilevanza per garantire l'antichità della casata. Proteggere le vetuste pergamene era un compito importante che generalmente spettava al

11. Casey, *Family and Community*, pp. 171-172: «More and more it proved necessary in the sixteenth and seventeenth centuries to establish the identity of one's family – for entry to colleges, for example, or to posts with the Holy Office, or to a range of other positions which required "purity of blood"»; sul sangue, Patrizi, *La città felice*; Possevino, *Dialogo dell'honore*.

12. Salutati, *Epistolario*, vol. III, pp. 644-653. Su queste tematiche, Castelnuovo, *Être noble dans la cité*, relativamente al sangue nobiliare pp. 189-204, mentre su una nuova concezione di nobiltà pp. 399-407.

primogenito: la tutela del patrimonio documentale doveva essere condotta con cura in quanto si trattava, a tutti gli effetti, di un tesoro di famiglia. Infatti in molte famiglie, soprattutto della nobiltà toscana, laziale e veneta – aristocrazie che presentavano molte caratteristiche culturali comuni – sorse il bisogno di appuntare certi accadimenti personali e conservare le lettere. Nella Repubblica di Venezia, e soprattutto per le città di Vicenza e Verona, gli studiosi hanno ricercato per circa un ventennio questi rari documenti negli archivi nobiliari chiamati *Libri di ricordi* o *Libri di famiglia*.[13] Nell'archivio della famiglia Godi mancano memorie «a metà tra il libro-archivio e il libro-zibaldone, le quali solo apparentemente possono dare l'impressione di aggregati casuali»,[14] ma esistono comunque lettere personali redatte tra il Quattrocento e il Settecento, raccolte in una sola unità archivistica. Le lettere non appartengono solo al ramo genealogico fondamentale della famiglia, ovvero ai discendenti di Enrico Antonio: si può quindi confermare che la famiglia Godi avesse precise idee sull'importanza della conservazione della memoria del proprio lignaggio. Nell'archivio compaiono appunti personali presenti in alcuni brevi regesti di tenuta contabile: anche se il carattere economico appare predominante, i rarissimi appunti, spesso incoerenti, si trovano per la quasi totalità nei libri di conti.[15]

In tutti gli archivi nobiliari non mancano le attestazioni del lignaggio che facevano riferimenti all'unità famigliare legittimata da un antenato comune e percepita in maniera estesa sul piano delle relazioni di parentela.[16] I nobili non apprendevano il nome dell'antenato progenitore attraverso la lettura delle pergamene, ma lo potevano conoscere più facilmente grazie

13. Per una storia sociale, culturale e mentale: Grubb, *Provincial Families of the Renaissance*, pp. 12-87; Grubb, *I libri di famiglia*, pp. 133-158 e *Family Memoirs from Venice*, pp. IX-XXX.

14. *La scrittura dei libri di famiglia*, p. 1138.

15. BCBVi, AG, *Processi, m. LII*, b. 242, n. 1124, Vicenza. *Processus magnifici Vincentii et Giulii de Godis quondam magnifici domini Christofori et nepotis et quondam Francesco eorum contra magnificum dominum Lelium de Gualdo*, s.n.c., s.d. «Io Isabetta suprascritta dal signor Giacomo [Valmarana] ducati dieci scossi dal linarollo per anno 1550 che non erano in questo libro né in lo soprascritto saldo»; sul tema della memoria negli appunti famigliari: Irace, *La memoria formalizzata*, pp. 73-103; Id., *Dai Ricordi ai Memoriali*, pp. 141-161; Bizzocchi, *Memoria famigliare e identità cittadina*, pp. 123-134 e Gamberini, *La memoria dei gentiluomini*.

16. Goody, *Famiglia e matrimonio in Europa*, pp. 261-280; Segalen, *Historical Anthropology of the Family*; *Love, Marriage and Family Ties*; Black, *Early Modern Italy*, pp. 107-128.

ai nomi tracciati negli alberi genealogici: la conoscenza della propria genealogia diventava uno strumento per mantenere chiari e saldi i rapporti di parentela. Tutti gli occhi però erano attratti dal fondatore: lo si individuava solitamente nell'estremità più alta della carta genealogica (più raramente in basso) e da lui iniziavano raggi o radici da cui si sviluppava tutta la progenie. Nell'archivio nobiliare ci si imbatte soprattutto nelle genealogie incredibili che faticosamente risalgono a rintracciare illustri, anche se poco convincenti, antenati.[17] Quello del fondatore era uno dei temi genealogici considerato di grande importanza dai contemporanei: così il cronista Ferreto Ferreti definiva i Trissino come una famiglia sorta da un antenato comune, anche se subito divisa «in propagines multas»; la genealogia doveva preservare «i nomi eterni»[18] e i discendenti dovevano conoscere tutti i nomi del loro ramo genealogico, partendo dal capostipite.

Le origini famigliari mutavano secondo la moda del tempo, esse influivano sulle singole genealogie dei lignaggi. Così, durante il Medioevo, alcuni nobili preferirono rifarsi ad un passato gallo-cimbro e barbarico, mentre in età moderna adottarono una tradizione più classica richiamandosi ai Greci e ai Romani. Ad esempio i Trissino mutarono ripetutamente idea sulle loro origini e probabilmente ebbero una risonanza di pubblicazioni e aneddoti maggiore rispetto ad altre famiglie, anche per merito dell'illustre Giangiorgio. Le tradizioni famigliari dei Trissino, elogiate dai cronisti del Medioevo e descritte ampiamente nell'*Italia Liberata dai Goti*, anche se in certi punti avvolte in tenebre troppo misteriose per portare a una qualche conclusione, si facevano risalire ad un greco proveniente da Trezene, approdato in Italia ai tempi di Belisario. Tra Due e Trecento i genealogisti ipotizzarono che i Trissino fossero i discendenti degli antichi «Drepsinates» o di quei cimbri che avevano invaso i confini settentrionali d'Italia.[19] Per altri, i Trissino erano «la più potente ed illustre famiglia del comitato vicentino [...] probabilmente di origine germanica [...] importata in Italia da un Corrado, che era al seguito dell'imperatore Ottone I».[20] La famiglia Trissino, a differenza di altri gruppi vicentini che

17. Bizzocchi, *Genealogie incredibili*, pp. 9 e 68-90.

18. Dragonzino, *Nobilità di Vicenza*, pp. 22-23.

19. Beni, *Trattato della origine della famiglia Trissina*; Da Schio, *Decreto Edilizio*, pp. 23-25.

20. Megna, *Storie patrizie*, pp. 234-235; Spreti, *Enciclopedia storico-nobiliare italiana*, vol. VI, p. 717. Su genealogie e prove documentarie: Foti, *Discorsi genealogici e prove documentarie*, pp. 341-390.

cercarono invece di oscurare le origini non proprio nobili se non addirittura provenienti dalle attività *meccaniche*, visse l'orgoglio per l'esistenza di antenati mitici con una viva partecipazione.[21]

La memoria del lignaggio si rispecchiava anche nell'onomastica famigliare. La coesione del corredo dei nomi si riproduceva, infatti, in quella del lignaggio: ad esempio nella famiglia Godi, tra Quattro e Cinquecento, la metà dei componenti maschi venne battezzata con il nome di Pietro, Antonio o Alessandro, mentre per le femmine si scelse perlopiù Ottavia.[22] Pietro era un chiaro riferimento al primo vescovo di Roma, esemplificava la sacralità e l'unitarietà della stirpe; era molto diffuso tra i figli dei Godi che si erano recati a Roma nel corso del Quattrocento, per semplici pellegrinaggi o per più lunghi periodi con incarichi curiali, specialmente dopo la fortunata esperienza professionale di Pietro Godi con Niccolò V. La frequenza d'uso dei nomi Alessandro e Ottavia aumentò repentinamente dalla seconda metà del Cinquecento, quando una certa tendenza classica (greca e romana) si impose anche nella nomenclatura famigliare (in minor misura si assegnarono anche altri nomi quali Cesare, Giulio, Marco Antonio e Orazio). La preponderanza dei nomi Alessandro e Ottavia poteva però avere anche un'altra motivazione: infatti, dalla metà del Cinquecento alcuni componenti della famiglia Godi si distinsero negli eserciti piemontesi e parmigiani tra l'Italia e le Fiandre, militando sotto le insegne di Alessandro e Ottavio Farnese. Un nome che era comune a tutti i nobili lignaggi vicentini, ma che nel corso dell'età moderna gradualmente si ridusse, era Vincenzo (e il suo omologo femminile Vincenza), un nominativo legato al patrono cittadino.

1.2. *La leggenda dei Godi*

Le glorie domestiche e cittadine si fondevano rappresentativamente assieme e anche per i Godi si accertarono almeno tre capostipiti fra Medioevo ed età moderna in base alle mode vicentine: un germanico denominato Godo, un latino-romano e infine un cavaliere di nome Pietro Godi al soldo

21. Murdoch, *Fabricating Nobility*, pp. 37-52.

22. Si sono raccolti attraverso una serie di alberi genealogici i nomi dei Godi vicentini dal 1450 al 1600 (un po' meno di un migliaio: dagli elenchi mancavano quasi tutti gli ecclesiastici, quasi tutte le donne e i bambini deceduti prematuramente). Si vedano inoltre Mitterauer, *Antenati e santi*, pp. 21-25. Sulla scelta dei nomi in Veneto: Grubb, *La Famiglia, la Roba e la Religione*, pp. 80-87.

dell'imperatore.[23] La leggenda dei Godi germanici derivati dai Goti era malvista in terra vicentina. Il nome dei Goti, altrove detti Gotti, nel corso del Quattrocento venne respinto dai più perché richiamava violenze e barbarie. Infatti, in un documento della famiglia Godi si affermava che una delle ipotesi della loro origine fosse «dai Gothi [...] ma perché esso nome de Gothi era odioso a tutto al mondo»[24] e specialmente in Italia, cambiarono il cognome da Gothi in Godi. Nell'*Italia Liberata dai Goti* di Giangiorgio Trissino, e in specie, nel titolo, c'è una nota polemica nei confronti dei nostri. Infatti, negli anni della stampa del suo volume i Godi rappresentavano un lignaggio avverso a quello dello scrittore. Nella sua storia Giangiorgio Trissino narrò che i Godi in Vicenza si contrapposero alle origini della propria famiglia quando fecero ritorno in Italia con «Belisario Capitano Generalissimo dell'Imperator Giustiniano contro Gotti, che secondo Baronio fu circa l'anno Cinquecento trentacinque».[25] Esattamente ad un secolo di distanza dal documento in cui si smentivano le origini barbariche, Filippo Pigafetta, un cugino dei Godi, riportò che in Spagna «la nobiltà castigliana si gloriava di essere del nobil sangue dei Gotti e nati nelle Asturie». Egli continuò descrivendo che in Castiglia e in Portogallo vivevano popolazioni di cui lui non sapeva se preferivano «più tosto esser Gotti o Romani, ma questo pare per aventura fuor del caso».[26] Nel Cinquecento in Italia si preferiva discendere dai Romani e, infatti, i Godi si fecero portavoce di una doppia tradizione, dichiarandosi discendenti anche da alcuni cittadini romani provenienti da Ferrara che nel 949 arrivarono a Vicenza.[27]

23. Ventura, *Nobiltà e popolo*, p. 297.

24. BCBVi, *ms. 485* (Godi), c. 11r e Berrendero, *La Idea de nobleza* e *L'Italia dei cognomi*.

25. «Questa famiglia [Trissino] fino innanzi la nascita di Giesù Cristo da Maria Vergine, habitò in Vicenza, se bene poi per le persecutioni degli Eruli quando s'impadronì d'Italia circa l'anno di Cristo Quattrocento settanta cinque, ritornò in Oriente, di dove prima venne, cioé d'alcuni detti da Greci Troezenij, è da Latini Trissini, e ivi dimorata un tempo fece ritorno in Italia quando vi venne Belisario Capitano Generalissimo dell'Imperator Giustiniano contro Gotti, che secondo Baronio fu circa l'anno Cinquecento trentacinque» in Barbarano de Mironi, *Historia Ecclesiastica della Città*, vol. I, p. 121. Sulla visione politica del volume del ghibellino Trissino, Bonora, *Aspettando l'imperatore*, pp. 223-225.

26. BAM, *ms. D 90 inf.*, Antonio Maria Ragona, *Viaggio d'Italia in Francia, Inghilterra, Hispagna*, c. 46r.

27. L'idea dei Goti come popolo barbaro fu rivalutata nell'Ottocento: Archivio Storico Comune di Malo (Vi), 1810, n° 22560, «troviam nella storia che nell'anno 555, era cristiana finita la guerra dei Goti ch'era durata per lo spazio di quasi 20 anni, alcuni fra essi

Il sangue puro di una genealogia doveva risalire ai romani, meglio se a qualche membro specifico di congiunti imperiali: tra alberi genealogici e memorie incredibili si può comprendere come i Godi tra Quattro e Cinquecento si identificassero con la cultura romana di età classica, nel periodo tra Repubblica e Impero.[28] Grande era l'interesse culturale, soprattutto artistico, per Roma e per le sue antichità: d'altronde molti componenti dei Godi si stabilirono nella città eterna e vi morirono tra Quattro e Cinquecento.[29] I Godi inoltre collezionavano e custodivano gelosamente medaglie, nonché monete d'oro e d'argento, come si rileva dalle dichiarazioni del fattore della famiglia che nella seconda metà del Cinquecento affermò che possedevano «forse sessanta medaglie et più antique d'argento, che havevano su teste alla romana» ed erano molto pesanti. Egli ribadì inoltre che «alcune di quelle teste erano dorate sopra l'oro [ed] essere puri argenti».[30]

Venezia si sentiva erede di Roma, ma una parte maggioritaria della nobiltà vicentina nel secondo Cinquecento voleva far credere polemicamente di essere la vera depositaria della civiltà latina prima ancora dei veneziani, perché le sue origini erano direttamente collegate a quelle della città di Romolo e Remo.[31] Da questo punto di vista quei circoli culturali che prima Giangiorgio Trissino e poi Girolamo Godi frequentarono assieme ai patrizi veneziani (come Pietro Bembo e i Barbaro) dovevano servire ad un rilancio del classicismo in Terraferma da praticarsi con lo studio degli scrittori

che non vollero riconoscer l'imperio e che speravano con qualche occasione di ricuperare il loro stato, si ritirarono nei monti ove fabbricarono molti luoghi, nei quali per le nuove genti che in Italia sopravvennero si fermarono coi loro discendenti, né mai più di quelli discesero. Tra questi nel vicentino fu il castello di Malo così detto da Amali, che nella divisione dei Goti in due parti, dominava gli orientali, che Ostrogoti furono detti», 30 settembre 1810. Secondo il Tomasini la casata Godi poteva essere originaria di Goito, in Lombardia, o di Godio, frazione di Udine; secondo il Da Schio era invece originaria di S. Pietro in Gù, perché nei primi documenti appariva "de Gude".

28. BCBVi, AG, *Processi*, *m. VI*, b. 198, n. 101, *Antichità e nobiltà della famiglia Godi*, 1r-5v.

29. BCBVi, AG, *Istrumenti*, *Istrumenti sciolti*, *m. XX*, b. 21, n. 747, 1 gennaio 1475 e BCBVi, AG, *Istrumenti*, *Istrumenti sciolti*, *m. LXXV*, b. 75, n. 3153, 4 dicembre 1525. Mentre su Verona: Lanaro, *Un'oligarchia urbana*, pp. 212-213.

30. BCBVi, AG, *Processi*, *m. II*, b. 193, n. 46, *Godi contro figlie di Marcantonio Godi*, 46r, testimone di Francesco Capa *quondam* Matteo de Barbarano, fattore di domino Marcantonio.

31. Cozzi, *Ambiente veneziano, ambiente veneto*, pp. 321-322.

latini, con un'architettura come quella palladiana che si rifaceva a Vitruvio e con la ricerca spasmodica di rovine mediante un approccio che più modernamente si potrebbe definire archeologico, di cui non è un isolato, ma indicativo esempio la raccolta delle monete dei Godi. La stessa Vicenza sarebbe diventata la città palladiana per antonomasia, dove la praticità si coniugava con i dettami della cultura classica.

Nel primo capitolo ci si è soffermati sul riposizionamento politico dei Godi negli anni Quaranta quando essi si avvicinarono ai membri della famiglia Valmarana, e quindi all'ideologia imperiale, e ciò incise anche sulla rappresentazione del loro lignaggio nei confronti degli altri nobili della città berica. I Godi recuperarono i documenti che provavano la loro fedeltà imperiale, anzi, dimostrarono che la loro stessa nobiltà derivava dal privilegio della nomina al rango di cavalierato da parte di un imperatore, intorno all'XI secolo. Il mitico passato cavalleresco e la ricerca di una nuova romanità permettevano loro di avvicinarsi all'ideologia imperiale; tuttavia ciò comportava inevitabilmente una distanza nei confronti del patriziato lagunare.[32] Da una parte le città della Terraferma veneta tra Cinque e Seicento pubblicarono un numero maggiore di genealogie famigliari rispetto ad altre realtà per rimarcare una sorta di peculiarità politica rispetto a Venezia; dall'altra nuovi studi mostrano che anche Venezia fu influenzata da questa moda.[33] Prendendo in considerazione Vicenza e Verona, da un rapido conteggio sembrerebbe comunque che l'élite di Terraferma fosse interessata a manifestare pubblicamente la propria identità in maggior misura rispetto al patriziato della Dominante, che commissionava ricerche genealogiche attinenti all'archivio familiare o che al massimo venivano esibite durante le rare prove di nobiltà. È certo che tra le città di Terraferma e la Dominante, almeno nel corso del Cinquecento, c'è una stessa «espressione dell'equilibrato rapporto fra classe dirigente, governo repubblicano e rievocazione della città; è memoria di ceto più che di singole famiglie».[34] Le differenze più rilevanti riguardano il fatto che la memoria di Venezia dipendeva in misura particolarmente forte dalla necessità di conservare la documentazione per gli archivi pubblici; mentre

32. Lanaro, *Un'oligarchia urbana*, p. 214. Sulla genealogia come sorta di cartina di tornasole politica: Bizzocchi, *Genealogie incredibili*, pp. 211-252 e in part. per Venezia pp. 242-252.

33. Raines, *L'invention du mythe aristocratique*, pp. 401-403 e 453-552.

34. Bizzocchi, *Genealogie incredibili*, pp. 262-263.

per i lignaggi di Vicenza o Verona il bisogno era, il contrario, quello di manifestare avversione nei confronti dei patrizi veneziani.

Il primo documento che rimanda al capostipite cavaliere dei Godi risale ai primi anni Ottanta del Quattrocento, anche se venne diffuso solo alla metà del secolo successivo. Il documento è una sorta di memoriale della famiglia, o un finto memoriale, redatto a Roma a mo' di lettera da un cugino dei Godi vicentini, che voleva fare il punto sulle origini del lignaggio e sul concetto di nobiltà della famiglia, oltre a dare consigli per ai discendenti. Vi si afferma che si tratta di «famiglia assai nobile et antiqua et haveva havuto origine non da basso e vile», ma da illustri antenati. Alvise Godi, l'autore della lettera, scrive di aver ascoltato dai suoi padri «noticia de cose antique», ma di aver deciso di redigere il memoriale perché era stato trovato un nuovo libro nel quale si narrava che i Godi avevano «habuto principio da un messier Henrico Godher lassato cum alguni Alemanni al guberno de Verona et de Vicentia da Henrico III Imperatore lo anno Mille et Sessanta Tri».[35] Egli continua la lettera-memoriale invitando i giovani della famiglia a essere

> dotati et ornati de virtute perciò che essa virtute sola è quella che nobilita et fa splendido et generoso lo homo, quantunque fosse ben nassuto de vile loco et ignobile padre» perché i figli dotti dovevano «viver cum honore et reputatione.[36]

Il Godi romano conclude invitando a perseguire la virtù, piuttosto che le ricchezze: la virtù è più duratura e soddisfa la patria, oltre che il cognome del lignaggio.[37] Tra Cinque e Seicento altre due leggende rintracciavano l'origine della nomina della dignità equestre: una la faceva risalire al 1082 e la riteneva connessa con Federico II imperatore (improbabile perché all'epoca sedeva Enrico IV), l'altra del 1183, quando Federico I Barbarossa imperatore conferì il titolo a Godo Godi.[38] La necessità di sentirsi quasi obbligatoriamente secolari cortigiani dell'Impero era anche una diretta conseguenza del fatto che alcuni componenti dei Godi studiarono tra gli anni Sessanta e Ot-

35. BCBVi, *Ms. 485* (Godi), c. 11r; la ricostruzione delle origini dei Godi è simili a quelle veronesi coeve *De Origine et laudibus Maffeorum* e il trattatello sull'origine della famiglia Rizzoni tutti prodotti tra il 1480 e il 1482, in Lanaro, *Un'oligarchia urbana*, p. 112 e Varanini, *Tra Firenze e Verona*, pp. 15-42.

36. BCBVi, *Ms. 485* (Godi), c. 11r.

37. *Ivi*, c. 11v «et ge dia gratia per via de virtute per venir a tal grandi de richeze, et honori che li exornano non solamente el nome mio ma anche mazormente la propria patria».

38. BCBVi, *ms. 2426*, Godi (inizi del circa XVII secolo), pp. 1-5; BCBVi, Da Schio, *I Memorabili*, alla voce Godi, *c.* 127r.

tanta del Cinquecento a Vienna: essi probabilmente vollero dimostrare l'antico legame perché ciò avrebbe potuto comportare alcuni incarichi a corte.

Negli alberi genealogici il tronco si distingueva dai rami periferici: ad esempio il ramo più ricco, ovvero quello di Enrico Antonio, si auto-definiva in età moderna dei Godi Maggiori o dei Godoni o della Casa Grande dei Godi.[39] I Godi più poveri tra i cugini vicentini assunsero il diminutivo di Godini (abitanti in contrà San Silvestro, a Vicenza), mentre quelli abitanti a Padova e caduti in disgrazia vennero chiamati Godacci. La medesima situazione si riscontra fra i Trissino: la famiglia dell'illustre letterato Giangiorgio era detta del Vello d'Oro, mentre altri prendevano il soprannome del Bastone. Anche se l'appartenenza al ceto aristocratico restava un comune denominatore, vi era una suddivisione in classi: in base al ramo genealogico di appartenenza il capofamiglia decidevano matrimoni, alleanze e prezzi delle doti.[40] Questo aspetto è significativo e sembra una peculiarità veneta, soprattutto vicentina, perché al momento non ho trovato analoghi casi in altre città fuori dalla Repubblica.

Il termine "famiglia" assume diversi significati in base al contesto specifico di riferimento: come unità domestica, come lignaggio agnatizio strutturato artificialmente per una solidarietà calcolata, oppure, ancora, famiglia come parentela aperta in ogni direzione. Quest'ultima comprendeva più nuclei: i Godi appartenevano nel secondo Cinquecento al clan imperiale con i Valmarana, i Monza, i Garzadori. Tuttavia di un albero genealogico interessava precipuamente solo il ramo diretto che teneva unite le discendenze di padre in figlio, e meno importavano i molti rami parentali, di zii e nipoti, le cui famiglie si diversificano a poco a poco, con derivazioni che andavano divaricandosi in gradi sempre più lontani di parentela.

Gli alberi genealogici erano innanzitutto un riflesso dei valori culturali della società dell'epoca e non deve sorprendere il fatto che le donne e gli

39. Lanaro, *Un'oligarchia urbana*, p. 210 sul «il culto degli alberi genealogici».

40. Sul ramo più povero dei Godi: ASVi, *Notarile*, notaio Daniele Ferretto, b. 4631, 1 settembre 1486 e 23 aprile 1487 e sulle questioni di nobiltà con la famiglia Godi già alla fine del Quattrocento in Zaupa, *Architettura del primo rinascimento*, pp. 171-172: nel 1487 si stava trattando del matrimonio tra Nicolò di Giacomo da Tossignano e Lucrezia di Alberto di Giovanni Godi. Un evento perseguito faticosamente dallo sposo presso «l'antiquissima familia nobilium de Godis» che l'osteggiava per la sua inferiore condizione. Vinsero infine lo «studio, cura et dilligentia» di Nicolò che per «longo tempo» aveva avuto in animo di sposare «unam iuvenem nobilem et formoxam respectu sobolis procreande». Nicolò affidò le sue ultime volontà ad Enrico Antonio Godi.

ecclesiastici, nonostante la loro importanza, ne venissero espunti. L'ansia patrilineare che si coglie nelle decine di *alberi* che si sforzano di descrivere la complessità delle relazioni di parentela e di filiazione potrebbe suggerire la fragilità di una così spiccata ideologia della parentela di fronte non solo agli eventi biologici ma anche ai numerosi conflitti che li attraversavano. I sinuosi alberi genealogici aristocratici evidenziano inoltre fratture, ricomposizioni, improvvise apparizioni di figli naturali il cui destino sembrava essersi smarrito inesorabilmente.

Oltre che nella genealogia, il lignaggio si esprimeva nello sviluppo di una linea di discendenza, sempre progettata dal gruppo famigliare nel tentativo di difesa nei confronti dell'esterno, quasi mai legata a scelte esclusivamente individuali. Infatti i membri di una famiglia si alleavano intorno a un obiettivo comune e il conflitto con un'altra casata veniva diventava l'occasione per rafforzare i legami.[41]

2. *Gestione della casata: il padre di famiglia*

2.1. *Un padre autorevole e autoritario: Enrico Antonio Godi*

Nel primo e secondo capitolo di questo volume è stato analizzato il ruolo professionale e politico di alcuni membri della famiglia Godi, a partire da Enrico Antonio fino a giungere ai suoi nipoti. Ne emerge un quadro storiografico su dinamiche e strategie comuni a molte delle famiglie della Terraferma. Probabilmente l'unica peculiarità dei Godi sta nell'esercizio dell'avvocatura, fra Quattro e Cinquecento, ai livelli più elevati dei palazzi del potere, il che permise loro di muoversi facilmente nel contesto veneziano. Altri personaggi vicentini riuscirono a frequentare patrizi della Dominante per meriti culturali (ad esempio Giangiorgio Trissino e Girolamo Godi) o per contatti mercantili (Vincenzo Scroffa e Vincenzo Godi) o per necessità militari (Giulio Manfron e Paolo Antonio Godi), ma il potere di condizionamento psicologico che un avvocato esercitava sui propri clienti era simile a quello di un confessore: il ruolo di conoscitore di segreti e di mediazione

41. BCBVi, AG, b. 243, Godi contro da Roma, m. 53 n. 1149, *Cause diverse antiche di ragione della Casa Godi contro diversi della famiglia Roma*, *Processus domini Henrici Antonii de Godis contra quondam Stephanum de Roma* e BCBVi, AG, *Processi, m. 63, b. 253, n. 1345, Sententia Ghillina fra Godi et Pioveni*, interessante perché si parla di antica amicizia e di nuova inimicizia.

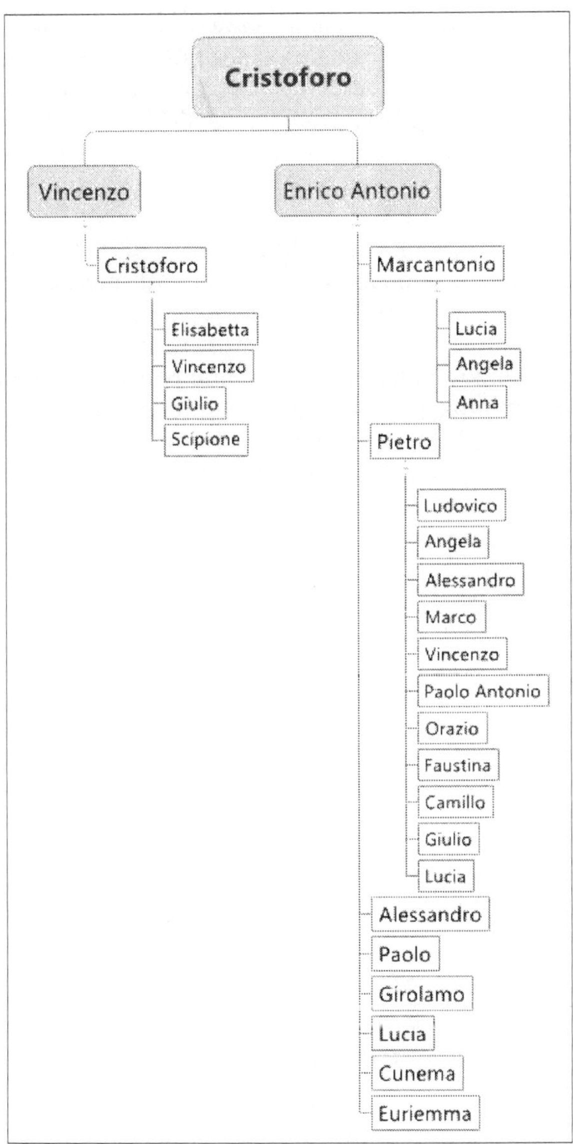

Fig. 4. Ricostruzione dell'albero genealogico della famiglia Godi nel Cinquecento.

rendeva gli avvocati più famosi, come Enrico Antonio Godi, i detentori di una facoltà politica e contrattuale tra le maggiori nell'epoca. È forse riduttivo, ma al contempo esemplificativo, il racconto che Marin Sanudo e altri contemporanei fanno del giorno della nomina di Enrico Antonio a cavaliere della Repubblica. Da questo come da altri momenti si recepisce un ritratto dell'uomo Godi nella sua dimensione pubblica anche se manca, e sarebbe altrettanto interessante, un ritratto privato del medesimo.[42]

Nella storiografia sulla Terraferma veneta, e in generale nella penisola italiana, si sapeva poco delle relazioni all'interno delle famiglie; tuttavia nell'ultimo decennio le ricerche hanno quasi colmato il divario storiografico rispetto agli altri paesi europei.[43] In passato i riferimenti alla gestione privata delle reti parentali venivano perlopiù evitati nelle opere biografiche e famigliari, perché quella intimistica non era considerata "vera storia"; tutti gli sforzi si concentravano piuttosto nel descrivere le imprese militari e politiche degli antenati da imitare. In pochi casi il privato irrompeva bruscamente nel pubblico: si trattava soprattutto di atti estremi, legati a episodi di violenza o alle passioni amorose. Si pensi, ad esempio, al violento conflitto giudiziario tra Giangiorgio Trissino e il primogenito Giulio.[44]

Grazie ad una immensa mole di documenti definita *Processi*, presente presso l'archivio privato dei Godi, è possibile delineare le modalità di azione utilizzate per esibire l'autorità e lo *status* da parte di alcuni capifamiglia e, in particolare, di Enrico Antonio Godi, e del primogenito Marcantonio. Le motivazioni processuali di questi documenti erano essenzialmente economiche, legate cioè alle posizioni di eredi insoddisfatti che pretendevano una maggiore equità nei confronti della discendenza femminile; tuttavia le testimonianze esaminate sembrano suggellare una visione favorevole ai capifamiglia. Sono state quindi individuate in questo paragrafo tutte le informazioni private, soprattutto da parte dei servitori, non utili ai fini processuali, ma foriere di indizi relativi alla rappresentazione che questi capofamiglia volevano dare di sé all'esterno.

42. Si veda, sopra, primo capitolo, p. 94.

43. Österberg, *Friendship and Love*. Per il Veneto un primo tentativo c'era stato in Grubb, *La Famiglia*. Sugli interessi economici in rapporto con quelli politici del lignaggio: Bizzocchi, *In famiglia*. Sul capofamiglia che decide la politica matrimoniale del lignaggio: Tamassia, *La famiglia italiana nei secoli*, pp. 244-245; Hacke, *"Non lo volevo per marito in modo alcuno"*, pp. 203-221.

44. Morsolin, *Giangiorgio Trissino*, p. 294.

I primi elementi che i servitori notavano del loro padrone erano senza dubbio l'abbigliamento e le ricchezze: essi trasmisero ai loro discendenti e radicarono nella memoria comunitaria, a volte esagerando, la magnificenza di Enrico Antonio, cosa che, invece, non accadde in egual misura con le famiglie di città. I suoi fattori ricordavano ancora dopo due decenni che Enrico Antonio con la sua morte «havesse lassatto gran quantità de denari et assai più de ducati do mille».[45] Egli infatti li gestiva personalmente, «teniva il scrigno appresso la sua letiera»[46] e prima di morire Enrico Antonio, desideroso di conoscere quanti *cechini* poteva avere nello scrigno, «li fece numerosi su una tavola» per contarli.

L'abbigliamento e il mobilio della casa si fissarono nella memoria soprattutto dei domestici della campagna rispetto a quelli della città: qui infatti si era più abituati ad una ricchezza nobiliare ostentata e diffusa. Nel 1565 un domestico descrisse come vestiva Enrico Antonio quarant'anni prima: egli generalmente indossava una «veste per suo dosto [dorso] di raso, damascato, ormesino, et di panno con le maniche alla dogalina come si usava [...], longhe et large [...] et delle spaliere».[47] Un altro dichiarò che nell'armadio «haveva una vesta di veludo longa et ne potria haver anche più [...] et haveva delle veste longhe de panno honorate da dottore secondo si usava all'hora».[48] Quando l'illustre avvocato morì nella sua casa furono rinvenute in camera da letto «tapezzine, veste, et altro mobile per il valor de ducati quatrocento, et anche più [...] in credenza tapezzarie, vestimenti, et simil robbe che l'haveva per cinquecento ducati vel circa».[49] In cucina, invece, i servitori contarono per l'inventario

> bacili doi d'arzento, doi bronzini d'arzento, quatro bochali senza coverchio, se non erano più, ma mancho di quatro non erano, et pur assai tazze, et due scudelle dorade [...] et erano la maggior parte ditte arzentarie marcade et bollate di San Marco.[50]

45. BCBVi, AG, *Processi, m. II*, b. 193, n. 45, *Per li nobili Girolamo et Pietro Godi contro le nobili Lucia, Angela et Anna quondam nobile Marc'antonio Godi*, c. 21v.

46. BCBVi, AG, *Processi, m. II*, b. 193, n. 45, *Per li nobili Girolamo et Pietro Godi contro le nobili Lucia, Angela et Anna quondam nobile Marc'antonio Godi*, c. 38v.

47. Ivi, c. 23v, testimonianza rilasciata il 9 giugno 1565.

48. Ivi, c. 39v, testimonianza rilasciata il 4 agosto 1565.

49. Ivi, c. 21v.

50. *Ibidem*, testimonianza rilasciata il 9 giugno 1565 e 23v: «"di queste argentarie ge ne erano parte di schiete, et parte di dorate, et so che le confettiere erano dorate, et anche quelle rechiare delle scudelle, ma dil resto che fusse dorado non ho a memoria". Interogatus de qualitate vestium et tapezzariarum respondixit: "l'haveva delle veste per suo dosto [è il dorso] di

I testimoni più umili che dovettero stendere l'inventario *post mortem* rimasero stupefatti di fronte al materiale che trovarono in quello che si potrebbe definire un moderno studio: oltre ai tappeti di varia origine e ai molti arazzi di Fiandra, essi dischiusero lo scrigno, a seguito di ordini superiori, e si imbatterono nel tesoro delle monete antiche.

D'altra parte i contadini e i domestici serbarono negli anni un ottimo ricordo dell'avvocato: vi è quasi un mito del buon padrone, e ciò fa meditare sia sulla consueta celebrazione positiva della memoria degli eventi passati, comunque siano andati, sia su una velata accusa di una minore abilità dei suoi figli nella gestione degli affari agricoli. Nel 1565, infatti, i contadini, chiamati a testimoniare sui terreni dove avevano lavorato quarant'anni prima e ora residenti in differenti località della provincia vicentina, dichiararono che «messer Rigantonio di Godi [...] haveva bona cognitione et pratica al tempo della sua vita [...] teniva et possedeva [...] li beni et pezze di terra [...] affitandole or scodendo li fitti come fano li veri patroni».[51] Molte testimonianze ribadirono il concetto del «vero padrone» riferito a Enrico Antonio, screditando così in una certa misura i nuovi padroni, ovvero i suoi successori.[52] Tuttora si ignora se questo fosse un semplice *topos* diffuso tra i contadini o un suggerimento dato dall'avvocato durante il dibattimento. Certo è che Enrico Antonio si mostrò ai contemporanei come un proprietario di spessore perché, pur essendo vissuto in terra vicentina solo nell'ultimo ventennio della sua vita, «quando el morse [...] i suoi lavoradori andavano all'obito per sepelirlo»:[53] questo omaggio non era rarissimo, ma nemmeno abituale.

raso, d'almasco, ormesino, et di panno con le maniche alla dogalina come si usava, longhe et large, et haveva delli tapedi delle spaliere, et adornamentj da latiera, et altri mobili, che si tengono per simil persone". Interogatus dixit: "questo è chiaro che chi non han custodia alle veste et tapezzarie, le tarpe le mangiano, et consumano"» e c. 39r «mi non mi ricordo se vedesse dinari dapoi la sua morte perchè non li feci fantasia che era puto giovane [...] io non vi so particolarmente chiarir la quantità né qualità delli argenti che havesse il quondam magnifico messer Enrico Antonio né per quanto valore, ma so ben che'l ne haveva perchè nel tempo che steti con lui vidi che'l manzava sempre con guchiari et pironj d'arzento, et forsi ancho in scudelle [...] messer Girolamo suo fiolo adoperava et haveva delli bacinj et bronzini d'arzento».

51. Ivi, c. 25r, testimonianza rilasciata il 24 giugno 1565.

52. Ivi, c. 27r, testimonianza del 3 luglio 1565 e c. 34v: «messer accoglieva li frutti, overo li affittava, et tirava li fitti come fano li veri patroni». Sul governo della servitù domestica del padre di famiglia, si veda Frigo, *Il padre di famiglia*, pp. 82-91; Cristellon, *«Io volevo tuor quello che mio patre me daria»*, pp. 205-222 e Alberti, *Della famiglia*, pp. 173-268.

53. Ivi, c. 32r, testimonianza del 4 agosto 1565.

È più complesso, invece, analizzare il rapporto fra l'avvocato e i suoi figli: dalla documentazione rimasta sembra che Enrico Antonio fosse con i suoi famigliari estremamente autoritario. Lo stesso primogenito Marcantonio mancava di tutte quelle attenzioni e libertà che in altri lignaggi politicamente affini ai Godi, ma probabilmente con più interessi legati alla mercatura, sono state tramandate. Marcantonio, avendo seguito le orme del padre nell'avvocatura presso il foro della città berica, guadagnava considerevolmente e anche suo fratello Girolamo riusciva a percepire quel che gli sarebbe bastato per vivere autonomamente esigendo affitti dalle possessioni di Lugo, nell'alto vicentino.[54] Tuttavia i due fratelli avevano l'obbligo di vivere con il padre nella sua abitazione e in entrambi i casi ogni minima entrata economica doveva passare per le dirette «mani di messer Rigantonio solo», così «che li figlioli non li potessero dar delle mani suso».[55] Questo atteggiamento, nel momento in cui venne a mancare il padre, fu assunto da Marcantonio, che ebbe «la chiave dil scrigno di danari, perché era lui il magior di ettà, et li altri fratelli li prestavano obedientia, et era quello che spendeva per casa».[56] Sono elementi importanti del "modello di famiglia" che Enrico Antonio impone ai suoi figli, ma che il primogenito non persegue del tutto. Marcantonio, eccezion fatta per il maggiorascato, liberò infatti i fratelli dall'obbligo di convivenza comune. La concezione della famiglia secondo cui predominava il maschio più vecchio d'età (maggiorascato) era diffusa, tanto che la maggior parte dei lignaggi aristocratici dell'epoca fissò le regole di quest'uso per consolidarne la prassi al fine di preservare patrimonio e unitarietà del gruppo. Alla morte di Enrico Antonio si possono individuare alcune questioni interne alla famiglia che nei mesi e negli anni precedenti non erano state affrontate, come ad esempio l'obbligo ad una vita familiare in comune: dall'11 novembre 1536 i figli dell'avvocato poterono esprimere al meglio le loro potenzialità. Dopo appena una settimana

54. Egli non lavorò mai autonomamente, ma solo «per bisogno delle facultà proprie di suo padre» come rilevato in BCBVi, AG, *Processi*, *m. LVI*, b. 246, n. 1194, cc. 6-7.

55. Ivi, cc. 21r, 82r-v.

56. Ivi, cc. 24r-24v. Una concezione di chiusura di Enrico Antonio si riconosce anche nella sua tomba differente da quelle costruite nella cattedrale vicentina delle altre nobili famiglie, si veda in Ivi, cc. 78 r-v, nella cappella Godi chiamata di San Augustino, «nella chiesa di Santo Michielle vi era una sepultura con lastra sopra et era de pria rossa et […] in essa capella […] si fabbricasse una archa in forma di cassa et era posta in alto sopra doi modigioni qual fu tolta via». Sulla gerarchia domestica del padre di famiglia, si veda Frigo, *Il padre di famiglia*, pp. 75-81.

dalla sepoltura del padre, il reverendo canonico della cattedrale Alessandro Godi ritornò a vivere con i fratelli e contemporaneamente il letterato Girolamo preferì trasferirsi stabilmente a Lugo per seguire le fasi della costruzione del suo palazzo palladiano. Tuttavia fu proprio Marcantonio, il primogenito, a cambiare completamente la sua vita: egli aveva iniziato a svolgere la professione di avvocato nel periodo della crisi del 1528, quando morirono numerosi cittadini (e tra questi molti legali), ma «continuò in questo esercitio fino alla morte di suo padre [...] et dopo l'anno 1536 essendo maritato cessò da tal esercitio, ne più faceva faccenda alcuna per tal conto».[57] Si può supporre che Marcantonio non amasse patrocinare cause o che probabilmente ora egli disponesse senza condizioni di quel patrimonio necessario per vivere. Comunque sia, egli non solo abbandonò il proprio lavoro, ma cambiò anche la vita privata, tanto che «pochissimi giorni dopo la morte di suo padre [...] tolse per moglie la magnifica madonna Agnola relicta quondam messer conte Pigafetta».[58]

Forse egli suscitò qualche scandalo quando appena un mese dopo la sepoltura di suo padre, durante le feste di Natale, trasferì nel palazzo dei Godi sua moglie e perfino sua suocera, non ricevendo alcunché in dote.[59] Dopo aver sposato l'innamorata

> subito la vestite honoratamente facendoli molte veste di gran valore, cadene così per cinger come per il zebellino et da collo: comprandoli corsieri di gran precio et careta: di modo che in pochi giorni spese per simil conto più de ducati 1.200 [...] delli denari che haveva lassato suo padre.[60]

Del resto, Enrico Antonio Godi era stato ancora più risoluto in tutte le pratiche che riguardavano il futuro della famiglia, dai contratti agrari alle alleanze matrimoniali. Egli, valente studioso di diritto, volle esprimersi in prima persona anche quando in tribunale erano stati chiamati a deporre i figli, secondo una pratica che aveva come presupposto l'agevolazione di

57. BCBVi, AG, *Processi*, *m. LVI*, b. 246, n. 1194, c. 7.

58. Ivi, c. 6.

59. È probabile che Enrico Antonio Godi fosse stato contrario al matrimonio proprio per l'estrema povertà della donna, come in Ivi, c. 2: «che detta madonna Agnola desse in dote a esso messer Marcantonio alcuna quantità di denari: et così fu commune opinione et giudicio: anzì che havesse delli debiti [...] solamente li diede alcuni beni stabiliti in Brendola».

60. BCBVi, AG, *Processi*, *m. LVI*, b. 246, n. 1194, c. 3. Il 1° ottobre 1539 sua moglie Angela Revese morì, si veda in ASVi, *Notarile*, Notaio Bortolo Carpi, b. 5627, c. 1 ottobre 1539. Marcantonio nel 1547 era risposato con Margherita figlia di Iseppo da Porto.

una risoluzione pacifica, fatta eccezione per un'imputazione minore per la quale egli preferì far testimoniare il suo primogenito.[61] Rigo Antonio valutò personalmente le amicizie dei propri figli, sicché appaiono comprensibili i comportamenti compiuti dai questi ultimi nelle settimane successive alla morte del capofamiglia.[62]

2.2. *La morte del padre e la nuova struttura famigliare*

In tutte le famiglie il padre prediligeva una struttura gerarchica dei ruoli, in modo che al momento della sua morte le problematiche di ordine economico e sociale tra fratelli fossero il più possibile contenute, così da evitare i danni relativi ai contrasti ereditari. Mentre Rigo Antonio era in vita non obbligò alla vita religiosa alcuna delle sue figlie; anzi egli contrattò, con negoziati durante svariati mesi, il loro matrimonio con le famiglie più ricche della città: la primogenita Lucia convolò a nozze con Bernardino da Porto, mentre la più piccola, Euriemma, con Benedetto

61. Tipico era la testimonianza del padre nei processi civili: BCBVi, AG, *Processi, m. II*, b. 193, n. 45, *Per li nobili Girolamo et Pietro Godi contro le nobili Lucia, Angela et Anna quondam nobile Marc'antonio Godi*, c. 1r; BCBVi, AG, *Processi, m. III*, b. 301, n. 3055, 17 settembre 1524, c. 14: «procura del cavaliere e domino Antonio Godi nel nobile domino Marcantonio suo figlio a comparir davanti agli eccellentissimi signori alle ragioni vecchie per taglio della vendita fatta l'anno 1518 della possessione della Manelma al quondam Vicenzo Godi suo fratello che servì detto costituente in data vendita ed a ricever il prezzo esborsato e il valor delle fabbriche e miglioramenti per esso Antonio fatti su detta possessione».

62. BCBVi, AG, *Catastici, t. III* (2 gennaio 1528-28 dicembre 1543), b. 384, n. 4388, 7 agosto 1536 (il documento manca dalla serie *Istrumenti*), notaio Bortolamio Carpi, acquisto del cavalier e domino Enrico Antonio Godi per scudi 1.700, da Valerio *quondam* Antonio Belli [l'orafo Belli!], d'una possessione in cultura del borgo di Pusterla, «sive di Portanuova, in contrà di Brotton, di campi 110 arativi, prativi e brollivi con due case, due teze, e colombara oltre corti, e brolli, appresso il cavalier Gian Giorgio Trissino». Sul tema della conservazione economica del lignaggio: Macrì, *Logiche del lignaggio*, pp. 1 2. Un termine che storici e antropologi hanno meglio definito con quello di *patronage*: Tadmor, *Family and Friends*; *Love, Friendship and Faith*, in part. il saggio di Naomi Tadmor, che esamina il rapporto tra relazioni di vicinato e di amicizia nell'Inghilterra della prima età moderna, pp. 150-176: «In the Middle Age and the sixteenth and seventeenth centuries, the language and gestures of friendship were also employed in unequal relationships: between old and young, regent and courtier, and so on. The dividing line with what perhaps ought to be termed patron-client relationships was often indistinct. Patron-client relationships are meant to incline towards the informal, personal, and reciprocal, and, with a bit of luck, equal besides».

Sesso.[63] Il loro fratello Marcantonio, dottore in legge e cavaliere, che abbiamo visto obbediente al padre finché questi rimase in vita, in quanto primogenito curò le relazioni dei Godi con le altre famiglie vicentine e fu costretto a subire dal padre un matrimonio combinato con la nobile Angela Orefice.[64] Paolo nacque per terzo e come tale fu indirizzato da subito, come in altri moltissimi altri casi di cadetti nelle famiglie vicentine dell'epoca, alla carriera ecclesiastica nella curia romana, ma morì giovane proprio a Roma. La stessa sorte avrebbe dovuto avere Girolamo, cavaliere e letterato, ma probabilmente una qualche malattia di Marcantonio aveva preoccupato Enrico Antonio Godi sul futuro della famiglia e perciò aveva voluto richiamare il figlio minore a sé. Questo spiegherebbe perché si sa così poco dell'infanzia e dell'adolescenza di Girolamo, che sembra essersi formato tra Firenze, Urbino e Roma.[65] Alessandro, circa negli stessi mesi della morte del fratello Paolo, fu costretto ad ambire a un canonicato e a rappresentare la famiglia di fronte agli altri membri cittadini nel Capitolo della cattedrale vicentina. È possibile che per Alessandro distaccarsi dai fratelli sia stato un trauma, tant'è che appena suo padre morì egli tornò con loro. Più enigmatica risulta essere la figura di Pietro, anch'egli, come Marcantonio, addottoratosi in legge e cavaliere al pari del fratello, perché, pur essendo l'ultimo dei figli, gli venne affidato il governo politico del casato e, difatti, solo con lui la famiglia poté contare su una linea di continuità maschile.[66] Pietro si sposò con Cecilia Capra, suggellando quello che si sarebbe rivelato un secolare patto po-

63. Sulle strategie famigliari per preservare il clan: Hurwich, *Noble Strategies*, pp. 27-54. Sulle alleanze matrimoniali fra Godi e le altre famiglie vicentine come i da Porto, Capra, Nievo, Chiericati, Caldogno, Gualdo, Ragona, Poiana, Pigafetta, si veda Pixley, *Patronage and the Construction of Nobility*, pp. 13-14.

64. BCBVi, AG, *Processi*, m. 116, n. 6952, notaio Giacomo Ricciotti d'Arzignan, testamento del cavaliere e domino Marcantonio Godi *quondam* cavalier e domino Enrico Antonio, 11 settembre 1562; ASVi, *Notarile*, notaio Gio Domenico Ricciotti, 11 aprile 1564, codicillo del nobile cavaliere e domino Marcantonio quondam cavalier e domino Enrico Antonio che conferma il testamento del 1562.

65. BCBVi, AG, *Processi*, m. 118, n. 7194, notaio Bernardin Simo fu Marchioro (1541-1547), b. 4289 (564), 16 febbraio 1544, testamento di Girolamo *quondam* Enrico Antonio Godi.

66. ASVi, *Notarile*, Notaio Filippo Zanoni (1543-1584), bb. 7471-7483, testamento di Pietro *quondam* Enrico Antonio Godi, 7 aprile 1573. Sulla mascolinità identificata come nobiltà, si vedano Bourdieu, *Il dominio maschile*, pp. 66-76; *La costruzione dell'identità maschile*, pp. 7-16. Sul rapporto politica e famiglie: *Famiglie e poteri in Italia,* pp. 1-13.

litico con il lignaggio più potente di Vicenza. Pietro condusse la propria vita in maniera simile a quella del padre: anch'egli si stabilì per lungo tempo a Venezia, ritenendo di non essere il beneficiario della fortuna patrimoniale e frequentò importanti uomini politici stranieri e veneziani, e ciò si rivelò decisivo in momenti di tensioni fra la sua città d'origine e la Dominante.[67] I tre tentativi matrimoniali non andarono a buon fine perché egli rimase senza eredi per la prematura morte delle mogli.

Per comprendere la dispersione residenziale è utile comprendere dove i quattro fratelli Marcantonio, Girolamo, Alessandro e Pietro decisero di abitare dopo la morte del padre, pur mantenendo il patrimonio praticamente indiviso (una prima suddivisione venne rogata il 21 novembre 1541, per poi essere ultimata nel 1549). Essi mutarono stile di vita:[68] Marcantonio si stanziò nei palazzi degli avi nelle campagne del basso vicentino tra i possedimenti di Montegalda e di Villaga (e di Fara); Girolamo preferì Lugo, dove si trovava l'allora incompiuta villa di Andrea Palladio, nella pedemontana alto-vicentina; Pietro si trasferì nel palazzo cittadino (e a Sarmego e a Barbarano), da cui poteva scrutare ogni giorno la maestosa basilica;[69] infine il canonico Alessandro passò da una casa all'altra fino alla morte avvenuta nel 1548. Il passato architettonico (il castello medievale di Barbarano) non corrispondeva più al presente

67. Sull'importanza delle reti clientelari, delle alleanze, degli incarichi pubblici si veda, Chapman, *Private Ambition and Political Alliances*, pp. 12-13.

68. Gli stessi mobili rimasero in comune tra i fratelli dopo la morte del padre, si veda in BCBVi, AG, *Processi*, *m. LVI*, b. 246, f. 4: dopo la morte di Marcantonio Agnola con i mobili «li tolse poi come soi propri».

69. Battilotti, *Vicenza al tempo di Andrea Palladio*, pp. 124 e 126. Nel volume di Denis Cosgrove l'autore aveva considerato Pietro e non Marcantonio il maggiore dei fratelli, inoltre la visione agricola era predominante rispetto a qualsiasi altro settore economico. Per quanto riguardava la suddivisione delle abitazioni le sue conclusioni sono radicalmente differenti da quelle esposte sopra: «nel 1549, i tre fratelli si accordarono per l'amministrazione delle diverse parti della tenuta: a Hieronimo (Girolamo) le terre di Lugo-Calvene, a Marcantonio i territori di Fara e Montegalda, e a Pietro i fondi di Sarmego e Barbarano, a sud di Vicenza, ai piedi dei Colli Berici. Hieronimo morì senza discendenti, mentre Marcantonio ebbe solo figlie femmine, così l'intera proprietà terriera passò nelle mani di Pietro che aveva sposato Cecilia Capra, appartenente alla famiglia che infine entrò in possesso di Villa Rotonda. Alla morte di Pietro, nel 1579 [o 1575?], l'intera proprietà terriera passò in eredità ai suoi sette figli maschi alle medesime condizioni precedentemente disposte da Enrico Antonio. Nell'arco di tutto questo periodo, altri fondi vennero ad aggiungersi alle proprietà terriere grazie all'acquisto diretto o in pagamento di debiti», in Cosgrove, *Il paesaggio palladiano*, pp. 192-193.

(l'imponente palazzo a Vicenza), anche se per tutti i visitatori successivi, anche quelli di fine Cinquecento, fu la villa tra i colli di Lugo, a destare attenzione e a stimolare l'immaginario.[70]

È chiaro il tentativo da parte di Enrico Antonio, mentre egli era vivo, di delineare una gerarchia famigliare; tuttavia egli continuò a vanificare ogni personale aspirazione dei figli anche dopo la morte, per mezzo del suo testamento. Come prima disposizione egli ordinò che fosse creato un fedecommesso con una parte delle proprietà degli avi situate nel basso vicentino: «nessuna portione de' beni suoi in Barbaran, Villaga, e vicinanze» avrebbe potuto «mai esser venduta, alienata, permutata, o livellata, né data in dote, né per alcun titolo trasferirsi in altro sia, o non sia della famiglia Godi, se non fosse de' discendenti del testator per linea retta». Questi ordini erano necessari affinché le proprietà potessero restare eternamente sotto il controllo dei discendenti maschi della famiglia, purché fossero

> discendenti per retta linea da detto testator, e se l'ultimo [discendente fosse mancato, si sarebbero lasciati] detti beni al più prossimo agnato di sua famiglia, e non essendovene, alli discendenti delle sue figlie Lucia Porto, Euriema Sesso.[71]

Enrico Antonio proclamò suoi «eredi universali li nobili Marcantonio, Girolamo e Pietro suoi figli, e loro figli, e discendenti maschi provenienti da donna nobile»; nel caso fossero venuti a mancare i discendenti all'interno del lignaggio, la sua eredità sarebbe stata trasmessa ai «più prossimi agnati della famiglia Godi, sempre proibendo ogni alienazione», perché era sua ferrea intenzione che «sempre i beni rimanghino [rimanessero] in famiglia». Alla morte del *paterfamilias* subentrava il figlio maschio e, attraverso il matrimonio legittimo, riproduceva la catena agnatizia. Le figlie, invece, pur personalmente incluse nel legame, così come le sorelle o le zie paterne, non potevano perpetuarlo. Infine, Enrico Antonio istituì erede della sola legittima parte don Alessandro, suo figlio canonico, essendo questi già ben provveduto grazie alla sua prebenda e ai molti benefici.

La costruzione della sepoltura di Enrico Antonio, precisata in ogni dettaglio nel suo testamento, può essere ricondotta sia al percorso della tradizione, sin alle novità del tempo per i suoi elementi artistici e in ge-

70. Pigafetta, *La descrizione del territorio*, p. 46.

71. ASVi, *Notarile*, Notaio Bortolo Carpi (1500-1549), bb. 5624, 7 novembre 1536, testamento di Enrico Antonio Godi. Sulla trasmissione ereditaria si vedano *Family and Inheritance* e *Kinship in Europe*.

nerale culturali. Diversamente da altri nobili vicentini, che preferirono farsi tumulare in immensi sepolcri e cappelle private nella Cattedrale o nel tempio-chiesa di Santa Corona, o ancora nel nuovo santuario di Monte Berico, Rigo Antonio scelse una chiesuola di dimensioni ridotte, ma ben rifinita. Egli seguì personalmente i lavori di costruzione della cappella privata intitolata a Sant'Agostino dove sarebbe stato posto il suo sepolcro, e nelle sue ultime volontà specificò che fossero seppelliti nella sua tomba solo i suoi discendenti maschi e che dopo la sua morte venisse edificato «un altro sepolcro, in cui venghino [venissero] sepelite le femine agnate discendenti da lui et dalla sua netta linea mascolina». Ordinò, inoltre, che la cappella fosse adornata da opere di pregio – ciò spiega la presenza di un quadro commissionato dai figli al Tintoretto – e che alla fine dei lavori venisse chiusa con una porta di ferro, per evitare furti di un arredo funebre di valore cospicuo costituito anche da un'arca di pietra pendente e completamente dorata (si presume solo superficialmente) ornata con l'«arme della famiglia Godi».[72]

Il figlio Pietro Godi tentò di riprodurre con la sua prole lo stesso schema gerarchico della famiglia d'origine: inizialmente egli aveva pensato di indirizzare Paolo Antonio allo studio del diritto, Orazio alla carriera nella curia romana, Ludovico a servire in qualche corte italiana o europea. Alessandro sarebbe tornato politicamente utile nel caso fosse avvenuto qualche incidente al primogenito e Marco e Vincenzo avrebbero studiato dai gesuiti.[73] Dell'ultimogenito Camillo avrebbe deciso in seguito, mentre per la migliore economia famigliare tutte le femmine avrebbero dovuto seguire in la carriera monacale. Le aspettative furono quasi tutte disattese, a parte quelle nei confronti delle figlie. I cambiamenti che erano intercorsi fra la generazione di suo padre e la sua implicavano un maggior interesse per le questioni militari, tanto più per una famiglia che possedeva una secolare tradizione giuridica. Infatti, Paolo Antonio, Orazio, Ludovico, Alessandro

72. Ora il quadro di Jacopo Robusti, detto Tintoretto, intitolato *Sant'Agostino risana gli sciancati* si trova presso i Musei Civici di Vicenza. I documenti inediti sulla cappella sono i seguenti: ASVi, *Notarile*, Notaio Piacentin Bortolo fu Antonio (1517-1557), b. 6164, 24 settembre 1551; ASVi, *Notarile*, Notaio Giuseppe Novale, b. 7764, cc. 277-278, 12 agosto 1557, saldo di Angela e Benedetta figlie et eredi del *quondam* Gio Tagliapietra scultor al cavalier e domino Marcantonio Godi per ducati 333. Sulle tombe nobiliari, si vedano: *Contested Space of Nobility*; Soldat, *Sepulchral Monuments*, pp. 103-126; Grubb, *La Famiglia*, pp. 117-121.

73. Sull'educazione dei figli: Cavina, *Il padre spodestato*, pp. 45-46.

e Marco militarono per un certo tempo al soldo di svariati eserciti italiani ed europei: in particolare Paolo Antonio e Marco si distinsero come valorosi soldati nelle guerre nelle Fiandre.

Pietro Godi non riuscì a imporre sempre il suo volere di padre autoritario come era riuscito nel passato a Enrico Antonio e così non mantenne l'antica promessa di conservare i beni «integri et sanza diminutione alcuna nella famiglia sua», a partire dalla suddivisione dei beni tra lui e suoi fratelli in tre parti uguali che avvenne nel 1549. Altri gravi problemi economici non giunsero dall'esterno, bensì da sua figlia e dalle nipoti. Poco prima che Pietro morisse, Lucia, denominata in più occasioni Lucietta, confessò ai Piovene, una famiglia con cui i Godi avevano in corso una pesante faida, la frustrazione dovuta al fatto che il padre le aveva ordinato di vivere reclusa in casa.[74]

Più amara fu la decennale causa ereditaria intrapresa contro Pietro e suo fratello Girolamo dalle nipoti, figlie di Marcantonio. Questi non raggiunse l'obiettivo di avere dei maschi come eredi, ma in compenso ebbe tre bambine, Lucia, Angela e Anna, che misero completamente in discussione la legittimità del fedecommesso e dell'eredità spettante solo alla linea maschile. Nel 1565, parecchi anni dopo la morte di Marcantonio, Pietro non era ancora riuscito ad entrare in possesso delle proprietà trattenute con forza dalle ragazze, sostenute in un primo tempo anche dalla loro madre. In base alla legge, dopo la morte di Marcantonio senza eredi maschi, le sue figlie avrebbero dovuto essere immediatamente sostituite nell'utilizzo delle proprietà e dell'eredità dai fratelli del padre. Il processo giudiziario perdurò svariati decenni e alla fine, com'era prevedibile, si concluse con la condanna della linea femminile del casato.[75]

Vi erano vari metodi di trasmissione ereditaria per mantenere integre le proprietà evitando liti famigliari. In realtà non furono rare le dispute e gli

74. BCBVi, AG, *Processi*, *m. 64*, b. 254, n. 1368, 1r: «Il quondam domino Pietro padre di me Lutia di Godi, havendo opinione ch'io non dovessi maritarmi, ma viver celibe in casa con mia cugnata et miei fratelli ordinò per il suo testamento che io havessi ducati 1.000 di quali potessi liberamente disporre». Lucia in seguito al testamento del padre si sposò con Girolamo Caldogno. Sulle doti delle figlie di Pietro Godi: ASVi, *Notarile*, Notaio Filippo Zanoni (1543-1584), b. 7478, dote di Elisabetta figlia di Pietro Godi e moglie di Marcantonio Gualdo, c. 27 ottobre 1564; ASVi, *Notarile*, Notaio Bortolamio dei Cinguli, b. 7000, 11 maggio 1570, dote di Faustina figlia di Pietro Godi e moglie di Ludovico Chiericati.

75. BCBVi, AG, *Processi*, *m. 87*, b. 277, n. 1751, testamento di Cristoforo Godi, 14 marzo 1565. Sulle liti famigliari: Hardwick, *Between State and Street*, pp. 217-218.

intrighi, soprattutto a causa del *fideicommissum*.[76] Attraverso questo strumento i Godi alienarono buona parte dei beni alle discendenti femmine per conservarli in un contesto maschile e spesso primogeniturale. Tra il 1566 e il 1572, ad esempio, le già menzionate figlie di Marcantonio, per mezzo dei loro mariti, contestarono le misere doti, cioè i beni portati dalla sposa *ad honera sustinenda matrimonii*, e le limitate rendite a loro assegnate provenienti dalle terre situate nel basso vicentino (Montegalda), intentando causa ai loro cugini per ottenere il godimento di tutta l'eredità del padre.[77] Tutti i gradi di giudizio decretarono tuttavia la loro sconfitta.

3. *Il prestigio*

3.1. *La cappella funeraria di città*

Dagli ultimi due decenni del Quattrocento cominciarono a comparire a Vicenza preziose tombe di famiglia che spesso rappresentavano la sepoltura collettiva di un intero lignaggio. Questo mutamento culturale si affermò contemporaneamente al rinnovamento dei luoghi pubblici, databile a Vicenza intorno al triennio 1480-1482 e con la ricostruzione delle nuove cappelle delle famiglie nobiliari collocate nella cattedrale.[78]

Dai primi anni del Cinquecento anche per i Godi si rivelò strategica la realizzazione di sepolcri famigliari e singoli: furono scelte le chiese cittadine di Santa Maria delle Grazie e di San Michele. Quest'ultima era attigua

76. Caravale, *Fedecommesso (Diritto intermedio)*, pp. 109-114.

77. Sulle doti: Chojnacki, *Getting Back the Dowry*, pp. 41-96; Fazio, *La ricchezza delle donne*, pp. 539-550; Bellomo, *Dote (Diritto intermedio)*, pp. 8-32; *Funzioni economiche della dote*, pp. 92-102. La vicenda processuale causata dall'eredità paterna aveva avuto origine ancora nel 1565 con la morte del loro padre Marcantonio: BCB, AG, *Processi*, b. 193, m. II, n. 46, *Godi contro figlie di Marcantonio Godi,* BCBVi, AG, b. 277, m. 87 n. 1751, *Per il testamento di Cristoforo Godi*, 9 gennaio 1571, 23 gennaio 1571. Sui conflitti tra i figli di Enrico Antonio: Battilotti, *Vicenza al tempo di Andrea Palladio*, pp. 217-218.

78. Non è mai stato dato risalto al florido triennio 1480-1482, in cui innumerevoli furono i restauri, le sistemazioni e le innovazioni artistiche tra chiese e monumenti pubblici nella città di Vicenza. Gli studiosi fanno iniziare l'ascesa economica cittadina dagli anni Venti del Cinquecento, ma chi scrive suppone che il fenomeno fosse già iniziato alla fine del secolo precedente, poi interrotto per un ventennio a seguito delle conseguenze della sconfitta di Agnadello. Rilevato anche in Bianchi, *Adottare nella terraferma veneta*: http://mefrim.revues.org/235. Sull'espansione veneziana in terraferma: Varanini, *Centro e periferia nello stato regionale*, p. 91.

alla chiesa di Santa Maria dei Servi e, se inizialmente tentarono di edificare lì una sepoltura, optarono poi per un dispendioso portale, che avrebbe esaltato ancor più la loro immagine, costruito dalla bottega dove si stava formando Andrea di Pietro della Gondola.[79] Essendo i Godi la casata più ricca della città, avrebbero potuto iniziare prima la costruzione delle tombe di famiglia, non solamente per questioni di risorse, ma anche di gusto e di prestigio – Enrico Antonio visse dal 1480 al 1509 più a Venezia che a Vicenza – la decisione arrivò nei primi giorni dell'ottobre del 1509, quando si decise di trasformare il sepolcro medioevale di un singolo in quello dell'intera famiglia. Infatti, in quel momento l'illustre avvocato temette per la propria vita e per questo optò per un giuspatronato sulla cappella di Sant'Agostino situata nella chiesa di San Michele: essa era la nicchia più importante della chiesa, perché erano gli agostiniani ad ufficiare in quel luogo.[80] I Godi non erano i soli a godere di tali prerogative, ma erano i più munifici della chiesa dove anche i Garzadori, i Trissino e i Ferramosca possedevano cappelle e altari privati. La guerra bloccò fino al 1528 qualsiasi attività di edificazione.[81] Prima della sua morte, all'inizio degli anni Trenta, Enrico Antonio seguì personalmente i lavori di costruzione della cappella privata; nelle sue ultime volontà egli richiese che fossero seppelliti nella sua tomba solo i suoi discendenti maschi e ordinò che dopo di lui venisse edificato «un altro sepolcro, in cui venghino [venissero] sepelite le femine agnate discendenti da lui et dalla sua netta linea mascolina». Queste aspre considerazioni di Enrico Antonio dimostrano come la trasmissione ereditaria di padre in figlio, o, in qualche caso, per linee collaterali, ma sempre maschili, segue d'altronde la declinazione delle genealogie, che prevede passaggi solo per linea maschile, neutralizzando quel margine di autonomia che pur poteva svilupparsi nelle scelte individuali, perlopiù femminili. Per questo motivo e per altri più legati a una cultura patriarcale si comprende la ragione della creazione di un'altra tomba separata e solamente femminile. Egli prescrisse, inoltre, che la cappella fosse adornata con opere di pregio e che alla fine dei lavori venisse chiusa con una porta di ferro per evitare furti del

79. *Vicenza. Ritratto di una città*, p. 420. Alla fine del secolo si fece seppellire nella medesima chiesa l'angelica Elisabetta Godi figlia di Cristoforo: Boschini, *I gioielli pittoreschi*, pp. 189-191.

80. ASVi, *Notarile*, Notaio Antonio Sarasin, b. 4983, 2 ottobre 1509.

81. ASVi, *Notarile,* Notaio Taddeo Ascoli, b. 5897, 17 ottobre 1528. In realtà già dal 1515 suo figlio, il chierico Paolo, aveva ponderato nelle veci del padre sulla questione del giuspatronato.

lussuoso arredo; naturalmente era necessario che la cappella fosse anche adeguatamente riconosciuta come possesso della famiglia Godi, ovvero decorata con uno stemma dorato e pendente.[82] Prima dell'inizio dei lavori si trovò il modo di sistemare anche l'antica arca sepolcrale medievale, già presente nella chiesa, da inserire nella cappella privata. La testimonianza di Bernardino lapicida, lavorante presso la cappella di Sant'Agostino mentre Rigo Antonio era ancora vivo rivela che

> vi era una sepultura con lastra sopra et era de pria <pietra> rossa [...], la qual sepultura ovvero fatta fu levatta via quando si cominciò fabbricar essa capella [...] e fu messa lì. Era avanti si fabbricasse una archa in forma di cassa et era posta in alto sopra doi modigioni.[83]

Si ignora la datazione di quest'antica arca dove era scolpito lo stemma di famiglia, ma Enrico Antonio desiderava che non andasse dispersa e impegnò i lapicidi affinché la riutilizzassero per il nuovo monumento.

La cappella fu terminata nei primi anni Cinquanta del Cinquecento, come dimostrano gli ultimi pagamenti effettuati dai Godi ai famigliari di scalpellini, tagliapietre e capomastri oramai defunti.[84] La nuova cappella doveva essere monumentale ma, purtroppo, la distruzione agli inizi dell'Ottocento (la chiesa fu secolarizzata nel 1810 e distrutta nel 1812), avvenuta a seguito di infiltrazioni d'acqua, non ha lasciato prove a riguardo.

Prima di esporre cronologicamente gli atti fondamentali della costruzione della villa di Girolamo Godi, iniziata negli anni Trenta, è necessario evidenziare i rapporti tra Girolamo e suo fratello Pietro e Andrea Palladio a partire dagli anni Quaranta del Cinquecento. L'importanza dei membri della famiglia Godi nella vita del giovane scalpellino fu probabilmente di poco inferiore rispetto a quella che ebbe Giangiorgio Trissino.

Si deve probabilmente proprio a Girolamo Godi il merito di aver attirato l'attenzione dei primi committenti sull'ancor giovane Palladio. Infatti, alla conclusione dei lavori della sua prima villa, tra il febbraio e il marzo del

82. ASVi, *Notarile*, Notaio Bortolo Carpi (1500-1549), b. 5624, 7 novembre 1536, testamento di Enrico Antonio Godi.

83. BCBVi, AG, *Processi*, *m. II*, b. 193, n. 45, *Per li nobili Girolamo et Pietro Godi contro le nobili Lucia, Angela et Anna quondam nobile Marcantonio Godi*, 78 r-v.

84. ASVi, *Notarile*, notaio Piacentin Bortolo fu Antonio (1517-1557), b. 6164, 24 settembre 1551 o la copia in BCBVi, AG, n. 5770, 24 settembre 1551 e ASVi, *Notarile*, Notaio Giuseppe Novale, 12 agosto 1557, saldo di Angela e Benedetta figlie et eredi del *quondam* Gio Tagliapietra scultor al cavalier e domino Marcantonio Godi per ducati 333.

1546, Andrea Palladio partecipò al concorso bandito dal consiglio della città di Vicenza, relativo alla sistemazione del vecchio Palazzo della Ragione, presentando un eccezionale modello ligneo per quella che sarebbe poi divenuta l'attuale Basilica Palladiana. Il 6 marzo successivo i deputati, capeggiati in quel frangente da Pietro Godi, approvarono il progetto del Palladio,[85] dopo aver rifiutato elaborati di ben più illustri architetti del calibro di Sansovino (1538), Sebastiano Serlio (1539), Michele Sanmicheli (1541-1542) e Giulio Romano (1542). Ne consegue che Pietro Godi fu uno degli artefici della prima vittoria cittadina di Palladio, che all'epoca era quasi uno sconosciuto. A Vicenza, tuttavia, a causa di quella scelta, perdurarono «sotterranee ma non segrete ostilità e malumori».[86] Dopo un biennio di dibattiti accaniti sulla scelta dei disegni delle logge, solo il 27 ottobre 1548 Palladio fu incaricato «faciendi quatuor designa palatii»[87] e anche in questo caso i Godi potrebbero aver avuto qualche ruolo, visto che nei medesimi mesi di discussione sul progetto era deputato cittadino proprio Girolamo.

Dal 1547 il partito favorevole al maestro, in cui erano attivi Giangiorgio Trissino e componenti della famiglia Godi, si allargò a un membro della fazione imperiale, Gianluigi Valmarana, e a Girolamo Chiericati. Palladio ormai godeva dell'appoggio della maggioranza dell'élite cittadina, come dimostrano i primi Provveditori alle logge palladiane – ovvero i nobili che dovevano controllare le modalità operative durante la costruzione – che vennero tutti scelti ed eletti tra i suoi sostenitori: Gabriele Capra (1549), Giovanni Alvise Valmarana (1549-1550) e Girolamo Chiericati (1550-1551). Relativamente alla costruzione delle Basilica, si può affermare che si realizzò una fortuita congiuntura favorevole, rappresentata dai nobili imperiali sedenti sui principali scranni del potere vicentino, che dal secondo Cinquecento erano la maggioranza; a ciò si aggiunga la possibilità che si sia innescato anche un afflato di senso civico e di concordia fra tutta la nobiltà. Girolamo Chiericati venne eletto il 15 novembre 1550, superando di pochissime preferenze Girolamo Godi, che comunque fu Provveditore tra il marzo 1554 e l'ottobre

85. BCBVi, AT, b. 863, *Liber Partium primus, 1538 usque 1557*, reg. I, 6 marzo 1546, c. 274r.

86. Su questi malumori si veda, *Andrea Palladio*, p. 268; sull'*endorsement* dei Godi con altre famiglie vicentine come i Valmarana e i Caldogno, si esamini il caso della presentazione di Palladio da parte di Marcantonio Godi a Angelo Caldogno, in Morello, *Giulio Carpioni e la Vicenza del Seicento*, p. 159.

87. BCBVi, AT, b. 800, *Liber Provisionum, 1544 usque 1548*, reg. VII, 27 ottobre 1548, c. 914r.

del medesimo anno.[88] Negli stessi mesi, e più precisamente il 7 settembre, Girolamo Godi fu chiamato a Venezia ed eletto cavaliere per i suoi meriti pubblici e culturali, direttamente dal Doge Francesco Venier.[89] Nel novembre 1557 Girolamo presiedette assieme a Giulio Trissino, il figlio dell'umanista Giangiorgio aderente al calvinismo, alla ricostruzione della cappella grande (abside) della cattedrale vicentina e ancora una volta interpellò il Palladio. Questo mandato affidatogli dal vescovo e dai canonici della cattedrale vicentina terminò nel 1559, ma ancora nel 1565 Girolamo Godi siglò, in virtù della sua familiarità con l'architetto, un contratto per una nuova copertura del tetto della cattedrale.[90] Girolamo, tra il 1538 e il 1564, venne eletto come deputato cittadino ben otto volte. Nel 1556 era Accademico Olimpico e nel 1558 poteva vantarsi di essere tra i primi venti possidenti del territorio vicentino; certamente non era, come ai tempi del padre, il più ricco proprietario terriero del capoluogo, ma ciò dipendeva solo dal fatto di essere stato costretto a dividere il patrimonio di famiglia con i fratelli.[91] In quel frangente il suo ruolo è importante per Palladio, ma probabilmente l'aiuto della famiglia Godi potrebbe rientrare in un più ampio contesto condiviso di civismo cittadino.

3.2. *La villa di Andrea Palladio*

I Godi erano proprietari di molti beni immobili, dislocati sia a Vicenza, come il palazzo divenuto poi dei Nievo, in Contrà Gazzolle, ora sede della Prefettura e dell'Amministrazione provinciale, che nel contado, come

88. Pixley, *Patronage and the construction of nobility*, pp. 14-14 e Zorzi, *Le opere pubbliche*, p. 314.

89. BCBVi, AG, *Istrumenti, Istrumenti sciolti*, m. *108*, b. 108, n. 5986, 7 settembre 1554, *Elezione del Serenissimo Principe di Venezia Francesco Veniero della persona del nobile Girolamo* quondam *Enrico Antonio Godi, all'ordine equestre, petendo [*sic*] come cavaliere servirsi e usar tutti gli ordinamenti cavallereschi.*

90. Mantese, *La cattedrale di Vicenza*, p. 113-115 e si veda, inoltre, ADVi, *Fabbriceria della cattedrale di Santa Maria Annunciata di Vicenza*, m. 180, n. 2059, (234) IX, f. 1, *Per la fabbrica della cappella grande del duomo di Vicenza. Proveditori li conti Francesco Trissino e Girolamo Godi. 1558*. Si ringraziano gli archivisti per la segnalazione di questo importante documento che non ho potuto visionare a causa della chiusura prolungata dell'archivio. È probabile che questo sia parte della stessa filza citata in Zorzi, *Le opere pubbliche*, p. 310. Il 9 marzo 1563, Girolamo era stato nominato Provveditore per l'esecuzione dei nuovi banchi della sala dei deputati della città, ancora una volta a intervenire era stato il Palladio.

91. Sul ruolo nell'Accademia Olimpica: Pixley, *Patronage and the Construction of Nobility*, p. 17 e Cosgrove, *The Palladian Landscape*, pp. 191-192. Sulle proprietà, invece, Burns, *Palladio e la villa*, pp. 84-85.

i palazzi di Barbarano Vicentino. La promozione della propria immagine non avviene sullo "scenario urbano", ma nel contesto rurale innanzitutto e solo successivamente attraverso il palazzo cittadino scamozziano di fine Cinquecento (il caso dei Godi non è isolato in ambito vicentino). Girolamo decise infatti di ristrutturare per primo il vecchio edificio situato sulle colline dell'alto vicentino a Lonedo di Lugo.[92] Il palazzo di Lonedo avrebbe dovuto trasmettere culturalmente il lascito di quell'utopia classicista che era iniziata a Vicenza con Giangiorgio Trissino (con le sue ville suburbane di Ca' Impenta e di Cricoli) e che aveva avuto anche altri simpatizzanti a Padova (con l'opera di Falconetto a Torreglia): si trattava di opere innovative che avevano rivelato un nuovo modo di fare architettura. Tuttavia nella costruzione di queste ville non vi erano solo aspirazioni culturali: esse dovevano avere anche la funzione di ospitare i forestieri, saldare i legami politici, favorire matrimoni, facilitare la concessione di incarichi prestigiosi nelle corti italiane e in generale in quelle europee. Inoltre le ville ricoprivano anche «la funzione di favorire il controllo e la protezione diretta delle proprietà e, insieme, di permettere la coercizione di contadini (funzionando talvolta da basi per azioni armate) all'osservanza dei patti» clientelari.[93] Con Palladio la casa di campagna diventò «una chiara manifestazione di prestigio sociale (ottenuto o desiderato), ma anche un simbolo della superiorità della vita in campagna».[94]

Per quanto attiene ai Godi, la villa rappresentò soprattutto l'esito di un percorso culturale iniziato quando Girolamo si era recato a Roma e la famiglia aveva aderito alle idee dei sostenitori veneti del cambiamento culturale: l'atteggiamento di Girolamo non consisteva in una decisa opposizione politica a Venezia, bensì in una critica culturale, dal momento che queste idee erano accolte anche da Pietro Bembo e Alvise Cornaro.[95] Questi ultimi desideravano che la Dominante mutasse il suo atteggiamento nei confronti delle arti, così da divenire l'erede di una seconda Roma, dopo il tremore del Sacco, cosa che in parte effettivamente avvenne.[96] È significativo il

92. Il palazzo Godi della prefettura è della fine Cinquecento, opera dello Scamozzi, anche se, in un momento successivo, altri architetti lo hanno pesantemente trasformato tra Sette e Ottocento. Rimando a *Architettura è scienza*, scheda del palazzo Godi-Nievo con relativa bibliografia.

93. Soragni, *Fonti e documenti per la storia*, pp. 35-64 e in particolare pp. 49-50.

94. Burns, *Palladio e la villa*, pp. 65-66.

95. Sulla carriera dei patrizi sudditi Grubb, *Firstborn of Venice*, pp. 164-166.

96. Chastel, *I centri del Rinascimento*.

fatto che tra i primi committenti di Palladio dopo il Trissino ci fosse Girolamo Godi, legato ai cardinali curiali fiorentini e, più in generale, al mondo romano. In base alle sue vaste relazioni personali Girolamo avrebbe potuto far conoscere l'ignoto scalpellino e mettere in contatto Andrea con Cornaro e Falconetto a Padova, con Sansovino e Serlio a Venezia.[97]

Ad oggi la presenza della famiglia Godi negli studi di carattere accademico è legata alle stanze affrescate di «un bellissimo palazzo dei signori Godi, opera del famoso Palladio architetto» situato a «Lonedo nella sommità d'una fertilissima collina».[98] Dagli anni Ottanta del Cinquecento, i viaggiatori e in generale i vicentini vennero colpiti dalla magnificenza della villa e, soprattutto, dalla suggestione del sito naturale nel quale essa sorge: la villa avrebbe rappresentato nei secoli il prestigio del casato dei Godi.[99]

La villa come rappresentazione del lignaggio fu certamente un'idea innovativa ma non maturò improvvisamente nel patriziato vicentino. Se fra Tre e Quattrocento all'aristocrazia mancarono sia i fondi sia gli obbiettivi famigliari su cui concentrare le spese, anche perché più concentrata sui palazzi urbani, solamente quando i capitali derivanti dalla vendita della seta raggiunsero cifre considerevoli si riuscì a identificare ciò che avrebbe rappresentato l'onorevolezza del lignaggio, la villa appunto.[100]

Grazie alla documentazione recentemente ritrovata, si conosce la tipologia del primo insediamento nella proprietà di Girolamo Godi della futura villa, che si trovava nel medesimo luogo dell'attuale; si suppone che alla fine degli anni Venti del Cinquecento potesse esserci già una casa dominicale databile al secolo precedente.[101] Gli storici dell'architettura in qualche occasione hanno ipotizzato che esistesse qualche edificio prima

97. Burns, *"Da naturale inclinatione guidato"*, p. 376.

98. ASV, *Miscellanea Codici di storia veneta*, parte seconda, n. 53, *Rilatione di Vicenza di Monsignor P.G.* La relazione, suddivisa in quattro parti e scritta agli inizi del 1582, venne probabilmente stesa dall'aristocratico vicentino Paolo Gualdo. Si veda, inoltre, *Andrea Palladio e la villa veneta*, pp. 296-297.

99. Lehmann, *Das Bildprogramm der Villa Godi.*

100. Demo, *Le attività economiche dei committenti vicentini*, pp. 25-28; Tafuri, *Committenza e tipologia nelle ville*, pp. 126 e 133.

101. Ackerman, *Palladio's Villas*, pp. 52-55 e Zancan, *Le ville vicentine del Quattrocento*, p. 438. Lugo è menzionato nella *redecima* veneziana del 1514 (rimasto inedito finora) e richiama ad un antichissimo patrimonio famigliare: ASV, *Dieci Savi alle Decime, 1514*, b. 54, San Moisé, n. 42, dichiarazione di decima di Enrico Antonio Godi *quondam* Cristoforo. Sulla consistenza e sul valore dell'edificio nel 1541: ASVi, *Balanzon 1541*, *Thiene*, reg. 2535-2536, Lonedo, Lugo e Fara.

Fig. 5. Villa Godi Malinverni. 1952. Fototeca del Centro Internazionale di Architettura Andrea Palladio di Vicenza.

degli anni Trenta, ma grazie al rinvenimento della documentazione inedita veneziana della *redecima* del 1514 possiamo confermarlo con sicurezza. Nel 1533 Enrico Antonio Godi vide la conclusione della costruzione delle barchesse della villa, che non potevano essere opera dell'allora giovanissimo Palladio.[102] Quasi certamente i lavori della radicale ristrutturazione iniziarono dopo la morte di Enrico Antonio, quando suo figlio Girolamo poté disporre più liberamente del proprio denaro. Il primo pagamento effettuato da Girolamo per "messer Andrea architetto" è datato 26 aprile 1540, mentre la conclusione del restauro dell'intero edificio è datata 1542 in base all'iscrizione, con il nome del committente (Girolamo), posta sulla facciata sopra la loggia della villa. Nel 1542 la casa poteva definirsi strutturalmente conclusa, ma dal 25 marzo 1549 e per circa il ventennio seguente Andrea Palladio venne più volte richiamato per

102. Forssman, *Palladios Erstling,* pp. 469-471; Hofer, *Palladios Erstling*; Boucher, *Villa Godi*, p. 181 e Battilotti, *Villa Godi*. La data è iscritta su una parete di dette barchesse.

ritocchi e consigli per la sistemazione di alcuni spazi e per la scelta degli affreschi, come rilevano i numerosi, anche se irrisori, pagamenti.[103]

Soltanto questi figli di Enrico Antonio Godi superarono la giovinezza: il dottore e cavaliere Marcantonio (morto nel 1566), il dottore e cavaliere Pietro (morto nel 1575), il canonico Alessandro (morto nel 1548), il canonico Paolo (morto nel 1534), il cavaliere Girolamo, Lucia, Cunema ed Euriemma. Dei figli di Enrico Antonio solo Pietro, sposandosi con Cecilia Capra, garantì la prosecuzione del casato. Dopo la morte del capofamiglia avvenuta nel 1536, erano state operate le prime suddivisioni patrimoniali tra i quattro figli: la prima, effettuata il 21 novembre 1541, venne rivista e resa esecutiva nel 1549 dopo la morte del canonico Alessandro.[104] Girolamo, senza eredi, avrebbe lasciato la proprietà a Pietro, poiché anche Marcantonio non aveva avuto figli. Con la prima suddivisione del 1541 si può spiegare anche l'iscrizione con il nome di Girolamo concernente la conclusione dei lavori: infatti, solo da quel momento egli avrebbe potuto fregiarsi del titolo di proprietario della villa senza inimicarsi i suoi stessi fratelli.

Villa Godi è una costruzione assai studiata perché considerata tra le prime dell'illustre architetto, e soprattutto perché l'opera eseguita ed esistente corrisponde solo in minima parte a quella pubblicata ne *I quattro libri*:[105] alcuni studiosi scrissero che questo fu per Palladio un modo per giustificare un progetto impreciso ed effettivamente l'intervento risultò senza dubbio «limitato e quasi impacciato».[106] Inoltre la ristrutturazione della villa fu effettuata prima dei suoi viaggi a Roma: le decorazioni interne vennero invece realizzate nel corso degli anni Cinquanta e Sessanta del Cinquecento (quando Palladio aveva già visitato la città eterna) e affidate a pittori come Gualtiero Padovano, Battista Zelotti e Battista del Moro, secondo uno schema compositivo ideato dal maestro. Quanto alla villa di Girolamo, il rinnovamento riguardò la modalità d'uso, ovvero da residenza per il soggiorno solo estivo passò a villa veneta nell'accezio-

103. Zorzi, *Le opere pubbliche*, pp. 24-26.

104. Zaupa, *Andrea Palladio e la sua committenza*, p. 23.

105. Per le ultime pubblicazioni riguardanti le novità documentali sulla villa, si vedano Battilotti, *Nuovi contributi archivistici*, pp. 211-212; *Testimonianze veneziane di interesse palladiano*, p. 16; Battilotti, *I «balanzoni» dell'estimo vicentino*, p. 80; Zorzi, *Le ville e i teatri*, pp. 21-22: «se dobbiamo giudicare dai disegni della pianta e dell'alzato della villa pubblicati nel 1570 si può dire che lo stesso Palladio abbia volutamente rinunciato a rappresentare la fabbrica da lui eseguita» e Ackerman, *Palladio's Villas*, pp. 52-55.

106. Burns, *"Da naturale inclinatione guidato"*, p. 380 e Marini, *Note*, pp. 486-487.

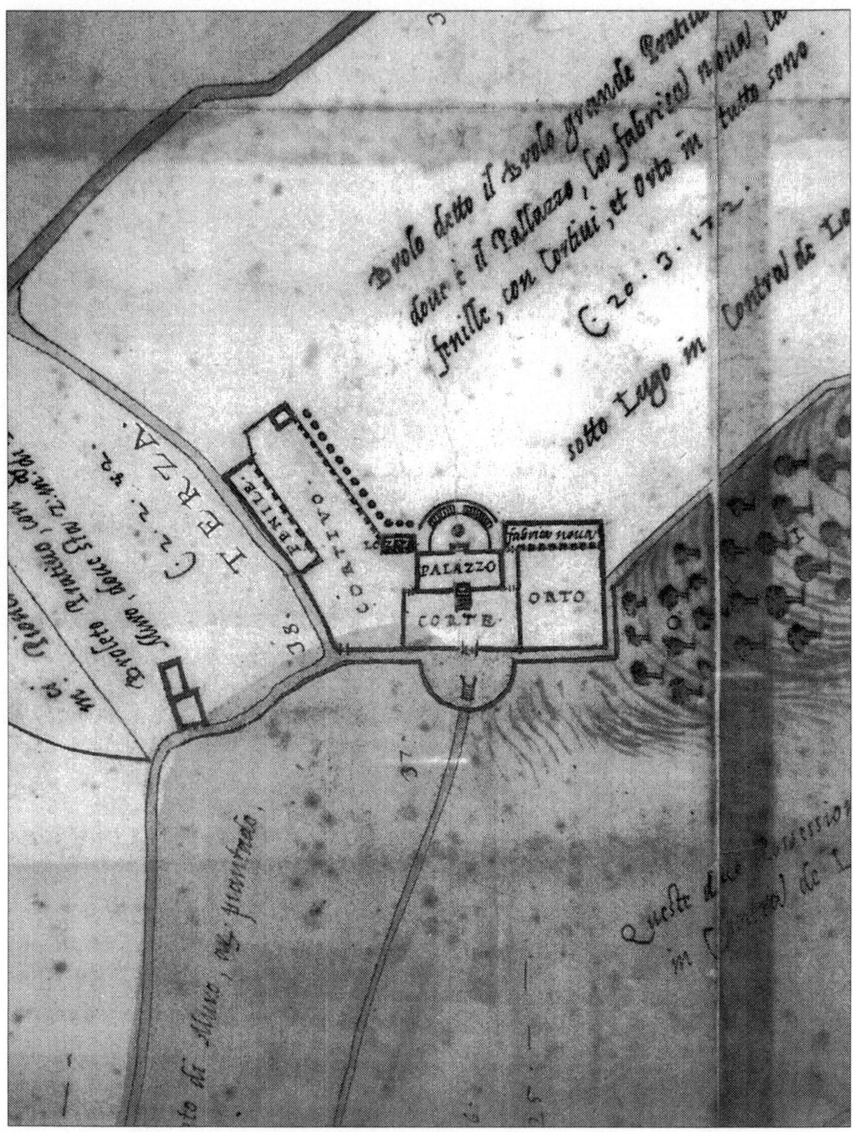

Fig. 6. Villa Godi, 1578 di Giovanni Battista Remi. BCBVi, Mappe. Su concessione della Biblioteca Civica Bertoliana, Vicenza.

ne più ampia del termine, comprensiva cioè anche del ruolo direzionale del processo produttivo e con la possibilità di dimora anche d'inverno (l'acqua nella villa fu erogata alla cucina domenicale solo nel 1555).[107] Se Palladio non riuscì a mutare del tutto gli spazi fisici esterni, comunque tentò di riorganizzare i corredi artistici: gli affreschi, infatti, richiamano modelli classicheggianti di vita agreste, del *locus amoenus* adatto all'*otium* letterario.[108] Non si ha qui l'intenzione di descrivere nei particolari la struttura della villa e la planimetria, quanto piuttosto di mettere in luce l'interesse di Girolamo Godi per l'antico. Secondo alcuni studi lo stesso committente si adoperò con Palladio perché istruisse i pittori sulle scene da effigiare in modo tale che il Godi potesse essere considerato dai successivi visitatori della villa un epigono dei *patroni* romani e, al contempo, un membro tra i più eminenti dell'élite vicentina.[109]

Nella loggia del piano terra si manifesta da subito al visitatore la rappresentazione figurata delle *securitas* attraverso dei *trompe-l'œil* scultorei; proseguendo, nel salone centrale sono affrescati alcuni miti classici, tra cui il ratto di Europa, la battaglia tra Alessandro e Dario e la morte di quest'ultimo e, infine, il ratto di Ganimede. Di tutte le otto stanze affrescate presenti al piano terra e intitolate a miti classici, ben quattro rimandano alle arti, e quindi agli interessi di Girolamo: Sala dei Trionfi, Sala delle Arti o dei Poeti, Sala delle Muse e Sala dell'Olimpo. Certamente i temi romani prevalgono (come nella Sala dei Cesari e in quella dei Trionfi), ma non mancano anche gli affreschi che si rifanno alle tematiche greche ed ellenistiche, ad esempio le vicende relative a Ercole o ad Alessandro, nome quest'ultimo non a caso più diffuso tra gli appartenenti alla famiglia Godi.[110] Gli affreschi a tema bellico sembrano riprendere passi letterari, piuttosto che richiamare conflitti militari realmente accaduti (fino al 1570 nessuno svolgeva la professione militare all'interno della famiglia e Ludovico Godi inizierà la carriera bellica proprio in quell'anno alla corte di Torino di Emanuele Filiberto).

107. Zorzi, *Le ville e i teatri*, pp. 21-32. Dal 1555 i Godi si trasferirono per periodi più lunghi.

108. Dalla Pozza, *Palladiana IX*, pp. 119-131, in part. p. 120; Barbieri, *Palladio in villa negli anni Quaranta*, pp. 63-80, in part. pp. 64-66; Ackerman, *La villa*, p. 133; Gros, *Lo studio di Vitruvio*, pp. 132-135.

109. Brugnolo Meloncelli, *Battista Zelotti*, pp. 104-107.

110. Pallucchini, *Giovan Battista Zelotti*, pp. 203-228, in part. pp. 208-210; Brugnolo Meloncelli, *Precisazioni cronologiche*, pp. 49-62, in part. pp. 53, 59, n. 37.

La collina dove sorge la villa divenne luogo simbolo dell'incontro tra élite di intellettuali: studiosi contemporanei hanno interpretato, forse esagerando, l'altura di Lugo come un moderno Olimpo o, eventualmente, un novello monte Parnasso, sacra sede della repubblica delle lettere.[111] Il concetto di luogo sacro emerge anche dalla scritta impressa sulla porta d'ingresso, PROCUL ESTE PROFANI,[112] considerata da alcuni studiosi, dall'Ottocento ad oggi, come attestazione della simpatia di Girolamo Godi verso le idee riformate.[113] Ciò è improbabile, in relazione alla stessa biografia religiosamente intransigente di Girolamo. Il motto virgiliano doveva avere qualche funzione apotropaica o di ammonimento: per accedere alla villa sarebbe stato necessario essere iniziati, o perlomeno, intellettualmente predisposti alla comprensione del significato delle pitture, concluse definitivamente nel 1570.

Alla fine degli anni Settanta Orazio Piovene, un nemico storico dei Godi, scrisse che la villa era

> la più bella stantia che sia nel territorio vicentino [...] che per esser detto palazzo nobilissimo et fornito d'ogni cosa conveniente alla qualità, e bellezza sua, quasi tutti li eccellentissimi rettori della città di Vicenza sogliono andar per diporto a vederlo, come cosa notabile.[114]

I commenti dei primissimi anni Ottanta del Cinquecento sulla villa si concentrarono proprio sul sito e sulla bellezza degli affreschi: il palazzo ha «pitture dei più nobili et eccellenti pittori de nostri tempi, ha un sito miracoloso con una vista vaghissima» e, pur essendo in collina con una parte di pendii a strapiombo possiede alcune delle più eccellenti «delicate uve et i più soavi frutti de tutte le sorti che si possano trovare».[115] Alla fine del Cinquecento lo stesso prestigio di Girolamo aumentò grazie alla fama della sua villa: infatti, di lui si riferì che era «di generosissimo e di

111. Cosgrove, *The Palladian Landscape*, pp. 124-138; Pixley, *Patronage and the Construction of Nobility*, pp. 224-234 e 329-339.

112. Virgilio, *Eneide*, libro VI, 258.

113. *Vicenza e il suo territorio*, p. 297.

114. Il documento BCBVi, AG, m. 119, n. 2305, p. 22, 15 settembre 1579 ed è stato citato da Mary Pixley, ma non si è riusciti a ritrovarlo, si veda Pixley, *Patronage and the Construction of Nobility*, pp. 45-46.

115. *I quattro libri dell'architettura*, libro II, p. 65; Scoto, *Itinerari overo nova descrittione de' viaggi*, p. 43; Muttoni, *Architettura di Andrea Palladio Vicentino*, vol. I, pp. 43-44, tavv. XLIII-XLIV e V, tav. IL; *Le fabbriche e i disegni di Andrea Palladio*, vol. II, pp. 23-26, tavv. XIII-XV; Milizia, *Memorie degli architetti antichi*, p. 42; ASV, *Miscellanea Codici di storia veneta*, parte seconda, n. 53, *Rilatione di Vicenza di Monsignor P.G.*, IV parte.

splendidissimo animo dotato, onde havendo dai fondamenti piantato a Lonedo in Pe di Monte un Palazzo superbissimo». Alcuni cronisti attestano che Girolamo passò gli ultimi anni della sua vita invitando con «cortesissime e honoratissime maniere tutti quelli, che per goder con gli occhi dette rarissime fabbriche e luoghi a quelle pertinenze»[116] vi si recavano.

All'inizio del Seicento il geografo Filippo Pigafetta, cugino dei Godi e che aveva condiviso con loro alcune esperienze nelle corti europee, delineò nel suo volume intitolato la *Descrittione del Territorio et Contado di Vicenza* il sito della villa, descrivendo le

> scale di marmo, et logge, sala, appartamenti di stanze, pitture, fregi di maestreuol mano [...]. Nel cortile et giardino surgono fontane, raccolte da conche, di candido marmo, arricchite di statue, con diversi zapilli, grossi, et sottili in spettacolo gratioso.

Filippo Pigafetta ribadì, come i cronisti già citati in precedenza, le attività che si tenevano nella villa e in particolare la tipologia delle feste: nell'«eccellente magione, si tien vita cavalleressa, dame et signori accogliendosi con magnifica cortesia».[117]

Nel 1646 Andrea Scoto riprese in parte le parole del Pigafetta, ma disapprovò la spesa eccessiva per la costruzione del palazzo. Egli, probabilmente intervistando qualche contadino critico nei confronti dei padroni, registrò che nella memoria collettiva rimaneva il ricordo della «fatica et il sudore» impiegate nell'edificarlo. Al contempo, Scoto annotò che il luogo assomigliava

> al monte della virtù; poiché arrivata quivi, chi trovi, chi ti ristori, con tanta copia di sorte di gentilezze che par proprio che la Dea dell'Abodantia vi habbia versato il suo corno. L'architettura è finissima, le pitture di mano eccellente, le vedute mirabili, fontane, cedri, fiori d'ogni stagione. Sopra tutto ammirerei la gentilezza et i regali, che usano i padroni verso i forestieri.[118]

Era una prova che le architetture inserite nel paesaggio costituivano «una seconda natura destinata alla pubblica utilità» e servivano non solo a fini civili, ma anche a dimostrare la magnificenza dei nobili e ad ampliare le reti clientelari.

116. Marzari, *La historia di Vicenza*, p. 153. L'importanza della villa emerge anche dalle lettere coeve conservate presso l'ASePd, b. 619, parte V, 1 agosto 1578 e sgg.

117. Pigafetta, *Descrittione del Territorio et Contado*, p. 46.

118. Scoto, *Itinerario overo nova descrittione*, cc. 32r-v.

4. *Circuiti culturali vicentini e reti di amicizie*

4.1. *Il mecenatismo culturale*

Le passioni intellettuali mutarono fra Quattro e Cinquecento nella Terraferma veneta e sotto questo profilo sono esemplificative le biografie dei Godi, i loro contatti e, in particolare, gli oggetti artistici che essi acquisirono nel corso del tempo per loro stessi, per la propria famiglia o come dono per altri.[119] Da questo punto di vista ogni biografia, in base alla disponibilità economica, alla professione e soprattutto alla mobilità di ciascuno, rappresenta i gusti del momento, specialmente in una realtà come quella presa qui in esame, considerata periferica da molti studiosi. Negli anni che vanno dal 1480 al 1520 la pittura vicentina conobbe esiti eccezionali e inaspettati: capolavori vengono realizzati da artisti come Bartolomeo Montagna e Giambattista Cima da Conegliano che divennero prima interpreti e successivamente protagonisti della pittura rinascimentale di Vicenza. Alcune tradizioni tramandate all'interno della famiglia, sostennero che le passioni di Enrico Antonio Godi per la cultura e il collezionismo avessero la finalità di emulare Cicerone, come lui noto per le arringhe giudiziarie e il mecenatismo.[120]

Tra i pochi oggetti concreti rimastici e appartenenti ad Enrico Antonio vi è un *Missale Romanum*, costituito da un manoscritto membranaceo.[121] Esso spetta sicuramente alla famiglia Godi per via dello stemma dipinto nel fregio che circonda la prima carta di apertura del testo e che è presente anche a «tutta pagina sul verso della carta di guardia». Il volume fu donato nel 1825 alla Biblioteca Civica Bertoliana dall'ultima discendente del casato, Paolina Porto Godi. La provenienza vicentina del testo è confermata anche dall'iscrizione annotata in originale relativa alla festa di Leonzio e Carpoforo, santi patroni di Vicenza, nonché dalla sottolineatura in rosso nel calendario posto all'inizio del messale, dei nomi dei santi protettori anch'essi della città berica, Felice, Prosdocimo e Giustina. La conferma definitiva dell'appartenenza del testo al casato vicentino è determinata, oltre che dallo stemma di famiglia presente due volte nel messale, anche dalle ripetute invocazioni nelle litanie a «sancte pater Augustine»: infatti Enrico Antonio Godi aveva aiutato economicamente fin dal 1485 la cap-

119. Davis, *Il dono*.
120. BCBVi, Da Schio, *I Memorabili*, alla voce Godi, c. 140r.
121. BCBVi, *ms. 485* (Godi).

pella di Sant'Agostino nella chiesa di San Michele di Vicenza, gestita da religiosi che osservavano appunto la regola agostiniana. Mentre la scrittura del messale è opera quasi certamente di un vicentino, l'autore della decorazione è probabilmente un miniaturista attivo a Padova tra gli anni Settanta del Quattrocento e il primo decennio del Cinquecento: potrebbe essere Antonio Maria da Villafora o un certo Douce Master (autore delle miniature di un prezioso breviario della Bodleian Library di Oxford) appartenente all'ordine dei Servi di Maria.[122] Gli studiosi di storia della miniatura sono concordi nel collocarlo cronologicamente tra gli anni Ottanta e gli anni Novanta del Quattrocento, perché molto simile ad un altro messale, ugualmente di ottima rifinitura e qualità, realizzato da Antonio Maria da Villafora per il vescovo Pietro Barozzi di Padova. Sarebbe quindi opportuno datarlo successivamente alla nomina dottorale del vicentino (1480), anzi, probabilmente al decennio seguente, quando Enrico Antonio Godi diventò uno tra i primi avvocati esercitanti nella Dominante e come tale poteva garantirsi la committenza di un'opera di questo tipo. Il messale presenta caratteristiche mantegnesche con influssi ferraresi (da Ferrara appunto proveniva Antonio Maria) ed è costituito da composizioni bilanciate e ben distribuite.[123] Del secondo decennio del Cinquecento potrebbe essere il quadro ora scomparso che ritraeva il capostipite Enrico Antonio, appeso, fino all'Ottocento, alle pareti della villa di famiglia.[124] Oggi, invece, si dispone soltanto di uno schizzo ottocentesco che comunque evidenzia la sontuosità dei vestiti e la catena d'oro che pendeva dal collo del protagonista e che diventò nei secoli l'emblema della sua ricchezza.[125]

L'importanza di Enrico Antonio Godi era data comunque non tanto dal patrimonio, quanto piuttosto dalle sue reti di relazioni.[126] Il vicentino diventò

122. BLO, *ms. Douce 314.*

123. *La parola illuminata*, pp. 266-267.

124. BCBVi, Da Schio, *I Memorabili*, alla voce Godi, c. 139v. Il quadro sembra fosse presente nella villa di Lugo fino alla fine del primo conflitto mondiale.

125. BCBVi, Pietro Zappella, *Henricus Antonius Godi. Eq. et orator a. MDXXXVI*, Vicenza 1865, disegno, matita nera [200x154 mm]; BCBVi, ms. 3293 e ms. Gonz. 6.8.31, Marasca, *Biografie degli uomini celebri vicentini,* Vicenza 1865 [*Catalogo dei ritratti degli illustri vicentini donati dal canonico Pietro Marasca al Museo Civico di Vicenza*].

126. Sono possibili contatti fra Enrico Antonio e Machiavelli e con intellettuali forlivesi, come confermano alcuni documenti del novembre 1503, in Machiavelli, *Legazioni e commissarie*, pp. 113-114 e Sanudo, *I Diarii*: libro V, col. 202, 14 ottobre 1503. Sugli uomini di diritto di Terraferma in rapporto con gli umanisti veneziani: King, *Umanesimo e patriziato a Venezia.*

maestro e protettore di giovani, cosicché negli anni seguenti uno dei suoi tirocinanti, il feltrino Cornelio Castaldi, ringraziava il «præclarus causarum patronus».[127] Tra i suoi maestri letterari il Castaldi ricordava anche Pietro Bembo. È documentato che i due ebbero un assiduo rapporto epistolare, che proseguì fino alla morte di Cornelio, ma si ignora se questi favorì un incontro con Girolamo Godi. Infatti, quest'ultimo, figlio maggiore di Enrico Antonio, consolidò a sua volta un saldo e analogo rapporto di amicizia con il Bembo nella città patavina. È da supporre che i due frequentassero quasi contemporaneamente a Padova gli stessi circoli.[128] Nel 1532 Girolamo Godi era in strettissimi rapporti con l'élite patavina di studiosi di diritto e di letteratura rappresentata da Alvise Cornaro, Angelo Beolco detto il Ruzante e Pietro Bembo.[129] Il 14 febbraio 1532 quest'ultimo scrisse una lettera a Girolamo Godi per informarlo di una commedia a Padova composta in occasione del Carnevale dal Cornaro.[130] L'amicizia tra il Bembo e il Godi doveva essere già nata negli anni Venti, perché il veneziano – come si è già accennato nel primo capitolo di questo studio –, nelle epistole inviate in precedenza a suo cognato, lo sollecitava di salutargli Girolamo.[131] In particolare nella lettera del 14 febbraio 1532 Pietro Bembo ringraziava Girolamo per avergli donato moltissimi «fragolini» (pesci) e rammentava il ricordo della «gentile Capitana», probabilmente una fanciulla che aveva avuto qualche merito agli occhi del Godi (e forse la moglie del capitano di Vicenza). Bembo concludeva con cortesia considerando la sua sincera amicizia di «nobili e laudevolissimi costumi» e di notevole livello culturale, grazie allo «studio, che in voi ho veduto essere, delle buone lettere».[132]

127. Kristeller, *Iter Italicum. Italy*, p. 94, «Verses to Altobellus Averoldus, Henricus Antonius Godius, Cornelius Placentinus, on Savonarola, in librum Leonici de varia historia (104)» e BMLF, Firenze, *ms. Ashb. 1071*, *Poesie volgari e latine di Cornelio Castaldi*, con gli originali del Castaldi presenti alla fine del manoscritto, pp. 8, 100-101 e 114-115; Savio, *Umanesimo veneziano tra politica e diritto*, pp. 21-23.

128. Sambin, *Gli studenti giuristi*, pp. 215-224.

129. Ivi, p. 219 e sui rapporti Chiericati, Girolamo Godi, Alvise Cornaro, Pietro Bembo il documento in ASV, *Notarile*, Notaio Gio Maria Cavagnis, b. 3348, c. 623v, febbraio 1542; *Momenti del petrarchismo veneto*, p. 5.

130. *Lettere di messer Pietro Bembo*, vol. III, pp. 312-313, n. 1331 e 319-320.

131. Ivi, p. 402, n. 1444.

132. Ivi, pp. 312-313, n. 1331, RSBb 453r-v-S319-320, 14 febbraio 1532: «A messer Girolamo de' Godi, io avea indugiato il rispondere alle vostre lettere, onorato messer Girolamo perciò che il messo vostro m'avea detto che voi eravate per venir qui ad udir la comedia che a recitar vi s'avea, aspettando di rispondervi a bocca, e insieme d'abbrac-

Sono rilevanti da segnalare i rapporti di Girolamo con Andrea Palladio, con intellettuali romani e con alcuni pittori tra cui il Tintoretto. Il pittore preparò una tela per la cappella di famiglia posta nella chiesa di San Michele, custodita ora presso la pinacoteca comunale del palazzo Chiericati, sede dei Musei civici cittadini. L'opera, probabilmente commissionata da Girolamo Godi, raffigura *Sant'Agostino che risana gli sciancati* (1549-1550) ed è molto innovativa dal punto di vista iconografico: l'autore manifesta una nuova concezione dello spazio e della tridimensionalità, rappresentando il momento della *Leggenda aurea* in cui il santo appare con le insegne pontificali ad un gruppo di pellegrini malati per concedere loro la redenzione.[133] A sostegno dell'ipotesi di una probabile committenza del *Sant'Agostino* da parte di Girolamo Godi si possono addurre le relazioni del vicentino con i più rilevanti artisti veneti e italiani. Alcuni studiosi hanno ipotizzato che uno stesso componente della famiglia Godi, che aveva qualche problema fisico, alla vista o alla gamba, sia stato ritratto nell'opera, ma si ignora di chi si possa trattare.[134] Girolamo era, per così dire l'unico intellettuale errante della famiglia, motivo per cui alternò la sua residenza tra le campagne venete, soprattutto quelle vicentine e padovane, e le città di Venezia e Roma. Probabilmente se non tornò a Roma negli anni Sessanta, mantenne legami con due nobili famiglie romane i Paluzzi Albertoni e i Mignanelli, come dimostrato da ricerche ancora in corso su libri di storia a stampa a lui dedicati.[135]

Rimane da accennare ai libri e ai quadri di Girolamo, scomparsi nel corso del tempo, ma nominati nell'inventario del 1578, stilato in funzione delle confische a seguito dell'omicidio Piovene. Purtroppo non si possiede un elenco coevo preciso ed esaustivo dei libri a stampa, ma, in base

ciarvi e goder della vostra presenza e di quella del nostro Malchiavello senza il quale non istimava voi doverci venire. Ora che venuto no ci sete, vi rispondo, e rendo molto grazie del bel dono delli fragolini e starne che in molta copia mandate m'avete, li quali ho goduti questi festevoli del Carnasciale, che da noi questa mattina si diparti, con ragionamento di voi ameduni e della vostra gentile Capitana delle quale vi ricordate nelle vostre lettere che di vero è degno che di lei lunga e onorata memoria si serbi per la vostra città tutta. Le dolci parole che verso me usate, in dimostramento dell'amore che me portate, me son care quanto debbono e ciò grandemente. A che non so ben che dirmi se non questo: che io vostro sono, preso da' vostri nobili e laudevolissimi costumi, e dallo studio, che in voi ho veduto essere, delle buone lettere. Alle quali vi conforterei, se io caldissimo non vi ci vedessi».

133. Filippi, *Sant'Agostino risana gli sciancati*, pp. 348-351.

134. Bucci, *Letture iconologiche*, pp. 30-32.

135. Geri Della Rocca de Candal, che ringrazio per la segnalazione, ha condotto alcune ricerche su questi nobili per la sua tesi di dottorato a Oxford.

agli inventari dei primi anni del Seicento, è possibile ipotizzare che essi riguardassero perlopiù tematiche cavalleresche e poetiche.[136] Dei quadri scomparsi almeno tre meritano attenzione: i primi due, di autore ignoto, ritraevano l'uno Girolamo Godi, l'altro sua moglie Romana, ed erano posti sopra le due porte della camera da letto della villa palladiana. Il terzo invece, dipinto da Paolo Veronese, raffigurava Paolo Godi, arciprete di Barbarano (luogo dove probabilmente era in origine collocato il ritratto) e fratello di Girolamo, morto prematuramente a Roma nei primi anni Trenta e con cui Girolamo aveva un'ottima relazione.[137]

Negli stessi anni, ma nel versante occidentale dell'Italia, il nipote di Girolamo, l'intraprendente Ludovico, stava avanzando in tutti i gradi del *cursus honorum* della corte sabauda. Dal 1573 egli cominciò a frequentare con maggior frequenza la famiglia ducale, e in particolar modo Maria, figlia illegittima di Emanuele Filiberto, divenendo uomo fidato della piccola corte di suo marito, il marchese Filippo d'Este. Quest'ultimo fu il protettore di Torquato Tasso a Torino[138] e, anche se finora non è stato possibile rinvenire documentazione a riguardo, è certo un contatto tra Ludovico Godi e l'autore della *Gerusalemme liberata*. Ludovico non trascurò i legami, ben più rilevanti dal punto di vista politico e artistico, con il duca Emanuele Filiberto, e di essi troviamo fortunatamente traccia in documenti ora conservati presso l'Archivio privato della famiglia vicentina. In una lettera del 29 gennaio 1579 Emanuele Filiberto espresse i propri ringraziamenti al fidato gentiluomo e scudiero Ludovico (che si trovava momentaneamente a Venezia per risolvere la questione del fratello Orazio, il bandito) perché il vicentino gli aveva procurato una rara e bella arma persiana probabilmente acquisita al mercato rialtino.[139] Il duca impartì al cavaliere vicentino l'ordine di non acquistare altro «muschio et zibetto», bensì «qualche buono et bello cavallo»,[140] sempre ben accetto per i tornei e le attività ludiche della corte torinese. È evidente che doni

136. BCBi, AG, *Processi*, m. *119*, b. 311, n. 2306, ff. 48r-59r.

137. Vendramini Mosca, *Descrizione delle architetture*, vol. II, p. 77.

138. Voce *Filippo d'Este* curata da Bertoni, in *DBI*, vol. 43, pp. 339-342. Il Tasso progettò una serie di dialoghi concernenti temi cavallereschi e proprio a Torino concluse il primo sulla Nobiltà. Questo trattato fu stampato, forse non casualmente, a Vicenza da Perin e Greco nel 1581 e poi a Venezia da Aldo nel 1583. Inoltre non è un caso se Torquato Tasso e i Godi nei primi anni Ottanta facevano parte a Venezia della clientela dei Barbaro.

139. Sul collezionismo delle armi: Ago, *Il gusto delle cose*, pp. 171-173.

140. BCBVi, AG, b. 399, c. 29 gennaio 1579.

e regali erano previsti dalle modalità relazionali all'interno della corte: d'altra parte in quel particolare frangente Ludovico Godi stava attraversando una crisi famigliare profonda a causa sia della vicenda giudiziaria che aveva stabilito la confisca di molti dei beni dei Godi nel vicentino, sia del bando a Orazio, tanto da essere obbligato a cercare di accontentare con maggior efficacia le esigenze del sovrano sabaudo.[141] Solo Emanuele Filiberto avrebbe potuto ammorbidire le posizioni del Consiglio di Dieci; tuttavia, sospettando la rigidità dei veneziani e non ponendo molte speranze nei buoni uffici del duca, i Godi negli stessi mesi nascosero il loro patrimonio più prezioso presso famiglie fedeli o lo trasportarono fino a Torino: le casse partite verso il Piemonte contenevano oro, bottoni aurei, preziosi vestiti, rubini e sete.[142] Pur mancando un inventario puntuale degli oggetti, sembra comunque che non ci fossero quadri o altre opere d'arte, perché ingombranti da trasportare.[143] Secondo alcuni studiosi la stagione berica delle vere e proprie quadrerie private si aprirà con il Seicento e proseguirà poi in maniera sontuosa soprattutto durante il Settecento.[144]

Il processo contro Orazio comportò al casato una spesa di circa 100.000 ducati, e nel 1579 sembrò addirittura che il Consiglio di Dieci volesse radere al suolo la villa palladiana e requisire per sempre tutti i patrimoni liquidi – circa 30.000 ducati in deposito – presenti nei banchi veneziani e in altri investimenti. La documentazione letteraria aiuta lo storico in carenza di altre fonti archivistiche sulla confisca effettuata dal governo perché se negli anni Trenta Girolamo Godi frequentava il circolo di Angelo Beolco detto il

141. Davis, *Il dono*.

142. BCBVi, AG, *Processi*, m. *LXXV*, b. 265, n. 1539, s.d., s. titolo, i Godi portarono i loro oggetti più preziosi, poco prima della sentenza, che ipotizzarono potesse essere a loro sfavore, a casa di altre famiglie vicentine in particolare da Alvise Poiana, Emilio Gualdo e Girolamo Caldogno. Qualche materiale fu mandato anche a Torino «robbe mandatte a Turrino adì primo maggio»; 16 maggio 1579, «adì sabbato 19 settembre 1579 mandai a Thurin al signor conte Oratio [...] bottoni trenta d'oro». Sul mercato e la collezione dei gioielli: Ago, *Il gusto delle cose*, pp. 177-179.

143. BCBVi, AG, *Processi*, *b.* 199, m. 8, n. 138, c. 162v, *Vicenza. Processo del Comun da Grisignan contra i nobili de Roma*. È chiamato come estimatore dell'argento, quindi per quantificare alcuni beni, l'orefice Gregorio Capobianco *quondam* Giovanni Giacomo, abitante in Vicenza, «Mi non so far giuditio alcuno delle Madonne et quadri [...] perchè queste aspettano ai depentari». Sullo stesso tema: BCBVi, AG, *Processi*, b. 267, m. 75, n. 1540, cc. 1-4, 1 dicembre 1591, *Inventario di mobili in Lonedo di ragione di casa Godi*.

144. Pitacco, *Il collezionismo a Vicenza*, p. 142.

Ruzante, negli anni Settanta il nipote Orazio era in relazione con i poeti pavani della generazione successiva di Menon, di Begotto e del pittore-poeta Magagnò. Proprio quest'ultimo, il cui vero nome era Battista Maganza di Este (cittadina poco lontana da Barbarano Vicentino), dedicò una sua poesia alla restituzione dei 30.000 ducati e in quell'occasione interpretò le convinzioni di un ipotetico «gastaldo de Loneo» (Lonedo di Lugo, sede dell'omicidio e della villa palladiana) rivolgendosi direttamente all'amico «signor conte Ratio de i Gu» (Orazio Godi). Nella poesia il padrone e il finto gastaldo, sorpresi di fronte all'accreditamento della cifra sequestrata, pensano ad un sogno e per questo lodano la benignità di Venezia nei loro confronti perché «per tutto Loneo se sentì a dire 'Oh Vegniesia benetta, o nostra Mare / Che ne castiga, ma no fa sofrire / De vederne morire, Inanzo sempre l'ha compassion / De nu' se ben a fem qualche maron [errore]».[145] Non è inverosimile che la poesia di Magagnò, con toni così smaccatamente adulatori nei confronti della Repubblica, potesse essere stata distribuita tra i membri del patriziato più influente come forma di ringraziamento per la restituzione del denaro insieme alla richiesta di un mitigamento della pena bannitoria. Questa seconda richiesta non venne mai accolta, tuttavia è rilevante che gli stessi poeti pavani si siano fatti portavoce di queste esigenze politiche e giudiziarie non di poco conto.

Fra i rapporti artistici, e culturali in generale, dei Godi non si possono tralasciare quelli con alcune famiglie veneziane. Dai toni delle missive dei primi anni Sessanta la famiglia Godi appare legata alla clientela della famiglia veneziana dei Barbaro. L'umanista Daniele Barbaro (1514-1570), ad esempio, frequentava gli stessi circoli vicentini e torinesi dei Godi. Il

145. *Rime rustiche*, vol. IV, p. 14. La poesia continua (in traduzione) dicendo: «Qui signor padrone, non vi è cura e chi sa il vero, non c'è albero, né pietra, né persona in buona fede che non sia contento che i vostri cari figlioli hanno avuto tanto aiuto e favore da Dio che i Signori (Capi del Consiglio di Dieci) hanno restituito trentamila e più ducati (che potessi io averne altrettanti). O conte Orazio dabbene, che anche voi come i buoni siete perseguitato dal Demonio Marasso, in quel giorno santo e beato che quei signori illustrissimi, che hanno tre Capi, ma un solo cuore e una sola volontà hanno deliberato che quei poveri figliuoli innocenti [i figli di Orazio] non rimanessero all'asciutto come gattini. O padrone mio orsù tenetevi sano, lodate con tutto il cuore Dio Padre e quei nostri Signori che a tutte le ore ci tengono in abbondanza, e cacciamo via la guerra. Viva San Marco per mare e per terra!». Su questa poesia: Zorzi, *Le ville e i teatri*, pp. 28-29. Il Magagnò (1503-1586) proveniva da una famiglia che serviva i Pisani: Bandini, *La letteratura in dialetto*, pp. 16-17. Pietro e Girolamo Godi erano intimi dei Pisani (di Nicola Collalto e del membro del Consiglio di Dieci Francesco Morosini) come risulta in Zaupa, *I committenti vicentini*, p. 317.

Barbaro divenne noto per essere un mecenate colto e di ampi interessi, amico di Andrea Palladio e Pietro Bembo. Protesse anche Torquato Tasso che a Torino era sostenuto da Filippo d'Este, marito di una figlia illegittima di Emanuele Filiberto. I contatti del Barbaro con i vicentini andrebbero adeguatamente studiati a partire dalle sue poesie, pubblicate prima del 1542 sotto lo pseudonimo di Hypneo da Schio, cognome di un lignaggio vicentino legato all'Impero e alla curia romana (Schio era una «quasi città» del contado vicentino). Maggiori indicazioni riguardanti la frequentazione del Barbaro dell'Accademia vicentina dei Costanti, un cenacolo culturale esclusivamente aristocratico, permetterebbero di comprendere al meglio le sue amicizie in terra berica. Questa Accademia era stata fondata nel 1556 dai Gualdo assieme ai Valmarana e ne facevano parte anche i Godi. Lo scopo principale era la pratica delle lettere, delle arti e delle armi, secondo l'ideale classico cavalleresco.[146]

Ci si è già soffermati sui contatti tra i Barbaro e i Godi e in particolare tra il Patriarca Francesco Barbaro (1546-1616) e Orazio Godi quando questi risiedeva ormai in pianta stabile da un decennio a Torino.[147] Il 9 giugno 1587 da Aquileia il Patriarca scrisse a Orazio una missiva nella quale lo ringraziava per aver provveduto ad alcuni favori, ma soprattutto chiedeva di essere informato sul prezzo delle lucerne d'argento e di altri materiali che voleva acquistare. Inoltre, Francesco Barbaro richiese al Godi di consegnare personalmente una lettera ad un certo pittore Pietro Cornelio, artista di corte, affinché potesse avere un piccolo ritratto del duca sabaudo. Nella stessa il Patriarca specificò che, una volta ultimato il ritratto, durante il viaggio questo venisse inserito per la sua conservazione «fra dui sottilissime tavolette» e che le casse fossero mandate con la posta ordinaria della Repubblica attraverso il corriere dell'ambasciata veneziana, che partiva da Lione e andava a Venezia.[148] Questo è certamente uno di quei casi minori

146. Voce *Daniele Barbaro* curata da Alberigo, in *DBI*, vol. 6, pp. 89-95.

147. Voce *Francesco Barbaro* curata da Benzoni, in ivi, pp. 103-107.

148. BCBVi, AG, c. 2r, 9 giugno 1587, «io [Francesco Barbaro] amarò sempre il signor Horatio Godi, i suoi figlioli, et tutta casa sua, desiderando occasione da comprobbare questo mio affetto con le vive attioni. Reccevei con il ritorno del signor ambasciator Nani la vostra lettera et vi ringratio della pena presa per proveder de cani a mio fratello, i quali sono reussiti bellissimi, et spero che faranno anco in campagna buona reussita sichè ve ne ringratio quanto posso. Quanto alla lucerna io havevo piacere di saper il pretio, sì di quella d'argento, come di quella di stagno o di ottone che si havesse da fare perchè mi risolverei poi quel ordine che giudicherò bene. Qui inclusa, sarà una lettera che va a messer Pietro Cornelio Pitore, che sta in

di committenza per cui i Barbaro erano noti: essi sfruttavano, infatti, le amicizie e le clientele nelle ambasciate delle città straniere per aumentare l'assortimento delle loro collezioni.[149]

4.2. *Il bando di Orazio Godi*

Le strategie giuridiche per assicurare la discendenza patrimoniale ai propri eredi erano molteplici, ma si è già visto nel secondo paragrafo di questo capitolo come, sia nel caso della famiglia di Enrico Antonio Godi che in quella del figlio Pietro, fosse consistente il rischio di una mancata successione per l'assenza o la morte prematura dei maschi. L'assenza di uno o più eredi legittimi avrebbe originato un periodo di instabilità per il casato, tale da renderlo debole di fronte ad attacchi interni ed esterni, primi fra tutti i lunghi procedimenti civili che avrebbero minato l'integrità sociale ed economica della famiglia.

Nel Cinquecento l'ultimo acquisto famigliare di un certo valore si verificò nell'anno della morte di Enrico Antonio, ma all'epoca la famiglia possedeva già buona parte della zona cittadina di San Michele a Vicenza, qualche migliaio di campi tra Barbarano e le zone circonvicine del basso vicentino.[150] Alla metà del secolo i Godi tentarono di allargare

casa de Gian Carae Pitore di sua altezza, la quale vi prego a darla in man propria, ma in modo che esso Gian Care Pitore non lo sappia perciochè le ho fatto scriver da un fiamengo suo amico che mandi un retratto de sua altezza felice memoria». Sul mercato e il collezionismo dei quadri e ritratti: Ago, *Il gusto delle cose*, pp. 137-150 e Ago-Borello, *Introduzione*, pp. 7-22.

149. Ago, *Il gusto delle cose*, pp. 125-136; *Tra Committenza e Collezionismo*. Sui Barbaro, *Una famiglia veneziana nella storia*.

150. BCBVi, AG, *Catastici, t. III* (2 gennaio 1528-28 dicembre 1543), b. 384, n. 4388, 7 agosto 1536 (il documento manca dalla serie *Istrumenti*); BCBVi, AG, *Processi*, m. 51, n. 1096, testamento di Cristoforo Godi, c. 43r, 31 gennaio 1542, Atti ufficiali di Giovanni Antonio Brogliano al banco sigillo, Marcantonio Godi contro il nobiluomo Pietro Barbarigo per 65 campi in Villalta. Cosgrove ha esaminato dettagliatamente le tenute, i fitti e i livelli (Vicenza era l'unica provincia che nel 1550 era coinvolta sul problema dei livelli. Nel 1551 Venezia approvò una legge che limitò al 6% l'interesse sugli affitti stipulati dopo il 1525) della famiglia Godi dal 1525 al 1585. Nella dichiarazione dei redditi seguente l'omicidio Piovene, i Godi ridussero il numero e il valore dei terreni in loro possesso. «Il decennio del 1540 fu caratterizzato nel Veneto da una particolare rapida proliferazione delle tenute agrarie e sembra che i Godi fossero fossero del tutto coinvolti in tale espansione della possidenza, visto che nel 1578 la dimensione della loro proprietà pedemontana passò a 705 campi, più che triplicando la loro estensione rispetto alla situazione del 1541. Inoltre, la proprietà terriera nella piana di Grisignano risultò costituita da 1118 campi», in Cosgrove, *Il paesaggio palladiano*, pp. 201-202.

la loro sfera di influenza anche al vicariato di Camisano, ma non vi riuscirono, perché le risorse economiche non erano più floride come nei primi anni del secolo e, inoltre, trovarono la ferrea opposizione di alcune famiglie, come i da Roma e i Chiericati.[151]

Una stima del 1591 valutò l'intera proprietà di famiglia (solamente terreni, non edifici), compresa quella di Grisignano, in 170.000 ducati e incluse, probabilmente per errore, anche la villa di Lonedo di Lugo valutata 10.000 ducati. Non mancarono investimenti nelle attività relative agli opifici idraulici e mercantili, che si rivelarono però improduttivi, se non fallimentari.[152] Nel Cinquecento le spese maggiori del bilancio famigliare erano imputate alla sistemazione della cappella di famiglia e alla costruzione della villa per Girolamo; gli esborsi inaspettati, però, superarono di gran lunga qualsiasi pur negativa previsione: tutti i problemi ricaddero dunque sulle spalle di Orazio, il secondogenito di Pietro Godi e Cecilia Capra.

Orazio Godi era destinato a diventare un uomo di curia, ma ancora bambino fu apprezzato dal nonno, Marco Capra, più di suo fratello maggiore, il primogenito Paolo Antonio. Nella tragica biografia di Orazio i sentimenti e le passioni furono motivo di orgoglio e di esasperazione. Il nonno gestiva una vasta clientela nel contado delle zone pedemontane tra Vicenza e Treviso ed era considerato tra gli uomini più potenti politicamente e militarmente del vicentino. Il matrimonio tra sua figlia Cecilia Capra e Pietro Godi aveva suggellato un'alleanza famigliare che avrebbe regolato per secoli le fazioni vicentine: da una parte i Godi-Capra e dell'altra i da Porto-Thiene.[153]

Marco Capra aveva ottenuto tutto dalla vita, potere e successo inclusi: il 25 marzo 1552 Venezia lo aveva perfino premiato, assieme a tutta la sua famiglia, con il conferimento del titolo ereditario di conte di Carrè. Già esercitava la sua giurisdizione su un piccolo impero di proprietà terriere, palazzi e perfino un castello: da quel momento avrebbe potuto anche vantarsi di essere "il titolare" della «contea di Carrè».[154] Tuttavia,

151. BCBVi, AG, *Processi*, m. LXXIII, n. 2961, c. 16 dicembre 1523; BCBVi, AG, *Processi*, m. LXXIX, nn. 3499-3500, 10 novembre 1528; BCBVi, AG, *Processi*, m. LXXIX, n. 3503, c. 173r, 16 novembre 1528, BCBVi, AG, *Processi*, m. LXXIX, n. 3509, c. 175r, 23 novembre 1528 e BCBVi, AG, *Processi*, m. LXXIX, n. 3519, c. 241r, 22 dicembre 1528.

152. ASV, *Provveditori sopra i Beni Inculti*, *Processi*, B41, reg. 6, 28 luglio 1557.

153. Megna, *Storie patrizie*, pp. 240-248.

154. BCBVi, AG, *Istrumenti*, *Istrumenti sciolti*, m. CVII, b. 107, n. 5814, 25 marzo 1552, *Ducale del serenissimo Prencipe nel cavalier Marco* «quondam Francesco Gabriele quondam Enrico Giuseppe quondam Alvise, Giorgio quondam Lodovico, Alvise quondam Giuseppe, e Girolamo e Antonio fratelli quondam Gio cavalieri tutti della nobilissima fami-

era assillato dal pensiero dell'imminente estinzione della sua famiglia: infatti non aveva eredi maschi e prima di morire decise che il successore sarebbe stato uno dei suoi nipoti preferiti, Orazio.

L'appartenenza a una famiglia poteva avvenire secondo modalità fisse, ovvero per nascita e per matrimonio, oppure flessibili, come l'adozione.[155] Marco Capra decise che la procedura da seguire per evitare vertenze giudiziarie con altri eredi sarebbe stata quella dell'*adoptio in hereditatem*, cioè l'adozione attraverso il testamento, un atto che a Vicenza esigeva alcune modalità per evitare abusi e illegalità. Il fatto che Marco Capra fosse ancora vivo avrebbe snellito le pratiche burocratiche e il 18 aprile venne depositato l'atto di adozione presso il *Banco dell'aquila*, l'ufficio cittadino a ciò preposto. Pietro, il padre di Orazio, aveva accettato che suo figlio da allora in poi (aveva all'epoca nove anni) «s'intenda[va] esser de nobili Capra»[156] e che, non appena avesse raggiunto la maggiore età, avrebbe usato il cognome del nonno paterno e il suo stemma. Nello stesso giorno si svolse di fronte alla comunità cittadina la manifestazione di adozione pubblica che voleva avvertire con la pubblicità dell'evento chiunque fosse stato contrario a tale pratica e, nel contempo, presentare il nuovo figlio che da quel momento sarebbe stato incluso in una nuova e diversa appartenenza.

glia Capra possessori della villa, e castello di Carrè con tutte le giurisdizioni come dalle loro investiture, qua vengono decorati detti Capra con loro descendenti maschi, in infinito del titolo de conti di Carrè, riducendo detta villa e castello di Carrè col territorio, e sue pertinenze in contea, cosicchè per l'avenire debba chiamarsi in contea di Carrè. Contiene il presente processo copie di ducali in diversi della famiglia Capra per condotieri di gente d'arme».

155. Vismara, *Adozione. Diritto intermedio*, p. 581-584; Gualazzini, *Adozione. Diritto intermedio*, p. 288-290; Cattaneo, *Adozione*, p. 94-131. Ringrazio Marina Garbellotti per alcune indicazioni bibliografiche sul tema e si segnala Garbellotti, *L'importanza del nome*, pp. 1-16.

156. BCBVi, AG, *Istrumenti*, *Istrumenti sciolti*, m. CVII, b. 107, n. 5884, 18 aprile 1553, *Atti di Gio Girolamo Broglian all'Aquila, adozione del cavaliere Marco Capra della persona del nobile Orazio figlio del nobile Pietro quondam cavaliere e domino Enrico Antonio Godi* «di età di anni 9, nato dalla nobile Cecilia figlia di detto cavalier Marco, che viene emancipato dallo stesso nobile Pietro suo padre, in suo figlio, così che de cetero s'intenda esser de nobili Capra, e abbia l'arma di detto Marco». Non è l'unico caso di adozione, infatti, negli stessi anni in BCBVi, Archivio Bruto Revese, b. 21, cc. 326r-328r, c'è il testamento del nobile Costantino *quondam* Giacomo Godi (Vicenza, 28 agosto 1530; copia autenticata del 1547); segue a cc. 329r-344 un «consilium de legittimatione» datato agosto 1530, che riguarda appunto la validità della legittimazione del figlio bastardo di Costantino Godi, Mambriano, «filius bastardus ex quadam fanticella». Ringrazio per la segnalazione Francesco Bianchi.

Due giorni dopo Marco Capra dettò il suo testamento privato nel quale stabilì senza ripensamenti che il giovane Orazio diventava suo figlio, nonché «erede universale de tutti i [suoi] beni, stabili, e mobili, atque semoventi, presenti, e futturi». Nel caso fosse venuto a mancare Orazio, sarebbero succeduti nell'eredità i suoi figli maschi; solo se non ci fossero stati altri eredi, allora i suoi possedimenti sarebbero stati ripartiti con il resto della famiglia Capra.[157] Marco concluse il suo atto testamentario augurandosi che il giovane avrebbe studiato e ribadì l'obbligo di usare sempre il cognome dei Capra «e così li suoi discendenti in infinitum, e come di questo è dichiarato in la sua adoption; commandandoli expresse, chel sia obbediente alla prefatta sua madre».[158]

Questa adozione generò parecchi malumori nei confronti di Orazio, specie da parte dei cugini Capra, che lo accusarono di aver approfittato della buona fede del nonno: si ritiene ciò improbabile anche perché all'epoca Orazio aveva solo nove anni. Al massimo si può intuire una certa preferenza di Marco per la figlia Cecilia rispetto ad altre sue figlie. I nipoti di Marco si videro privati della gestione di tutte le proprietà poste nell'alto vicentino (nelle comunità di Carré e Chiuppano) e delle relative clientele, ma anche di un grande palazzo situato in città, un edificio urbano che negli anni sarebbe stato bramato da tutti i Capra per l'alto valore simbolico legato alle prime acquisizioni del lignaggio cittadino.[159]

Nel 1555, probabilmente l'anno della morte di Marco, i suoi nipoti Capra, esclusi dall'eredità si opposero alla decisione testamentaria e iniziarono una serie di azioni processuali nei confronti di Orazio e del padre Pietro Godi per ottenere un fedecommesso su una parte delle proprietà.[160]

157. BCBVi, AG, *Processi*, m. 48, b. 239, n. 1025, cc. 3r-7v, 20 aprile 1553, testamento di Marco Capra, cc. 3r-7v e BCBVi, AG, *Processi*, m. 48, b. 239, n. 1031, *Conti Girolamo e fratelli Capra*, pp. 3-21.

158. BCBVi, AG, *Istrumenti*, *Istrumenti sciolti*, m. CVII, b. 107, n. 5885, 20 aprile 1553, notaio Bortolo Piacentin, testamento del cavaliere Marco *quondam* Francesco Capra «vuole che il nobile Orazio figlio del detto Pietro Godi, e della nobile Cecilia Capra sua figliola, adottato per figlio da esso testatore si erede universale di tutti li suoi beni stabili, e mobili, e semoventi, e futuri, secondo che sono scritti in Libro A, toccati in sorte al testatore nelle divisioni con suo fratello e nipoti, ov'entra anco da casa in Vicenza in contrà del castello con la casetta di dietro e tutte le fabriche di Carrè [...]. Sostituisce in mancanza della discendenza mascolina di detto Orazio».

159. Per i conflitti legati all'adozione: Gager, *Blood Ties and Fictive Ties*, pp. 101-136.

160. BCBVi, AG, *Processi*, m. 48, b. 239, n. 1025, pp. 6-15. La prima parte della vertenza tra Pietro, amministratore di Orazio, e i nuovi cugini del figlio perdurò dal 1555 al 1561.

I procedimenti civili perdurarono fino alla maggiore età di Orazio e i magistrati concordarono sulla regolarità di tutti gli atti dell'adozione. D'altra parte il padre di Orazio era un avvocato e fu lui stesso, su suggerimento del suocero mentre era ancora in vita, configurando così un'alleanza famigliare, ad amministrare gli interessi del figlio finché quest'ultimo non avesse raggiunto la maggiore età.[161] Pietro prese a cuore il ruolo di tutore del figlio e specialmente durante gli anni Cinquanta ispezionò in varie occasioni le nuove proprietà acquisite dal lignaggio: nel 1555 egli mosse, per nome di Orazio, alcune cause civili nei confronti di alcuni fittavoli che avevano tentato di imbrogliarlo.[162] Nel 1556 Pietro doveva avere circa sessant'anni e per molta parte della sua vita aveva avuto relazioni con ambasciatori e vescovi a Vicenza e presso la Dominante, ma il nuovo ruolo di amministratore delle proprietà del figlio lo fece interessare, probabilmente per la prima volta, alla gestione diretta delle proprietà agricole.[163]

Una volta maggiorenne, Orazio dispose in prima persona dei suoi beni e divenne più ricco del padre. Il suo vasto patrimonio gli poteva garantire ampie possibilità nella scelta della moglie, quasi certamente appartenente al ceto delle famiglie nobiliari vicentine più in vista; tuttavia l'inesperienza

161. BCBVi, AG, *Processi*, m. 48, b. 239, n. 1022, c. 22r, 7 giugno 1558, *Atti di Bernardino Vitale al banco del sigillo del vicario* «Vice Gerente in causa tra li nobili Girolamo e Antonio Capra, e il cavaliere e domino Pietro Godi padre e amministratore del nobile Orazio suo figlio per la dimanda Capra di molti beni in Carrè, e altrove, stante la morte del quondam Marco Capra loro zio senza figli, come soggetti detti beni al fideicomisso» e Zaupa, *Andrea Palladio e la sua committenza*, p. 62. Pietro Godi è amministratore del figlio Orazio appena adottato.

162. BCBVi, AG, *Processi*, m. 46, b. 236, n. 989, c. 11r, 3 gennaio 1573 «Gieronimo Malchiavello il 2 luglio 1555 muove lite contra magnifico Pietro godi come padre e legitimo amministratore del magnifico Horatio suo figliolo come herede del magnifico Marco Capra per causa de un fitto che pagano li Bottari da Schio comprato già da domino quondam Marcho Capra» e BCBVi, AG, *Processi*, m. 4, b. 195, n. 89, *Horatio Godis contra Giulio Capra. Salzedo*.

163. BCBVi, AG, *Processi*, m. 46, b. 236, n. 993, Orazio Godi adottivo del conte Marco Capra, c. 6 ottobre 1556: Pietro esaminò le stalle e lo stato di salute degli animali, chiedendo perfino ai bovari i nomi e l'età delle mucche che egli registrò minuziosamente tra i suoi appunti «testimonianza di Bon quondam Pietro, vaccaro: eccellentissimo cavallier et di legge dottor eccellentissimo domino Pietro di Godi padre et administrator del magnifico messer Horatio suo figliuolo et figliuolo addottivo del quondam magnifico cavallier domino Marco di Capra [...] 2r, la Moresca de ani 12; la Cornesella de ani 12; la Schalmana de ani 12; la Rosa de ani 12; Orsatto de ani 8; Bonatto de ani 8; Cornachia de ani 8, la Carsa de ani 8; Falion de ani 8; [...]; la Bochanegra [...], Bochabella [...], la Quadra».

e qualche pressione da parte del lignaggio con l'obiettivo di mantenere il controllo sul capitale, lo obbligarono all'età di diciassette anni a valutare la prima offerta, da parte della famiglia Nievo.[164] Nel 1562 l'inesperto Orazio Godi, ormai Capra, sposò Nevia Nievo, ma appena congiunti iniziarono i problemi, perché la sposa era sua parente di quarto grado di consanguineità: è possibile che entrambi avessero trascurato le normative vigenti. Gli sposi aspettarono un anno fino al novembre del 1563 per ottenere una risposta da parte dell'autorità vescovile che confermasse la validità delle loro nozze.[165] Il 22 gennaio 1564 la famiglia della sposa (solo la madre era in vita) preparò il contratto della dote con un importo di 7.000 ducati da pagarsi nell'immediato, ma alcuni dissidi interni ai Nievo bloccarono i pagamenti fino ai primi anni Settanta: d'altra parte Orazio, avendo una non indifferente disponibilità economica, non incalzò subito la suocera.[166]

La dote di Nevia faceva parte di una cospicua porzione del testamento di sua madre Maddalena Angaran e non appena suo fratello Galeazzo conobbe la cifra intestata alla sorella, si infuriò con quest'ultima.[167] Negli stessi giorni del marzo del 1570 Galeazzo subì la perdita della moglie incinta e

164. Sulle trattavi matrimoniali si cita solamente Lombardi, *Matrimoni di antico regime*, pp. 185-187.

165. BCBVi, AG, *Istrumenti*, *Istrumenti sciolti*, m. 117, b. 117, n. 7110, 26 novembre 1563, notaio Giovanni Alvise Valle, Sentenza del Vicario Vescovile di Vicenza nella causa di dispensa del nobile Orazio Godi «figlio del cavalier e domino Piero Godi, marito della nobile Nevia quondam Marco Nievo, maritati in 4 grado di consanguineità qua resta approvato il matrimonio e dispensato da detto 4° grado».

166. BCBVi, AG, *Istrumenti*, *Istrumenti sciolti*, m. 118, b. 118, n. 7134, 22 gennaio 1564, notaio Marco Locatello, «dotale della nobile Nevia Nievo quondam Marco Nievo sposa del nobile Orazio figlio del cavaliere e domino Pietro Godi con ducati 7.000 pagati ut ibi con rinunzia dei beni paterni e materni» e le copie in ASVi, *Notarile*, Notaio Marco Locatello (1537-1563), b. 7089, 22 gennaio 1564, dote di Nevia *quondam* Marco Nievo in BCBVi, AG, *Istrumenti*, *Istrumenti sciolti*, m. 124, b. 124, n. 7763, 21 gennaio 1570, *Notaio Lorenzo Crivellari*, saldo del nobile Orazio Godi al nobile Galeazzo Nievo suo cognato della dote di Nevia Nievo sorella di detto Galeazzo e moglie di detto Orazio, già ricevuta in ducati 7.000, il cui documento originale si trova anche in BCBVi, AG, *Processi*, m. 3, b. 195, n. 66, c. 43 e m. 64, b. 254, n. 1374, c. 8.

167. BCBVi, AG, *Processi*, m. 3, b. 194, n. 67, 16 luglio 1579, cc. 8v-9v: «Nuziale di Nevia Nievo e testamento di Madalena Angaran Nievo»: 1r o 8r e BCBVi, AG, *Processi*, m. 64, b. 254, n. 2781, 10 novembre 1565, notaio Marco Locatello, «testamento di Maddalena quondam Stefano Angaran, relicta quondam Marco Nievo. Lascia a sua figlia Nevia Nievo, moglie di Orazio Godi 3.000 ducati, nel caso fosse manca Nevia i ducati e il resto dei beni sarebbero passati ai suoi fratelli maschi»; Zaupa, *Sole, Luna, Andrea Palladio*, p. 90.

cominciò a muovere accuse su malversazioni, furti e sottrazioni a danno dei privati e dello Stato effettuate dagli zii materni per un importo non inferiore ai 15.000 ducati. Inoltre, Galeazzo incolpò Orazio di aver avvelenato sua moglie per impossessarsi di tutta la sua eredità e ribadì queste accuse anche per iscritto di fronte a parecchi notai e funzionari vicentini e veneziani. Da parte loro la famiglia Angaran e Orazio Godi ottennero una deposizione medica in base alla quale certificarono che l'accusatore soffriva di una qualche alterazione mentale.[168] Non ancora soddisfatto, Galeazzo intentò una nuova causa per la proroga della dote della sorella, ma anche in questo caso Orazio Godi riuscì processualmente a spuntarla.[169] Non passò indenne, invece, all'omicidio Piovene. Fuggì e fu bandito: la giustizia veneziana fu durissima nei confronti delle sue proprietà e di colpo perse tutto. I magistrati non solo gli confiscarono tutti i beni, ma addirittura vollero interrogare i suoi notai personali affinché, forse intimidendoli, non potesse vivere con entrate non dichiarate al fisco.[170] Così facendo i veneziani volevano essere sicuri che Orazio non venisse aiutato dalla sua rete clientelare. Come compensazione i nuovi cugini Capra tentarono di ottenere la casa di Vicenza, mentre la vedova Piovene ambiva sia a quella di Lugo che a quella di Carré. Il Consiglio di Dieci decise, in ragione della crudeltà dell'evento (l'accanimento era dovuto anche al fatto che Orazio Godi si era finto autorità veneziana), che avrebbe raso al suolo tutte le case e i palazzi di Orazio, compresa anche la villa appena costruita dal Palladio.[171] Per quella villa si mossero da subito gli ex fratelli di Orazio che certificarono che lui ne deteneva solo una minima porzione; invece la casa di Vicenza non ritornò ai Capra e fu distrutta, come era stato deciso da Venezia fin dal principio.[172] Il 30 giugno 1579 il

168. ASVi, *Ufficio del Sigillo*, b. 73, *cc.* 17 marzo e 22 aprile 1570; ASVi, *Notarile*, Notaio Vaienti Vaiente, b. 7740, c. 126. Sull'avvelenamento: Pastore, *Veleno. Credenze, crimini, saperi*, pp. 102-129; mentre sulla malattia mentale Porter, *Storia sociale della follia*, pp. 23-25.

169. BCBVi, AG, *Processi*, m. 3, b. 194, n. 65.

170. Cosgrove, *Il paesaggio palladiano*, p. 38. Si comprende che nell'archivio privato Godi non sono stati conservati tutti gli atti di Orazio e vi era una contabilità parallela: BCBVi, AG, b. 236 *(Processi)*, m. 46 n. 990.

171. Questa decisione cambiò nel 1582.

172. BCBVi, AG, *Processi*, m. 47, b. 237, n. 1009, Lettere del conte Capra; BCBVi, AG, *Processi*, m. 47, b. 237, n. 966, c. 9r, «Antonio Capra e nipoti per affar Piovene, figli quondam Tommaso». Il Consiglio di Dieci aveva deciso di radere al suolo la casa di Orazio a Vicenza, e la villa di Lonedo e qualche altra struttura a Carrè; dal catastico si rivela anche un altro documento, ora rimane solo il regesto: n. 8245, 1578, s.l., «Divisioni del

Consiglio di Dieci stabilì che tutte le proprietà di Orazio poste tra Lugo e Carré, a parte la villa palladiana, dovessero essere date in feudo alla vedova Piovene.[173] Fortunatamente furono salvaguardati alcuni beni e alcuni diritti, come il fedecommesso, per i figli del bandito che, per un certo periodo, dovettero perfino trasferirsi presso i loro cugini: la solida rete famigliare e di amicizie garantì una sopravvivenza dignitosa a Orazio e a tutta la sua famiglia. Il 17 aprile 1585 si stipulò la pace tra i Godi e i Piovene di fronte a Paolo Contarini, Provveditore Generale in Terraferma, ma i beni rimasero ai Piovene secondo le decisioni prese nella parte di sei anni prima.[174]

Conclusioni

Questo terzo e ultimo capitolo non indaga, come i due precedenti, le vicende politiche e professionali dei singoli membri della famiglia Godi, ma approfondisce la mentalità della casata nel contesto del ceto dirigente

perito Gio Battista Remi in esecuzione di lettere degli eccellentissimi avogadori 9 ottobre 1578 ad istanza degli eredi del quondam Tommaso Piovene dei beni Godi per occasion del Fisco [...] tra Lugo e Fara vi sono cinque parti divise tra Camillo, Vicenzo, Marco, Orazio e Paolo Antonio»; BCBVi, AG, *Processi*, m. 109, b. 224, n. 410, c. 16r, copia del 7 aprile 1584, «copia tratta dal zornal della magnifica camera fiscal di Vicenza dell'anno 1584. Pel'Academia de olimpici in Vicenza alla Serenissima Signoria lire trecento sessanta otto, sio pel'amontar de legnami et prede che ha havuto di quelli che erano al loco della munition della casa destrutta di domino Horatio Godi de ordine del clarissimo signor Carlo Marin capitano con promessa di domino Lunardo Valmarana principe di essa Academia per mandato del predetto clarissimo signor capitano».

173. Il catastico rivela anche un altro documento, ora scomparso, ma rimane il regesto: n. 8284, del 30 giugno 1579, c. 1r, «Parte dell'eccellentissimo Consiglio di Dieci qua dichiarando la sentenza che rilascia tutti li beni d'Orazio Godi bandito in feudo alli figli del quondam Tommaso e fratelli del quondam Fabio Piovene, è mente del consiglio che alli figli del suddetto Orazio oltre la dotte materna siano anco dati tanti beni per la loro legitima».

174. BCBVi, AG, *Istrumenti*, *Istrumenti sciolti*, n. 8552, 17 aprile 1585, nodaro Cancelliere Lucio del Belo, «Pace fatta dalli nobili Tiberio Piovene, Isabella relicta quondam Tommaso Piovene e i suoi figli, alli nobili Alesandro, Camillo, Paolo Antonio, Marco, Lodovico, e Orazio bandito tutti Godi [...] senza però derogare a quanto fu preso nel Collegio di X. Tutta la presente giace con intervento di Signoria Eccellentissima Paolo Contarini provveditor general in terraferma, quale impone pena di bando perpetua e di confiscazion di beni, e chi contrarà alla pace suddetta». Questo è un l'unico documento che rivela il ruolo "nella pace" del veneziano Paolo Contarini. Sui lignaggi in declino economico e clientelare: Bizzocchi, *La dissoluzione di un clan famigliare*, pp. 3-45; Donati, *L'idea di nobiltà*, p. 23; Eurich, *The economics of power*, pp. 1-18.

cittadino. I titoli dei paragrafi potrebbero riferirsi a qualsiasi lignaggio nobiliare di Terraferma; tuttavia quando si parla di ville e omicidi, causati questi ultimi da un endemico scontro nobiliare, sono evocati i tratti peculiari di una ipotetica *vicentinitas*.

Nella prima parte del capitolo emerge con forza l'autorità della mitologia famigliare e la supremazia del capofamiglia. Il presente si definiva come prolungamento del passato: gli antenati proteggevano i contemporanei, a loro volta i discendenti avrebbero dovuto ricordarli, senza mai mettere in discussione chi in quel momento dirigeva la casa. Fino al primo Cinquecento in molte famiglie nobiliari i figli maschi abitavano nel palazzo paterno, o in strutture limitrofe, anche dopo il loro matrimonio. L'autoritarismo di Enrico Antonio Godi trovava corrispondenza in tante famiglie dell'epoca, sebbene dalla documentazione emergano anche esperienze più tolleranti. Il controllo del padre sulla prole continuava anche nell'ultimo atto di volontà, quando egli poteva preferire un figlio ad un altro attraverso singole disposizioni testamentarie.

Nella seconda parte del capitolo, la fama è intesa come dimostrazione della propria ricchezza, in particolare attraverso la costruzione di ville, dispendiose anche per coloro che grazie alle attività mercantili disponevano di una buona fortuna economica. Il territorio vicentino vanta numerosi esempi della fastosa architettura cinquecentesca, in particolare, i Godi sfruttarono prima di tanti altri l'ingegno di Andrea Palladio. Risultava primario mostrare le proprie ville agli altri e in particolare a quei nobili, principi e intellettuali, che avrebbero poi in patria lodato la bellezza delle stanze, la grandiosità del giardino e l'ospitalità dei proprietari. Questa magnificenza urta sensibilmente con quella violenza aristocratica che tanto ha fatto dibattere gli storici negli ultimi decenni. Le faide e le vendette, così frequenti nella Vicenza tra Cinque e Seicento, provocarono gravi conseguenze alle relazioni famigliari. Una volta che la reputazione personale o famigliare era stata messa in discussione, bisognava bloccare l'onta a tutti i costi, quasi fosse l'avo più antico ad esserne ferito.

Epilogo

Per una casata come i Godi, che stava ancora tentando di uscire da questo grave trauma, era d'obbligo cercare di riemergere come meglio poteva. Per questo, il ritorno a Vicenza coincise con l'assunzione di incarichi di prestigio per il governo della Serenissima. Il personaggio più rilevante alla fine del secolo, il luogotenente di cavalleria Pier Antonio Godi, venne eletto dalla Repubblica prima governatore di Zara, poi nel 1592 Provveditore generale nel Regno di Candia e, infine, capo della cittadella di Brescia, come dimostrano le numerose lettere conservate nell'archivio di famiglia.[1] La vicenda biografica di Pier Antonio Godi rispecchia le nuove pratiche di governo veneziano: dai primi anni del Seicento il comportamento della nobiltà di Terraferma è influenzato dal mutamento del quadro geopolitico e dall'atteggiamento di Venezia, che

1. ASV, *Collegio, Notatorio, Registri*, n.m. 54, n.v. 62 (1 marzo 1592-27 febbraio 1592 m.v. quindi 1593),c. 25r o 1r, «Alli primo marzo in collegio. Doi luogotenenti del provveditore generale [...] nel regno di Candia in essecution della parte del senato di 19 luglio 1590: 20 + domino Piero Antonio Godi [luogotenente di cavalleria]» e l'incarico professionale si trova anche in BCBVi, AG, *Istrumenti, Istrumenti sciolti*, n. 8923, 19 maggio 1592, Elezione del serenissimo principe veneto della persona del nobile Pier Antonio Godi attesi i suoi meriti, per essere nominato luogotenente e provveditore generale nel regno di Candia. In precedenza lo stesso Pier Antonio Godi era stato governatore di Zara, a capo di 600 fanti, contro le continue invasioni turche; BCBVi, AG, b. 399, cc. 1609-1611: lettere di Pierantonio Godi che descrivono la situazione a Brescia, mentre era a capo della cittadella cittadina e doveva risolvere alcune questioni di approvvigionamento e militari. Nel 1606, durante l'Interdetto, Pierantonio Godi era stato tra i capi della fazione veneziana, mostrando il suo entusiastico sostegno antipapalino nella città berica.

cercò di cointeressare maggiormente alla cosa pubblica i propri sudditi di Terraferma offrendo loro incarichi militari ed amministrativi.[2]

Il quadro che emerge da questa epopea famigliare suggerisce tre ordini di riflessioni politiche, sociali e culturali. Innanzitutto è evidente come, con il coinvolgimento di Pier Antonio Godi nel quadro amministrativo della Repubblica, si chiuda il cerchio apertosi un secolo prima con l'impegno nella città lagunare dell'avo Enrico Antonio: solamente per un trentennio (1558-1588) i Godi allentarono i legami di fedeltà con la Dominante per tentare l'ascesa presso le corti che gravitavano nell'orbita spagnola – soprattutto, come si è visto, quella sabauda e in modo fugace quella parmense. In quegli anni furono loro affidati incarichi all'estero, specialmente militari, con una frequenza e una durata superiori rispetto a quanto avveniva nel secolo precedente. Tuttavia operazioni di tal genere comportavano il rischio di portare a situazioni di aperto contrasto con la madrepatria e quindi esponevano la famiglia alla possibilità di requisizioni e rappresaglie. Proprio per questo i Godi, come molti altri casati, nel momento in cui videro che gli onori e gli incarichi professionali *extra* dominio non soddisfacevano più le loro esigenze (1588-1589), ritornarono sulle loro originarie posizioni politiche a favore di Venezia.

La seconda riflessione riguarda le ripetute ed eclatanti azioni di forza legate alla questione del prestigio, nell'ottica anche della vendetta privata. Tra le famiglie nobiliari delle città di Terraferma l'uso della violenza assumeva un significato politico, oltre che sociale. E, nonostante il controllo esercitato dalle consorterie nobiliari per la riduzione degli eccessi nella violenza privata, a partire dagli anni Settanta i lignaggi nobiliari si dimostrarono in buona misura incapaci di trovare accordi risolutivi dei conflitti, anche a causa delle nuove normative adottate della Repubblica. Esemplare in questo clima è la vicenda di Orazio Godi.

Il terzo tema di rilievo riguarda il ruolo intellettuale di Girolamo Godi. Pur non potendo competere con il padre dal punto di vista professionale – Enrico Antonio fu di fatto uno dei più noti principi del foro veneziano – si può dire che Girolamo seppe compiere un passo in avanti rispetto in direzione dell'impegno sul piano culturale, diventando uno dei più importanti mecenati della Repubblica. Egli intrattenne legami con letterati e artisti di spicco (uno fra tutti, Pietro Bembo) e al tradizionale obiettivo dell'arricchimento aggiunse, novità per la famiglia, l'impegno nel patrocinare

2. Sabbadini, *L'acquisto della tradizione*, pp. 39-40.

la cultura: un esempio esplicativo fu l'investimento di buona parte del proprio patrimonio nell'edificazione della villa di Lonedo di Lugo.

A Vicenza il nobile casato continuò l'attività politica alternandola alla gestione delle proprietà terriere nel contado. Va ricordato che i rappresentanti della famiglia Godi avevano unito al proprio il cognome Pigafetta per effetto dell'investitura concessa il 12 febbraio 1587 dal vescovo di Vicenza a Marcantonio Godi (nipote di Cristoforo Godi, capostipite del ramo cosiddetto dei "Godoni") di un feudo in Brendola, già appartenuto ad Antonio Pigafetta di Camillo, morto senza eredi nel 1537, di cui il Marcantonio aveva sposato nello stesso anno, in prime nozze, la vedova Angela Revese.

Massimiliano Godi, ultimo legittimo superstite della nobile famiglia, nel suo testamento datato 14 luglio 1720 nominò sue eredi universali la contessa Elisabetta, figlia del conte Marzio suo fratello, moglie del conte Antonio Garzadore; la contessa Elisabetta, figlia del conte Orazio suo nipote, moglie del conte Girolamo Nievo; la contessa Violante, figlia del conte Orazio suo nipote, moglie del conte Alfonso Porto di Manfredo. Tra le numerose disposizioni testamentarie il conte dispose che,

> nel caso si fossero esauriti tutti i discendenti maschi di dette contesse, subentrassero all'ultimo maschio discendente la prima figlia femmina, o la seconda o ulteriore *usque in infinitum*. Nel caso in cui si fosse estinta la discendenza così designata, ordinò che subentrassero gli eredi legittimi della contessa Atalanta Piovene, sua sorella, nella medesima successione. Prescrisse, tra l'altro, che la sua eredità e i suoi beni si conservassero per sempre integri, liberi da vincoli e non patissero alcuno spoglio. Comandò che ogni suo erede o sostituto nell'eredità unisse il cognome Godi al proprio, pena la decadenza dal titolo di erede.[3]

Fino al 1720 è probabilmente esistito un unico archivio Godi, ma da questa data si cominciano a formare due archivi famigliari: archivio Godi e Archivio Porto Godi Pigafetta. Il primo a fregiarsi del cognome Porto Godi Pigafetta fu Alfonso Porto (morto nel 1748), appartenente al cosiddetto ramo "G" della famiglia Porto, discendente da Leonardo di Simone (morto nel 1483), che nel 1720 sposò Violante Godi Pigafetta, erede universale di Massimiliano Godi. La legittima discendenza maschile della famiglia Porto Godi Pigafetta si esaurì con la morte di Girolamo (morto nel dicembre 1800), figlio di Polissena Scroffa e di Massimiliano Porto Godi Pigafetta (figlio di Alfonso e Violante). Con Paolina, una delle

3. BCBVi, *Inventario dell'Archivio Godi*, a cura di Mattea Gazzola, pp. 1-3.

sorelle di Girolamo, moglie di Giovanni Paolo Bissari, si estinse anche la linea legittima di discendenza designata da Massimiliano Godi. Paolina, con testamento del 20 marzo 1825, in rispetto alle disposizioni di Massimiliano, istituì propri eredi universali i conti Piovene, discendenti legittimi di Atalanta Piovene, sorella dello stesso Massimiliano Godi, ed ecco il motivo del terzo archivio denominato Piovene Porto Godi.

Nel corso del Cinquecento il patrimonio dei Godacci e dei Godini si esaurì e, se inizialmente questi ultimi chiesero aiuto ai loro cugini più ricchi, con il Seicento i rapporti si affievolirono, finché molti di essi persero per varie ragioni i titoli nobiliari. Con il Settecento molti dei discendenti cercarono di ottenere una nuova nobiltà per "mettere la mani" sul patrimonio di Massimiliano Godi, ma vanamente.

Alla fine tutti i rami nobiliari dei Godi scomparvero per "estinzione", come tante altre casate prima e dopo di loro.

Unità di misura

Moneta

Base della contabilità vicentina durante il Quattrocento e la prima metà del Cinquecento è la lira di piccoli veronese; è una moneta di conto che è suddivisa in *soldi* e *denari*:

1 lira = 20 soldi = 240 denari

Per tutto il periodo oggetto del presente studio, 3 lire di piccoli di Verona corrispondono a 4 lire di piccoli di Venezia, cioè la lira veneziana vale ¼ in meno di quella veronese ed inversamente la lira veronese vale 1/3 in più di quella veneziana.[1]

Come ha rilevato Edoardo Demo: «Tra le monete effettive nei rogiti notarili e nelle fonti contabili vicentine si trova primariamente il riferimento al ducato d'oro in oro. Dal 1455 al 1517, 1 ducato d'oro viene stabilmente quotato 93 soldi di Verona e 124 soldi di Venezia. Quando con il 1517 il corso del ducato d'oro riprende a salire si seguita a contare in ducati da 93 soldi veronesi; tali ducati di conto vengono chiamati "correnti", mentre il vero ducato d'oro, per distinguersi, cambia nome in "zecchino". Con gli anni Trenta del Cinquecento diventa abituale nelle registrazioni il riferimento allo scudo d'oro, quotato 101, 25 soldi di Verona».[2]

Misure di superficie

Campo vicentino = m^2 3862,5726

1. Mueller, *The Venetian Money Market*, pp. 620-621.
2. Demo, *L'anima della città*, pp. 21-22.

Misure di lunghezza

Braccio da panno di Vicenza = m 0,69
Braccio da seta di Vicenza = m 0,63

Pesi

Libbra sottile vicentina (seta) = kg 0,33

Fonti e bibliografia

Abbreviazioni archivistiche

ACVVi	Archivio della Curia Vescovile di Vicenza	
ADVi	Archivio della Diocesi di Vicenza	
AGBR	Archivio Generale dei Barnabiti di Roma	
AGS	Archivio General de Simancas	
ASAUPd	Archivio Storico Antico dell'Università di Padova	
ASBo	Archivio di Stato di Bologna	
ASM	Archivio di Stato di Milano	
ASePd	Archivio del Seminario di Padova	
ASPd	Archivio di Stato di Padova	
AST	Archivio di Stato di Torino, Sezione Piazza Castello	
ASTo	Archivio di Stato di Torino, Sezioni Riunite	
ASTv	Archivio di Stato di Treviso	
ASV	Archivio di Stato di Venezia	
ASVi	Archivio di Stato di Vicenza	
	ACRS CdG	Archivio delle Corporazioni Religiose Soppresse, Collegio dei giuristi
	ACC	Archivio Caldogno Curti
	AT	Archivio Trissino
ASVr	Archivio di Stato di Verona	
BAM	Biblioteca Ambrosiana Milano	
BCAMB	Biblioteca Civica Angelo Mai Bergamo	
BCBVi	Biblioteca Civica Bertoliana di Vicenza	
	AB	Archivio Bissari
	ABR	Archivio Bruto Revese
	AG	Archivio Godi
	AL	Archivio Loschi

	APGP	Archivio Porto Godi Pigafetta
	APPG	Archivio Piovene Porto Godi
	AT	Torre (Archivio storico della città)

Gonz	Collezione Gonzati
BLL	British Library London
BLO	Bodleian Library Oxford
BMLF	Biblioteca Medicea Laurenziana di Firenze
BNCF	Biblioteca Nazionale Centrale di Firenze

Abbreviazioni bibliografiche

DBI	*Dizionario Biografico degli Italiani*
RRV, vol. VII	*Relazione dei rettori veneti in Terraferma*, *Podesteria e capitanato di Vicenza*, volume VII

Altre abbreviazioni

b./bb.	busta/buste
c./cc.	carta/carte
r.	recto
v.	verso
f.	filza
fasc./fascc	fascicolo/i
m.	mazzo
m.v.	more veneto
ms./mss.	manoscritto/i
n./nn.	numero/i
n.m.	numero moderno
n.v.	numero vecchio
p./pp.	pagina/e
reg./regg	registro/registri
s.d.	senza data
sgg.	seguenti
sec./secc.	secolo/i
tav.	tavola
vol./voll.	volume/i

Fondi archivistici

Bologna:

ASBo, *Studio, Atti del Collegio Canonico*
ASBo, *Studio, Libri segreti del Collegio*

Milano:

ASM, *Notarile*

Padova:

ASPd, *Notarile*

Simancas

AGS, *Secreteria de Estado, Venecia*

Torino:

ASTo, *Patenti Controllo Finanze*
ASTo, *Camerale Piemonte*
ASTo, *Corte, Architetture militare*
ASTo, *Sezioni Riunite, Camera dei Conti, Piemonte, Conti generali approvati*
ASTo, *Venezia Lettere Ministri*

Treviso:

ASTv, *Notarile*

Venezia:

ASV, *Avogaria di Comun, Miscellanea Penale*
ASV, *Capi del Consiglio di dieci, Dispacci (lettere) dei rettori e pubblici rappresentanti*
ASV, *Collegio, Collegio, Suppliche, Suppliche di fuori*
ASV, *Collegio, Notatorio*
ASV, *Collegio, Relazioni*
ASV, *Compilazione delle Leggi*
ASV, *Consiglio di dieci, Deliberazioni, Comuni*
ASV, *Consiglio di dieci, Deliberazioni, Criminali*
ASV, *Dieci Savi alle Decime*
ASV, *Miscellanea codici*
ASV, *Notarile Atti*
ASV, *Ufficiali alle rason vecchie*
ASV, *Provveditori sopra i Beni Inculti, Processi*
ASV, *Savi all'eresia (Santo Ufficio)*
ASV, *Senato, Dispacci, Roma*
ASV, *Senato, Dispacci, Savoia (Torino - Piemonte), Rubricari*

Verona:

ASVr, *Notarile*

Vicenza:
ACVVi, *Visite pastorali*
ADV, *Fabbriceria della cattedrale di Santa Maria Annunciata di Vicenza*
ASVi, *Chiesa e monastero delle convertite, S. Maria Maddalena, Libro istrumenti*
ASVi, *Corporazioni religiose soppresse, Collegio dei giuristi*
ASVi, *Corporazioni religiose soppresse, Monastero di Santa Maria Maddalena*
ASVi, *Estimo*
ASVi, *Notarile*
ASVi, *Ufficio del Sigillo*
BCBVi, AG, *Cattastico degl'instromenti*
BCBVi, AG, *Istrumenti, Istrumenti sciolti*
BCBVi, AG, *Processi*
BCBVi, AT, *Banditi*
BCBVi, AT, *Raspe criminali*

Fonti manoscritte

AGBR, *ms.* L.b.(2).1, *Lettera al Folperto,*
BCBVi, *mss.* nn. 476, 485, 2426, 2852, 2858, 3293, 3393 (Giovanni Da Schio, *I Memorabili*)
BAM, *ms. D 90 inf.*, Antonio Maria Ragona, *Viaggio d'Italia in Francia, Inghilterra, Hispagna et Portogallo [1582-1583]*
BCAMB, Archivio Calepio C, 18, b, Trussardo da Calepio, *Diario della prigionia*, Bergamo, 1512
BNCF, *Magliabechiano*, *Brevi ragioni del fortificare di Francesco Horologgi vicentino*, cl. XIX, cod. 127
BLO, *ms.* Douce 314
BMLF, *ms. Ashb. 1071*, Farsetti, *Poesie volgari e latine di Cornelio Castaldi*, con gli originali del Castaldi presenti alla fine del manoscritto

Fonti a stampa

Alberti Leon Battista, *Della famiglia*, Milano, 1932
Clough Cecil H., *Luigi da Porto. Lettere storiche 1509-1513*, a cura Giovanni Pellizzari, Vicenza 2014
Consiglio politico. Finora inedito. Presentato al governo veneto nell'anno 1736. Dal marchese Scipione Maffei. Diviso in tre parti, Venezia 1797
Una cronaca vicentina del Cinquecento, a cura di Guérin Dalle Mese Jeannine, Vicenza 1983

Cronica che comenza dell'anno 1400 (fino al 1524), a cura di Domenico Bortolan, Vicenza 1889
Da Barberino Andrea, *Il Guerrin Meschino*, edizione critica secondo l'antica vulgata fiorentina a cura di Mauro Cursietti, 109, Roma-Padova 2005
Da Porto Luigi, *Lettere storiche*, a cura di Bartolomeo Bressan, Firenze 1857
Episodi di guerra in Vicenza l'anno MDIX, in *Per nozze Fioridi-Bortolan. Dalla cronaca ms. del Zugliano*, a cura di Domenico Bortolan, Vicenza 1889
Esperimenti d'amore: fatti di giovani nel Veneto del Cinquecento, a cura di Gigi Corazzol e Loredana Corrà, Vicenza 1983
Ferracina Gio Battista, *La vita e le Poesie italiane e latine edite e inedite di Cornelio Castaldi, giureconsulto feltrino* (*sec. XV-XVI*), Feltre 1899-1904
Ius municipale vicentinum, Venezia 1567
Lettere di messer Pietro Bembo, a principi et signori, et suoi famigliari amici scritte, divise in undici libri, vol. III, Venezia 1587
Lettere di messer Pietro Bembo cardinale a' prencipi e signori, e suoi famigliari amici scritte, vol. III, Milano 1810
Lettere di messer Pietro Bembo, a principi et signori, et suoi famigliari amici scritte, divise in undici libri, a cura di Ernesto Travi, vol. III (1529-1536), Bologna 1992
Lettere di Savoia a Godi, Vicenza 1884
Luigi da Porto. Lettere storiche, a cura di Neri Pozza, Vicenza 1973
Machiavelli Niccolò, *Legazioni e commissarie*, a cura di Sergio Bertelli, Milano 1964
Milan Massari Giacomo, *Frammenti del libro ottavo di una storia inedita di Vicenza*, Lodi, 1841
Pagliarini Giovanni Battista, *Croniche di Vicenza*, Vicenza 1663
Poesie volgari e latine di Cornelio Castaldi da Feltre, dedicate a sua eccellenza il signor conte di Lauraguais della nobilissima famiglia Branacaccio, a cura di Tommaso Giuseppe Farsetti, London 1757
Rime rustiche, a cura di Magagnò, Menon e Begotto [Giovanni Battista Maganza, Agostino Rava e Bartolommeo Rustichelli], vol. IV, Venezia 1610
Salutati Lino Coluccio, *Epistolario*, a cura di Francesco Novati, vol. III, Roma 1896
Sanudo Marino, *Itinerario per la Terraferma veneziana*, edizione critica e commento a cura di Gian Maria Varanini, Roma 2014
Statuto dell'antico e sacro collegio de' nobili giuristi vicentini, a cura di Bartolomeo Bressan, Vicenza, 1877
I "zornali" di Fabio Monza. Nella Vicenza di Palladio, a cura di Francesca Lomastro, Roma 2009

Studi

Ackerman James Sloss, *La villa. Forma e ideologia*, Torino 1990

Ackerman James Sloss, *Palladio's Villas*, Glückstadt 1967

Acta graduum academicorum gymnasii patavini. Ab anno 1471 ad annum 1500, a cura di Elda Martellozzo Forin, 17, Padova 2001

Acta graduum academicorum gymnasii patavini. Ab anno 1501 ad annum 1525, a cura di Elda Martellozzo Forin, Padova 1969

Acta graduum academicorum gymnasii patavini. Ab anno 1526 ad annum 1537, a cura di Elda Martellozzo Forin, Padova 1970

Acta graduum academicorum gymnasii patavini. Ab anno 1538 ad annum 1550, a cura di Elda Martellozzo Forin, Padova 1982

Acta graduum academicorum gymnasii patavini. Ab anno 1550 ad annum 1565, a cura di Elisabetta Hellmann Dalla Francesca, Emilia Veronese, Padova 2001

Acta graduum academicorum gymnasii patavini. Ab anno 1566 ad annum 1575, a cura di Elda Martellozzo Forin, Padova 2008

Adorni Braccesi Simonetta, *Una città infetta. La repubblica di Lucca nella crisi religiosa del Cinquecento*, Firenze 1994

Ago Renata, *Giovani nobili nell'età dell'assolutismo*: autoritarismo paterno e libertà, in *Storia dei giovani. Dall'antichità all'età moderna*, a cura di Giovanni Levi e Jean-Claude Schmitt, vol. 1, Roma 2000, pp. 375-426

Ago Renata, *Il gusto delle cose. Una storia nella Roma del Seicento*, Roma 2006

Ago Renata e Borello Benedetta, *Introduzione*, in *Famiglie. Circolazioni di beni, circuiti di affetti in età moderna*, a cura di Renata Ago e Benedetta Borello, Roma, 2008, pp. 7-22

Alberigo Giuseppe, *Barbaro Daniele*, in DBI, vol. 6, Roma 1964, pp. 89-95

Alberti Leandro, *Descrittione di tutta Italia*, Venezia 1551

Andrea Palladio e la villa veneta da Petrarca a Carlo Scarpa, a cura di Howard Burns e Guido Beltramini, Vicenza 2005

Andrea Palladio, a cura di Lionello Puppi e Donata Battilotti, Milano 2006

Andreozzi Daniele, *Rivolte e fazioni tra Quattro e Cinquecento: il caso del Friuli*, in «Metodi e ricerche. Rivista di studi regionali», 15/2 (1996), pp. 3-38

Arcangeli Letizia, *Carriere militari dell'aristocrazia padana nelle guerre d'Italia*, in *Condottieri e uomini d'arme nell'Italia del Rinascimento*, a cura di Mario Del Treppo, Napoli 2002, pp. 361-416

Arcangeli Letizia, *Gentiluomini di Lombardia. Ricerche sull'aristocrazia padana nel Rinascimento*, Milano 2003

Architetti e ingegneri militari in Piemonte tra '500 e '700. Un repertorio biografico, a cura di Micaela Viglino Davico, Elisabetta Chiodi, Caterina Franchini e Antonella Perin, Torino 2007

Architettura è scienza. Vincenzo Scamozzi (1546-1616), catalogo della mostra, a cura di Franco Barbieri e Guido Beltramini, Venezia 2003

L'avvocato e il segretario, a cura di Piero Calamandrei, Firenze 1942

Baernstein Prudence Renée, *Vita pubblica, vita familiare e memoria storica nel monastero di San Paolo a Milano*, in *I monasteri femminili come centri di cultura fra Rinascimento e Barocco*, a cura di Giovanna Pomata e Gabriella Zarri, Roma 2005, pp. 297-312

Bandini Fernando, *La letteratura in dialetto dal Cinquecento al Settecento*, in *Storia di Vicenza. L'età della Repubblica veneta (1404-1797)*, a cura di Franco Barbieri e Paolo Preto, vol. III/2, Vicenza 1990, pp. 15-23

Barbarano de Mironi Francesco, *Historia Ecclesiastica della Città, Territorio, e Diocese di Vicenza*, vol. I, Vicenza 1649

Barbarano de Mironi Francesco, *Historia Ecclesiastica della Città, Territorio, e Diocese di Vicenza*, vol. IV, Vicenza 1760

Barberis Walter, *Le armi del principe: la tradizione militare sabauda*, Torino 2003

Barbero Alessandro, *Il ducato di Savoia. Amministrazione e corte di uno stato franco-italiano*, Roma-Bari 2002

Barbieri Franco, *Palladio in villa negli anni Quaranta: da Lonedo a Bagnolo*, in «Arte veneta», XXIV (1970), pp. 63-80

Bartolini Donatella, *Pratique notariale dans une communauté de la Terre Ferme vénitienne entre les XVIe et XVIIe siècles*, in *Le notaire entre métier et espace public en Europe, VIIIe-XVIIIe siècle*, a cura di Lucien Faggion, Anne Mailloux e Laure Verdon, Aix-en-Provence 2008, pp. 259-274

La battaglia di Agnadello e il Trevigiano, a cura di Danilo Gasparini e Michael Knapton, Verona 2012

Battilotti Donata, *I «balanzoni» dell'estimo vicentino come fonti per le ville palladiane*, in «Venezia Cinquecento», XI, 22 (2001), p. 80

Battilotti Donata, *Nuovi contributi archivistici per Palladio*, in «Atti dell'Istituto Veneto di Scienze, Lettere e Arti», CXXXVIII (1979-1980), pp. 211-212

Battilotti Donata, *Vicenza al tempo di Andrea Palladio attraverso i libri dell'estimo del 1563-1564*, Vicenza 1980

Battilotti Donata, *Villa Godi* in *Andrea Palladio: Le Ville*, a cura di Howard Burns, Guido Beltramini e Marco Gaiani, CD-rom, Vicenza 1997

Bauce Federico, *Crescita e declino economico in una città d'Antico Regime. Il caso di Brescia tra la fine del Quattrocento e la seconda metà del Cinquecento*, Tesi di dottorato in Storia economica, tutor Edoardo Demo, Università degli Studi di Verona, XXII ciclo, 2009

Beccanuvoli Lucrezio, *Tutte le donne vicentine, maritate, vedoue, e dongelle.* Al magnanimo M. Francesco de i Scolari bresciano suo signore, [Bologna, incerta] 1539

Bellabarba Marco, *La giustizia nell'Italia moderna*, Roma-Bari 2008

Bellabarba Marco, *Le pratiche del diritto civile: gli avvocati, le "Correzioni" i "Conservatori alle leggi"* in *Storia di Venezia dalle origini alla caduta della Serenissima. Dal Rinascimento al Barocco*, a cura di Gaetano Cozzi e Paolo Prodi, vol. VI, Roma 1994, pp. 795-824

Bellabarba Marco, *Racconti famigliari. Scritti di Tommaso Tabarelli de Fatis e altre storie di nobili cinquecenteschi*, Trento 1997

Bellavitis Anna, *"Per cittadini metterete...". La stratificazione della società veneziana cinquecentesca tra norma giuridica e riconoscimento sociale*, in «Quaderni storici», 89 (1995), pp. 359-383

Bellavitis Anna, *Identité, mariage, mobilité sociale. Citoyennes et citoyens à Venise au XVIe siècle*, in «Storica», 20-21 (2001), pp. 261-267

Bellavitis Anna, *Noale. Struttura sociale e regime fondiario di una podesteria nella prima metà del XVI secolo*, Treviso 1994

Bellomo Mario, *Dote (Diritto intermedio)*, in *Enciclopedia del diritto*, vol. 14, Varese 1965, pp. 8-32

Belloni Annalisa, *Professori giuristi a Padova nel secolo XV: profili bio-bibliografici e cattedre*, Frankfurt am Main, 1986

Beltramini Guido, *Andrea Palladio e l'architettura della battaglia*, Venezia 2011

Beni Paolo, *Trattato della origine della famiglia Trissina*, Padova 1614

Benzoni Gino, *Barbaro Francesco*, in DBI, vol. 6, Roma 1964, pp. 103-107

Benzoni Gino, *Caprioli Tommaso*, in DBI, vol. 19, Roma 1976, pp. 216-217

Berengo Marino, *L'Europa delle città. Il volto della società urbana europea tra Medioevo et Età moderna*, Torino 1999

Berengo Marino, *Patriziato e nobiltà: il caso veronese*, in «Rivista storica italiana», LXXXVII (1975), pp. 493-517

Berengo Marino, *Tra latino e volgare. Per Carlo Dionisotti*, vol. I, Padova 1974, pp. 27-65

Berrendero José Antonio Guillén, *La Idea de nobleza en Castilla durante el reinado de Felipe II*, Valladolid 2007

Bertoni Luisa, *D'Este Filippo*, in DBI, vol. 43, Roma 1993, pp. 339-342

Bianchi Francesco, *Adottare nella terraferma veneta del Quattrocento: investimenti affettivi, opportunità economiche, benefici spirituali*, in *Mélanges de l'École française de Rome – Italie & Méditerranée modernes et contemporaines*, 124-1 (2012), online 19 dicembre 2012 (http://mefrim.revues.org/235)

Bianchi Francesco, *Le dominazioni di una "città satellite"*, in *Storia di Vicenza. Dalla Preistoria all'età Contemporanea*, a cura di Giuseppe Gullino, Verona 2014, pp. 88-95

Bianchi Francesco, *Parva civitas di un ricco contado: storia di un destino annunciato*, in *Storia di Vicenza. Dalla Preistoria all'età Contemporanea*, a cura di Giuseppe Gullino, Verona 2014, pp. 115-117

Bianchi Francesco, *Società e istituzioni del medioevo vicentino (476-1516)*, in *Storia di Vicenza. Dalla Preistoria all'età Contemporanea*, a cura di Giuseppe Gullino, Verona 2014, pp. 73-95

Bianchi Paola, *La corte di Savoia: disciplinamento del servizio e delle fedeltà*, in *I Savoia. I secoli d'oro di una dinastia europea*, a cura di Walter Barberis, Torino 2007, pp. 135-174

Bianchi Paola, *Una riserva di fedeltà. I bastardi dei Savoia fra esercito, diplomazia e cariche curiali*, in *L'affermarsi della corte sabauda. Dinastie, poteri, élites in Piemonte e Savoia fra tardo medioevo e prima età moderna*, a cura di Paola Bianchi e Luisa Clotilde Gentile, Torino 2006, pp. 305-360

Bianco Furio, *La "crudel zobia grassa". Rivolte contadine e faide nobiliari in Friuli tra '400 e '500*, Gorizia 2004

Bianco Furio, *Mihi Vindictam: Aristocratic Clans and Rural Communities in a Feud in Friuli in the Late Fifteenth and Early Sixteenth Centuries*, in *Crime, Society and the Law in Reinassance Italy*, a cura di Trevor Dean e Kate J.P. Lowe, Cambridge 1994, pp. 249-273

Bisazza Giancarlo, *Notai tristi e sufficienti. Il ceto notarile di Vicenza tra Cinque e Seicento*, in «Società e storia», 59 (1993), pp. 3-33

Bizzocchi Roberto, *Un Archivio primogeniturale: Bracci Cambini, Pisa, secoli XVII-XIX*, in *Archivi nobiliari e domestici. Conservazione, metologie di riordino e prospettive di ricerca storica*, a cura di Laura Casella e Roberto Navarrini, Udine 2000, pp. 241-253

Bizzocchi Roberto, *La dissoluzione di un clan famigliare: i Buondelmonti di Firenze nei secoli XV e XVI*, in «Archivio storico italiano», CXL (1982), pp. 3-45

Bizzocchi Roberto, *Genealogie incredibili. Scritti di storia nell'Europa moderna*, Bologna 2009

Bizzocchi Roberto, *In famiglia: storie di interessi e affetti nell'Italia moderna*, Roma-Bari 2001

Black Christopher, *Early Modern Italy. A Social History*, London-New York 2001

Bloch Marc, *Apologia della storia o Mestiere di storico*, Torino 1998

Bloch Marc, *La società feudale*, Torino 1959 (ed. orig. *La societè féudale*, Paris 1939)

Boccato Stefano, *Un territorio conteso. Spazio giuridico ed ecologia nobiliare: Vicenza nel secondo Cinquecento*, in *L'amministrazione della giustizia penale nella Repubblica di Venezia (secoli XVI-XVIII). Retoriche, stereotipi, prassi*, a cura di Giovanni Chiodi e Claudio Povolo, vol. 2, Verona 2004, pp. 587-680

Bologna nell'età di Carlo V e Guicciardini, a cura di Emilio Pasquini e Paolo Prodi, Bologna 2001

Bonazzi Francesco, *Elenco dei cavalieri del S. Ordine di S. Giovanni di Gerusalemme*, Bologna 1969 (ed. orig. 29 ottobre 1588)

Bonifacio Vicentino Paolo, *Ordine et successo della bellissima giostra e altri battimenti fatti nella magnifica città di Vicenza. Con i cartelli, et ricchissime livree di molti honorati cavallieri*, Venezia 1553

Bonora Elena, *Aspettando l'imperatore. Principi italiani tra il papa e Carlo V*, Torino 2014

Bonora Elena, *I conflitti della Controriforma. Santità e obbedienza nell'esperienza religiosa dei primi barnabiti*, Firenze 1998

Bora Giulio, *La cultura figurativa a Milano, 1535-1565*, in *Omaggio a Tiziano. La cultura artistica milanese nell'età di Carlo V*, catalogo della mostra, Milano 1977, pp. 45-54

Bortolami Sante, *I Trissino e la Valle dell'Agno nel Medioevo: l'avvio di un rapporto di lunga durata*, in *Storia della Valle dell'Agno. L'ambiente, gli uomini, l'economia*, a cura di Gianni A. Cisotto, Valdagno 2002, pp. 209-250

Bortolan Domenico, *Un asilo di mendicità a Vicenza nel secolo XVI*, Vicenza 1897

Bortolan Domenico, *Canonici della cattedrale di Vicenza dal secolo decimo ai giorni nostri*, Vicenza 1886

Bortolan Domenico, *Cronaca di Fabio Monza. Anno 1548, 1549, 1563, 1564, 1567, 1586, 1587, 1591, 1592*, Vicenza 1888

Bortolan Domenico, *Leonardo Trissino celebre avventuriero*, in «Nuovo archivio veneto», n.s., 3 (1892), pp. 5-46

Boschini Marco, *I gioielli pittoreschi. Virtuoso ornamento della città di Vicenza; cioè l'endice di tutte le pitture publiche della stessa città, Venetia MDCLXXVI*, a cura di Waldemar H. de Boer, Roma 2000

Boucher Bruce, *Villa Godi, Lonedo di Lugo, Vicenza* in *Andrea Palladio 1508-1580. The Portico and the Farmyard*, catalogo della mostra, a cura di Howard Burns, Linda Fairbairn e Bruce Boucher, London 1975, p. 181

Bourdieu Pierre, *Il dominio maschile*, Milano 2009 (ed. orig. *La Domination Masculine*, Paris 1998)

Bourdieu Pierre, *Ragioni pratiche*, Bologna 2009 (ed. orig. *Raisons pratique. Sur la théorie de l'action*, Paris 1994)

Bowd Stephen D., *Venice's Most Loyal City: Civic Identity in Renaissance Brescia*, Cambridge (Mass.)-London 2010

Brambilla Elena, *Genealogie del sapere. Università, professioni giuridiche e nobiltà togata in Italia (XIII-XVII secolo)*, Milano 2005

Braudel Fernand, *Civiltà e imperi del Mediterraneo nell'età di Filippo II*, vol. II, Torino 2002, (aggiornata alla quinta edizione francese del 1982, ed. orig. *La Méditerranée et le Monde méditerranéen à l'époque de Philippe II*, Paris 1949)

Braudel Fernand, *Scritti sulla storia*, Milano 2003, (ed. orig. *Écrits sur l'histoire*, Paris, 1969)

Bressan Bartolomeo, *Serie dei podestà e vicari della città e territorio di Vicenza durante la Signoria veneziana*, Vicenza 1877

Brizi Bruno, *Le feste e i spettacoli*, in *Storia di Vicenza. L'età della Repubblica veneta (1404-1797)*, a cura di Franco Barbieri e Paolo Preto, vol. III/2, Vicenza 1990, pp. 187-193

Brizzi Gian Paolo, *Per un atlante della mobilità studentesca in età moderna: primi risultati*, Bologna 2007

Brizzi Gian Paolo, *Scuole e collegi nell'antica Provincia Veneta della Compagnia di Gesù (1542-1773)*, in *I Gesuiti e Venezia. Momenti e problemi di storia veneziana della Compagnia di Gesù*, a cura di Mario Zanardi, Padova 1994, pp. 479-483

Brogliano nell'età moderna (1419-1819), a cura di Silvano Fornasa, Valdagno 2009

Brugnolo Meloncelli Katia, *Battista Zelotti*, Milano 1992

Brugnolo Meloncelli Katia, *Precisazioni cronologiche sulle opere di Battista Zelotti*, in «Venezia Arti», 5 (1991), pp. 49-62

Brunelli Giampiero, *Soldati del papa. Politica militare e nobiltà nello Stato della Chiesa (1564-1644)*, Roma 2003

Brunner Otto, *Vita nobiliare e cultura europea*, Bologna 1972 (ed. orig. *Adeliges Landleben und europäischer Geist*, Salzburg 1949)

Bruzzo Giuseppe, *Valerio Chiericati. Soldato e scrittore del secolo XVI*, in «Nuovo Archivio Veneto», anno III, VI (1893), pp. 219-232

Bucci Carlo Alberto, *Letture iconologiche. La Pala Godi di Jacopo Tintoretto*, in «Artedossier», n. 99 (marzo 1995), pp. 30-32

Bucci Domenico Filiberto, *Il solenne battesimo del serenissimo prencipe di Piemonte Filippo Emanuelle*, Torino 1538

Burke Peter, *The Fortunes of the Courtier: The European Reception of Castiglione's Cortegiano*, Cambridge 1995

Burns Howard, *"Da naturale inclinatione guidato": il primo decennio di attività di Palladio architetto*, in *Storia dell'architettura italiana. Il primo Cinquecento*, a cura di Arnaldo Bruschi, Milano 2002, pp. 327-413

Burns Howard, *Palladio e la villa*, in *Andrea Palladio e la villa veneta da Petrarca a Carlo Scarpa*, a cura di Howard Burns e Guido Beltramini, Vicenza 2005, pp. 64-103

Caizzi Bruno, *Industria e commercio della Repubblica veneta nel XVIII secolo*, Milano 1965

Calvi Paolo, *Biblioteca e storia di quei scrittori così della città come del territorio di Vicenza*, vol. II, Vicenza 1779

Campana Cesare, *Assedio e riacquisto d'Anversa fatto dal serenissimo Alessandro Farnese, principe di Parma*, Vicenza 1595

Campana Cesare, *Della guerra di Fiandra*, Vicenza 1601

Caracciolo Aricò Angela, *Marin Sanudo il Giovane: le opere e lo stile*, in «Studi Veneziani», n.s., LV (2008), pp. 351-390

Caravale Mario, *Fedecommesso (Diritto intermedio)*, in *Enciclopedia del diritto*, vol. XVII, Milano 1968, pp. 109-114

Carlotto Natascia L., *I da Marano: una famiglia vicentina dall'età ezzeliniana al dominio veneto*, in *Istituzioni, società e potere nella Marca trevigiana e veronese (secoli XIII-XIV). Sulle tracce di G.B. Verci*, a cura di Gherardo Ortalli e Michael Knapton, Roma 1988, pp. 199-219

Carpanetto Dino, *Divisi dalla fede. Frontiere religiose, modelli politici, identità storiche nelle relazioni tra Torino e Ginevra (XVII-XVIII secolo)*, Torino 2009

Carpanetto Dino, *Il regno e la repubblica: conflitti e risoluzione dei conflitti tra stato sabaudo e Ginevra*, in *Confini e frontiere nell'età moderna: un confronto fra discipline*, a cura di Alessandro Pastore, Milano 2007, pp. 157-204

Carpi Daniela, *Alcune notizie sugli Ebrei a Vicenza (secoli XIV-XVIII)*, in «Archivio Veneto», s. V, n. 103, a. XCII, LXVIII (1961), pp. 17-23

Carroll Stuart, *Peace-making in Early Modern Europe: Towards a Comparative History*, in *Stringere la pace. Teorie e pratiche della conciliazione nell'Europa moderna (secoli XV-XVIII)*, a cura di Paolo Broggio e Maria Pia Paoli, Roma 2011, pp. 75-92

Casanova Cesarina, *La famiglia italiana in età moderna. Ricerche e modelli*, Roma 2002

Casella Laura, *La nobiltà al confine tra Cinque e Settecento. Filoveneziani, filo imperiali e "gente aliena d'altrui dominio"*, in *«Venezia non è da guerra». L'Isontino, la società friulana e la Serenissima nella guerra di Gradisca (1615-1617)*, a cura di Mauro Gaddi e Andrea Zannini, Udine, 2008, pp. 169-185

Casella Laura, *I Savorgnan. La famiglia e le opportunità del potere* (*secc. XV-XVIII*), Roma 2003

Casey James, *La famiglia nella storia*, Roma-Bari 1991 (ed. orig. *The History of the Family: New Perspectives on the Past*, Oxford-New York 1989)

Casey James, *Family and Community in Early Modern Spain*, Cambridge, 2007

Cassandro Michele, *Le fiere di Lione e gli uomini d'affari italiani nel Cinquecento*, Firenze 1979

Castellini Silvestro, *Storia della città di Vicenza, ove si vedono i fatti e le guerre de' Vicentini, cosi esterne come civili, dall'origine di essa città sino all'anno 1630*, vol. XVIII, Vicenza 1822

Castelnuovo Guido, *Être noble dans la cité. Les noblesses italiennes en quête d'identité (XIII*[e]*-XV*[e] *s.)*, Paris 2015

Castiglione Baldassare, *Il libro del cortegiano*, a cura di Giulio Carnazzi, introduzione di Salvatore Battaglia, vol. II, Milano 2010

Cattaneo Giovanni, *Adozione*, in *Digesto delle discipline privatistiche*. Sezione civile, vol. I, Torino 1987, pp. 94-131

Cavalieri Paolo, *"Qui sunt guelfi et partiales nostri". Comunità, patriziato e fazioni a Bergamo fra XV e XVI secolo*, Milano 2008

Cavina Marco, *Il padre spodestato. L'autorità paterna dall'antichità a oggi*, Bari 2007

Cervelli Innocenzo, *Machiavelli e la crisi dello Stato veneziano*, Napoli 1974

Cesarini Sforza Luigi, *A Trento nei primordi della Lega di Cambrai*, in «Archivio veneto», n.s., 41 (1932), pp. 58-89

Cesarini Sforza Luigi, *Nove vicentini confinati a Terlago presso Trento*, in «Studi trentini di scienze storiche», XVI (1935), pp. 260-271

Chabod Federico, *Storia di Milano nell'epoca di Carlo V*, Torino 1971

Chapman Sara E., *Private Ambition and Political Alliances: The Phélypeaux de Pontchartrain Family and Louis XIV's Government, 1650-1715*, New York 2004

Chastel André, *I centri del Rinascimento: arte italiana, 1460-1500*, Milano 1999 (ed. orig. *Renaissance meridional*, Paris 1965

Chiffoleau Jacques, *Perché cambia la morte nella regione di Avignone alla fine del Medioevo*, in «Quaderni Storici», 50, a. XVII, II (agosto 1982), pp. 449-465

Chittolini Giorgio, *Città, comunità e feudi negli stati dell'Italia centro-settentrionale (secoli XIV-XVI)*, Milano, 1996

Chittolini Giorgio, *La formazione dello Stato regionale e le istituzioni del contado. Secoli XIV e XV*, Torino 1979

Chittolini Giorgio, *L'onore dell'officiale*, in *Florence and Milan: Comparisons and Relations. XV and XVI c.* (Atto del Convegno, Firenze, 1-4 settembre 1982), Firenze 1988, pp. 101-133

Chittolini Giorgio, *The Papacy and the Italian States*, in *The Italian Renaissance State*, a cura di Andrea Gamberini e Isabella Lazzarini, Cambridge 2012, pp. 467-489

Chittolini Giorgio, *Il "privato", il "pubblico", lo Stato*, in *Origini dello Stato. Processi di formazione statale in Italia fra medioevo ed età moderna*, a cura di Giorgio Chittolini, Anthony Molho e Pierangelo Schiera, Bologna 1994, pp. 553-589

Chittolini Giorgio, *Stati padani, "Stato del Rinascimento": problemi di ricerca*, in *Persistenze feudali e autonomie comunitative in stati padani fra Cinque e Settecento*, a cura di Giovanni Tocci, Bologna 1988, pp. 9-29

Chojnacki Stanley, *Getting Back the Dowry. Venice, c. 1360-1530*, in *Time, Space, Women's Lives in Early Modern Europe*, a cura di Anne Jacobson Schutte, Thomas Kuehn e Silvana Seidel Menchi, in «Sixteenth Century Essay and Studies», LVII (2001), pp. 41-96

Civale Gianclaudio, *Guerrieri di Cristo. Inquisitori, gesuiti e soldati alla battaglia di Lepanto*, Milano 2009

Cogollo Claudio, *Per nozze Fantinati-Montanari. Cenni biografici di Enrico Antonio Godi giureconsulto vicentino*, Vicenza 1862

Cohn Samuele K.J., *Death and Property in Siena, 1205-1800. Strategies for the Afterlife*, Baltimore-London, 1988

Commercial Networks and European Cities (1400-1800), a cura di Andrea Caracausi e Christof Jeggle, London 2014

Cont Alessandro, *Servizio al Principe ed educazione cavalleresca: i paggi nelle corti italiane del Seicento. Parte Prima*, in «Studi Secenteschi. Rivista Annuale», vol. I, Firenze, 2011

Contested Space of Nobility in Early Modern Europe, a cura di Matthew P. Romaniello e Charles Lipp, Farnham 2011

Conzato Antonio, *Dai castelli alle corti. Castellani friulani tra gli Asburgo e Venezia 1545-1620*, Verona 2005

Conzato Antonio, *Usurpazione o riorganizzazione? Il Consiglio dei Dieci e la gestione della politica estera veneziana negli anni di Agnadello*, in *L'Europa e la Serenissima. La svolta del 1509. Nel V centenario della battaglia di Agnadello*, a cura di Giuseppe Gullino, Venezia 2011, pp. 191-206

Corazzol Gigi, *Cineografo di banditi su sfondo di monti. Feltre 1634-1642*, Milano-Feltre 1997

Corazzol Gigi, *Una fallita riforma del Consiglio di Feltre nel '500*, in «Rivista Bellunese», 6 (1975), pp. 287-299

Le corti come luogo di comunicazione. L'Italia e gli Asburgo (secc. XVI-XVIII) / Höfe als Orte der Kommunikation. Die Habsburger und Italien (16.-19. Jahrhundert), a cura di Marco Bellabarba e Jan Paul Niederkorn, Bologna 2011

Cosgrove Denis, *Il paesaggio palladiano. La trasformazione geografica e le sue rappresentazioni culturali nell'Italia del XVI secolo*, a cura di Francesco Vallerani, Verona 2004

Cosgrove Denis, *The Palladian Landscape. Geographical Change and its Cultural Representation in Sixteenth-Century Italy*, London 1993

Costa Giorgio, *Michelangelo alle corti di Niccolò Ridolfi e Cosimo I*, Roma 2009

La costruzione dell'identità maschile nell'età moderna e contemporanea, a cura di Angiolina Arru, Roma 2001

Cowan Alexander, *Marriage, Manners and Mobility in Early Modern Venice*, London 2007

Cozzi Gaetano, *Ambiente veneziano, ambiente veneto. Governanti e governati nel Dominio di qua dal Mincio nei secoli XV-XVIII*, in *Ambiente veneziano, ambiente veneto. Saggi su politica, società, cultura nella Repubblica di Venezia in età moderna*, a cura di Gaetano Cozzi, Venezia 1997, pp. 291-352

Cozzi Gaetano, *Il diritto nella politica del "Comune Veneciarum"*, in *Stato, società e giustizia (sec. XV-XVIII)*, a cura di Gaetano Cozzi, vol. 1, Roma 1980, pp. 1-210

Cozzi Gaetano, *Fortuna, e sfortuna, della Compagnia di Gesù a Venezia*, in *I Gesuiti e Venezia. Momenti e problemi di storia veneziana della Compagnia di Gesù*, a cura di Mario Zanardi, Padova 1994, pp. 59-88

Cozzi Gaetano, *Intorno al cardinale Ottavio Paravicino, a monsignor Paolo Gualdo e a Michelangelo da Caravaggio*, in «Rivista Storica Italiana», LXXXIII (1961), pp. 36-68

Cozzi Gaetano, *Marin Sanudo Il Giovane: dalla cronaca alla storia*, in *La storiografia veneziana fino al secolo XVI*, Firenze 1970, pp. 333-358

Cozzi Gaetano, *La politica culturale della Repubblica di Venezia nell'età di Giovan Battista Benedetti*, in *Atti del Convegno internazionale di studio Giovan Battista Benedetti e il suo tempo*, a cura di Antonio Manno, Venezia 1987, pp. 9-27

Cozzi Gaetano, *La politica del diritto nella Repubblica di Venezia*, in *Repubblica di Venezia e Stati italiani. Politica e giustizia dal secolo XVI al secolo XVIII*, Torino 1980, pp. 15-152

Cozzi Gaetano, *Politica, società, istituzioni*, in *La Repubblica di Venezia nell'età moderna. Dalla guerra di Chioggia al 1517*, a cura di Gaetano Cozzi e Michael Knapton, Torino 1986, pp. 1-271

Cozzo Paolo, *La geografia celeste dei duchi di Savoia. Religione, devozioni e sacralità in uno Stato di età moderna (secoli XVI-XVII)*, Bologna, 2006

Cozzo Paolo, *Santuari del principe. I santuari subalpini d'età moderna nel progetto politico sabaudo*, Bologna 2002

Cozzo Paolo, *I vescovi della transizione. La diocesi di Saluzzo e la politica ecclesiastica sabauda fra Cinque e Seicento*, in *L'annessione sabauda del marchesato di Saluzzo, tra dissidenza religiosa e ortodossia cattolica (secoli XVI-XVIII)*, Atti del XLI Convegno di Studi (Torre Pellice-Saluzzo, 1-2 settembre 2001), a cura di Marco Fratini, Torino 2004, p. 193-213

Cracco Giorgio, *Da comune di famiglie a città satellite (1183-1311)*, in *Storia di Vicenza. L'età medievale*, a cura di Giorgio Cracco, vol. II, Vicenza 1988, pp. 73-138

Cristellon Cecilia, *«Io volevo tuor quello che mio patre me daria»: autorità familiare nella Venezia del Quattro-Cinquecento*, in *Generazioni. Legami di parentela tra passato e presente*, Atti del Convegno (Pisa, 29 settembre-1 ottobre 2005), a cura di Ida Fazio e Daniela Lombardi, Roma 2006, pp. 205-222

Da Schio Giovanni, *Decreto Edilizio emanato a nome del Comune di Vicenza l'anno MCCVIII*, Padova 1860

Dal Cortivo Filiberto, *Leonardo Valmarana, nobile vicentino fra Cinque e Seicento*, Tesi di laurea, Università degli Studi di Padova, a.a. 1988-1989

Dal Lago Reginaldo e Simeone Maria Nicoletta *Barbarano nel periodo veneziano (XV-XVIII)*, in *Barbarano Vicentino. Territorio, civiltà e immagini*, a cura di Ermenegildo Reato, Emilio Garon e Alberto Girardi, vol. I, Vicenza 1999

Dall'Acqua Cristoforo, *Delle chiese e degli oratorj*, in *Descrizione delle architetture, pitture e scolture di Vicenza, con alcune osservazioni. Parte prima e seconda*, Vicenza 1779

Dalla guerra di Chioggia al 1517, a cura di Gaetano Cozzi e Michael Knapton, Torino 1986

Dalla Pozza Antonio Maria, *Palladiana IX. Nuovi documenti e notazioni sulle ville di Lonedo e di Vancimuglio*, in «Odeo Olimpico», IV (1943-1963), pp. 119-131

Davis James C., *A Venetian Family and its Fortune 1500-1900: The Donà and the Conservation of Their Wealth*, Philadelphia 1975 pp. 78-83 (trad. it. *Una famiglia veneziana e la conservazione della ricchezza. I Donà dal '500 al '900*, Roma 1981)

De Benedictis Angela, *Politica, governo e istituzioni nell'Europa moderna*, Bologna 2001

De Matteis Valeria, *Flaminio Giovanni Antonio*, in DBI, vol. 48, Roma 1997, pp. 278-281

De Vivo Filippo, *Patrizi, informatori, barbieri. Politica e comunicazione a Venezia nella prima età moderna*, Milano 2012

Dean Trevor, *Le corti: un problema storiografico*, in *Origini dello Stato: Processi di formazione statale in Italia fra medioevo ed età moderna*, a cura di Giorgio Chittolini, Anthony Molho e Pierangelo Schiera, in «Annali dell'istituto storico italo-germanico in Trento», Quaderno 39, Bologna 1994, pp. 425-447

Del Negro Piero, *Introduzione*, in *Storia di Venezia. Dalle origini alla caduta della Serenissima, L'ultima fase della Serenissima*, vol. VIII, Roma 1998

Del Torre Giuseppe, *Carriera politica e benefici ecclesiastici in una famiglia veneziana del primo Cinquecento: Zaccaria e Lorenzo Gabriel*, in *Per Marino Berengo. Studi degli allievi*, a cura di Livio Antonielli, Carlo Capra e Mario Infelise, Milano 2000

Del Torre Giuseppe, *Patrizi e cardinali. Venezia e le istituzioni ecclesiastiche nella prima età moderna*, Milano 2010

Del Torre Giuseppe, *Venezia e la terraferma dopo la guerra di Cambrai: fiscalità e amministrazione (1515-1530)*, Milano 1986

Dell'Acqua Gian Alberto, *Giovanni Demio a Milano*, in «Rivista d'arte», XVIII (1936), pp. 386-398

Delpiano Patrizia, *Identità sabauda tra Cinquecento e Seicento*, in *Identità territoriali e cultura politica nella prima età moderna / Territoriale Identität und politische Kultur in der Frühen Neuzeit*, in «Annali dell'Istituto storico italo-germanico in Trento», a cura di Marco Bellabarba e Reinhard Stauber, Bologna-Berlin 1998, pp. 93-108

Demo Edoardo, *Gli affari mercantili di dimensione internazionale di due nobili della Terraferma veneta del secondo Cinquecento: Alessandro Guagnini e Vincenzo Scroffa*, in «Studi Storici Luigi Simeoni», n. LVI (2006), pp. 119-158

Demo Edoardo, *L'anima della città. L'industria tessile a Verona e Vicenza (1400-1550)*, Milano 2001

Demo Edoardo, *Le attività economiche dei committenti vicentini di Palladio. Nuove suggestioni sulla base dei recenti ritrovamenti archivistici*, in *Palladio 1508-2008. Il simposio del Cinquecentenario*, Atti del Convegno (Padova-Vicenza-Verona-Venezia, 5-10 maggio 2008), Venezia 2008, pp. 25-28

Demo Edoardo, *Una città di "ricchezze assai abbondante" e "molto traffichevole": Vicenza nel secolo di Palladio*, in *L'evoluzione dell'impresa e lo sviluppo di un sistema-territorio eccellente. Collaborazione, tecnologia e visione globale: il Nordest verso il 2059*, a cura di Manuel Bordignon e Paolo Mantovani, Venezia 2009, pp. 248-254

Demo Edoardo, *Donne imprenditrici nella Terraferma Veneta della prima età moderna (secc. XV-XVI). Considerazioni sulla base di recenti ritrovamenti archivistici*, in «Archivio Veneto», 143, I/3 (2012), pp. 85-95

Demo Edoardo, *Le manifatture tra medioevo ed età moderna*, in *L'industria vicentina dal Medioevo a oggi*, a cura di Giovanni Luigi Fontana, Padova 2004, pp. 21-126

Demo Edoardo, *Mercanti di Terraferma. Uomini, merci e capitali nell'Europa del Cinquecento*, Milano 2012

Demo Edoardo, *Mercanti ed eresia a Vicenza nel XVI secolo. Nuovi documenti e prospettive di ricerca*, in «Storia economica», XVII/1 (2014), pp. 85-100

Demo Edoardo, *Sete e mercanti vicentini alle fiere di Lione nel XVI secolo*, in *La pratica dello scambio. Sistemi di fiere, mercanti e città in europa (1400-1700)*, a cura di Paola Lanaro, Venezia 2003, pp. 177-199

Demo Edoardo, *Wool and Silk. The Textile Urban Industry of the Venetian Mainland (XV-XVII centuries)*, in *At the Centre of the Old World: Trade and Manufacturing in Venice and the Venetian Mainland (1400-1800)*, a cura di Paola Lanaro, Toronto 2006, pp. 217-243

Di donne e di carità al tempo di Andrea Palladio. Maddalena Valmarana e le Angeliche, Catalogo della mostra documentaria curata da Maria Luigia De Gregorio (Archivio di Stato di Vicenza, 29 marzo-14 giugno 2008), Vicenza 2008

Di Simplicio Oscar, *La nobiltà europea*, in *L'Età moderna. 1. I quadri generali*, a cura di Nicola Tranfaglia e Massimo Firpo, *La storia*, vol. III, Torino 1993

Di Tullio Matteo, *La ricchezza delle comunità. Guerra, risorse, cooperazione nella Geradadda del Cinquecento*, Venezia 2011

Il diario della prigionia in Francia del conte Trussardo Calepio (1512-1513), a cura di Giovanni Silini e Andrea Zonca, in «Bergomum», 1-2, a. XCVI (2001), pp. 7-22

Dionisotti Carlo, *Chierici e laici*, in *Geografia e storia della letteratura italiana*, a cura di Carlo Dionisotti, Torino 1967, pp. 55-88

Dionisotti Carlo, *Geografia e storia della letteratura italiana*, Torino 1967

Donati Claudio, *Famiglie e memoria familiare nei secoli dell'età moderna. Studi, fonti e prospettive di ricerca*, in *Storia di carte, storie di famiglia. L'archivio della famiglia Zaccaria 1498-1942*, a cura di Sandra Barresi, Milano 2007, pp. 61-96

Donati Claudio, *L'idea di nobiltà in Italia*, Bari 1988

Donne a Verona. Una storia della città dal medioevo ad oggi, a cura di Paola Lanaro e Alison Smith, Verona 2012

Donne di potere nel Rinascimento, a cura di Letizia Arcangeli e Susanna Rambaldi Peyronel, Roma 2008

Dragonzino Giovanbattista da Fano, *Nobilità di Vicenza*, a cura di Franco Barbieri e Flavio Fiorese, Vicenza 1981 (ed. orig. Vicenza 1525)

Duby Georges, *Potere privato, potere pubblico*, in *La vita privata dal feudalesimo al Rinascimento*, a cura di Georges Duby, Bari 1987, pp. 5-33

Duindam Jeroen, *The Court of the Austrian Habsurgs c. 1500-1750. The Archduchy of Austria and the Kingdoms of Bohemia and Hungary*, in *The Princely Courts of Europe. Ritual, Politics and Culture Under the Ancien Régime 1500-1750*, a cura di John Adamson, London 1999, pp. 165-188

Dupuigrenet Desroussilles François, *L'Università di Padova dal 1405 al Concilio di Trento*, in *Storia della cultura veneta. Dal primo Quattrocento al Concilio di Trento*, a cura di Girolamo Arnaldi e Manlio Pastore Stocchi, vol. 3, Vicenza 1980, pp. 619-644

Eisenach Emilyn, *Husbands, Wives, and Concubines. Marriage, Family, and Social Order in Sixteenth-Century Verona*, Kirksville 2004

Elias Norbert, *La società di corte*, Bologna 1980 (ed. orig. *Die höfische Gesellschaft*, Darmastadt und Neuwied 1975)

Enquêtes généalogiques et données prosopographiques, a cura di Monique Bourin e Pascal Chareille, vol. III, in *Genèse médiévale de l'anthroponymie moderne*, a cura di Monique Bourin, Tours 1995

Esposito Anna, *Lo stereotipo dell'omicidio rituale nei processi tridentini e il culto del "beato" Simone*, in *Processi contro gli ebrei di Trento (1475-1478)*, vol. I, *I processi del 1475*, a cura di Anna Esposito e Diego Quaglioni, Padova 1990, pp. 53-95

Eurich Amanda, *The Economics of Power. The Private Finances of the House of Foix-Naverre-Albret During the Religious Wars*, in «Sixteenth Century Essays e Studies», XXIV (1994), pp. 1-18

L'Europa e la Serenissima. La svolta del 1509. Nel V centenario della battaglia di Agnadello, a cura di Giuseppe Gullino, Venezia 2011

Le fabbriche e i disegni di Andrea Palladio raccolti e illustrati da Ottavio Bertotti Scamozzi, vol. II, Vicenza 1776-1783

Fabris Girolamo, *Girolamo Zugliano e i suoi «Annali» della guerra di Cambray (1509-1512)*, in «Atti e memorie della regia Accademia di Scienze, Lettere ed Arti in Padova», 50 (1933-1934), pp. 463-492

Faggion Lucien, *Les seigneurs du droit dans la République de Venise. Collège de juges et société a Vicence à l'époque moderne (1530-1730 env.)*, Genève 1998

Una famiglia veneziana nella storia: i Barbaro, Atti del convegno di studi in occasione del quinto centenario della morte dell'umanista Ermolao, a cura di Michela Marangoni e Manlio Pastore Stocchi, Venezia 1999

Famiglie e poteri in Italia tra Medioevo ed età moderna, a cura di Anna Bellavitis e Isabella Chabot, Roma 2009

Family and Inheritance, Rural Society in Western Europe, 1200-1800, a cura di Jack Goody, Joan Thirsk e Edward P. Thompson, London 1976

Family Memoirs from Venice (15th-17th Centuries), a cura di Giovanni Ciappelli, con un contributo di Anna Bellavitis, Roma 2009, pp. IX-XXX

Fantoni Marcello, *The City of the Prince. Space and Power*, in *The Politics of Space. European Courts*, a cura di Marcello Fantoni, Gorse George e Smuts Malcolm, Roma 2009, pp. 39-57

Fantoni Marcello, *Immagine del «capitano» e cultura militare nell'Italia del Cinque-Seicento*, in *I Farnese. Corti, guerra e nobiltà in antico regime*, a cura di Antonio Bilotto, Piero Del Negro e Cesare Mozzarelli, Roma 1997, pp. 209-243

Fasolo Giulio, *Un episodio della guerra di Cambrai: Antonio Trento, 1470-1515*, in «Archivio Veneto», s. V, 52 (1933), pp. 128-159

Fazio Ida, *La ricchezza delle donne: verso una ri-problematizzazione*, in «Quaderni storici», XXXIV, n. 101 (1999), pp. 539-550

Fedalto Giorgio, *Stranieri a Venezia e a Padova*, in *Storia della cultura veneta, dal primo Quattrocento al Concilio di Trento*, a cura di Girolamo Arnaldi e Manlio Pastore Stocchi, vol. 3/I, Vicenza 1980, pp. 499-535

Ferente Serena, *Gli ultimi guelfi. Linguaggi e identità politiche in Italia nella seconda metà del Quattrocento*, Roma 2013

Ferlan Claudio, *Dentro e fuori le aule. La Compagnia di Gesù a Gorizia e nell'Austria interna (secoli XVI-XVII)*, Bologna 2012

Ferrari Giovanna, *Gli errori di Plinio: fonti classiche e medicina nel conflitto tra Alessandro Benedetti e Nicolo Leoniceno*, in *Sapere e potere*, Atti del IV Convegno di Studi (Bologna 1989), vol. II, Bologna 1990, pp. 173-204

Ferraro Joanne Marie, *Family and Public Life in Brescia, 1580-1650: The Foundations of Power in the Venetian State*, Cambridge 1993

Filippi Elena, *Sant'Agostino risana gli sciancati*, in *Pinacoteca civica di Vicenza. Dipinti dal XIV al XVI secolo, Catalogo scientifico delle collezioni*, a cura di Maria Elisa Avagnina, Margaret Binotto e Giovanni Carlo Federico Villa, vol. I, Vicenza 2003, pp. 348-351

Finlay Robert, *The Myth of Venice in Guicciardini's History of Italy: Senate Orations on Princes and the Republic*, in *Venice Besieged. Politics and Diplomacy in the Italian Wars, 1494-1534*, a cura di Robert Finlay, Aldershot 2008, pp. 294-326

Finlay Robert, *Venice Besieged. Politics and Diplomacy in the Italian Wars*, Aldershot 2008

Firpo Luigi, *La città ideale nel Rinascimento. Urbanistica e società*, in *La città ideale nel Rinascimento*, a cura di Gianni Carlo Sciolla, Torino, 1975 pp. 7-32

Firpo Massimo, *Paola Antonia Negri. Da «divina madre maestra» a «spirito diabolico»*, in «Barnabiti Studi», 7 (1990), pp. 7-66

Firpo Massimo, *Paola Antonia Negri, monaca angelica (1508-1555)*, in *Rinascimento al femminile*, a cura di Ottavia Niccoli, Roma-Bari 1991, pp. 35-82

Foa Anna, *Chiericati Francesco*, in DBI, vol. 24, Roma 1980, pp. 674-681

Fornasa Silvano, *A 500 anni dalla guerra della lega di Cambrai: il caso Valle dell'Agno*, in «Quaderni del Gruppo Storico Valle dell'Agno», 39 (marzo 2014), pp. 29-73

Forssman Erik, *Palladios Erstling. Die Villa Godi Valmarana in Lonedo bei Vicenza di Paul Hofer*, recensione in «Bollettino CISA», XI (1969), pp. 469-471

Fosi Irene, *All'ombra dei Barberini. Fedeltà e servizio nella Roma barocca*, Perugia 1997

Fosi Irene, *La giustizia del papa. Sudditi e tribunali nello Stato Pontificio in età moderna*, Roma-Bari 2007

Foti Loredana Rita, *Discorsi genealogici e prove documentarie: i Firmaturi di Corleone (secoli XV-XVIII)*, Roma 2011

Franceschi Alessandra, *Vita privata e impegni pubblici di una famiglia padovana. I Selvatico Estense dalla fine del Cinquecento al tramonto del Settecento*, in «Archivio Veneto», s. V, CLX (2003), pp. 5-15

Franzina Emilio, *Vicenza: storia di una città (1404-1866)*, Vicenza 1980

Frigo Daniela, *Corporazioni e collegi tra governo cittadino e dominio veneziano: il caso di Vicenza*, in «Studi storici Luigi Simeoni», XLI (1991), pp. 137-159

Frigo Daniela, *Il padre di famiglia. Governo della casa e governo civile nella tradizione dell'«economica» tra Cinque e Seicento*, Roma 1985

Funzioni economiche della dote nell'Italia centro-settentrionale (Tardo medioevo-Inizi età moderna), a cura di Paola Lanaro e Gian Maria Varanini, in *La famiglia nell'economia europea, secoli XIII-XVIII / The Economic Role of the Family in the European Economy from the 13th to the 18th centuries*, a cura di Silvana Cavaciocchi, Firenze 2009, pp. 92-102

Gaeta Franco, *L'idea di Venezia*, in *Storia della cultura veneta*, a cura di Girolamo Arnaldi e Manlio Pastore Stocchi, vol. III, Vicenza 1982, pp. 565-641

Gaeta Franco, *Navagero Andrea*, in DBI, vol. 4, Roma 1962, pp. 667-668

Gager Kristin Elizabeth, *Blood Ties and Fictive Ties: Adoption and Family Life in Early Modern France*, Chichester 1996

Gamberini Andrea, *La memoria dei gentiluomini. I cartulari di lignaggio alla fine del medioevo*, in *Scritture e potere. Pratiche documentarie e forme di governo nell'Italia tardomedievale (XIV-XV secolo)*, a cura di Isabella Lazzarini, Firenze 2008, estratto da «Reti Medievali Rivista», IX (2008), http://www.retimedievali.it

Garbellotti Marina, *L'importanza del nome: l'istituto dell'adoptio hereditatem in età moderna*, in «Mélanges de l'École Française de Rome. Italie et Méditerranée», 124/1 (2012), pp. 1-16

Garzoni Tomaso, *La piazza universale di tutte le professioni del mondo* (1549-1589), a cura di Paolo Cherchi e Beatrice Collina, vol. I, Torino 1996

Gascon Richard, *Grand commerce et vie urbaine au XVIe siècle. Lyon et ses marchands (environs de 1520-environs de 1580)*, Paris et La Haye, 1971

Gasparini Silvia, *I giuristi veneziani e il loro ruolo tra istituzioni e potere nell'età del diritto comune*, in *Diritto comune, diritto commerciale, diritto veneziano*, in «Quaderni del Centro Tedesco di Studi Veneziani», a cura di Karin Nehlsen von Stryke- Dieter Nörr, 31 (1985), pp. 67-105

Gentile Luisa Clotilde, *Riti ed emblemi. Processi di rappresentazione del potere principesco in area subalpina (XIII-XVI secc.)*, Torino 2008

Gentile Marco, *«Postquam malignitates temporum hec nobis dedere nomina...». Fazioni, idiomi politici e pratiche di governo nella tarda età viscontea*, in *Guelfi e ghibellini nell'Italia del Rinascimento*, a cura di Marco Gentile, Roma 2005, pp. 249-274

Gentile Marco, *La vendetta di sangue come rituale. Qualche osservazione sulla Lombardia fra Quattro e Cinquecento*, in *La morte e i suoi riti in Italia tra Medioevo e prima Età moderna*, a cura di Francesco Salvestrini, Gian Maria Varanini e Anna Zangarini, Firenze 2007, pp. 209-241

I gesuiti e gli Asburgo. Presenza della Compagnia di Gesù nell'area meridionale dell'Impero asburgico nei secoli XVII-XVIII, a cura di Sergio Galimberti e Mariano Malý, Trieste 1995

Ghisalberti Fausto, *Navagero Andrea*, in *Enciclopedia Italiana*, Roma, 1934

Girolamo Fracastoro fra medicina, filosofia e scienze della natura, a cura di Alessandro Pastore e Enrico Peruzzi, Firenze 2006

Gonzáles de León Fernando, *The Road to Rocroi. Class, Culture and Command in the Spanish Army, 1567-1659*, Leiden-Boston 2009

Goody Jack, *Famiglia e matrimonio in Europa*, Bari 1995 (ed. orig. *The Development of the Family and Marriage in Europe*, Cambridge 1983)

Graziani Alessio Giovanni, *La parrocchia di Servi: 1810-2010 duecento anni da San Michele a Santa Maria in Foro*, Vicenza 2010

Griseri Andreina, *Le corti e le arti. Nuovi programmi per le tecniche e la diffusione delle immagini*, in *Storia di Torino*, a cura di Giuseppe Ricuperati, vol. III, *Dalla dominazione francese alla ricomposizione dello stato (1536-1630)*, Torino 1998, p. 295-311

Gros Pierre, *Lo studio di Vitruvio e le antichità romane*, in *Palladio 1508-2008. Il simposio del Cinquecentenario*, Atti del Convegno (Padova-Vicenza-Verona-Venezia, 5-10 maggio 2008), Venezia 2008, pp. 132-135

Grossato Giovanna, Simeone Maria Nicoletta, *Testimonianze artistiche in Barbarano*, di, in *Barbarano Vicentino. Territorio, civiltà e immagini*, a cura di Ermenegildo Reato, Emilio Garon e Alberto Girardi, vol. II, Vicenza 1999, pp. 909-1122

Grubb James S., *Comune privilegiato e comune dei privilegiati*, in *Storia di Vicenza. L'età della Repubblica veneta (1404-1797)*, a cura di Franco Barbieri e Paolo Preto, vol. III/1, Vicenza 1989, p. 46-63

Grubb James, *La Famiglia, la Roba e la Religione nel Rinascimento. Il caso veneto*, Vicenza 1999

Grubb James, *Firstborn of Venice. Vicenza in the Early Renaissance State*, Baltimore 1998

Grubb James, *I libri di famiglia a Venezia e nel Veneto*, in *Memoria, famiglia, identità tra Italia ed Europa nell'età moderna*, a cura di Giovanni Ciappelli, Bologna 2009, pp. 133-158

Grubb James, *Patrimonio, feudo e giurisdizioni: la signoria dei Monza a Dueville nel secolo XV*, in *Dueville. Storia e identificazione di una comunità nel passato*, a cura di Claudio Povolo, Vicenza 1985, pp. 253-306

Grubb James, *Patriziato, nobiltà, legittimazione: con particolare riguardo al Veneto*, in *Istituzioni, società e potere nella Marca trevigiana e veronese (secoli XIII-XIV). Sulle tracce di G.B. Verci*, a cura di Gherardo Ortalli e Michael Knapton, Roma 1988, p. 235-259

Grubb James, *Provincial Families of the Renaissance. Private and Public Life in the Veneto*, Baltimore-London 1996

Grubb James, *Alla ricerca delle prerogative locali: la cittadinanza a Vicenza, 1404-1509*, in *Dentro lo "Stado Italico". Venezia e la Terraferma fra Quattro e Seicento*, a cura di Giorgio Cracco e Michael Knapton, Trento 1984, pp. 177-192

Grubb James, *When Myths Lose Power: Four Decades of Venetian Historiography*, in «Journal of Modern History», 58/1 (1986), pp. 43-94

Gualazzini Ugo, *Adozione. Diritto intermedio*, in *Novissimo digesto italiano*, vol. I, Torino 1964, p. 288-290

Guelfi e ghibellini nell'Italia del Rinascimento, a cura di Marco Gentile, Roma 2005

Guerrini Maria Teresa, *"Qui voluerit in iure promoveri...": I dottori in diritto nello Studio di Bologna (1501-1796)*, Milano 2005

Guicciardini Francesco, *Storia d'Italia (conforme la celebrata lezione del prof. G. Rosini con note)*, vol. II, Milano 1843

Gullino Giuseppe, *Grimani Marco*, in DBI, vol. 59, Roma 2003, pp. 633-639

Gullino Giuseppe, *I Pisani dal banco e moretta*, Roma 1984

Gullino Giuseppe, *Venezia. Un patriziato per cinque secoli*, a cura di Andrea Caracausi e Egidio Ivetic, Verona 2015

Hacke Daniela, *"Non lo volevo per marito in modo alcuno". Forced Marriages, Generational Conflicts, and the Limits of Patriarchal Power in Early Modern Venice, c. 1580-1680*, in *Time, Space, Women's Lives in Early Modern Europe*, a cura di Anne Jacobson Schutte, Thomas Kuehn e Silvana Seidel Menchi, in «Sixteenth Century Essay and Studies», LVII (2001), pp. 203-221

Hardwick Julie, *Between State and Street: Witnesses and the Family Politics of Litigation in Early Modern France*, in *Family, Gender, and Law in Early Modern France*, a cura di Suzanne Desan e Jeffrey Merrick, Philadelphia 2009, pp. 101-136

Heiß Gernot, *Die Bedeutung und die Rolle der Jesuiten im Verlauf der innerösterreichischen Gegenreformation*, in *Katholishe Reform und Gegenreformation in Innerösterreich 1564-1628*, a cura di France Maria Dolinar, Maximilian Liebmann, Helmut Rumpler e Luigi Tavano, Klagenfurt-Ljubljana-Wien 1994, pp. 63-76

Hinz Manfred, *Rhetorische Strategien des Hofmannes. Studien zu den italienischen Hofmannstraktaten des 16. und 17. Jahrhunderts*, 1992

Hirschman Albert O., *Exit, Voice, and Loyalty*, Cambridge 1970 (trad. it. *Lealtà, defezione, protesta. Rimedi alla crisi delle imprese, dei partiti e dello Stato*, Milano 1982)

Hobsbawm Eric John, *Introduzione: come si inventa una tradizione*, in *L'invenzione della tradizione*, a cura di Eric John Hobsbawm e Terence Ranger, Torino 2002, pp. 3-18 (ed. orig. *The Invention of Tradition*, Cambridge 1983)

Hofer Paul, *Palladios Erstling. Die Villa Godi Valmarana in Lonedo bei Vicenza*, Basel-Stuttgart 1969

Hueglin Thomas O., *Early Modern Concepts for a Late Modern World: Althusius on Community and Federalism*, Waterloo 1999

Hurwich Judith, *Noble Strategies: Marriage and Sexuality in the Zimmern Chronichle*, in «Sixteenth Century Essay and Studies», 75 (2006), pp. 27-54

L'Impero e l'Italia nella prima età moderna / Das Reich und Italien in der Frühen Neuzeit, a cura di Matthias Schnettger e Marcello Verga, in «Annali dell'Istituto storico italo-germanico in Trento. Contributi», vol. 17, Bologna-Berlin 2006

Insediamenti d'ultramare: appunti per un'analisi territoriale, a cura di Viviana Ferrario e Davide Longhi, in *Lungo il tragitto della crociata della vita, catalogo della mostra*, Venezia, 2000

Ioly Zorattini Pier Cesare, *Gli Ebrei durante la dominazione veneziana*, in *Storia di Vicenza. L'età della Repubblica veneta*, a cura di Franco Barbieri e Paolo Preto, vol. III/1, Vicenza, 1989, pp. 221-229

Irace Erminia, *Dai Ricordi ai Memoriali: libri di famiglia in Umbria tra medioevo ed età moderna*, in *I libri di famiglia in Italia*, a cura di Raul Mordenti, vol. II, *Geografia e storia*, Roma, 2001, pp. 141-161

Irace Erminia, *La memoria formalizzata: dai libri di famiglia alle prove di nobiltà per gli Ordini cavallereschi*, in *La memoria e la città. Scritture storiche tra Medioevo ed Età moderna*, a cura di Claudia Bastia e Maria Bolognani, Bologna, 1995, pp. 73-103

L'Italia dei cognomi, a cura di Andrea Addobbati, Roberto Bizzocchi e Gregorio Salinero, Pisa 2012

Die Jesuiten in Innerösterreich. Die kulturelle und geistige Prägung einer Region im 17. und 18. Jahrhundert, a cura di Werner Drobesch e Peter Günther Tropper, Klagenfurt-Ljubljana-Wien 2006

John Rigbi Hale, *L'organizzazione militare di Venezia nel '500*, Roma 1990

Kaiser Daniel H., *The Practical Importance of Genealogy in Early Modern Russia*, in «Russian history», 33, n. 2/4 (2006), pp. 455-466

Kamen Henry, *L'Europa dal 1500 al 1700*, Bari-Roma 1987

King Margaret Leah, *Umanesimo e patriziato a Venezia nel Quattrocento*, Roma 1989

King Margaret Leah, *Venetian Humanism in an Age of Patrician Dominance*, Princeton 1986

Kinship in Europe. Approaches to Long-term Development (1300-1900), a cura di David Warren Sabean, Simon Teuscher e John Mathieu, New York-Oxford, 2007

Knapton Michael, *"Dico in scrittura... quello ch'a bocha ho refertto". La trasmissione delle conoscenze di governo nelle relazioni dei rettori veneziani in terraferma, secoli XVI-XVII*, in *L'Italia dell'Inquisitore. Storia e geografia dell'Italia del '500 nella* Descrittione *di Leandro Alberti*, a cura di Massimo Donattini, Bologna 2007, pp. 531-554

Knatpon Michael, "*Nobiltà e popolo" e un trentennio di storiografia veneta*, in «Nuova Rivista Storica», a. LXXXII, fasc. 1, 1998, pp. 167-192

Knapton Michael, Recensione al volume *Venetian Humanism in an Age of Patrician Dominance* di Margaret Leah King, in «Rivista Storica Italiana», C/3 (1988), pp. 838-847

Knapton Michael, *Il sistema fiscale nello stato di terraferma, secoli XIV-XVIII. Cenni generali*, in *Venezia e la terraferma. Economia e società*, Bergamo 1989, pp. 9-30

Knapton Michael, *The Terraferma State*, in *A Companion to Venetian History, 1400-1797*, a cura di Eric R. Dursteler, Leiden and Boston, 2013, pp. 85-12

Knapton Michael, *Il Territorio vicentino* vicentino nello stato veneziano del '500 e primo'600: nuovi equilibri politici e fiscali, *in Dentro lo "stado italico". Venezia e la terraferma fra Quattro e Seicento*, a cura di Giorgio Cracco e Michael Knapton, Trento 1984, pp. 33-115

Knapton Michael, *Tribunali veneziani e proteste padovane nel secondo Quattrocento*, in *Studi veneti offerti a Gaetano Cozzi*, Venezia 1992, pp. 151-170

Knapton Michael, *Venezia e la Terraferma, 1509-1797: istituzioni, pratiche di governo, rapporti di potere, cultura politica*, in *1509-2009. L'ombra di Agnadello: Venezia e la Terraferma*, a cura di Giuseppe Del Torre e Alfredo Viggiano, in «Ateneo Veneto», CXVII, s. 3, 9/I (2010-2011), pp. 103-136

Kristeller Paul Oscar, *Iter Italicum. Italy: Agrigento to Novara*, vol. 1, London-Leiden 1965

Labatut Jeanne Pierre, *Les noblesses européennes de la fin du XVe siècle à la fin du XVIIIe siècle*, Paris 1978

Lanaro Paola, *Da grande nobiltà a nobiltà di provincia: i da Lisca a Verona nella prima età moderna tra ascesa politica e interessi fondiari*, in *Domus illorum de Lischa. Una famiglia e un palazzo del Rinascimento a Verona*, a cura di Stefano Lodi, Vicenza,2002, pp. 43-61

Lanaro Paola, *Un'oligarchia urbana nel Cinquecento veneto. Istituzioni, economia, società*, Torino 1992

Lanaro Paola, *Potere politico e potere economico di una famiglia del patriziato veronese: i Maffei tra XVI e XVIII secolo*, in *Villa Maffei-Sigurtà a Valeggio*, Verona 1990, pp. 29-55

Lavarda Sergio, *Banditry and Social Identity in the Republic of Venice. Ludovico da Porto, His Family and His Property (1567-1640)*, in «Crime, Histoire et Société», 11/1 (2007), pp. 2-24

Lavarda Sergio, *L'anima a Dio e il corpo alla terra. Scelte testamentarie nella terraferma veneta (1575-1631)*, Venezia, 1998

Lavarda Sergio, *I Loschi e Sossano. Nobili e contadini in un villaggio vicentino (secoli XVI-XVIII)*, Sossano 2009

Laven Peter, *Banditry and Lawlessness on the Venetian Terraferma in the Later Cinquecento*, in *Crime, Society and the Law in Reinassance Italy*, a cura di Trevor Dean e Kate J. P. Lowe, Cambridge 1994

Law John Easton, *The Venetian Mainland State in the Fifteenth Century*, in John Easton Law, *Venice and the Veneto in the Early Renaissance*, Aldershot 2000

Law John, *The Venetian Mainland State in the Fifteenth Century*, in «Transactions of the Royal Historical Society», s. 6, 2 (1992), pp. 153-174

Lazzarini Isabella, *Amicizia e potere. Reti politiche e sociali nell'Italia medievale*, Milano-Torino 2010

Lefebvre Henry, *La produzione dello spazio*, Milano 1976 (ed. orig. *La production de l'espace*, Paris 1974)

Lefebvre Henry, *Spazio e politica*, Milano 1976

Lehmann Jacobsen Maja, *Das Bildprogramm der Villa Godi in Lonedo di Lugo*, Weimar-Köln-Wien 1996

Leicht Pier Silvio, *Lo Stato veneziano e il diritto comune*, in *Miscellanea in onore di Roberto Cessi*, vol. I, Roma, 1958 pp. 203-212

Levo Giovan Antonio, *Discorso del capitano Giovanni Antonio Leuo da Piacenza sargente maggior generale della militia del serenissimo duca di Savoia intorno alcune proposte fattele da persone illustri nelle contrarie opinioni di Cesare et di Pompeo, nel afrontare et far combaterei loro esserciti nella giornata di Farsaglia*, Torino 1571

Levo Giovan Antonio, *Discorso dell'ordine et modo di armare compartire et esercitare la militia del serenissimo duca di Savoia del capitano Giovanni Antonio Levo da Piacenza sargente maggiore generale di s.a. con un breve summario nel fine, de'passi sostantiali*, Torino 1566

Lipp Charles T., *Noble Strategies in an Early Modern Small State. The Mahuet of Lorraine*, Rochester 2011

Lodi Stefano, *La contrada di San Vitale: spazio urbano e insediamenti residenziali*, in *Domus illorum de Lischa. Una famiglia e un palazzo del Rinascimento a Verona*, a cura di Stefano Lodi, Vicenza 2002, pp. 63-82

Lomastro Francesca, *Legge di Dio e Monti di Pietà. Marco da Montegallo (1425-1496)*, Vicenza 1996, pp. 77-90

Lomastro Francesca, *Sul Monte di Pietà di Vicenza dalla fondazione (1486) alla fine del Cinquecento*, in *Il Monte di Pietà di Vicenza (1486-1986)*, a cura di Ermenegildo Reato, Vicenza 1986, pp. 21-67

Lombardi Daniela, *Matrimoni di antico regime*, Bologna 2001

Lonati Guido, *Maderno. La pieve e il comune*, in «Memorie dell'Ateneo di Salò e Bollettino della Biblioteca», Salò (Brescia), IV-V (1933-1934), pp. 7-300

Love, Friendship and Faith in Europe, 1300-1800, a cura di Laura Gowing, Michael Hunter e Miri Rubin, New York 2006

Love, Marriage and Family Ties in the Later Middle Ages, a cura di Isabel Davis, Miriam Müller e Sarah Rees Jones, Turnhout 2003

Lussu Enrico, *Francesco Horologi e gli ingegneri al servizio di Francia nei decenni centrali del XVI secolo*, in *Gli ingegneri militari attivi nelle terre dei Savoia e nel Piemonte orientale*, a cura di Micaela Viglino Davico, Firenze 2007, pp. 21-32

Macrì Geltrude, *Logiche del lignaggio e pratiche familiari. Una famiglia feudale siciliana fra '500 e '660*, in «Mediterrenea. Ricerche Storiche», I (2004), pp. 9-30

Madornali Maria Luisa, *Patrimonio e giurisdizione di una famiglia feudataria nello Stato veneto: i conti Calepio (secoli XV-XVII)*, in «Società e Storia», 63 (1994), pp. 49-77

Maffi Davide, *Cacciatori di Gloria. La presenza degli italiani nell'esercito delle Fiandre (1621-1700)*, in *Italiani al servizio straniero in età moderna*, a cura di Paola Bianchi, Davide Maffi e Enrico Stumpo, in «*Guerra e pace in età moderna. Annali di storia militare europea*», 1 (2008), pp. 73-97

Magrini Antonio, *Reminiscenze vicentine della casa di Savoia*, Vicenza 1869

Majocchi Piero, *La seta di Cangrande. Rituali funerari e distinzione sociale in Italia nel Medioevo (ca. 500-1450)*, Roma 2015

Malena Adelisa, *L'eresia dei perfetti: inquisizione romana ed esperienze mistiche nel Seicento italiano*, Roma 2003

Mallett Michael Edward, *L'organizzazione militare di Venezia nel '400*, Roma 1989

Mallett Michael Edward, *Signori e mercenari. La guerra nell'Italia del Rinascimento*, Bologna 2006

Mandich Giulio, *Le pacte de ricorsa et le marché italien des changes au XVIIe siècle*, Paris 1953

Manfredini Ilaria, *Le relazioni culturali tra Torino e Venezia nella seconda metà del Cinquecento*, in «Studi Veneziani», LXVI (2012), pp. 149-167

Manifatture e commerci nella Terraferma veneta in età moderna, a cura di Edoardo Demo e Francesco Vianello, in «Archivio Veneto», CXLII, n. 1, VI (2011), pp. 27-50

Mantese Giovanni, *La cattedrale di Vicenza. Profilo storico*, Vicenza 1991

Mantese Giovanni, *La famiglia Thiene e la riforma protestante a Vicenza nella seconda metà del sec. XVI*, in «*Odeo Olimpico*», VIII (1969-1970), pp. 82-97

Mantese Giovanni, *Memorie storiche della Chiesa vicentina*, vol. IV parte I, Vicenza 1974

Mantese Giovanni, *Memorie storiche della Chiesa vicentina. Dal 1404 al 1563*, vol. III, parte II (dal 1404 al 1563), Vicenza 1964

Marasca Pietro, *Biografie degli uomini celebri vicentini*, Vicenza 1865 [Catalogo dei ritratti degli illustri vicentini donati dal canonico Pietro Marasca al Museo Civico di Vicenza]

Maravall José Antonio, *Poder, honor y élites en el siglo XVII*, Madrid 1979 (trad. it. *Potere, onore, élites nella Spagna del secolo d'oro*, Bologna 1984)

Marconi Laura, *Studenti a Perugia. La matricola degli scolari forestieri (1511-1757)*, Perugia 2009

Marini Francesco, *Luigi Marini segretario della serenissima repubblica di Venezia nel secolo XV e XVI*, Treviso 1910

Marini Paola, *Note*, in *A. Palladio, I Quattro libri dell'Architettura*, a cura di Licisco Magagnato e Paola Marini, Milano 1980, pp. 486-487

Marsilio Claudio, *Dove il denaro fa denaro. Gli operatori finanziari genovesi nelle fiere di cambio del XVII secolo*, Novi Ligure, 2008

Martellozzo Forin Elda, *Manoscritti, editoria e biblioteche dal Medioevo all'età contemporanea. Studi offerti a Domenico Maffei per il suo ottantesimo compleanno*, vol. II, Roma 2006, pp. 617-664

Martellozzo Forin Elda, *Notes from the Archives Concerning the Paduan days of Thomas Savage (1481-1482)*, in «*Renaissance Studies*», 27/4 (2013), pp. 566-571

Marx Barbara, *Bartolomeo Pagello, Epistolae familiares 1464-1525. Materialen zur Vicentiner Kulturgeschichte des 15. Jahrhunderts und kritische Edition des Briefwechsels*, Padova 1978

Marzari Giacomo, *La historia di Vicenza*, Vicenza 1980 (ed. orig. Vicenza 1590)

Massimi Maria Elena, *Gualdo Girolamo*, in DBI, vol. 60, Roma 2003, pp. 158-160

Mazzei Rita, *I mercanti e la circolazione delle idee religiose*, in *Il Rinascimento Italiano e l'Europa*, vol. IV, *Commercio e cultura mercantile*, a cura di Franco Franceschi, Richard A. Goldthwaite e Reinhold C. Mueller, Vicenza 2007, pp. 459-468

Mazzei Rita, *"Itinera mercatorum". Circolazione di uomini e beni nell'Europa centro-orientale (1550-1650)*, Lucca 1999

Medin Antonio, *La obsidione di Padua*, Bologna 1892 (ed. orig. Bologna 1509)

Megna Laura, *Storie patrizie. Note sulla nobiltà vicentina nel Seicento*, in *Storia di Vicenza. L'età della Repubblica veneta (1404-1797)*, a cura di Franco Barbieri e Paolo Preto, vol. III/1, Vicenza 1989, pp. 231-237

Melchiorre Matteo, *Conoscere per governare. Le relazioni dei Sindaci inquisitori e il dominio veneziano in Terraferma (1543-1626)*, Udine 2014

Menniti Ippolito Antonio, *Fortuna e sfortune di una famiglia veneziana nel Seicento. Gli Ottoboni al tempo dell'aggregazione al patriziato*, Venezia 1996

Merlin Pierpaolo, *La croce e le aquile: Savoia, Impero e Spagna tra XVI e XVII secolo*, in *Stato sabaudo e Sacro Romano Impero*, a cura di Marco Bellabarba e Andrea Merlotti, Bologna 2014, pp. 251-267

Merlin Pierpaolo, *Emanuele Filiberto. Un principe tra il Piemonte e l'Europa*, Torino 1995

Merlin Pierpaolo, *Nelle stanze del re. Vita e politica nelle corti europee tra XV e XVIII secolo*, Roma 2010

Merlin Pierpaolo, *La struttura istituzionale della corte sabauda fra cinque e seicento*, in *L'affermarsi della corte sabauda. Dinastie, poteri, élites in Piemonte e Savoia fra tardo medioevo e prima età moderna*, a cura di Paola Bianchi e Luisa Clotilde Gentile, Torino 2006, pp. 285-304

Merlin Pierpaolo, *Tra guerre e tornei. La corte sabauda nell'età di Carlo Emanuele I*, Torino 1991

Merlo Sergio, *Francesco Tensini e la fortificazione di Vicenza: cronache da un grande progetto*, in *La storia di Crema e il dominio di Venezia*, Crema 2010, pp. 276-305

Merlotti Andrea, *Disciplinamento e contrattazione. Dinastia, nobiltà e corte nel Piemonte sabaudo da Carlo II alla guerra civile*, in *L'affermarsi della corte sabauda. Dinastie, poteri, élites in Piemonte e Savoia fra tardo medioevo e prima età moderna*, a cura di Paola Bianchi e Luisa Clotilde Gentile, Torino 2006, pp. 254-266

Merlotti Andrea, *I Savoia: una dinastia europea in Italia*, in *I Savoia. I secoli d'oro di una dinastia europea*, a cura di Walter Barberis, Torino 2007, pp. 87-133

Merlotti Andrea, *Un sistema degli onori europeo per casa Savoia? I primi anni dell'ordine dei Santi Maurizio e Lazzaro*, in «Rivista Storica Italiana», CXIV (2002), vol. III, pp. 477-514

The Military Organization of a Renaissance State: Venice from 1400 to 1617, a cura di John Rigbi Hale e Michael Edward Mallett, Cambridge 1984

Milizia Francesco, *Memorie degli architetti antichi e moderni*, Bassano 1785

Milstein Joanna, *The Gondi: family strategy and survival in early modern France*, Burlington 2014

Mitterauer Michael, *Antenati e santi: l'imposizione del nome nella storia europea*, Torino 2001 (ed. orig. *Ahnen und Heilige: Namengebung in der europaischen Geschichte*, Munich 1993)

Modigliani Anna, *Godi Pietro*, in DBI, vol. 57, Roma 2002, pp. 515-517

Molà Luca, *The Silk Industry of Renaissance Venice*, Baltimore-London 2000

Molmenti Pompeo, *I banditi della Repubblica Veneta*, Firenze 1896

Momenti del petrarchismo veneto: cultura volgare e cultura classica tra Feltre e Belluno nei secoli XV-XVI: atti del convegno di studi, Belluno-Feltre, 15-16 ottobre 2004, in «Studi sul Petrarca», a cura di Paolo Pellegrini, vol. 37, Padova, 2008

Mometto Giovanni, *Per una storia della popolazione in età moderna*, in *Storia di Vicenza. L'età della Repubblica Veneta*, a cura di Franco Barbieri e Paolo Preto, vol. III/1, Vicenza 1989, pp. 3-15

Morello Federica, *Giulio Carpioni e la Vicenza del Seicento*, Vicenza 2002

Morsolin Bernardo, *Un episodio della vita di Carlo V*, in «Archivio veneto», XXVII (1884), pp. 293-315

Morsolin Bernardo, *Giangiorgio Trissino, o Monografia di un letterato nel secolo XVI*, Vicenza 1878

Morsolin Bernardo, *Giangiorgio Trissino, o Monografia di un letterato nel secolo XVI*, Paris 1894

Mueller Reinhold C., *The Venetian Money Market. Banks, Panics and Public Debt, 1200-1500*, Baltimore-London 1997

Mugnai Carrara Daniela, *La biblioteca di Nicolò Leoniceno. Tra Aristotele e Galeno: cultura e libri di un medico umanista*, Firenze 1991

Muir Edward, *Mad Blood Stirring. Vendetta and Factions in Friuli During the Renaissance*, Baltimore-London 1993

Muir Edward, *Was There Republicanism in the Renaissance Republics? Venice After Agnadello*, in *Venice Reconsidered. The History and Civilization of an Italian City-State, 1297-1797*, a cura di John Martin and Dennis Romano, Baltimore-London 2000, pp. 137-267

Muratore Davide, *La biblioteca del cardinale Niccolò Ridolfi*, vol. 1, Alessandria 2009

Murdoch Steve, *Fabricating Nobility? Genealogy and Social Mobility Among Franco-Scottish Families in the Early Modern Period*, in «Recherches Anglaises et Nord Americaines», Strasbourg 2007, pp. 37-52

Mutini Claudio, *Castaldi Cornelio*, in DBI, vol. 21, Roma 1978, pp. 553-555

Muttoni Adolfo, *L'antico Collegio dei Notari e l'Archivio notarile di Vicenza*, Vicenza 1906

Muttoni Francesco, *Architettura di Andrea Palladio Vicentino con le osservazioni dell'architetto N.N.*, Venezia, 1740-1760, vol. I

Näf Werner, *Frühformen des "modernen Staates" im Spätmittelalter*, in *Die Entestehung des modernen souveranen Staates*, a cura di Hanns Hubert Hofmann, Köln 1967, pp. 101-114

Nardello Mariano, *Il prestito ad usura a Vicenza e la vicenda degli Ebrei nei secoli XIV-XV*, in «Odeo Olimpico», XIII-XIV (1977-1978), pp. 69-128

Nardello Mariano, *Il presunto omicidio del beato Lorenzino Sossio da Marostica*, in «Archivio Veneto», s. V, n. 130, a. CIII, XCV (1972), pp. 25-45

Neher Gabriele, *Verona and Vicenza*, in *Venice and the Veneto*, a cura di Peter Humfrey, Cambridge 2007, pp. 252-284

Niccoli Ottavia, *Perdonare. Idee, pratiche, rituali in Italia tra Cinque e Seicento*, Roma-Bari 2007

Niccoli Ottavia, *Rinuncia, pace, perdono. Rituali di pacificazione della prima età moderna*, in «Studi storici», 40 (1999), pp. 219-261

Niccoli Ottavia, *Vedere con gli occhi del cuore. Alle origini del potere delle immagini*, Roma-Bari 2011

Niccolini Enrico, *3 luglio 1548. Mezzogiorno di sangue a Vicenza*, Vicenza 1985

Olivieri Achille, *Riforma ed eresia a Vicenza nel Cinquecento*, Roma 1992

Olivieri Secchi Sandra, *Ascesa sociale e ideologia in una famiglia polesana fra Cinquecento e Seicento: i Bonifacio*, in «Studi Veneziani», n.s. XXI (1991), pp. 157-246

Orbicciani Laura, *Il palazzo della Cancelleria*, Roma 2010

Österberg Eva, *Friendship and Love, Ethics and Politics. Studies in Medieval and Early Modern History*, Budapest-New York 2010

Pallucchini Rodolfo, *Giovan Battista Zelotti e Giovan Antonio Fasolo*, in «Bollettino CISA», X (1968), pp. 203-228

Panciera Walter, *Il compromesso arbitrale e il concordato fallimentare nella Repubblica di Venezia*, in «Acta Histriae», 22 (2014/2), pp. 391-402

Panciera Walter, *Giulio Savorgnan e la costruzione della fortezza di Nicosia (1567-1570)*, in *La Serenissima a Cipro. Incontri di culture nel Cinquecento*, a cura di Evangelia Skoufari, Roma 2013, pp. 131-142

Panciera Walter, *Vicenza. L'età moderna (1516-1813)*, in *Storia di Vicenza*, a cura di Giuseppe Gullino, Verona 2014, pp. 121-168

Paolo Preto, *I servizi segreti di Venezia. Spionaggio e controspionaggio ai tempi della Serenissima*, Milano 2010

Papagno Giuseppe, *Corti e cortigiani*, in *La Corte e il "Cortegiano". Un modello europeo*, a cura di Adriano Prosperi, vol. II, Roma 1980, pp. 195-240

La parola illuminata per una storia della miniatura a Verona e a Vicenza tra medioevo e età romantica, a cura di Gino Castiglioni, Verona 2011

Pasero Carlo, *Francia, Spagna, Impero a Brescia, 1509-1516*, Brescia 1958

Pastore Alessandro, *Avvocati medici, ingegneri. Alle origini delle professioni moderne (secoli XVI-XIX)*, Bologna 1997

Pastore Alessandro, *Di un perduto e ritrovato "Compendio di la volgare grammatica" di Marcantonio Flaminio*, XXVII (1984), pp. 349-356

Pastore Alessandro, *Introduzione*, in *Confini e frontiere nell'età moderna: un confronto fra discipline*, a cura di Alessandro Pastore, Milano 2007, pp. 7-20

Pastore Alessandro, *Le regole dei corpi. Medicina e disciplina nell'Italia moderna*, Bologna 2006

Pastore Alessandro, *Veleno. Credenze, crimini, saperi nell'Italia moderna*, Bologna 2010

Patrizi Francesco, *La città felice. Dialogo dell'onore, il Barignano. Discorso della diversità de' furori potetici*, Venezia 1553

Patrizi Giorgio, *Da Porto Luigi (Alvise)*, in DBI, vol. 32, Roma 1986, pp. 736-741

Pellizzari Giovanni, *Continuità e trasformazioni di un sistema scolastico*, in *Storia di Vicenza. L'età della Repubblica veneta (1404-1797)*, a cura di Franco Barbieri e Paolo Preto, vol. III/2, Vicenza 1990, pp. 69-90

Peltonen Markku, *The Duel in Early Modern England: Civility, Politeness and Honour*, Cambridge 2003

Peruzzi Enrico, *Fracostoro Girolamo*, in DBI, vol. 49, Roma 1997, pp. 543-548

Pezzolo Luciano, *L'archibugio e l'aratro. Considerazioni e problemi per una storia delle milizie rurali Venete nei secoli XVI-XVII*, in «Studi Veneziani», VII (1983), pp. 59-79

Pezzolo Luciano, *Nobiltà militare e potere nello stato veneziano fra Cinque e Seicento*, in *I Farnese. Corti, guerra e nobiltà in antico regime*, a cura di Antonio Bilotto, Piero Del Negro e Cesare Mozzarelli, Roma, 1997, pp. 397-419

Pezzolo Luciano, *Organizzazione bellica e ambiente militare nella Repubblica di Venezia*, *Andrea Palladio e l'architettura della battaglia con le illustrazioni inedite alle storie di Polibio*, a cura di Guido Beltramini, Venezia 2009, pp. 238-251

Pezzolo Luciano, *Professione militare e famiglia in Italia tra tardo medioevo e prima età moderna*, in *La justice des familles. Autour de la transmission des biens, des savoirs et des pouvoirs (Europe, Nouveau monde, XIIe-XIXe siècles)*, a cura di Anna Bellavitis e Isabella Chabot, Roma 2011, pp. 341-366

Pezzolo Luciano, *«Un San Marco che in cambio di libro ha una spada in mano». Note sulla nobiltà militare veneta del Cinquecento*, in *I ceti dirigenti in Italia in età moderna e contemporanea*, a cura di Amelio Tagliaferri, Udine 1984, pp. 81-94

Il Piemonte sabaudo. Storia d'Italia, a cura di Pierpaolo Merlin, Claudio Rosso, Geoffrey W. Symcox e Giuseppe Ricuperati, vol. VIII/1, Torino 1994

Pigafetta Filippo, *Descrittione del Territorio et Contado di Vicenza*, Anversa, 1608

Pigafetta Filippo, *La descrizione del territorio e del contado di Vicenza (1602-1603)*, a cura di Alvise Da Schio e Franco Barbieri, Vicenza 1974

Pii Eluggero, *Il pensiero politico di Scipione Maffei: dalla Repubblica di Roma alla Repubblica di Venezia*, in *Scipione Maffei nell'Europa del Settecento*, a cura di Gian Paolo Romagnani, Verona 1998, pp. 93-117

Piovan Francesco, *Autonomy by imposition. The birth of the* natio Scota *in the law faculty of the University of Padua (1534)*, in «*Renaissance Studies*», 27/4 (2013), pp. 549-559

Piovan Francesco, *Guillaume Philandrier, la Natio Burgunda e le "pratiche" per il rettorato giurista padovano del 1538*, in «Quaderni per la storia dell'Università di Padova», 42 (2009), pp. 27-62

Piovene Scipione, *Narrativa della querela et delle cose successe tra il Signor Scipion Piouene, & Messer Bartholomeo Sala, con l'essamine de testimonij, & col parere d'alcuni Principi, & altri huomini eccellenti*, Vicenza 1553

Pitacco Francesca, *Il collezionismo a Vicenza alla fine del Cinquecento*, in *Il collezionismo a Venezia e nel Veneto ai tempi della Serenissima*, a cura di Bernard Aikema, Rosella Lauber e Max Seidel, Venezia 2005, pp. 135-147

Pixley Mary, *Patronage and the Construction of Nobility: The Villa Godi Fresco Cycle and the Villa's Role in the Veneto and the Politics of a Sixteenth Century Patrician Family*, Ph.D. dissertation, University of Pennsylvania, 1998

Portenari Angelo, *Della felicità di Padova*, Padova 1623

Porter Roy, *Storia sociale della follia*, Milano 1991

Possevino Giovan Battista, *Dialogo dell'honore*, Venetia 1553

Possevino Giovan Battista, *Dialogo dell'honore di M. Giouanni Battista Posseuini mantouano*, Venezia 1553

Povolo Claudio, *Crimine e giustizia a Vicenza. Secoli XVI-XVII. Fonti e problematiche per l'approfondimento di una ricerca sui rapporti politico-giudiziari tra Venezia e la Terraferma*, in *Venezia e la Terraferma attraverso le relazioni dei Rettori*, Atti del Convegno (Trieste, 23-24 ottobre 1980), a cura di Amelio Tagliaferri, Milano 1981, pp. 411-432

Povolo Claudio, *Furore. Elaborazione di un'emozione nella seconda metà del Cinquecento*, Verona 2015

Povolo Claudio, *L'intrigo dell'onore. Poteri e istituzioni nella Repubblica di Venezia tra Cinque e Seicento*, Verona 1997

Povolo Claudio, *Onore e virtù in una repubblica aristocratica del Cinquecento*, in *Andrea Palladio e l'architettura della battaglia. Con le illustrazioni inedite delle Storie di Polibio*, a cura di Guido Beltramini, Venezia 2009, pp. 245-271

Povolo Claudio, *Retoriche giudiziarie, dimensioni del penale e prassi processuale nella Repubblica di Venezia: da Lorenzo Priori ai pratici settecenteschi*, in *L'amministrazione della giustizia penale nella Repubblica di Venezia (secoli XVI-XVIII)*, a cura di Giovanni Chiodi e Claudio Povolo, vol. II, Verona 2005, pp. 10-170

Prandin Ruggero, *La magnifica città e la mercatura della seta: ascesa economica, grandezza e stagnazione di Vicenza nei secoli XVI e XVII*, Sommacampagna 2015

Premi Francesco, *Una "famiglia in armi" della tarda età moderna: i Bevilacqua Lazise ufficiali della Repubblica veneta*, in «Studi Storici Luigi Simeoni», 59 (2009), pp. 59-72

Premoli Orazio Maria, *Storia dei barnabiti nel Cinquecento*, Roma 1913

Press Volker, *The Imperial Court of the Habsburgs: From Maximilian I to Ferdinand III, 1493-1657*, in *Princes, Patronage, and the Nobility. The Court at the Beginning of the Modern Age c. 1450-1650*, a cura di Ronald G. Asch e Adolf M. Birke, Oxford 1991, pp. 289-312

Preto Paolo, *I falsi storici*, in corso di stampa

Preto Paolo, *Orientamenti politici della nobiltà vicentina negli anni di Giangiorgio Trissino*, in *Atti del Convegno di studi su Giangiorgio Trissino*, a cura di Neri Pozza, Vicenza, 1980, pp. 39-52

Preto Paolo, *I servizi segreti di Venezia. Spionaggio e controspionaggio ai tempi della Serenissima*, Milano 2010

La prima [-terza] parte dell'Historie di Giovanni Zonara, || Consigliere supremo, || e Capitano dell'imperial guardia di Costantinopoli..., Venezia MDLXX

Promis Carlo, *Gl'ingegneri militari che operarono o scrissero in Piemonte dall'anno MCCC all'anno MDCL, 1871 (ristampa anastatica)*, Bologna 1973

Prosperi Adriano, *Besozzi Giovanni Pietro*, in DBI, vol. 9, Roma 1967, pp. 680-684

Prosperi Adriano, *Tra evangelismo e controriforma: G.M. Giberti (1495-1543)*, Roma 1969

Provasi Matteo, *Il popolo ama il duca? Rivolta e consenso nella Ferrara estense*, Roma 2011

Puppi Lionello, *Introduzione* a *G. Gualdo jr., 1650. Giardino di Chà Gualdo*, Firenze 1972, pp. XXI-XXV

Putelli Romolo, *Intorno al castello di Breno: storia di Valle Camonica, Lago d'Iseo e vicinanze*, Brescia 1989

I quattro libri dell'Architettura di Andrea Palladio. Ne' quali, dopo un breve Trattato de' cinque ordini, & di quelli avertimenti, che sono più necessarii nel fabricare; si tratta delle case private, delle Vie, de i Ponti, delle Piazze, de i Xisti, et de' Tempii, voll. II e III, Venezia 1570

I Querini Stampalia. Un ritratto di famiglia nel Settecento veneziano, a cura di Giorgio Busetto e Madile Gambier, Venezia, 1987

Questioni di confine e terre di frontiera in area veneta. Secoli XVI-XVIII, a cura di Walter Panciera, Milano, 2009

Raines Dorit, *Alle origini dell'archivio politico del patriziato: la cronaca "di consultazione" veneziana nei secoli XIV-XV*, in «Archivio Veneto», serie V, CL (1998), pp. 5-57

Raines Dorit, *L'archivio familiare strumento di formazione politica del patriziato veneziano*, in «Accademie e biblioteche d'Italia», a. LXIV, n. 4 (1996), pp. 5-36

Raines Dorit, *Cooptazione, aggregazione e presenza al Maggior Consiglio: le casate del patriziato veneziano, 1297-1797*, in «Storia di Venezia-Rivista», I (2003), pp. 1-65

Raines Dorit, *L'invention du mythe aristocratique. L'image de soi du patriciat vénitien au temps de la Sérénissime*, Venezia 2006

Raulich Italo, *Una relazione del marchese di Bedmar sui veneziani*, in «Nuovo Archivio Veneto», anno VIII, XVI/I (1898), pp. 5-32

Raviola Alice Blythe, *Monferrato e feudi imperiali nelle rivendicazioni sabaude alla corte di Vienna (secc. XVI-XVII)*, in *Le corti come luogo di comunicazione. L'Italia e gli Asburgo (secc. XVI-XVIII) / Höfe als Orte der Kommunikation. Die Habsburger und Italien (16.-19. Jahrhundert)* (Trento, 8-10 novembre 2007), a cura di Marco Bellabarba e Jan Paul Niederkorn, Bologna 2011, pp. 75-94

Relazioni di ambasciatori veneti al Senato. Tratte dalle migliori edizioni disponibili e ordinate cronologicamente, a cura di Luigi Firpo, vol. XI Savoia (1496-1797), Torino 1983

Relazioni dei Rettori veneti in Terraferma. Podestaria e Capitanato di Vicenza, a cura di Amelio Tagliaferri, vol. VII, Milano 1976

Ricci Giovanni Battista, *Istoria dell'ordine equestre de' SS. Mauritio, e Lazaro, col Rolo de' cavalieri, e comende*, Torino 1714

Ricci Giovanni, *Il principe e la morte. Corpo, cuore, effigie nel Rinascimento*, Bologna 1998

Ricotti Ercole, *Storia della monarchia piemontese*, vol. II, Firenze 1861

Rigo Paola, *Donà Girolamo*, in DBI, vol. 40, Roma 1991, pp. 741-753

Riva Elena, *Paolo Greppi: il destino di un cadetto tra negozio e nobiltà*, in *Titolati, cadetti e parvenus. Il caso lombardo tra Antico Regime e Rivoluzione Francese*, a cura di Cinzia Cremonini, in «Cheiron», 29 (1998), pp. 77-118

Romanin Samuele, *Storia documentata di Venezia*, vol. V, Venezia 1856

Romano Dennis, *The Limits of Kinship: Family Politics, Vendetta, and the State in Fifteenth-Century Venice*, in *Venice and the Veneto during the Renaissance: the Legacy of Benjamin Kohl*, edited by Michael Knapton, John Law e Alison A. Smith, Firenze 2014, pp. 87-102

Ronzon Francesco, *Il senso dei luoghi. Indagini etnografiche*, Roma 2008

Ruff Julius R., *Violence in Early Modern Europe, 1500-1800*, Cambridge 2001

Sabbadini Roberto, *L'acquisto della tradizione. Tradizione aristocratica e nuova nobiltà a Venezia (secoli XVII-XVIII)*, Udine 1995

Sabbadini Roberto, *La grazia e l'onore. Principe, nobiltà e ordine sociale nei ducati farnesiani*, Roma 2001

Sambin Paolo, *Gli studenti giuristi, Alvise Cornaro (e il Ruzante), Pietro Bembo. Scheda di archivio*, in *Per le biografie di Angelo Beolco, il Ruzante, e di Alvise Cornaro*, a cura di Paolo Sambin, Padova 2002

Sangalli Maurizio, *Cultura, politica e religione nella Repubblica di Venezia tra Cinque e Seicento*, LXXXIV, Venezia 1999

Santarelli Daniele, *Il papato di Paolo IV nella crisi politico-religiosa del Cinquecento: le relazioni con la Repubblica di Venezia e l'atteggiamento nei confronti di Carlo V e Filippo II*, Roma 2008

Sanudo Marin, *I Diarii*, a cura di Rinaldo Fulin, Federico Stefani, Gugliemo Berchet e Niccolò Barozzi, 58 voll. Venezia 1879-1903 [rist. anastatica Bologna 1969]

Savio Andrea, *Nobili relazioni. Militari e uomini d'affari vicentini nel ducato sabaudo (1559-1595)*, in «Società e storia», 149 (2015), pp. 493-524

Savio Andrea, *Strategie nobiliari. La famiglia Godi fra Vicenza e l'Europa (1480-1588)*, Tesi di dottorato in Storia moderna, tutor Alessandro Pastore, Università degli Studi di Verona, XXV ciclo, 2013

Savio Andrea, *Umanesimo veneziano tra politica e diritto. I nobili Enrico Antonio Godi e Cornelio Castaldi*, in «Rivista Feltrina», 32 (2014), pp. 21-23

Savio Andrea, *Da Cambrai alla guerra dei Trent'anni*, in *Storia dell'architettura nel Veneto – Il Cinquecento*, a cura di Donata Battilotti, Guido Beltramini, Edoardo Demo, Walter Panciera, Venezia 2016, pp. 155-159

Saxer Victor, *La Sindone di Torino e la storia*, in «Rivista di Storia della Chiesa in Italia», XLIII/1 (1989), pp. 51-79

Sbriccoli Mario, *Giustizia criminale*, in *Lo Stato moderno in Europa. Istituzioni e diritto*, a cura di Maurizio Fioravanti, Roma-Bari 2002, pp. 163-205

Schutte Anne Jacobson, *Pier Paolo Vergerio e la Riforma a Venezia, 1498-1549*, Roma 1988

Scoto Andrea, *Itinerari overo nova descrittione de' viaggi principali d'Italia*, Padova 1649 (ed. orig. Vicenza 1601)

Scremin Mauro, *L'eresia dei nobili e dei mercanti nella Vicenza del Cinquecento. Prospettiva di ricerca sui rapporti tra eterodossia religiosa e potere cittadino*, in *I ceti dirigenti in Italia in età moderna e contemporanea*, a cura di Amelio Tagliaferri, Udine 1984, pp. 116-128

La scrittura dei libri di famiglia, a cura di Angelo Cicchetti e Raul Mordenti, in *Letteratura italiana. Le forme del testo*, a cura di Alberto Asor Rosa, vol. II, *La prosa*, Torino 1984, pp. 1117-1159

Scroccaro Carla, *Dalla corrispondenza dei legati veronesi: aspetti delle istituzioni veneziane nel secondo '400*, in «Nuova rivista storica», 70 (1986), pp. 625-636

Scuro Rachele, *Il credito a Vicenza nel Cinquecento*, in *Uomini del contado e uomini di città nel Cinquecento* a cura di Edoardo Demo e Andrea Savio, in corso di stampa

Scuro Rachele, *La* pezzaria *ebraica a Vicenza nel secondo Quattrocento*, in «Zakhor. Rivista di storia degli ebrei in Italia», IX (2006), pp. 13-43

Scuro Rachele, *La presenza ebraica a Vicenza nel Quattrocento*, in *Ebrei nella Terraferma veneta del Quattrocento, Atti del Convegno: Verona, 14 novembre 2003*, a cura di Gian Maria Varanini e Reinhold C. Mueller, Firenze 2005, pp. 103-121

Segalen Martine, *Historical Anthropology of the Family*, Cambridge 1986

Segre Andrea, *Emanuele Filiberto e la Repubblica di Venezia*, in *Miscellanea di storia veneta edita*, s. II, VII (1901), pp. 65-513

Seneca Federico, *Bassano sotto il dominio veneto*, in *Storia di Bassano*, a cura di Gina Fasoli, Bassano del Grappa 1982, pp. 53-115

Shaw James E., *The Justice of Venice: Authorities and Liberties in the Urban Economy, 1550-1700*, Oxford 2007

Le Signorie dei Rossi di Parma tra XIV e XVI secolo, a cura di Letizia Arcangeli e Marco Gentile, Firenze 2007

"Sine musica nulla disciplina": studi in onore di Giulio Cattin, a cura di Franco Bernabei e Antonio Lovato, Padova 2006

Soldat Cornelia, *Sepulchral Monuments as a Means of Communicating Social and Political Power of Nobles in Early Modern Russia*, in *Contested Space of Nobility in Early Modern Europe*, a cura di Matthew P. Romaniello e Charles Lipp, Farnham 2011, pp. 103-126

Soragni Ugo, *Fonti e documenti per la storia di Vicenza nei secoli XVI-XVIII*, in «Storia della città», 4 (1978), pp. 67-87

Soragni Ugo, *Vicenza nel Cinquecento*, in «Storia della città», 10 (1979), pp. 35-50

Sozzi Lionello, *Boccaccio in Francia nel Cinquecento*, Ginevra 1999

Lo spazio politico locale in età medievale, moderna e contemporanea, a cura di Renato Bordone, Paola Guglielmotti, Sandro Lombardini e Angelo Torre, Alessandria 2007

Spreti Vittorio, *Enciclopedia storico-nobiliare italiana*, vol. VI, Milano 1932, p. 717

Stendhal Marie, Henri Beyle, *Cronache italiane*, Milano 2007

Stone Lawrence, *The Crisis of the Aristocracy, 1558-1641*, Oxford 1965

Storia dei giovani. Dall'antichità all'età moderna, a cura di Giovanni Levi e Jean-Claude Schmitt, vol. 1, Roma 2000

Storrs Christopher, *La politica internazionale e gli equilibri continentali*, in *I Savoia. I secoli d'oro di una dinastia europea*, a cura di Walter Barberis, Torino 2007, pp. 1-48

Stringere la pace. Teorie e pratiche della conciliazione nell'Europa moderna (secoli XV-XVIII), a cura di Paolo Broggio e Maria Pia Paoli, Roma 2011

Stumpo Enrico, *I ceti dirigenti in Italia nell'età moderna. Due modelli diversi: Nobiltà piemontese e patriziato toscano*, in *I ceti dirigenti in Italia in età moderna e contemporanea*, a cura di Amelio Tagliaferri, Udine 1984, pp. 151-197

Stumpo Enrico, *Savoia Emanuele Filiberto*, in DBI, vol. 42, Roma 1993, pp. 553-566

Stumpo Enrico, *Spazi urbani e gruppi sociali (1536-1630)*, in *Storia di Torino. Dalla dominazione francese alla ricomposizione dello Stato (1536-1630)*, a cura di Giuseppe Ricuperati, vol. III, Torino 1998, pp. 185-221

Subrahmanyam Sanjay, *Courtly Encounters. Traslating Courtliness and Violence in Early Modern Eurasia*, London 2012

Subrahmanyam Sanjay, *The Portuguese Empire in Asia 1500-1700*, Chichester 2012

Suppliche e «gravamina». Politica, amministrazione, giustizia in Europa (secoli XIV-XVIII), a cura di Cecilia Nubola e Andrea Würgler, Bologna 2002

Svalduz Elena, *Il territorio Veneto prima di Palladio. L'inedito diario di viaggio di Giovanni da San Foca (1536)*, in *Palladio 1508-2008. Il simposio del Cinquecentenario*, Atti del Convegno (Padova-Vicenza-Verona-Venezia, 5-10 maggio 2008), Venezia 2008, pp. 274-278

Tadmor Naomi, *Family and Friends in Eighteenth-century England. Household, Kinship and Patronage*, Cambridge 2004

Tadmor Naomi, *Friends and Neighbours in Early Modern England: Biblical Translations and Social Norms*, in *Love, Friendship and Faith in Europe, 1300-1800*, a cura di Laura Gowing, Michael Hunter e Miri Rubin, New York 2006, pp. 150-176

Tafuri Manfredo, *Committenza e tipologia nelle ville palladiane*, in «Bollettino CISA», XI (1969), pp. 126-133

Tagliaferri Amelio, *Ordinamento amministrativo della Terraferma*, in *Venezia e la Terraferma attraverso le relazioni dei Rettori*, Atti del Convegno (Trieste, 23-24 ottobre 1980), a cura di Amelio Tagliaferri, Milano 1981, pp. 15-43

Tamassia Nino, *La famiglia italiana nei secoli decimoquinto e decimosesto*, Roma 1971

Tancredi Maria Teresa, *Giovanni Demio tra contado e città (1525-1535)*, in *Uomini del contado e uomini di città nel Cinquecento*, a cura di Edoardo Demo e Andrea Savio, in corso di stampa

Tenenti Alberto, *Introduzione. Un fenomeno europeo*, in *Humana fragilitas. I temi della morte in Europa tra Duecento e Settecento*, a cura di Alberto Tenenti, Clusone 2000, pp. 9-24

Tenenti Alberto, *L'Italia del Quattrocento. Economia e società*, Roma-Bari 1996

Tenenti Alberto, *Stato: un'idea, una logica*, Bologna 1987

Tessari Antonio Secondo, *Sul soggiorno di Andrea Palladio a Torino per le questioni militari di Emanuele Filiberto*, in «Studi piemontesi», 22/1 (marzo 1993), pp. 9-10

Testimonianze veneziane di interesse palladiano, Catalogo della mostra documentaria (Venezia, 28 giugno-28 settembre 1980), a cura di Maria Francesca Tiepolo, Venezia 1980

Ticozzi Stefano, *Storia dei letterati e degli artisti del Dipartimento della Piave*, vol. I, Belluno, 1813

Tiraboschi Girolamo, *Storia della letteratura italiana*, voll. VI e VII, Venezia 1823

Tognetti Sergio, *I Gondi di Lione. Una banca d'affari fiorentina nella Francia del primo Cinquecento*, Firenze 2013

Tommasini Francesco, *Teatro genealogico delle famiglie nobili di Vicenza*, Venezia 1677

Torre Angelo, *Luoghi. La produzione di località in età moderna e contemporanea*, Roma 2011

Tra Committenza e Collezionismo. Studi sul mercato dell'arte nell'Italia settentrionale durante l'età moderna, a cura di Enrico Maria Dal Pozzolo e Leonilda Tedoldi, Vicenza 2003

Trebbi Giuseppe, *La cancelleria veneta nei secoli XVI e XVII*, in «Annali della Fondazione Luigi Einaudi», 14 (1980), pp. 65-125

Trebbi Giuseppe, *I diritti di cittadinanza nelle repubbliche italiane della prima età moderna: gli esempi di Venezia e Firenze*, in *Cittadinanza*, a cura di Gilda Manganaro Favaretto, Trieste 2001, pp. 135-182

Trebbi Giuseppe, *Le professioni liberali*, in *Storia di Venezia dalle origini alla caduta della Serenissima. Il Rinascimento. Politica e cultura*, a cura di Alberto Tenenti e Ugo Tucci, vol. IV, Roma 1996, pp. 500-525

Ulvioni Paolo, *Nota per una nuova edizione del Consiglio politico di Scipione Maffei*, in *Studi Veneti offerti a Gaetano Cozzi*, Venezia 1992, pp. 301-308

Valseriati Enrico, *Miti fondativi, identità locali e scienze antiquarie nei centri minori della Lombardia veneta (secolo XVII)*, in «Archivio veneto», s. VI, 9 (2015), pp. 47-57

Valseriati Enrico, *Tra Venezia e l'Impero: dissenso e conflitto politico a Brescia nell'età di Carlo V*, Milano 2016

Van Steensel Arie, *Kinship, Property and Identity. Noble Family Strategies in Late-Medieval Zeeland*, in «Journal of Family History», 37 (2012), pp. 247-269

Varallo Franca, *Le feste sabaude nella storia e nella storiografia*, in *Feste barocche. Cerimonie e spettacoli alla corte dei Savoia tra Cinque e Settecento*, a cura di Clelia Arnaldi di Balme e Franca Varallo, Cinisello Balsamo 2009, pp. 19-26

Varanini Gian Maria, *Centro e periferia nello stato regionale. Costanti e variabili nel rapporto tra Venezia e le città della Terraferma nel Quattrocento*, in *Società, economia, istituzioni. Elementi per la conoscenza della Repubblica Veneta*, Sommacampagna 2002, pp. 75-97

Varanini Gian Maria, *Edilizia privata e licenze per l'occupazione di suolo pubblico a Verona nel Quattrocento*, in *Lo spazio nelle città venete (1348-1509): urbanistica e architettura, monumenti e piazze, decorazione e rappresentazione*, Atti del I convegno nazionale di studio (Verona, 14-16 dicembre 1995), a cura di Enrico Guidoni e Ugo Soragni, Verona 1997, pp. 56-70

Varanini Gian Maria, *Famiglie patrizie, contrade e vicinato a Verona nel Quattrocento e Cinquecento. Spunti per un'indagine*, Milano 2000, p. 142-153

Varanini Gian Maria, *Nelle città della Marca Trevigiana: dalle fazioni al patriziato (secoli XIII-XV)*, in *Guelfi e ghibellini nell'Italia del Rinascimento*, a cura di Marco Gentile, Roma 2005, pp. 563-602

Varanini Gian Maria, *Proprietà fondiaria e agricoltura*, in *Storia di Venezia dalle origini alla caduta della Serenissima. Il Rinascimento. Società ed economia. Il lavoro. La ricchezza. Le coesistenze*, a cura di Alberto Tenenti e Ugo Tucci, vol. V, Roma 1996, pp. 807-879

Varanini Gian Maria, *Sante Bortolami e la storia medievale delle campagne e delle montagne venete*, in *L'Altopiano di Asiago nel medioevo. Un microcosmo composito di "latini" e "teutonici"*, a cura di Sante Bortolami e Paola Barbierato, Sommacampagna 2012, pp. 7-21

Varanini Gian Maria, *Società cristiana e minoranza ebraica a Verona nella seconda metà del Quattrocento. Tra ideologia osservante e vita quotidiana*, in *Ebrei nella Terraferma veneta del Quattrocento*, Atti del Convegno di studi (Verona, 14 novembre 2003), a cura di Gian Maria Varanini e Reinhold C. Mueller, estratto da «Reti Medievali Rivista», VI (2005/1), http://www.dssg.unifi.it/_RM/rivista/atti/ebrei/Varanini.htm, pp. 4-17

Varanini Gian Maria, *La Terraferma di fronte alla sconfitta di Agnadello*, in *L'Europa e la Serenissima. La svolta del 1509. Nel V centenario della battaglia di Agnadello*, a cura di Giuseppe Gullino, Venezia 2011, pp. 115-161

Varanini Gian Maria, *La Terraferma veneta del Quattrocento e le tendenze recenti della storiografia*, in *1509-2009. L'ombra di Agnadello: Venezia e la Terraferma*, a cura di Giuseppe Del Torre e Alfredo Viggiano, in «Ateneo Veneto», CXVII, s. 3, 9/I (2010-2011), p. 13-63

Varanini Gian Maria, *Tra Firenze e Verona. La famiglia da Lisca nel Tre e Quattrocento*, in *Domus illorum de Lischa. Una famiglia e un palazzo del Rinascimento a Verona*, a cura di Stefano Lodi, Vicenza 2002, pp. 15-42

Varanini Gian Maria, *Gli ufficiali veneziani nella Terraferma veneta quattrocentesca*, in «Annali della Scuola Normale Superiore di Pisa», s. IV, Quaderni, I (1997) [numero monografico *Gli officiali negli stati italiani del Quattrocento*], pp. 155-180

Varanini Gian Maria, *Vicenza nel Trecento. Istituzioni, classe dirigente, economia (1312-1404)*, in *Storia di Vicenza. L'età medievale*, a cura di Franco Barbieri e Paolo Preto, vol. II, Vicenza 1988, pp. 193-245

Vendramini Mosca Francesco, *Descrizione delle architetture, pitture e scolture di Vicenza*, vol. 2, Vicenza 1779

Ventura Angelo, *Nobiltà e popolo nella società veneta del Quattrocento e Cinquecento*, Milano 1993 [prima ed. 1964]

Verga Marcello, *L'Impero in Italia. Alcune considerazioni*, in *L'Impero in Italia nella prima età moderna / Das Reichsitalien in Fruehneuzeit*, a cura di Matthias Schnettiger e Marcello Verga, Bologna 2006, pp. 11-24

Verstegen Ian F., *Francesco Maria and the Duchy of Urbino. Between Rome and Venice*, in *Patronage and Dynasty. The Rise of the Della Rovere in Renaissance Italy*, a cura di Ian F. Verstegen, in «Sixteenth Century Essay and Studies», 77 (2007), pp. 141-160

Vianello Francesco, *La politica nella comunità rurale. Bassano e l'Università di Rosà tra ricerca di autonomia e conflitti interni*, Padova 2004

Vianello Francesco, *Seta fine e panni grossi. Manifatture e commerci nel Vicentino 1570-1700*, Milano 2004

Vianello Francesco, *Tra commercio internazionale e orizzonti urbani. Parentela e amicizia nel ceto mercantile vicentino, 1570-1700*, in «Cheiron», 45-46 (2006), pp. 65-86

Vicenza e il suo territorio, a cura di Jacopo Cabianca e Fedele Lampertico, Milano 1861

Vicenza. Ritratto di una città. Guida storico-artistica, a cura di Franco Barbieri e Renato Cevese, Vicenza 2004

Viganò Marino, *Ingegneri militari "ticinesi" nel Piemonte sabaudo. Opere di fortificazione tra XVI e XVIII secolo*, in *Svizzeri a Torino nella storia, nell'arte, nella cultura, nell'economia dal Cinquecento ad oggi*, a cura di Giorgio Mollisi, in «Arte&Storia», 11/52 (ottobre 2011), pp. 88-113

Viggiano Alfredo, *Il Dominio da Terra: politica e istituzioni*, in *Storia di Venezia dalle origini alla caduta della Serenissima. Il Rinascimento. Politica e cultura*, a cura di Alberto Tenenti e Ugo Tucci, vol. IV, Roma 1996, pp. 529-575

Viggiano Alfredo, *Giustizia, disciplina, ordine pubblico*, in *Storia di Venezia dalle origini alla caduta della Serenissima. Dal Rinascimento al barocco*, a cura di Gaetano Cozzi e Paolo Prodi, vol. VI, Roma 1994, pp. 825-857

Viggiano Alfredo, *Governanti e governati. Legittimità del potere ed esercizio dell'autorità sovrana nello Stato veneto della prima età moderna*, Treviso 1993

Viglino Davico Micaela, *Fortezze "alla moderna" e ingegneri militari del ducato sabaudo*, Torino 2005

Visceglia Maria Antonietta, *«Farsi imperiale»: faide familiari e identità politiche a Roma nel primo Cinquecento*, in *L'Italia di Carlo V. Guerra, religione e politica nel primo Cinquecento*, a cura di Francesca Cantù e Maria Antonietta Visceglia, Roma 2003, pp. 477-508

Visceglia Maria Antonietta, *Archivisti e storici di fronte agli archivi di famiglia. Note conclusive*, in *Archivi nobiliari e domestici. Conservazione, metodologie di riordino e prospettive di ricerca storica*, a cura di Laura Casella e Roberto Navarrini, Udine 2000, pp. 331-347

Visceglia Maria Antonietta, *Corpo e sepoltura nei testamenti della nobiltà napoletana (XVI-XVIII secolo)*, in «Quaderni Storici», 50, a. XVII, II (agosto 1982), pp. 583-614

Visceglia Maria Antonietta, *La nobiltà romana in età moderna: profili istituzionali e pratiche sociali*, Roma 2001

Visceglia Maria Antonietta, *Roma papale e Spagna. Diplomatici, nobili e religiosi tra due corti*, Roma 2010

Vismara Giulio, *Adozione. Diritto intermedio*, in *Enciclopedia del diritto*, Milano 1958, p. 581-584

Welsford Thomas, *Four Types of Loyalty in Early Modern Central Asia: the Tūqāy-Timūrid Takeover of Greater Mā Warā al-Nahr (1598-1605)*, Leiden 2012

Willoweit Dietmar, *Rechtsgrundlagen der Territorialgewalt. Landesobrigkeit, Herrschaftsrechte und Territorium in der Rechtswissenschaft der Neuzeit*, Köln 1975

Zabbia Marino, *Godi Antonio*, in DBI, vol. 57, Roma 2001, pp. 510-513

Zaccaria Raffaella, *Dall'Acqua Aurelio*, in DBI, Roma 1985, vol. 31, pp. 784-786

Zago Roberto, *Grimani Antonio*, in DBI, vol. 59, Roma, 2003, pp. 593-595

Zago Roberto, *Presenza nobiliare in Lisiera tra '500 e '700: le nobili famiglie Valmarana e Thiene*, in *Lisiera: immagini, documenti per la storia e cultura di una comunita veneta. Strutture, congiunture, episodi*, a cura di Claudio Povolo, Vicenza 1981, pp. 645-677

Zamperetti Sergio, *I 5.000 fanti di Leonardo Trissino. Venezia e il suo dominio di terraferma alla luce di Agnadello*, in *1509-2009. L'ombra di Agnadello: Venezia e la terraferma*, a cura di Giuseppe Del Torre e Alfredo Viggiano, in «Ateneo Veneto», a. CXVII, s. 3, 9/I (2010/2011), pp. 65-101

Zamperetti Sergio, *Immagini di Venezia in Terraferma nel '500 e primo '600*, in *Storia di Venezia dalle origini alla caduta della Serenissima*, a cura di Gaetano Cozzi e Paolo Prodi, *Dal Rinascimento al Barocco*, vol. VI, Roma, 1994, pp. 925-942

Zamperetti Sergio, *Per una storia delle istituzioni rurali nella Terraferma veneta: il contado vicentino nei secoli XVI e XVII*, in *Stato, società e giustizia nella Repubblica veneta (sec. XV-XVIII)*, a cura di Gaetano Cozzi, vol. II, Roma 1985, pp. 61-131

Zamperetti Sergio, *I piccoli principi. Signorie locali, feudi e comunità soggette nello Stato regionale veneto dall'espansione territoriale ai primi decenni del '600*, Treviso-Venezia 1991

Zamperetti Sergio, *Poteri locali e governo centrale in una città suddita d'antico regime dal dopo Cambrai al primo Seicento*, in *Storia di Vicenza. L'età della Repubblica veneta (1404-1797)*, a cura di Franco Barbieri e Paolo Preto, vol. III/1, Vicenza 1989, pp. 69-102

Zanazzo Giovanni Battista, *Bravi e signorotti in Vicenza e nel Vicentino nei secoli XVI e XVII*, in «Odeo Olimpico», V (1964-1965), pp. 97-138

Zancan Maria Antonietta, *Le ville vicentine del Quattrocento*, in «Bollettino CISA», XI (1969), p. 438

Zannini Andrea, *Burocrazia e burocrati a Venezia in età moderna: i cittadini originari (sec. XVI-XVIII)*, Venezia 1993

Zannini Andrea, *La logica della distinzione. I Borghesaleo, una casata di Terraferma al servizio della Serenissima (XVI-XVIII sec.)*, in «Ateneo Veneto», CXCIII, serie 3, 5/II (2006), pp. 63-126

Zannini Andrea, *La seconda corona della nobiltà". I cittadini originari veneziani nel XVII e XVIII secolo*, in *Le aristocrazie cittadine. Evoluzione dei ceti dirigenti urbani nei secoli XV-XVIII*, Atti del Convegno (Venezia, 20 ottobre 2007), a cura di Marino Zorzi, Marcello Fracanzani e Italo Quadrio, Venezia 2009, pp. 31-51

Zarri Gabriella, *Le sante vive: profezie di corte e devozione femminile tra '400 e '500*, Torino 1990

Zaupa Giovanni, *Andrea Palladio e la sua committenza. Denaro e Architettura nella Vicenza del Cinquecento*, Roma 1990

Zaupa Giovanni, *Architettura del primo rinascimento a Vicenza nel laboratorio veneto*, Vicenza 1998

Zaupa Giovanni, *I committenti vicentini di Andrea Palladio*, in *Storia di Vicenza. L'età della Repubblica veneta (1404-1797)*, a cura di Franco Barbieri e Paolo Preto, vol. III/2, Vicenza 1990, pp. 317-322

Zaupa Giovanni, *L'origine del Palladio. Andrea di Pietro della Gondola da Padova a Vicenza e il Rinascimento Veneto. Il "teatro" dei personaggi*, Padova 1990

Zaupa Giovanni, *Pallade Armata. Nel contesto di Andrea Palladio*, Vicenza 2008

Zaupa Giovanni, *Sole, Luna, Andrea Palladio, Terra, e Fortuna*, Vicenza 2006

Zemon Davis Natalie, *Le culture del popolo. Sapere, rituali e resistenza nella Francia del Cinquecento*, Torino 1980

Zemon Davis Natalie, *Il dono. Vita familiare e relazioni pubbliche nella Francia del Cinquecento*, Milano 2002

Zille Ester, *Il processo Grimani*, in «Archivio veneto», XXXVI-XXXVII (1945), pp. 137-197

Zironda Renato, *Dall'archivio Gualdo conservato nel Museo Civico di Palazzo Chiericati di Vicenza*, in *I palazzi Gualdo di Vicenza*, Vicenza 2004, pp. 295-309

Zorzi Andrea, *La trasformazione di un quadro politico. Ricerche su politica e giustizia a Firenze dal comune allo Stato territoriale*, Firenze 2008

Zorzi Giangiorgio, *Le opere pubbliche e i palazzi privati di Andrea Palladio*, Vicenza 1965

Zorzi Giangiorgio, *Le ville e i teatri di Andrea Palladio*, Vicenza 1968

Indice dei nomi di persona*

* Nelle redazione di questo indice non si è tenuto conto di alcuni nomi (Enrico Antonio Godi, Godi famiglia) in considerazione della grande frequenza con cui ricorrono, nonché delle indicazioni relative alle collocazioni archivistiche dei documenti (es. Archivio Porto Godi Pigafetta).

Indice dei nomi di luogo*

* Non sono stati indicizzati i nomi degli Stati antichi e moderni (es. Italia, Francia...), i titoli territoriali (Alessano o Parma, per la contea di Alessano e il ducato di Parma, mentre Parma come città è stata indicizzata), i cognomi legati al luogo di origine (Forlì, per Melozzo da) e le località citate con grande frequenza (Vicenza e Venezia).

Finito di stampare
nel mese di aprile 2017
da Grafica Editrice Romana s.r.l.
Roma